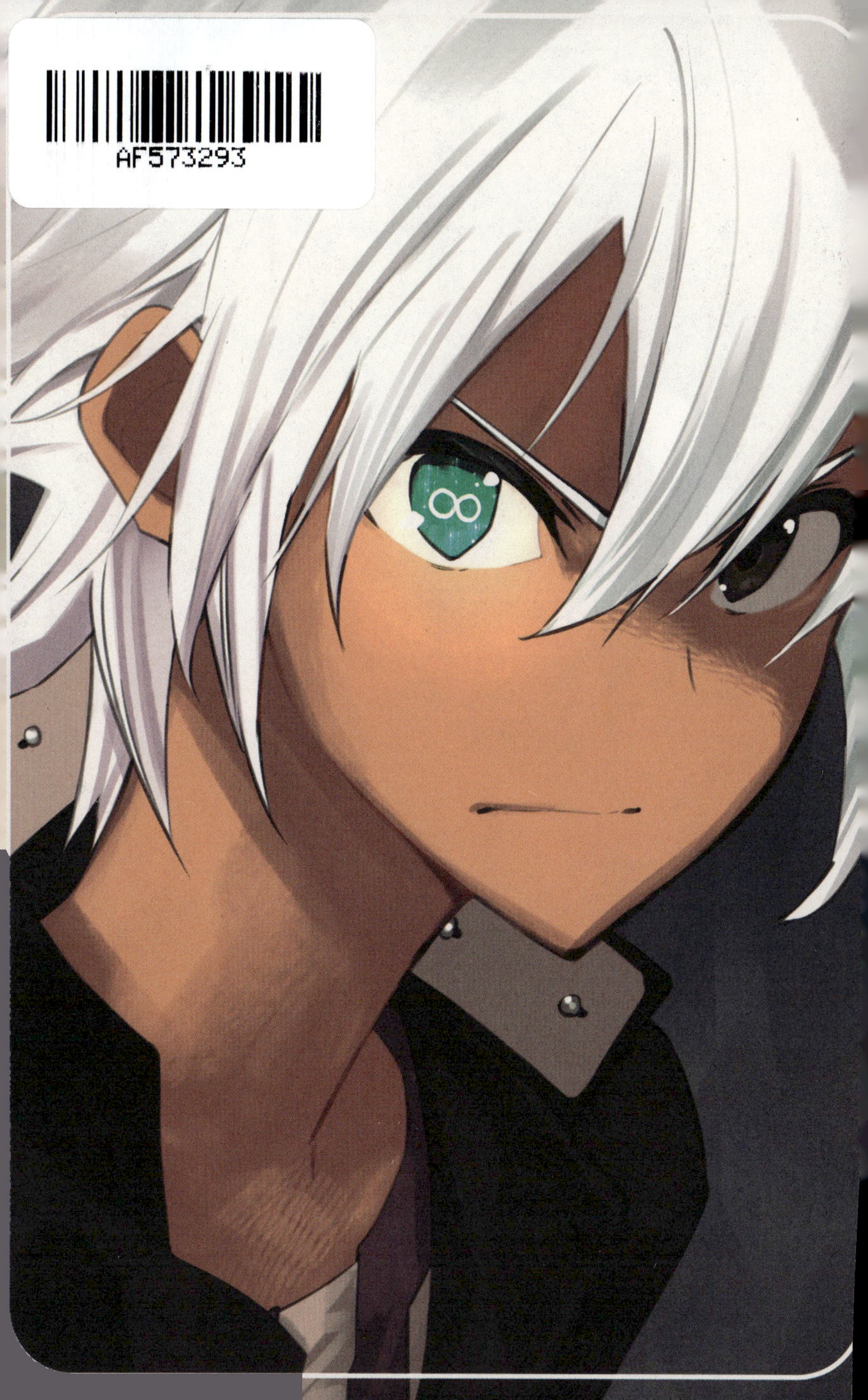

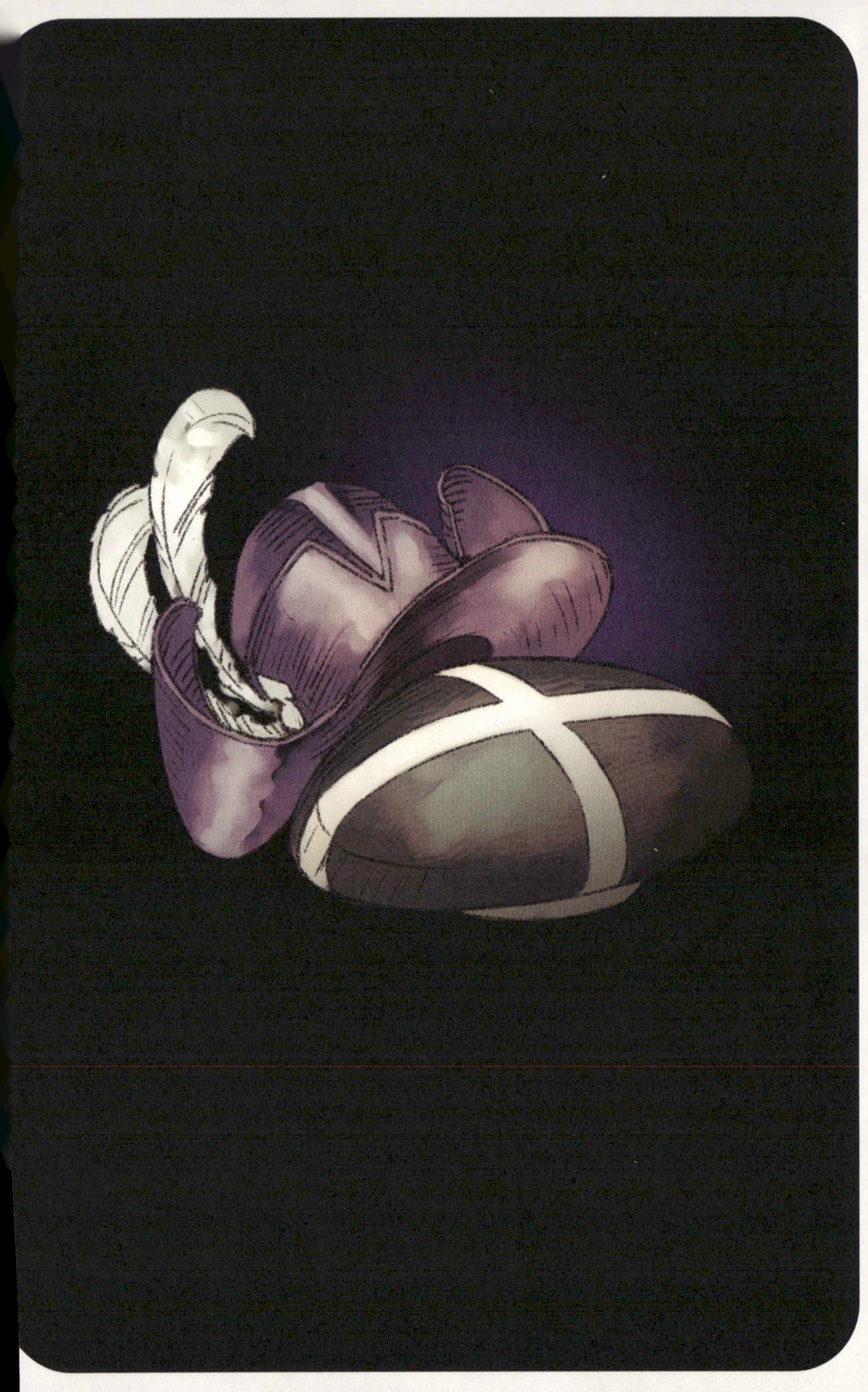

Merry Nightmare

Yoshitaka Ushiki

#22

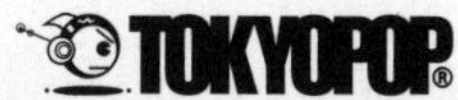

#22 INHALT

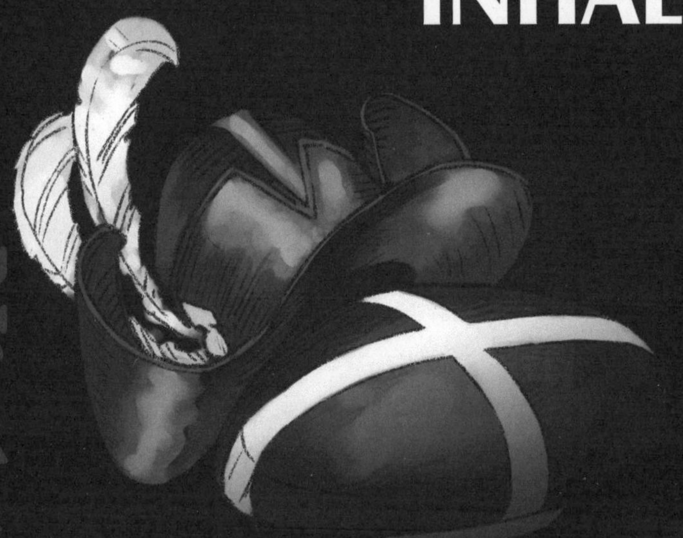

Merry Nightmare

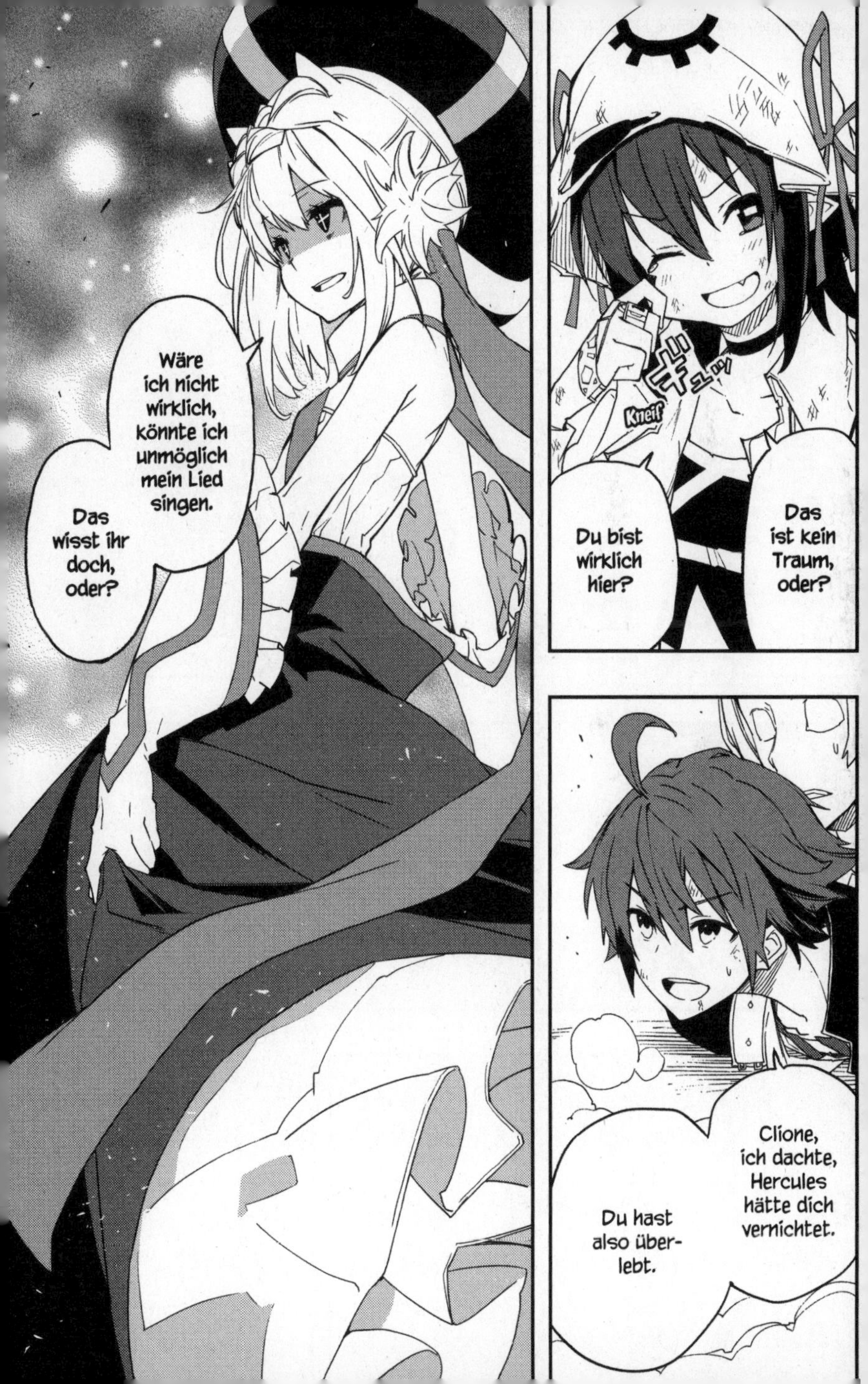

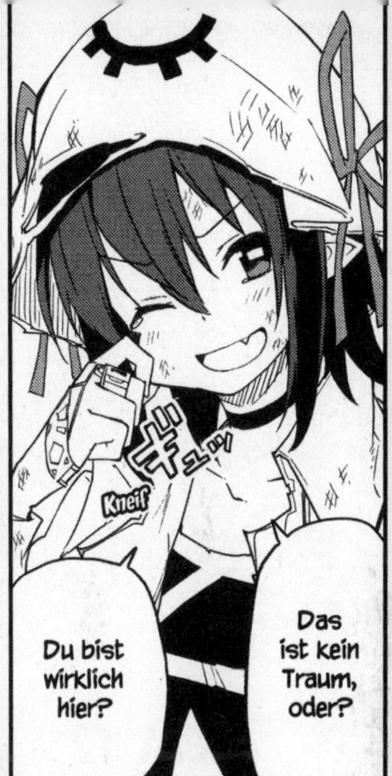

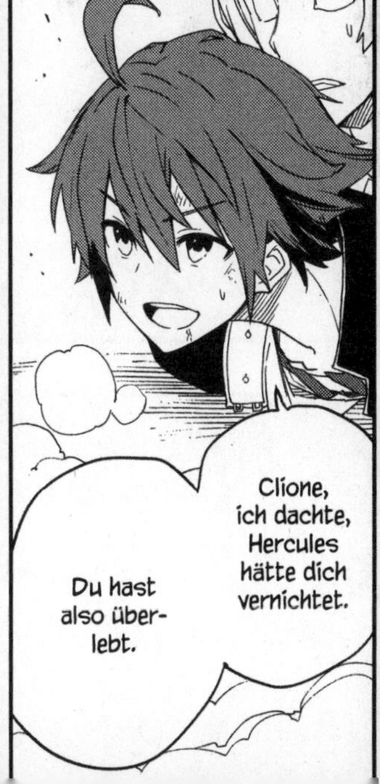

Wäre ich nicht wirklich, könnte ich unmöglich mein Lied singen.

Das wisst ihr doch, oder?

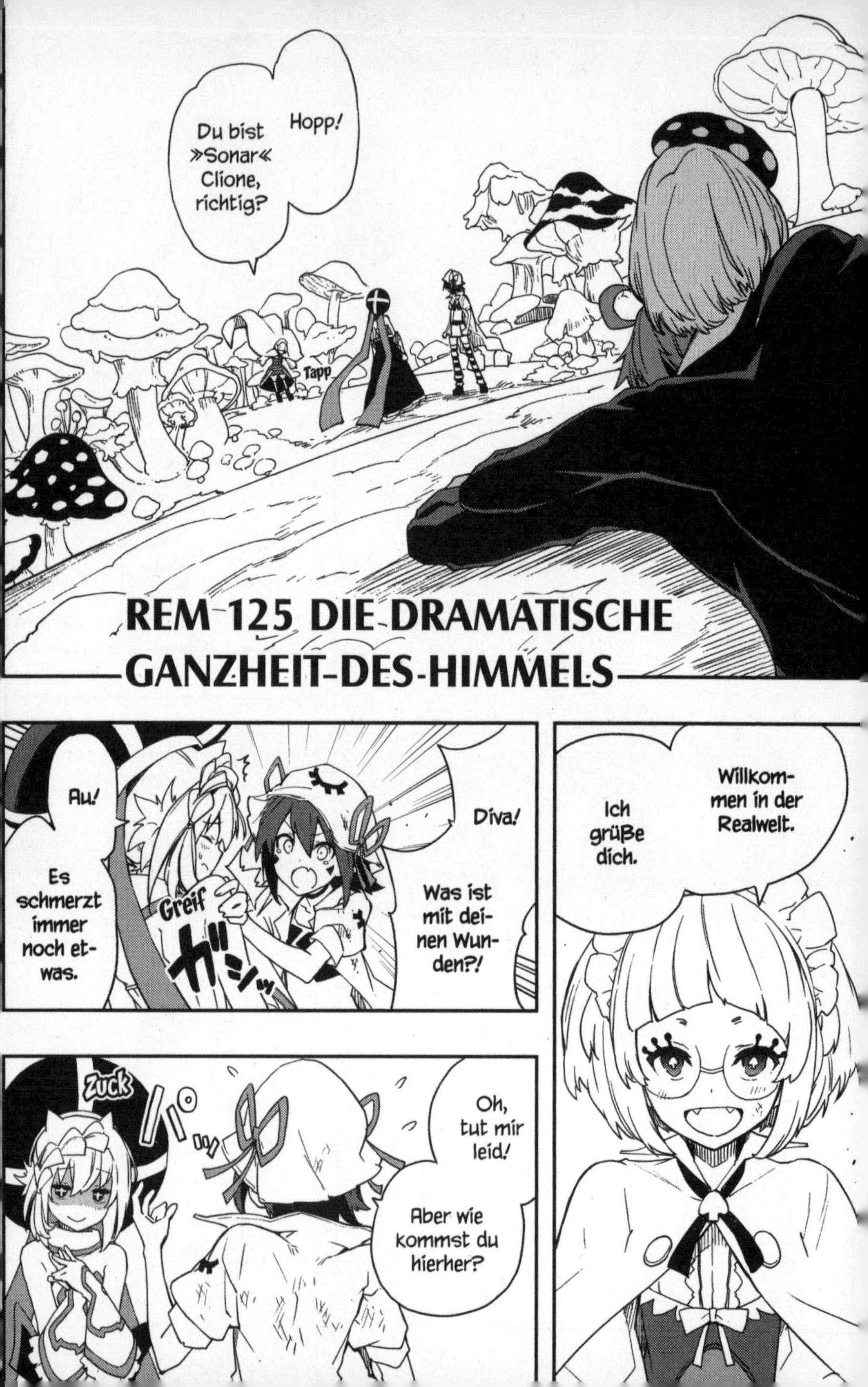

Hopp!
Du bist »Sonar« Clione, richtig?
Tapp

REM 125 DIE DRAMATISCHE GANZHEIT-DES-HIMMELS

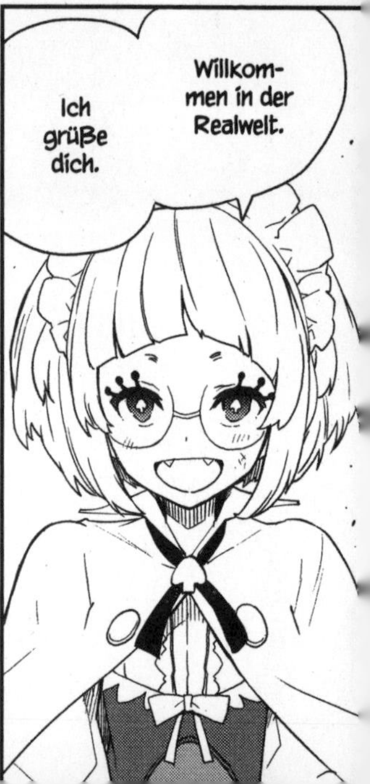

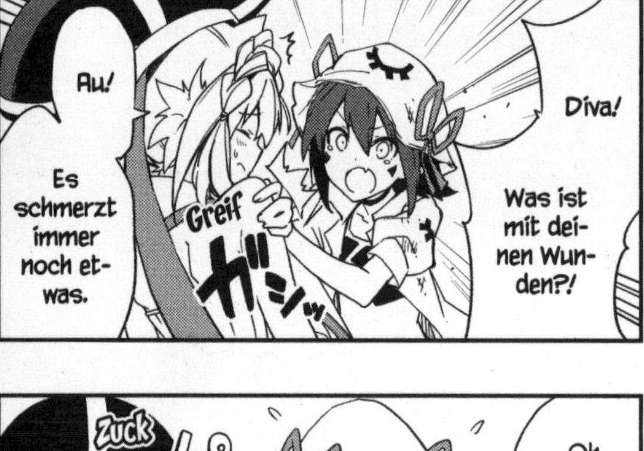

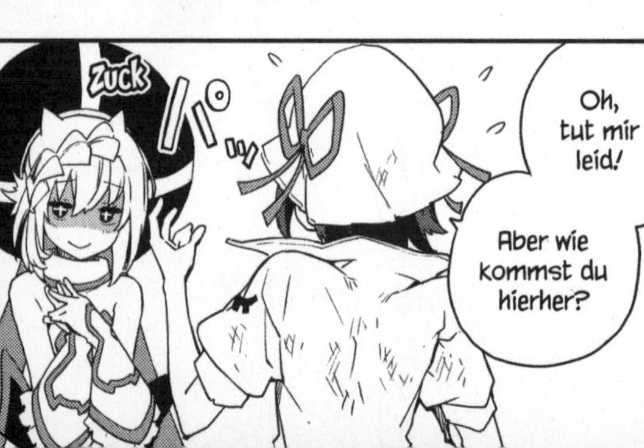

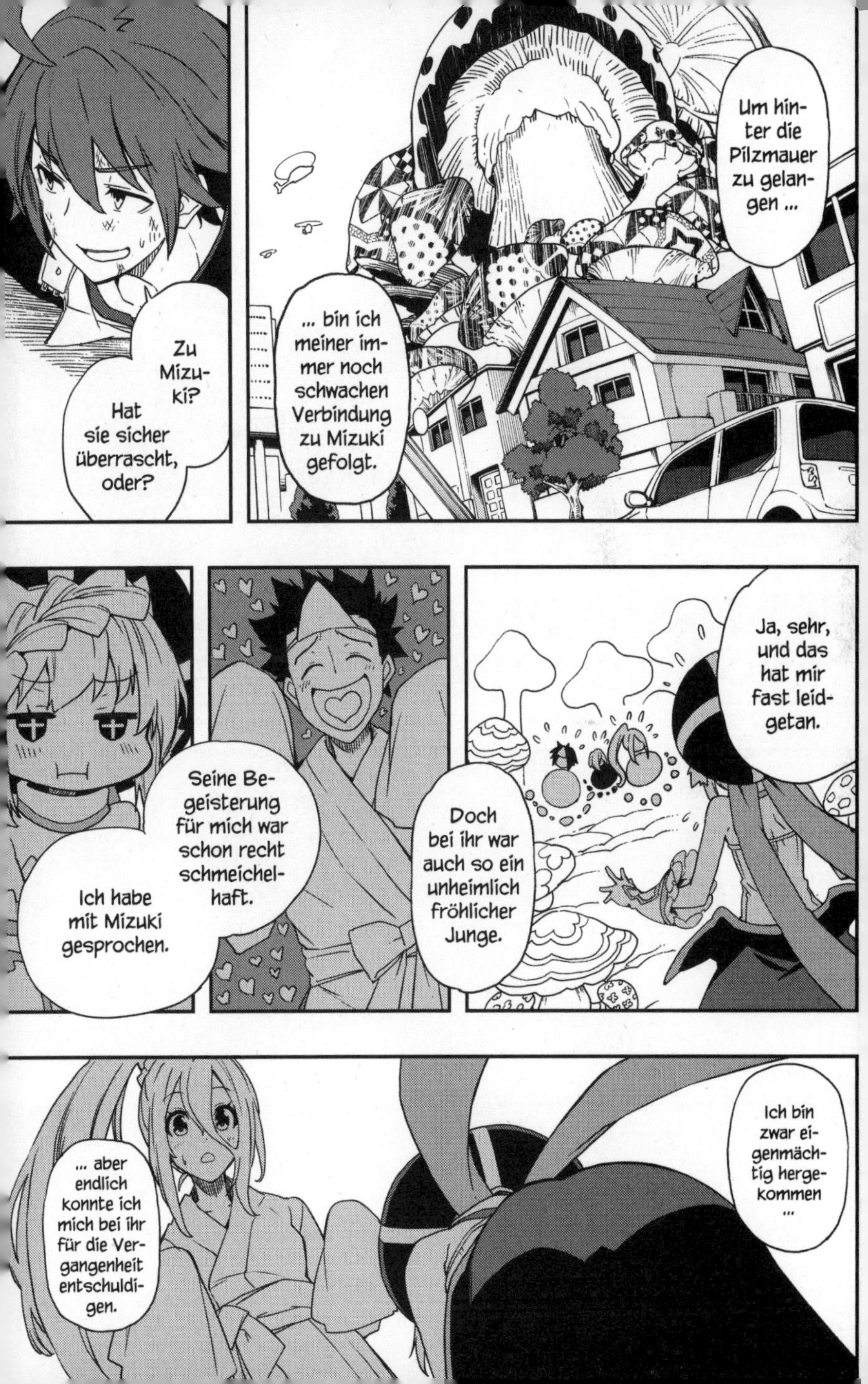

Um hinter die Pilzmauer zu gelangen ...
... bin ich meiner immer noch schwachen Verbindung zu Mizuki gefolgt.
Zu Mizuki? Hat sie sicher überrascht, oder?

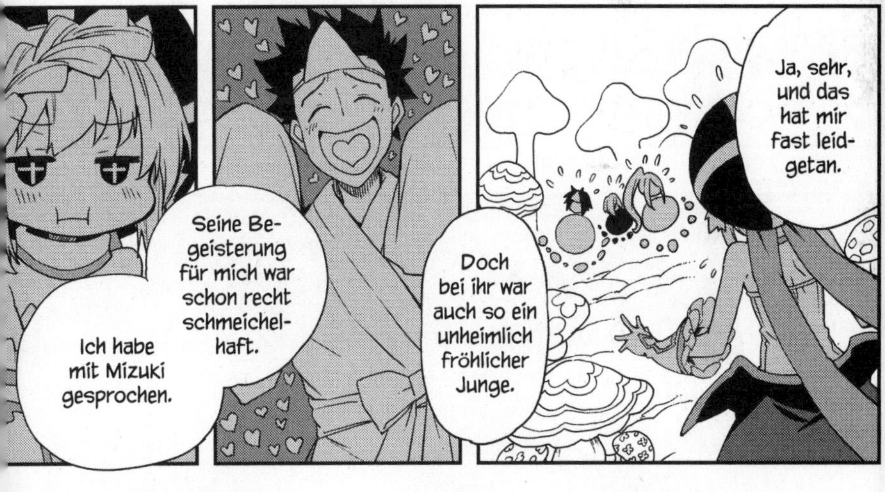

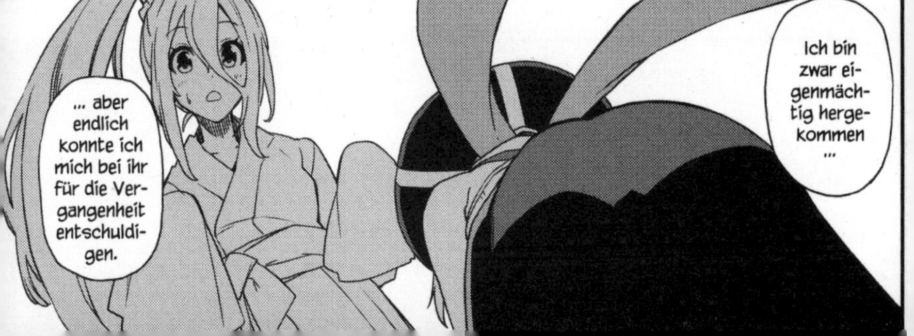

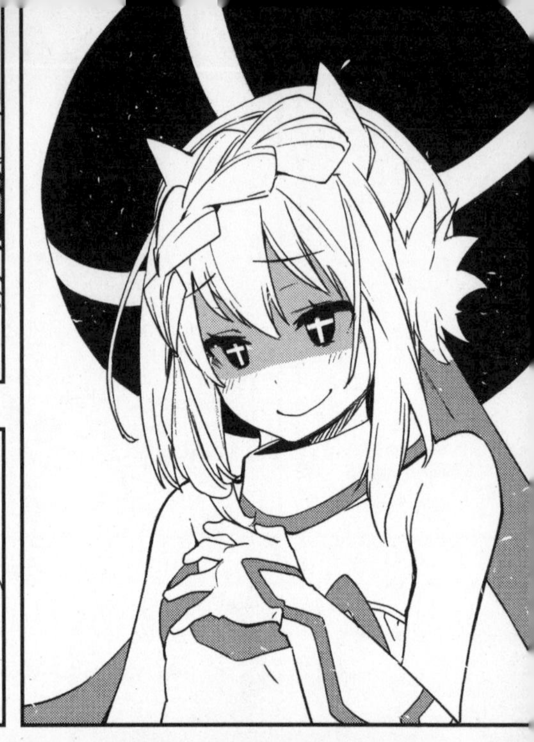
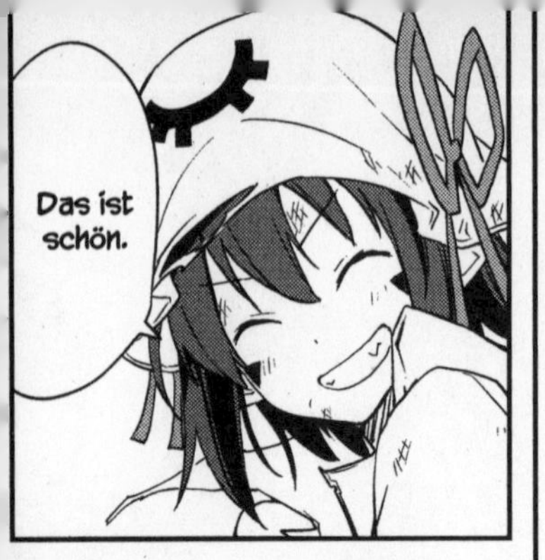
Das ist schön.
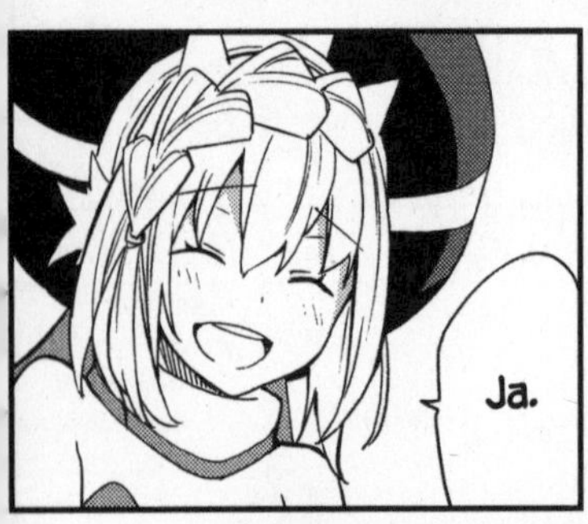
Ja.
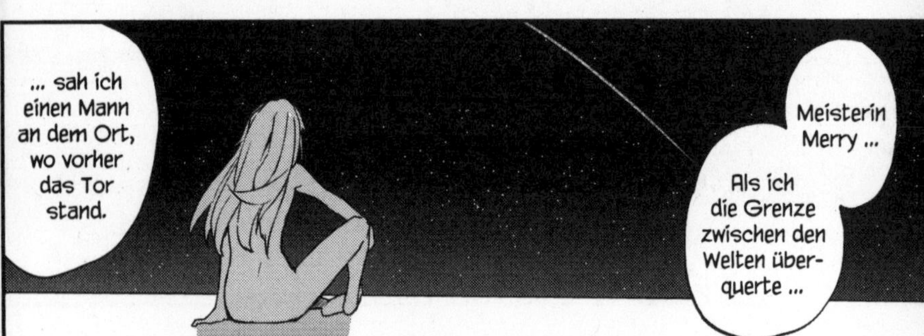
Meisterin Merry ...
Als ich die Grenze zwischen den Welten über-querte ...
... sah ich einen Mann an dem Ort, wo vorher das Tor stand.
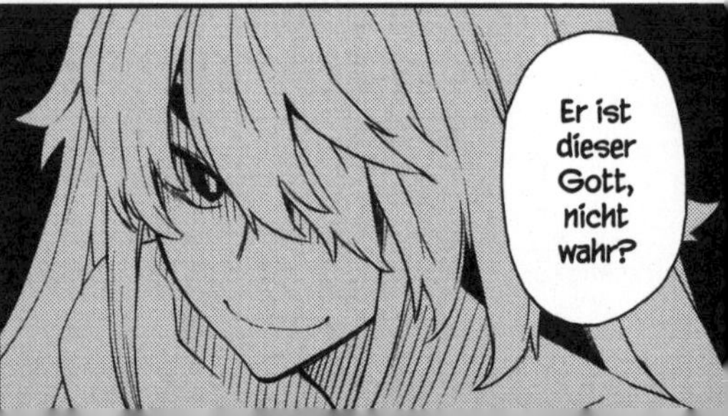
Er ist dieser Gott, nicht wahr?
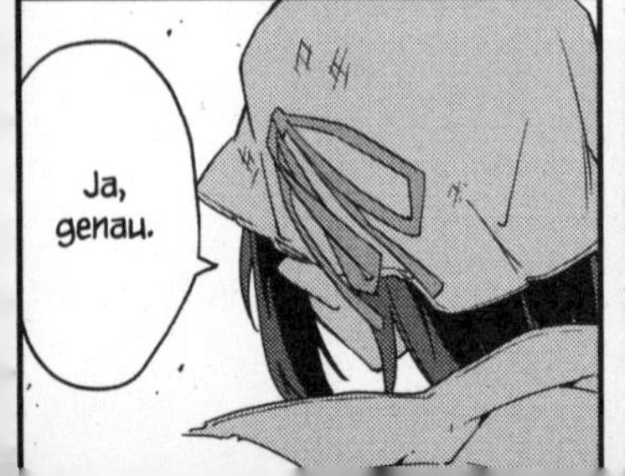
Ja, genau.

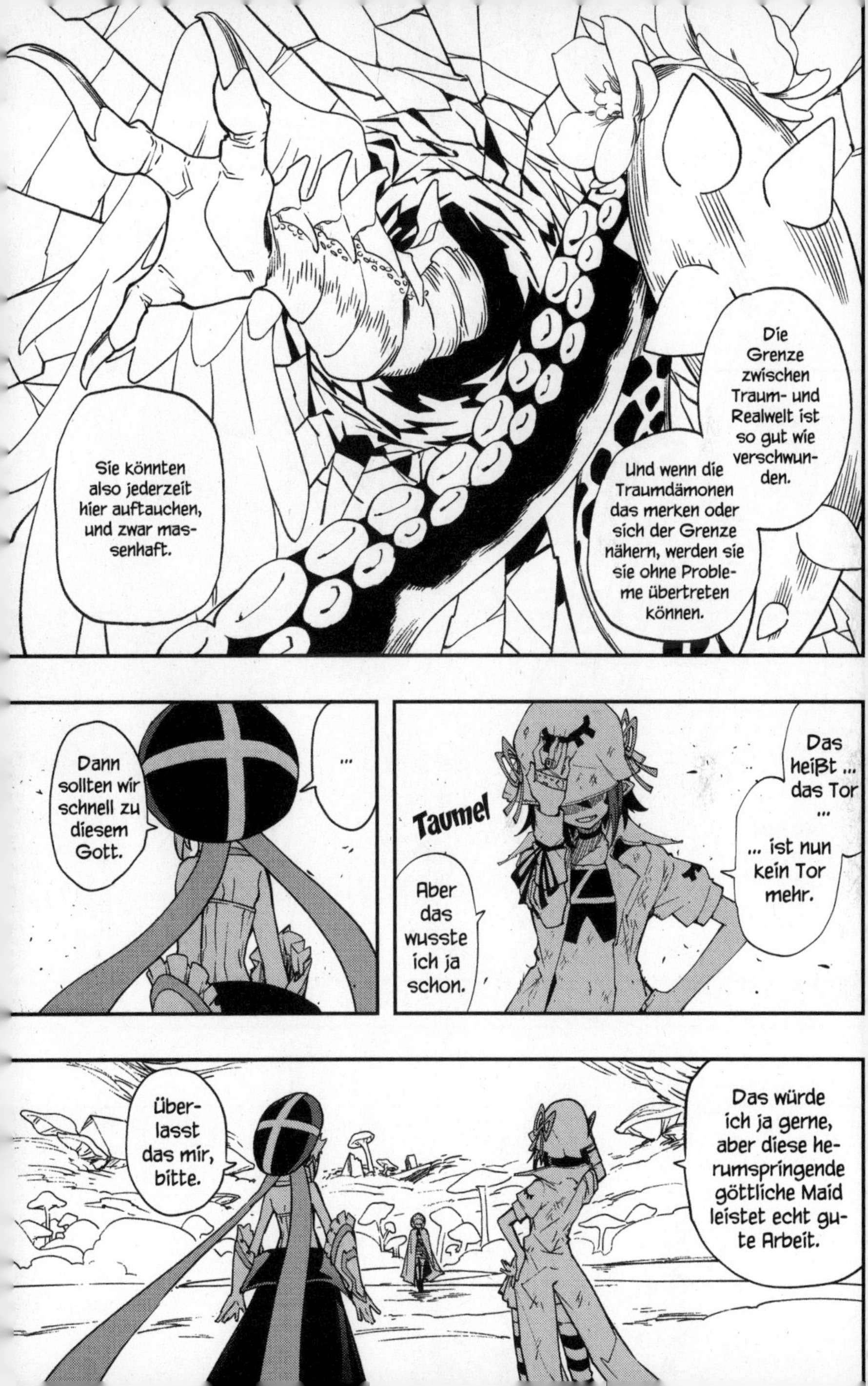

Die Grenze zwischen Traum- und Realwelt ist so gut wie verschwunden.
Und wenn die Traumdämonen das merken oder sich der Grenze nähern, werden sie sie ohne Probleme übertreten können.
Sie könnten also jederzeit hier auftauchen, und zwar massenhaft.

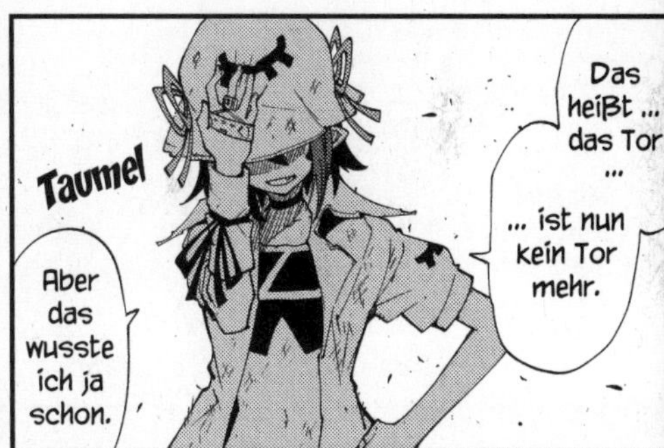

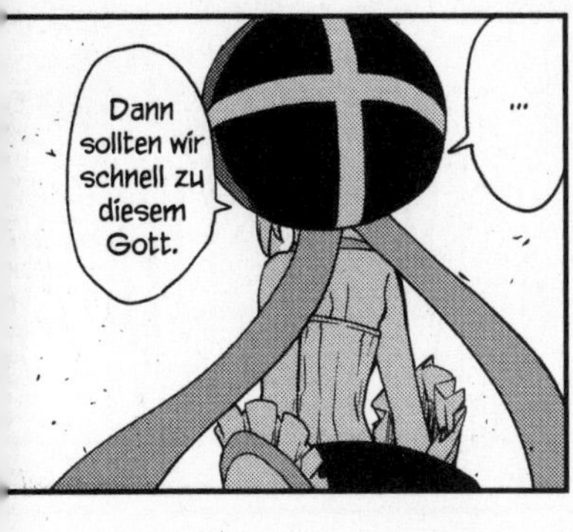

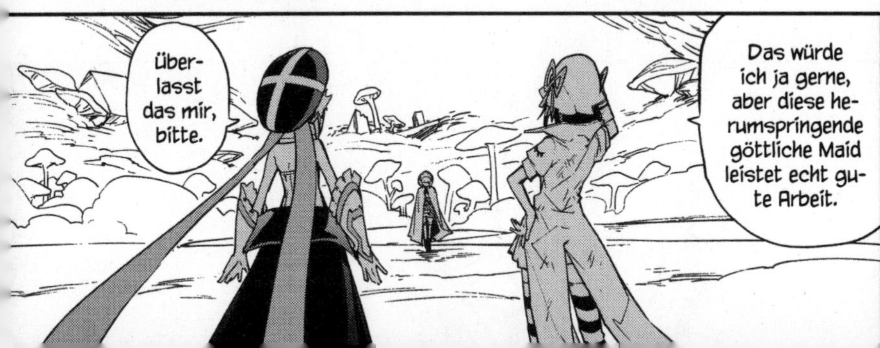

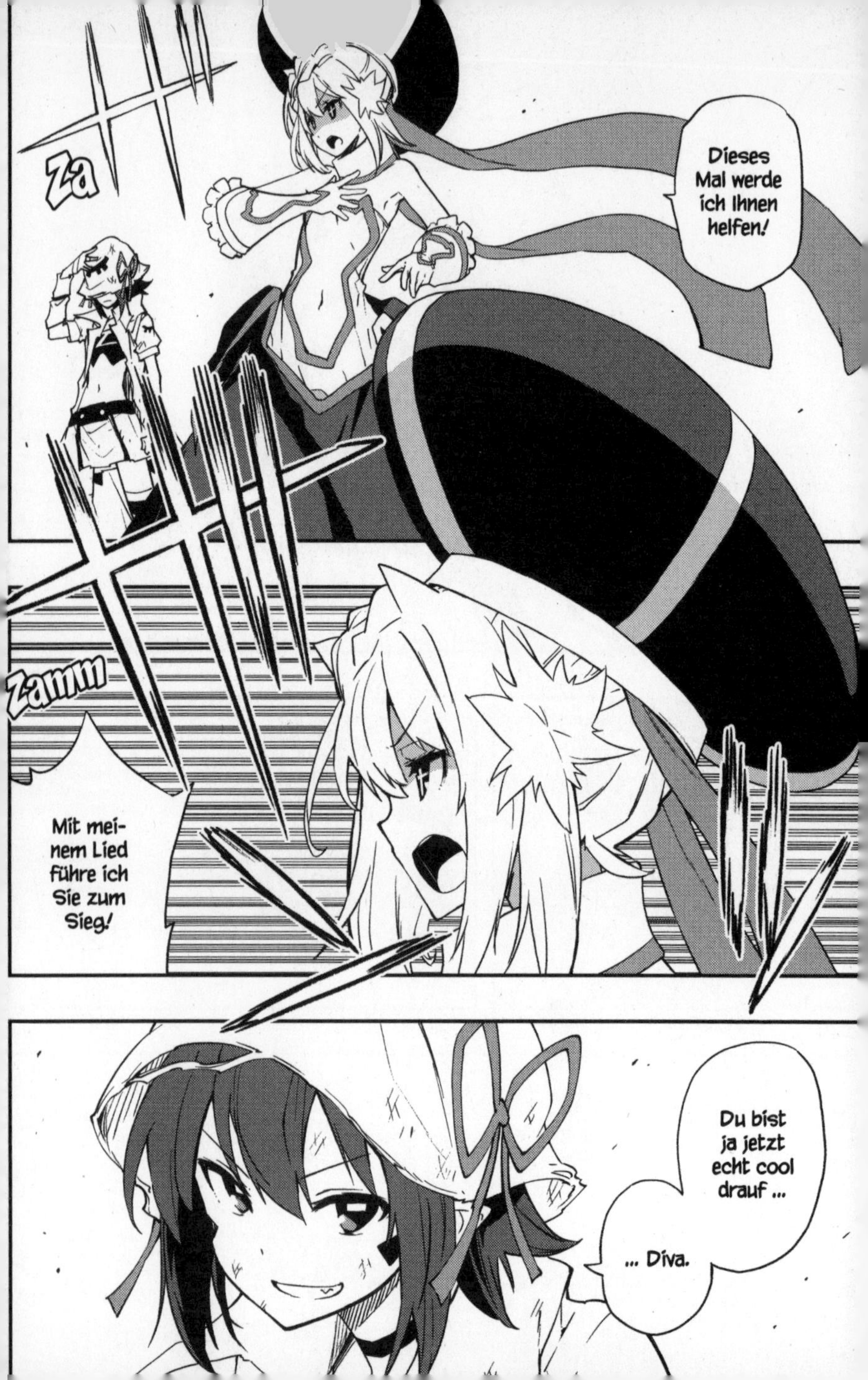
Za
Dieses Mal werde ich Ihnen helfen!
Zamm
Mit meinem Lied führe ich Sie zum Sieg!
Du bist ja jetzt echt cool drauf ...
... Diva.

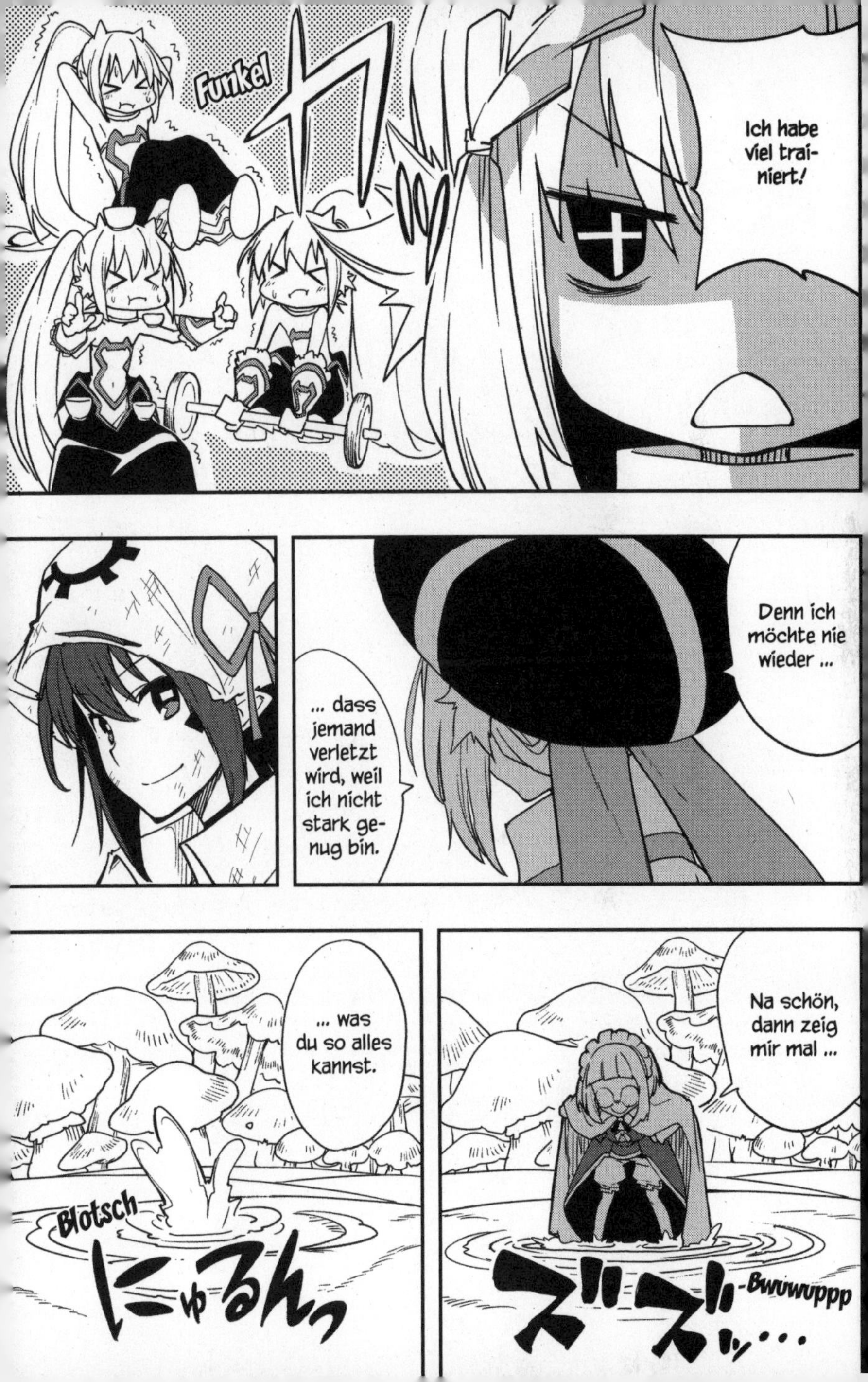

Ich habe viel trainiert!

Funkel

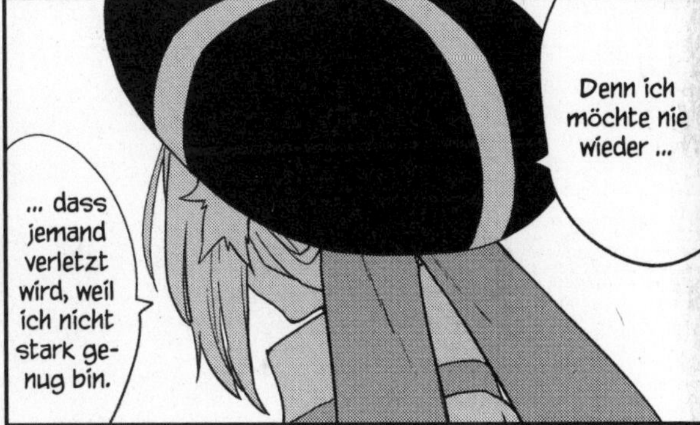

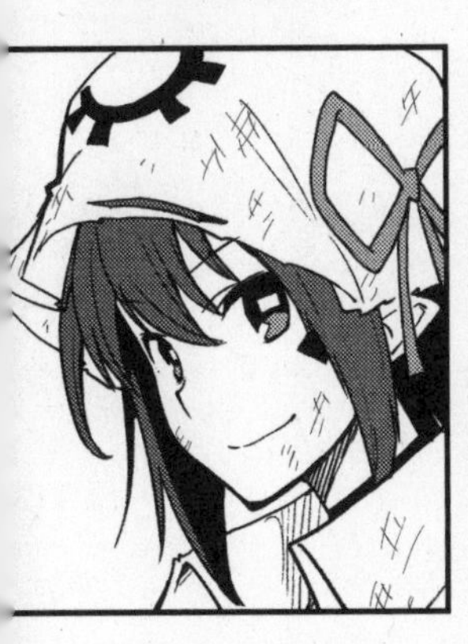

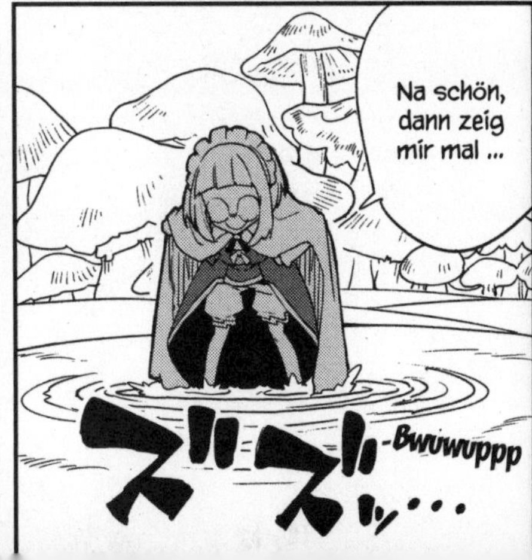

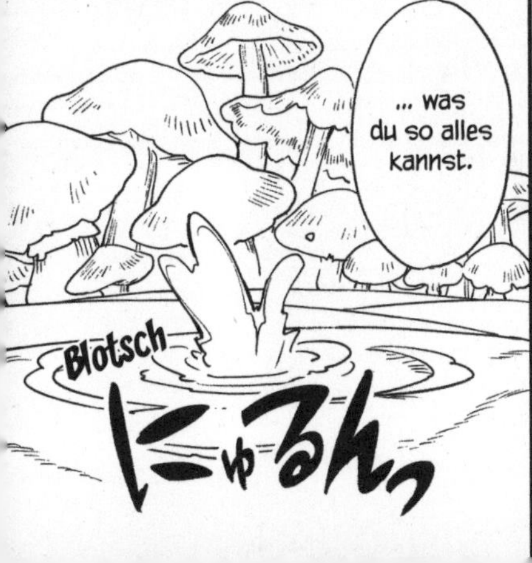

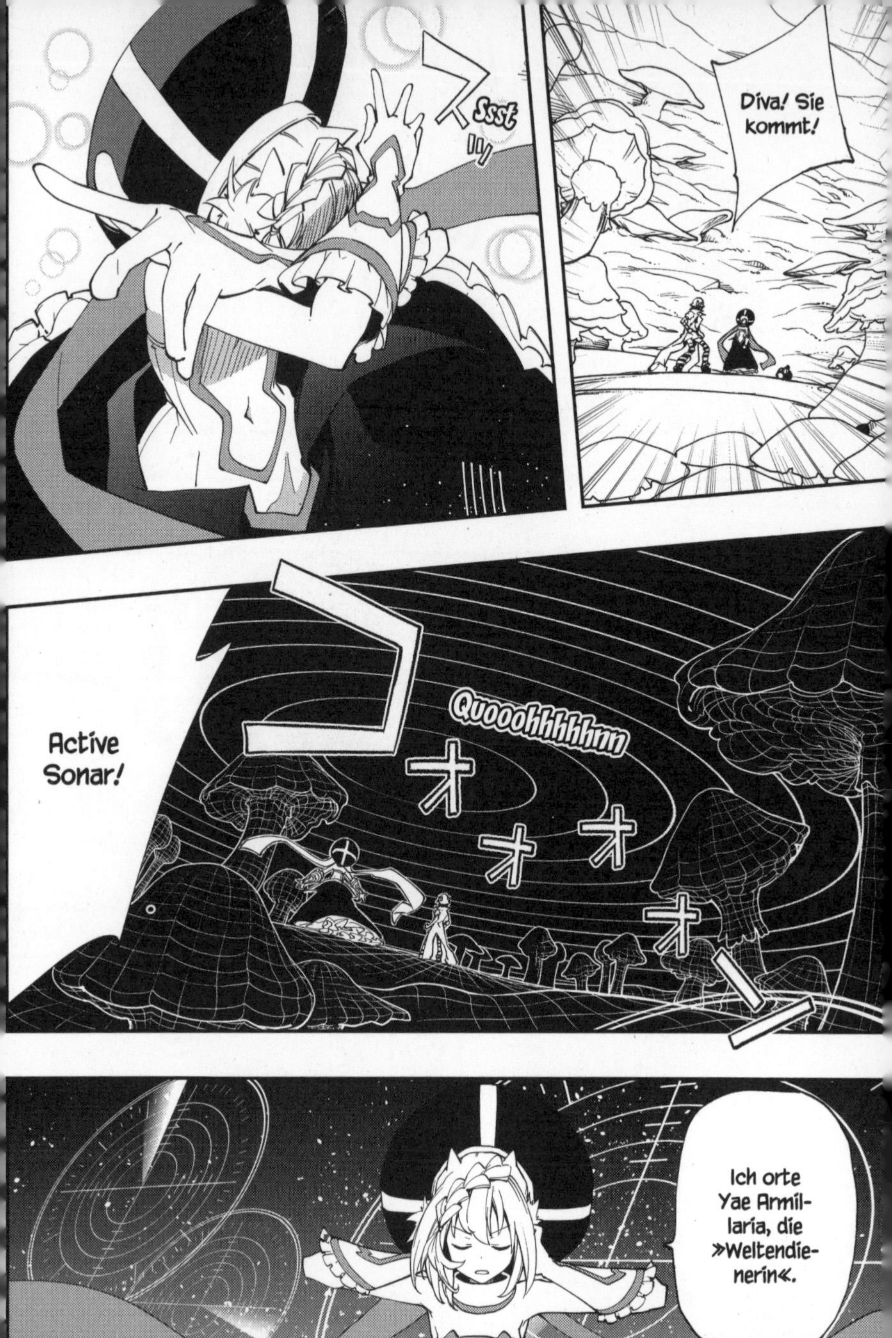
Diva! Sie kommt!
Ssst
Active Sonar!
Quooohhhhhnn
Ich orte Yae Armil-laria, die »Weltendie-nerin«.

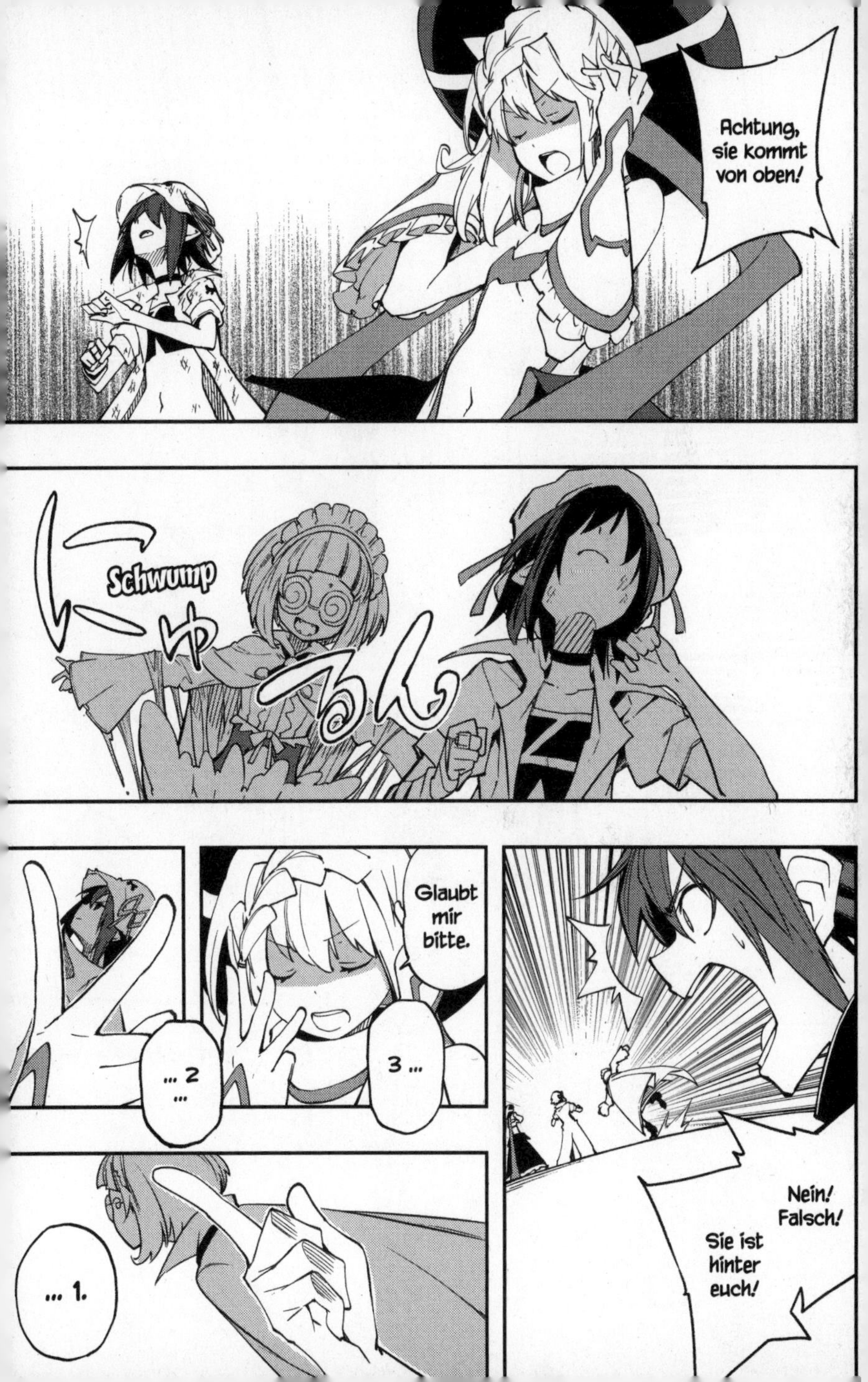

Achtung, sie kommt von oben!

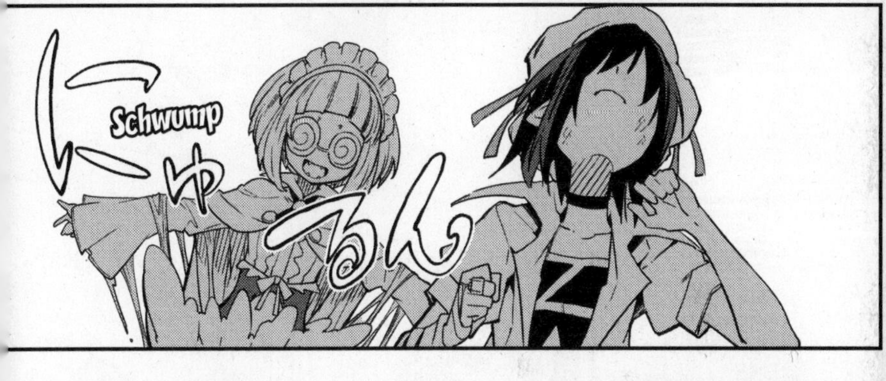

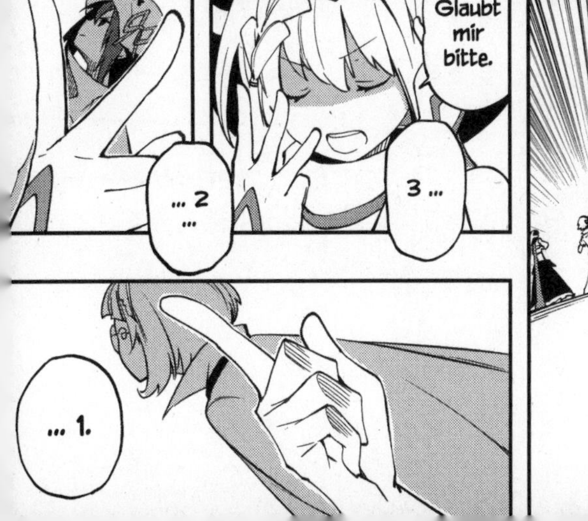

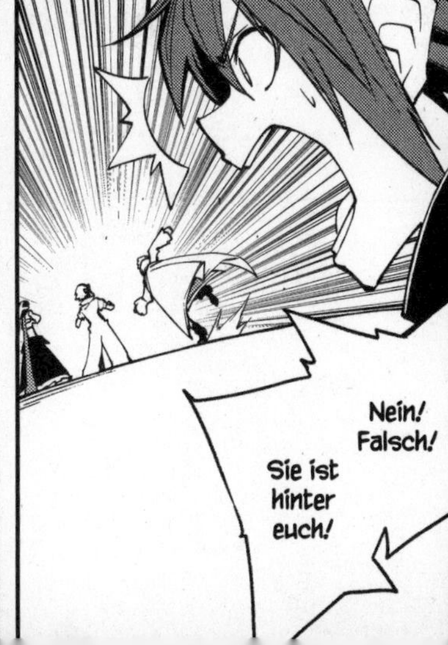

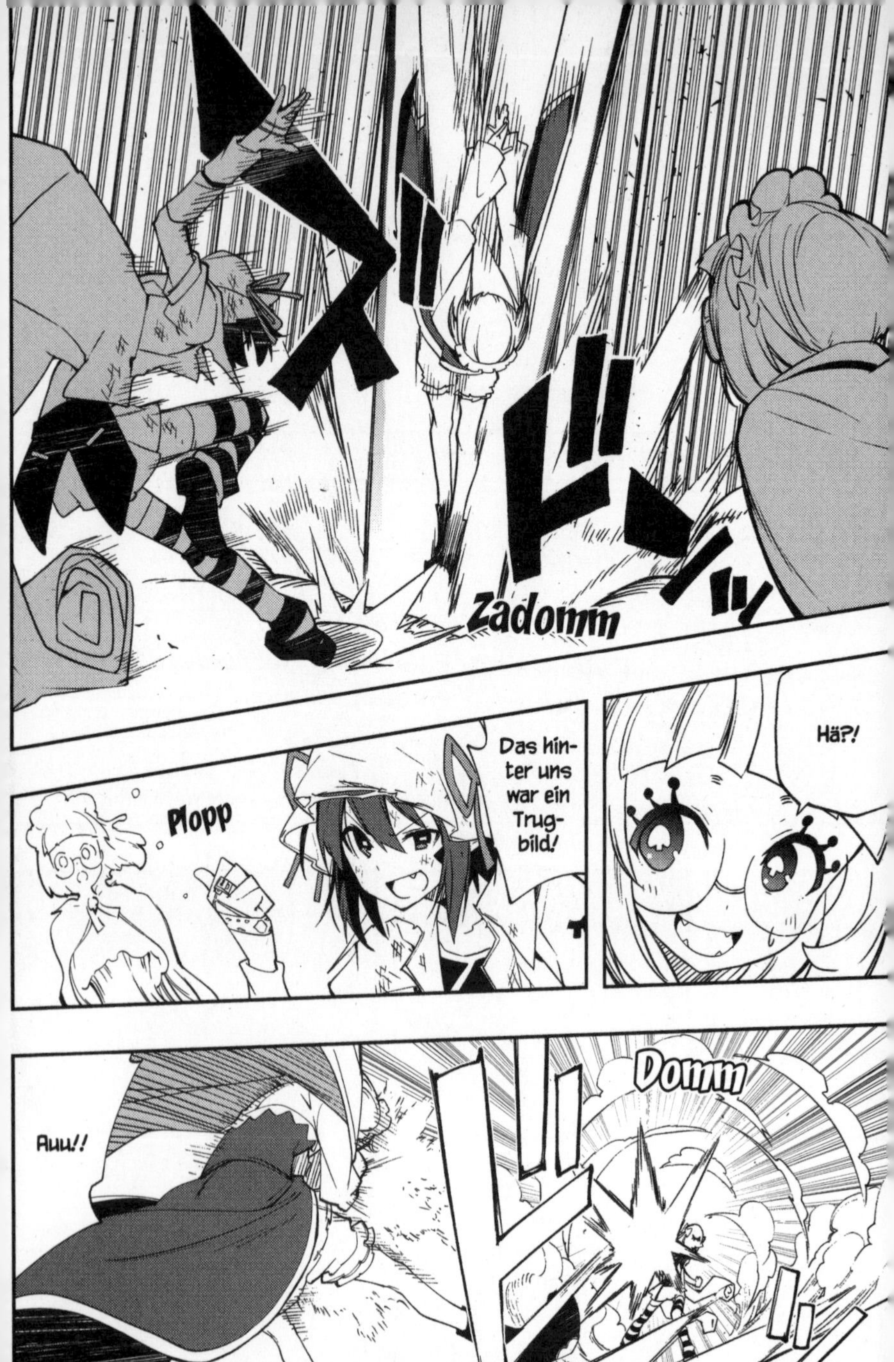
Zadomm
Hä?!
Das hin-
ter uns
war ein
Trug-
bild!
Plopp
Domm
Auu!!

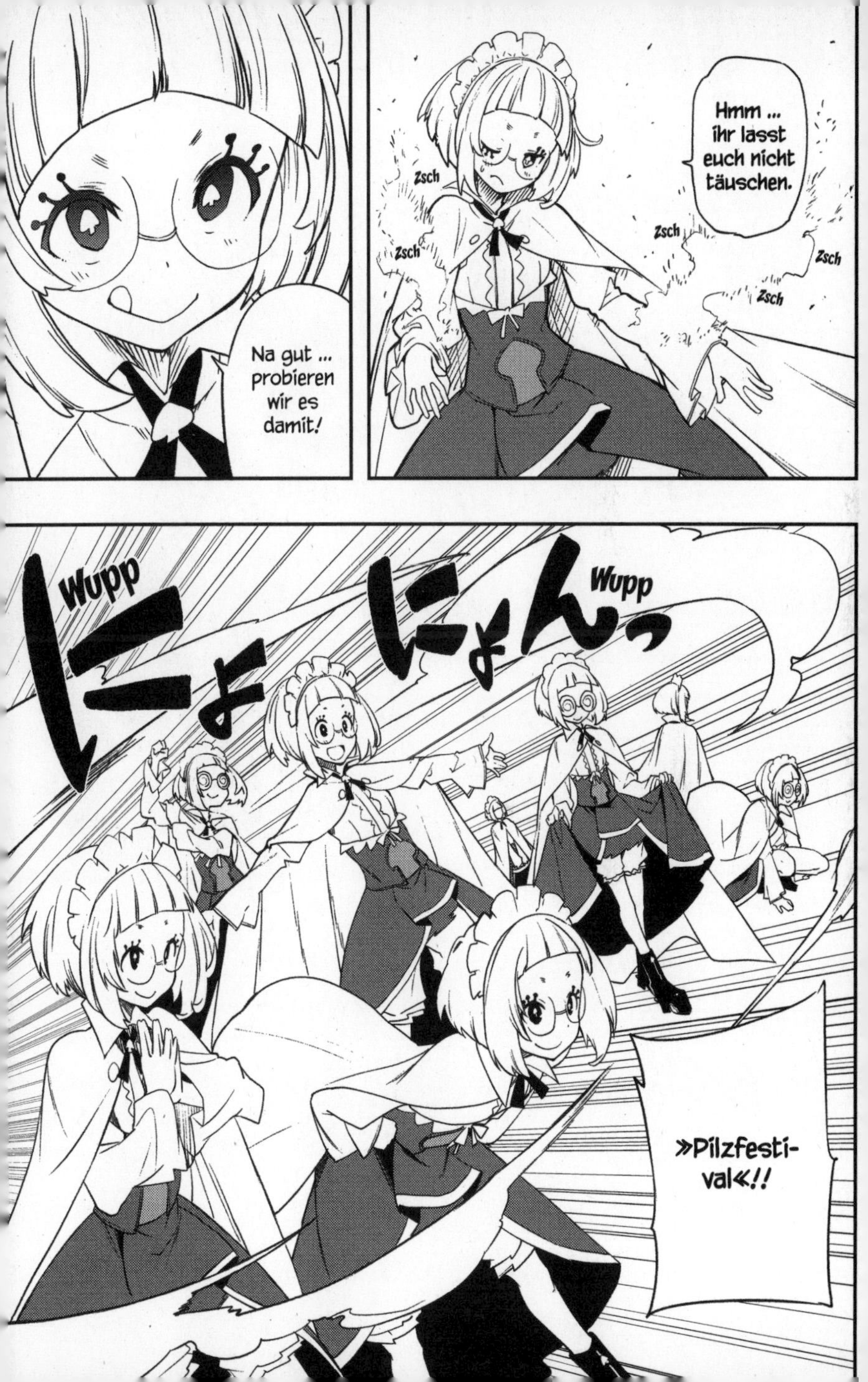

Zsch
Hmm ... ihr lasst euch nicht täuschen.
Zsch
Zsch
Zsch
Zsch
Na gut ... probieren wir es damit!
Wupp
にょんっ
Wupp
にょ
»Pilzfesti-
val«!!

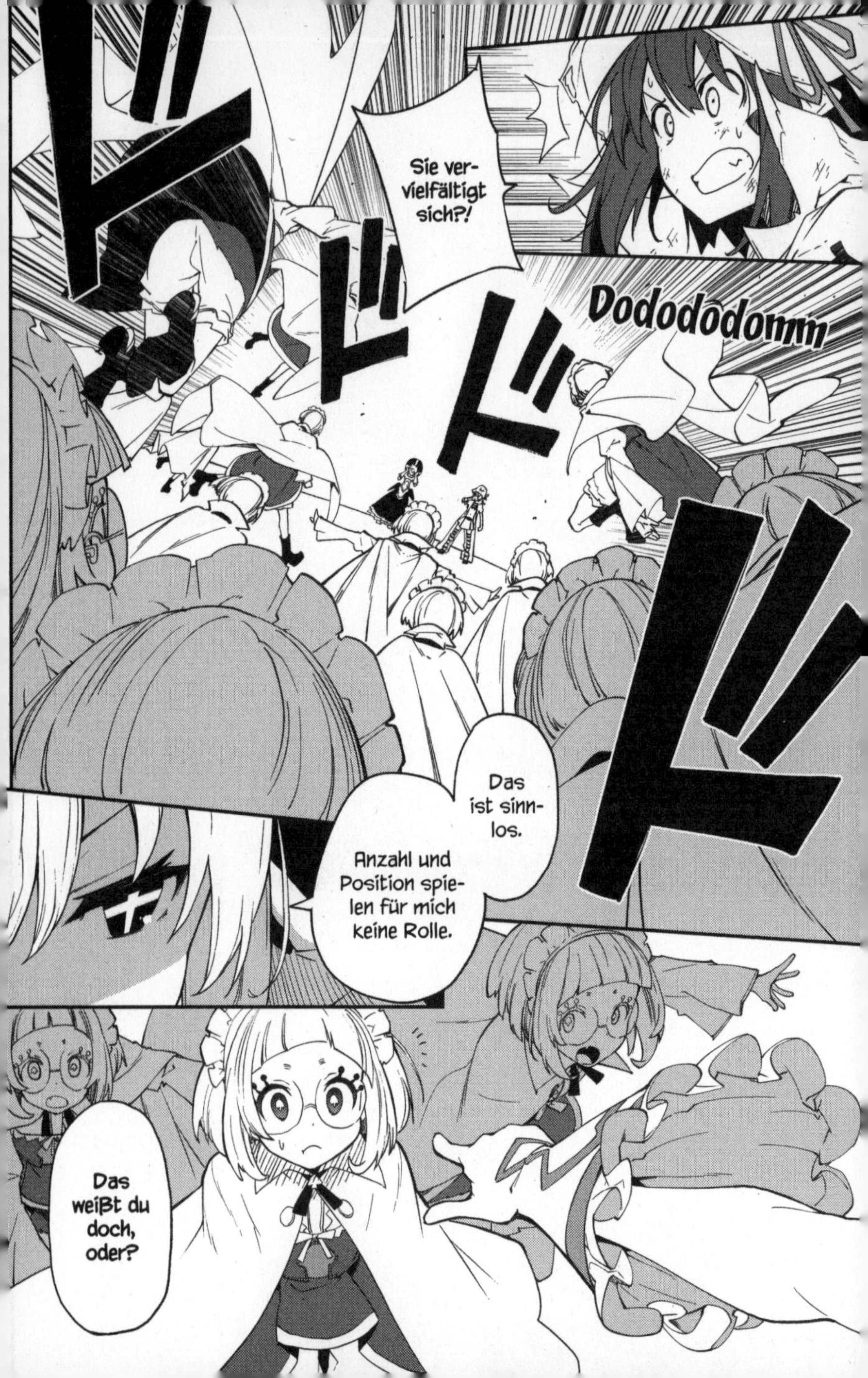
Sie vervielfältigt sich?!
Dododododomm
Das ist sinnlos.
Anzahl und Position spielen für mich keine Rolle.
Das weißt du doch, oder?

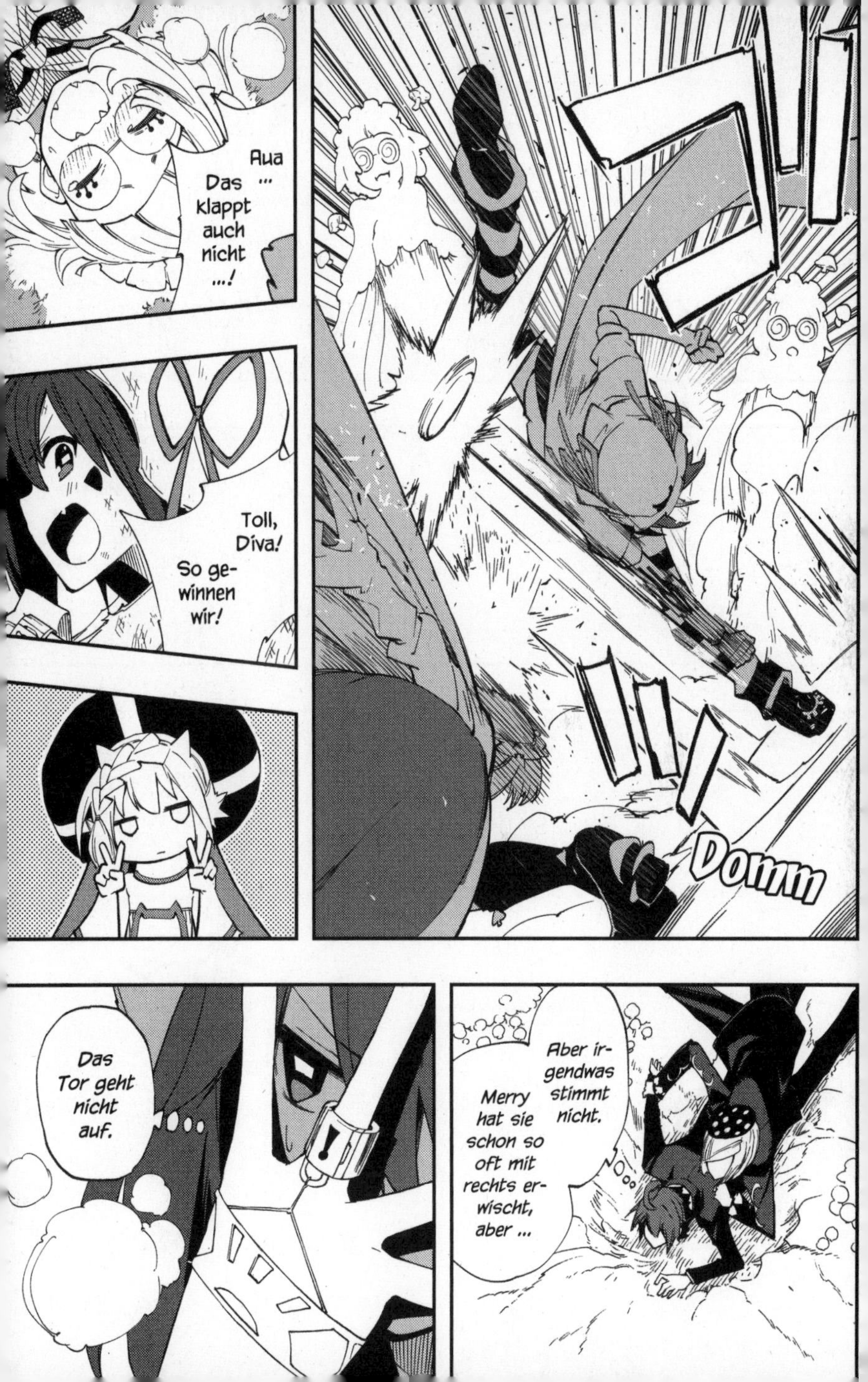

Domm
Aua ... Das klappt auch nicht ...!
Toll, Diva! So gewinnen wir!

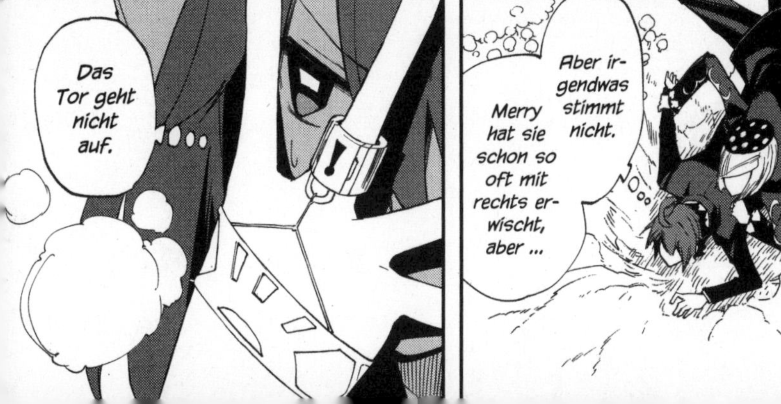

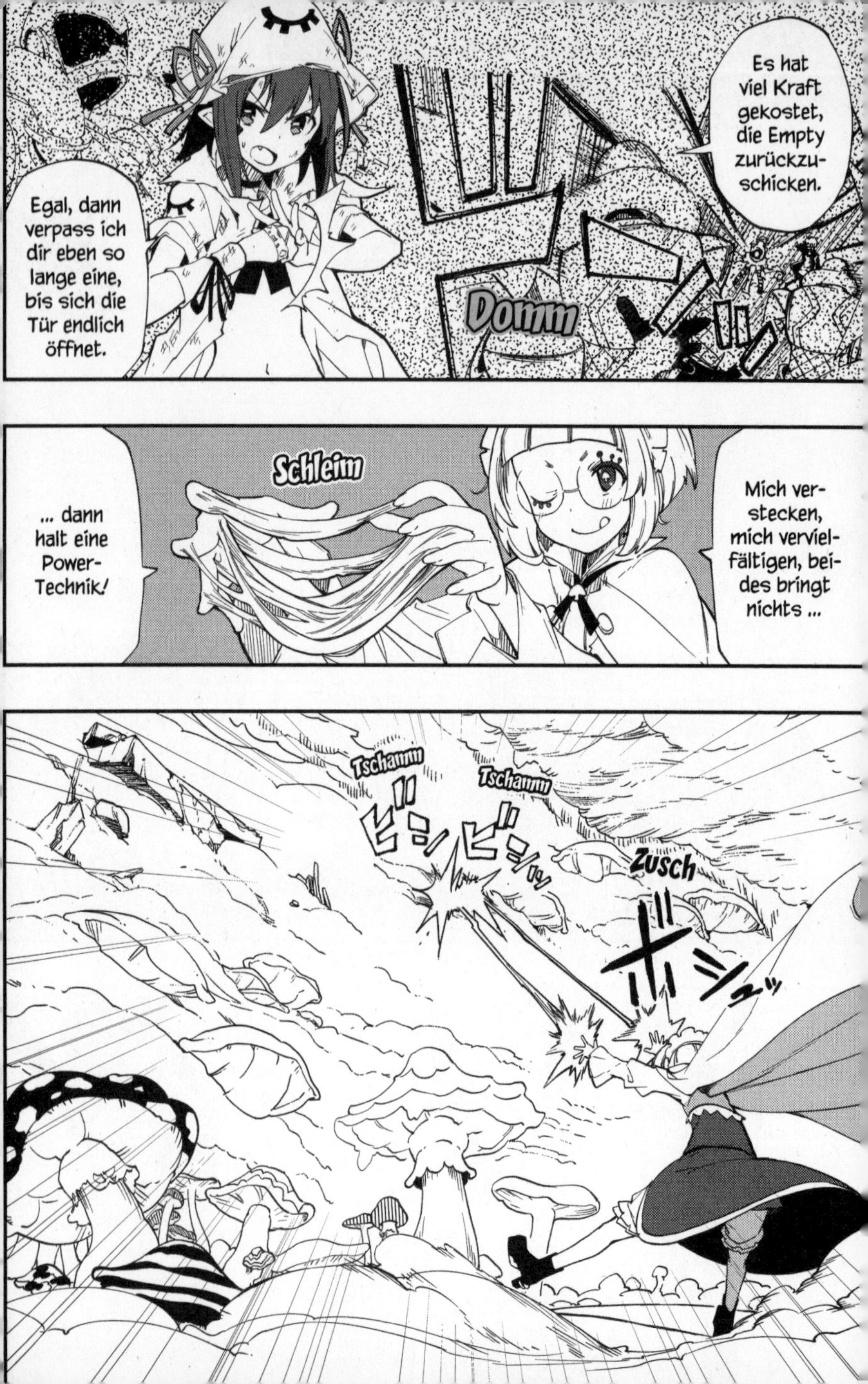

Es hat viel Kraft gekostet, die Empty zurückzuschicken.

Domm

Egal, dann verpass ich dir eben so lange eine, bis sich die Tür endlich öffnet.

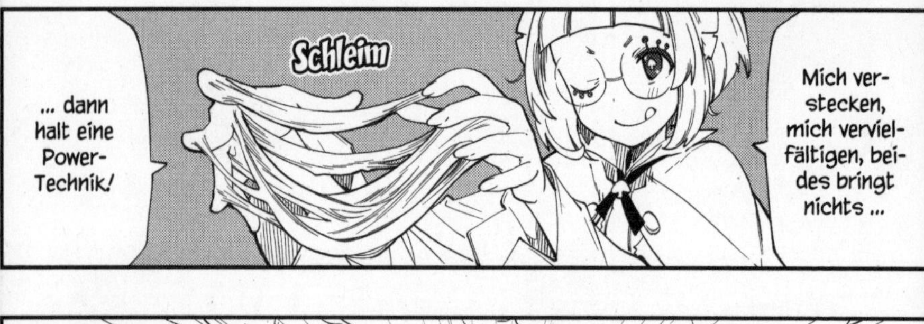

Tschamm

Tschamm

Zusch

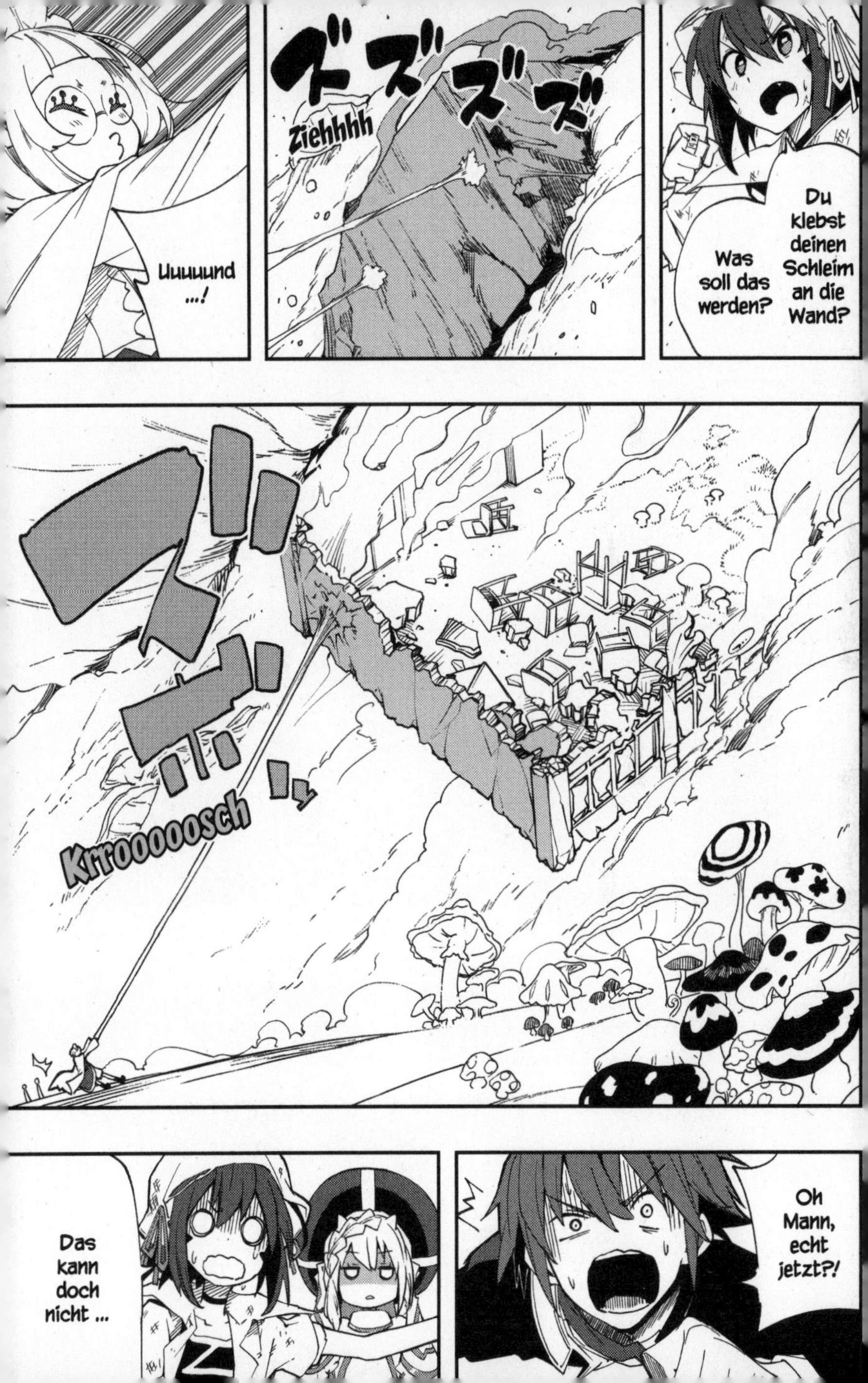

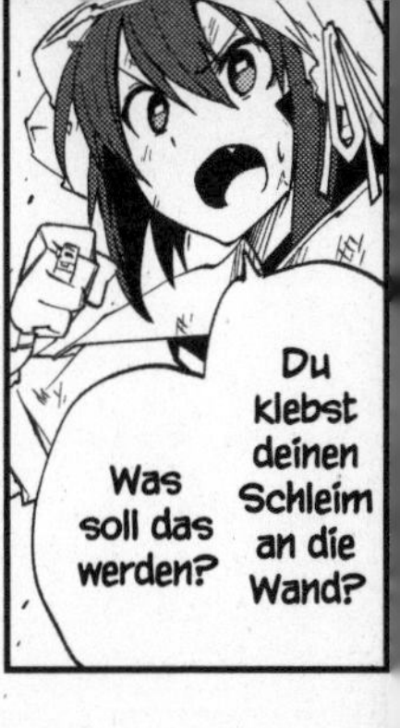
Du klebst deinen Schleim an die Wand?
Was soll das werden?

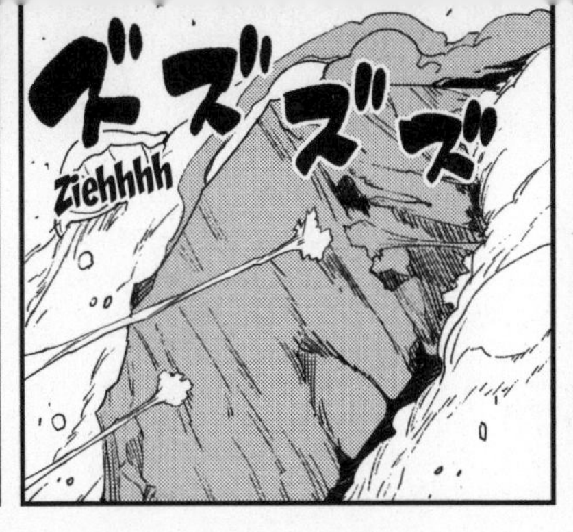
ズズズズ
Ziehhhh

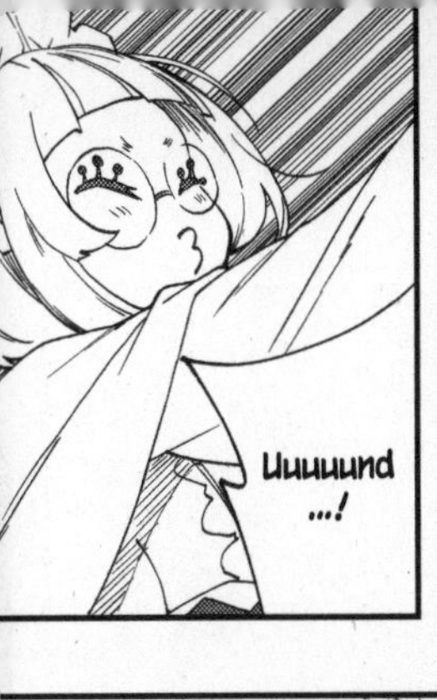
Uuuuund ...!

Krroooooosch

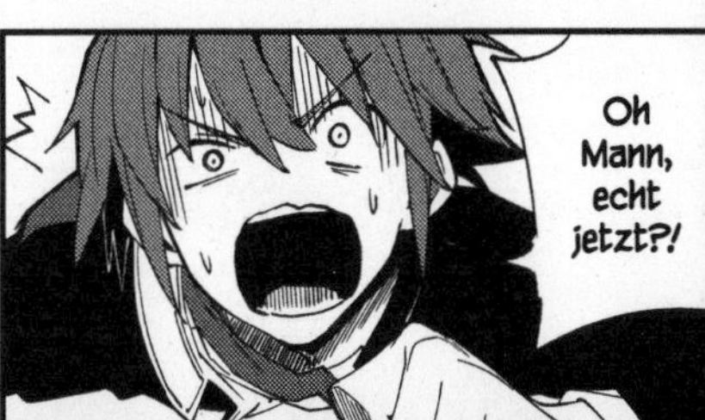
Oh Mann, echt jetzt?!

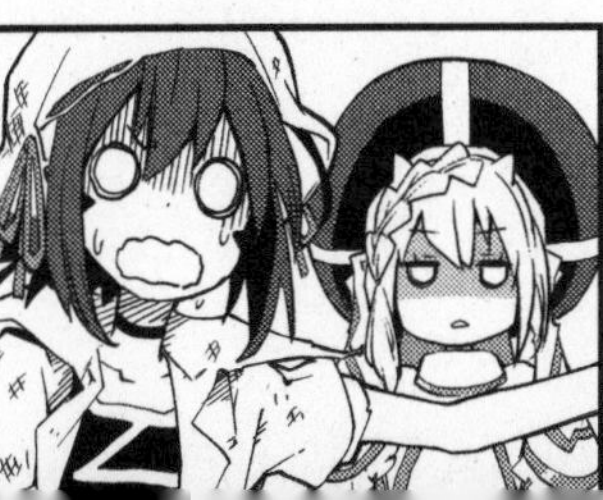

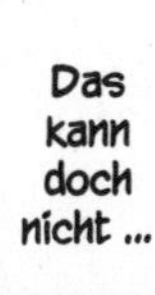
Das kann doch nicht ...

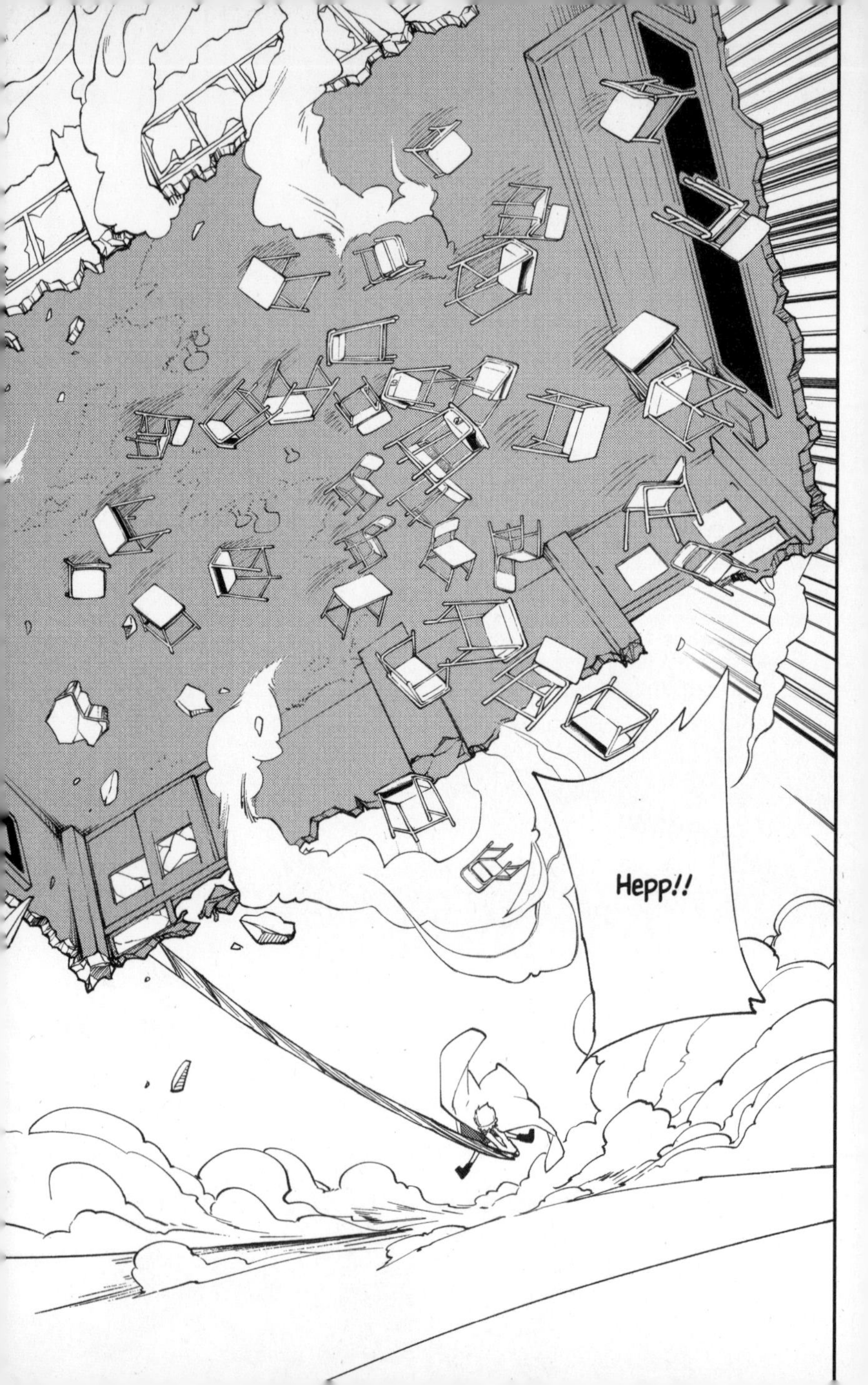
Hepp!!

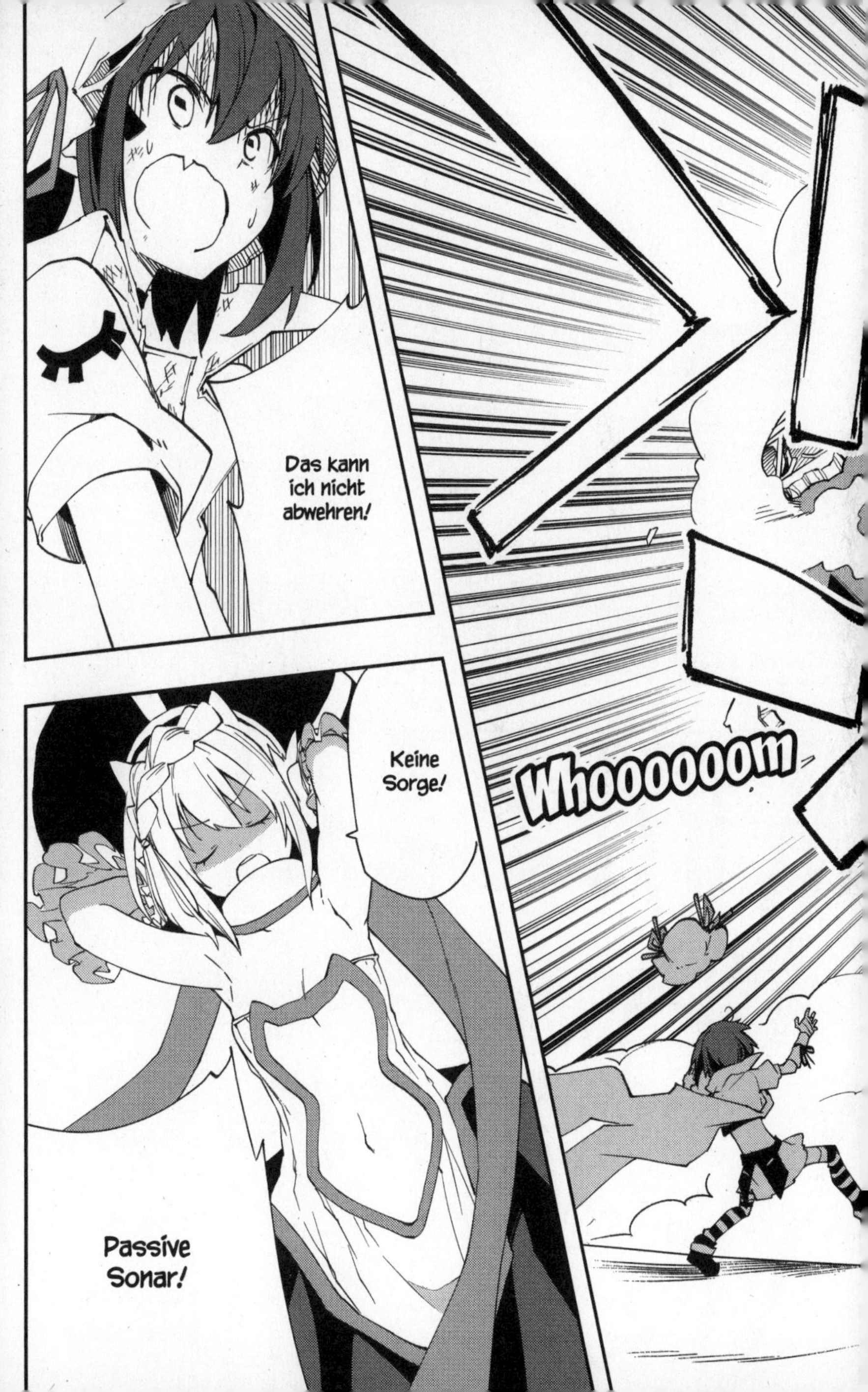
Das kann ich nicht abwehren!
Whoooooom
Keine Sorge!
Passive Sonar!

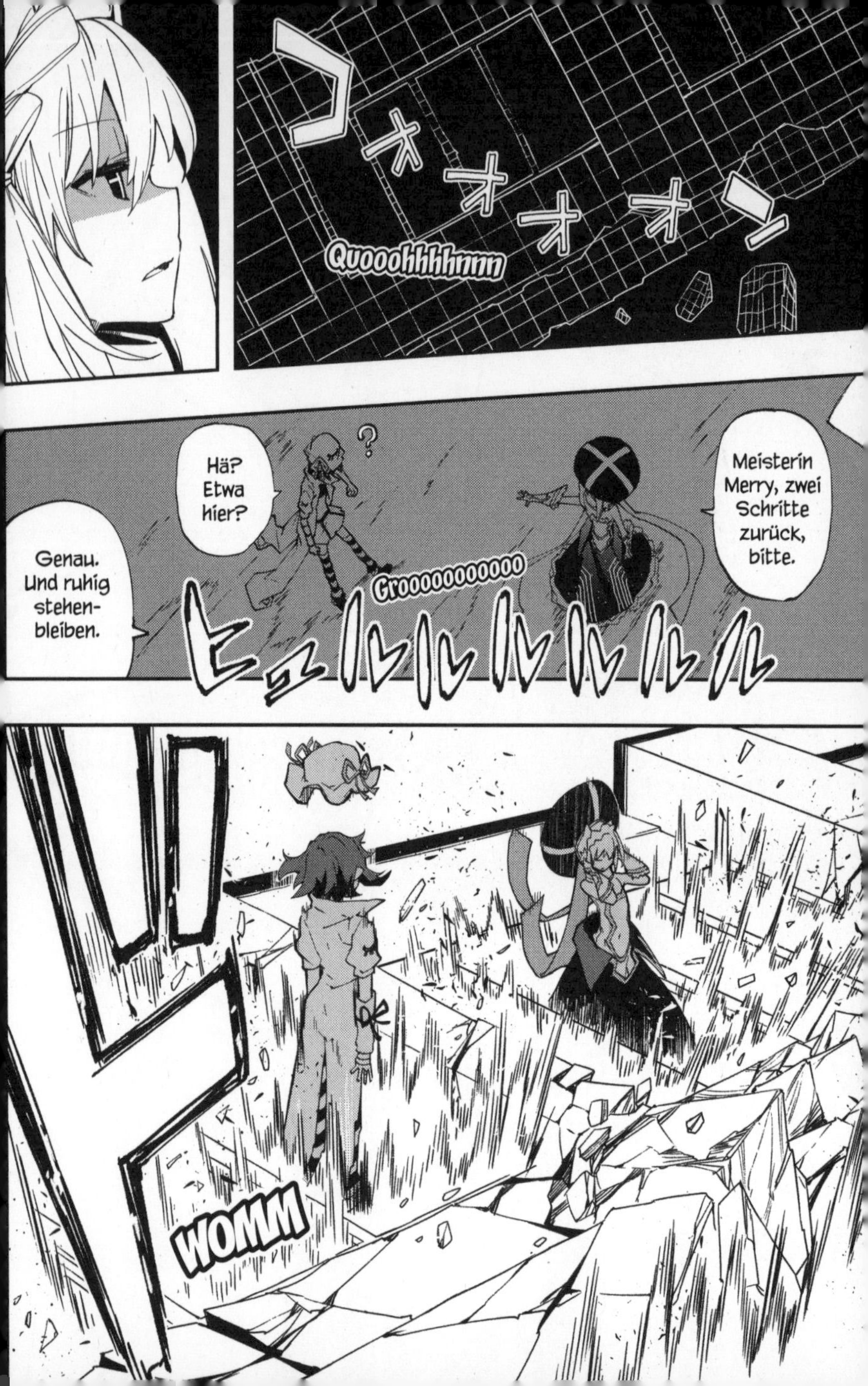

コォオオオン
Quoooohhhhnnn
Meisterin Merry, zwei Schritte zurück, bitte.
Hä? Etwa hier?
Genau. Und ruhig stehenbleiben.
ヒュルルルルルル
Grooooooooooo
WOMM

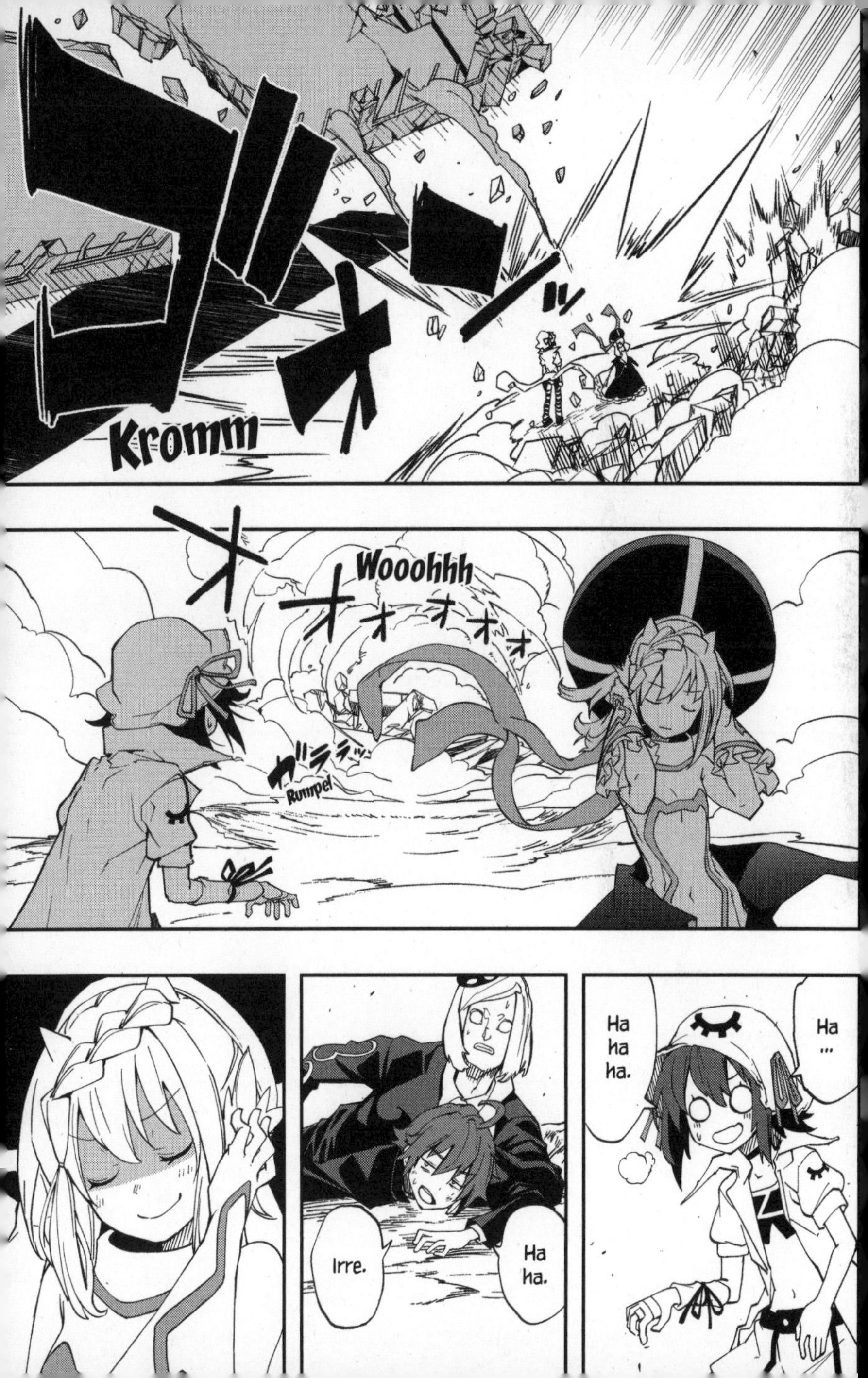

Kromm

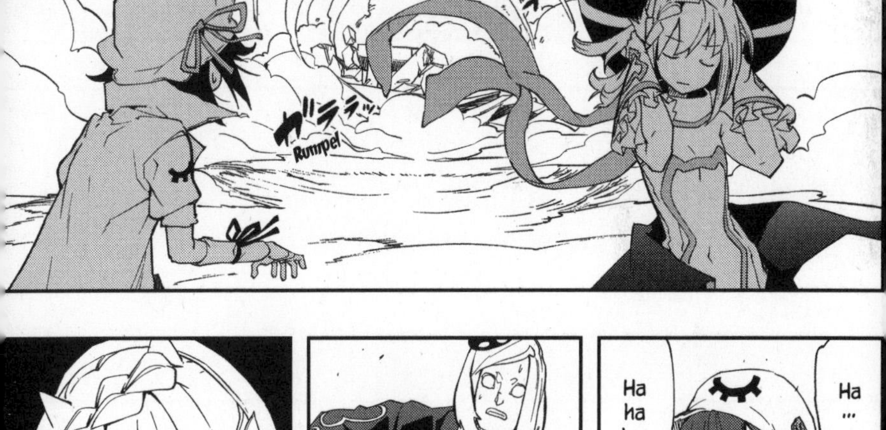

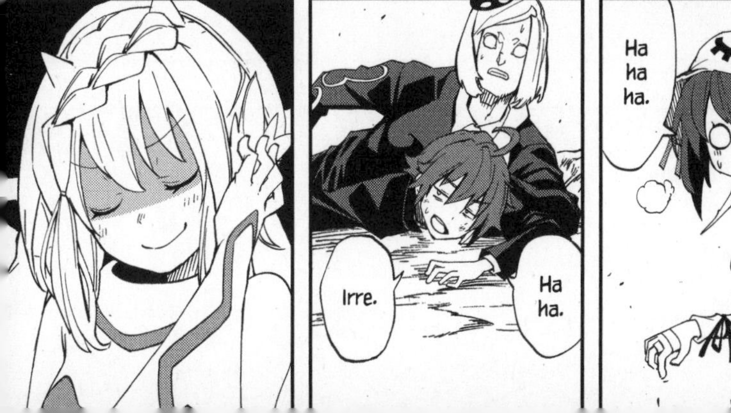

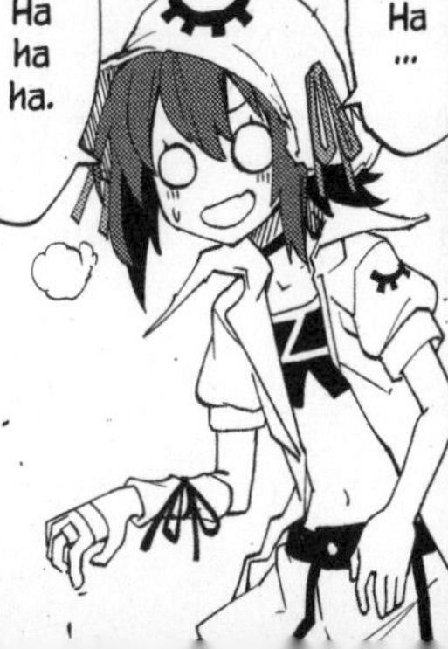

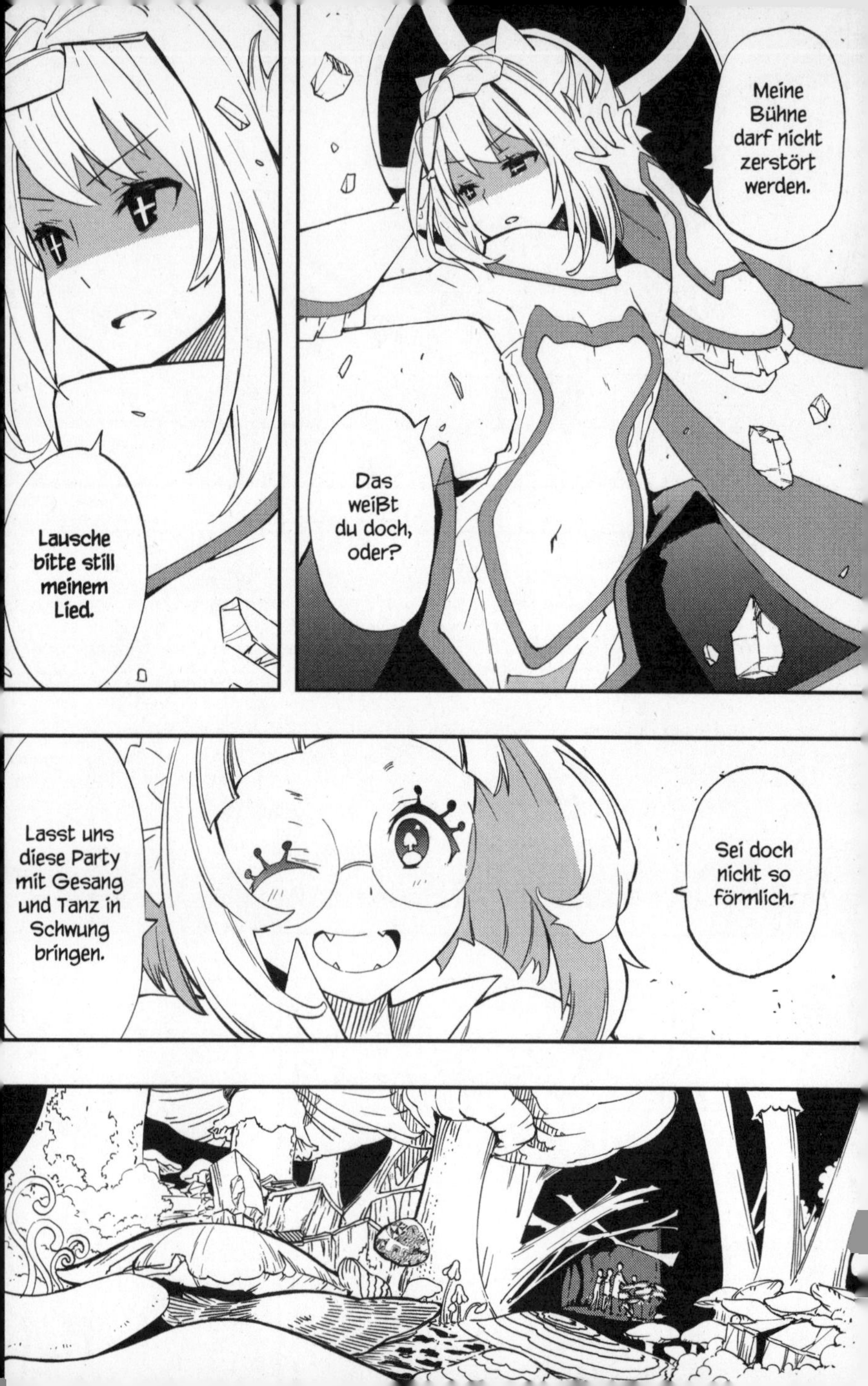

Meine Bühne darf nicht zerstört werden.

Das weißt du doch, oder?

Lausche bitte still meinem Lied.

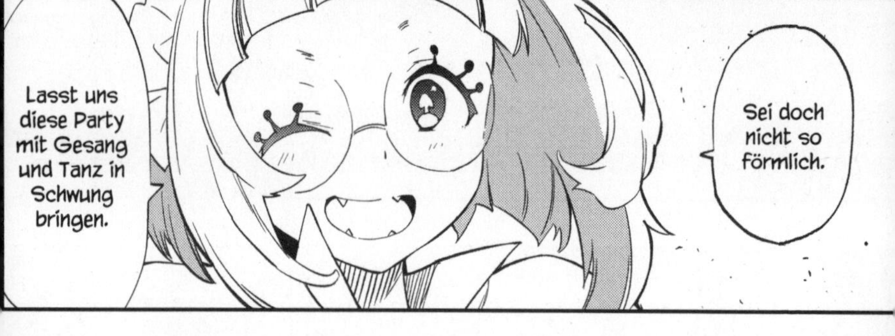

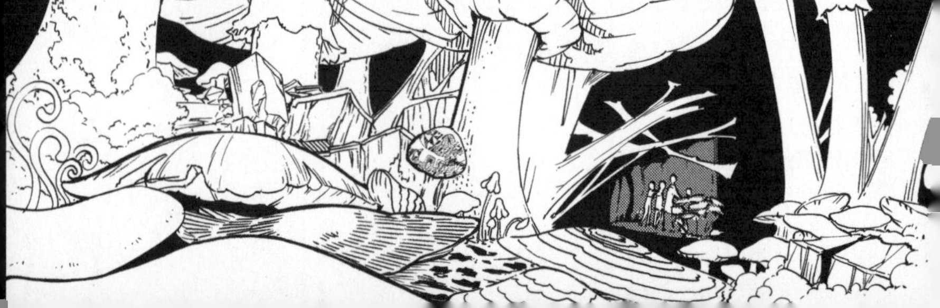

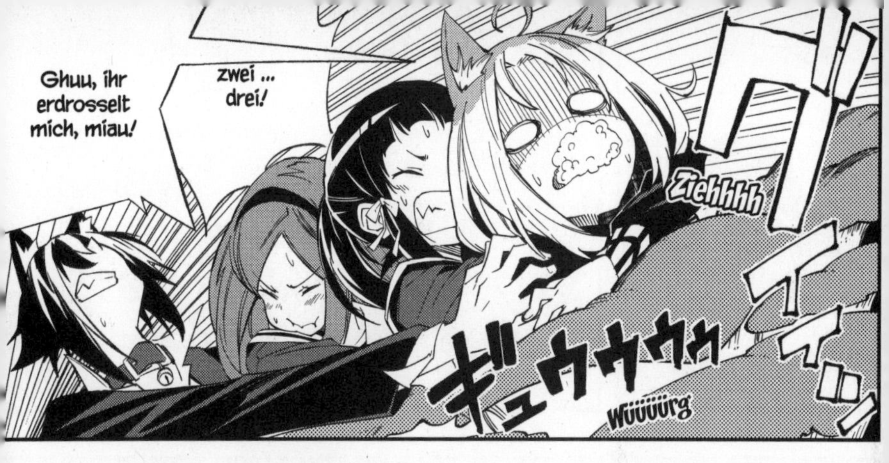
Ziehhhh
zwei ... drei!
Ghuu, ihr erdrosselt mich, miau!
Wüüüürg

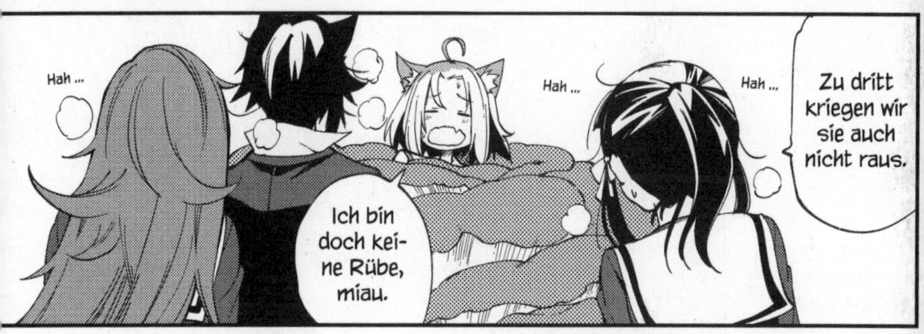
Hah ...
Zu dritt kriegen wir sie auch nicht raus.
Hah ...
Hah ...
Ich bin doch kei-ne Rübe, miau.

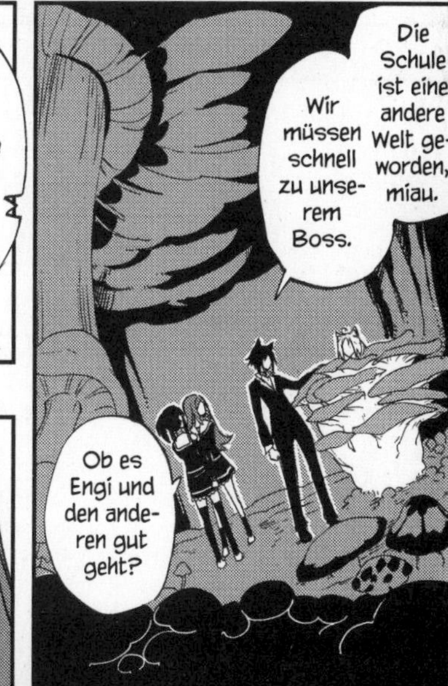
Die Schule ist eine andere Welt ge-worden, miau.
Wir müssen schnell zu unse-rem Boss.
Ob es Engi und den ande-ren gut geht?

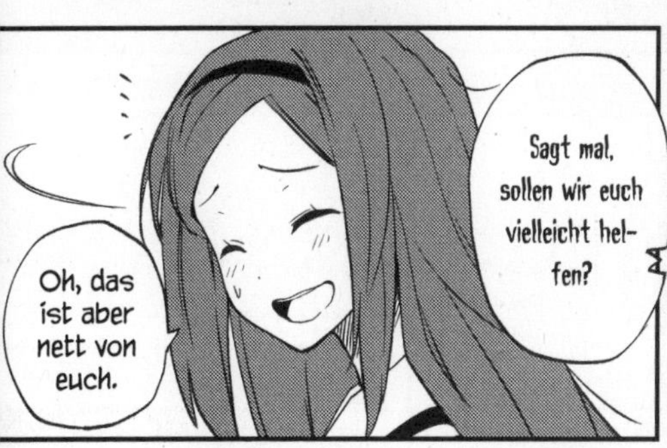
Sagt mal, sollen wir euch vielleicht hel-fen?
Oh, das ist aber nett von euch.

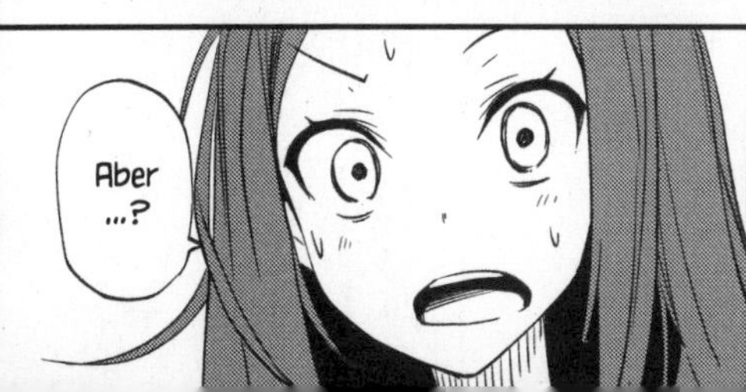
Aber ...?

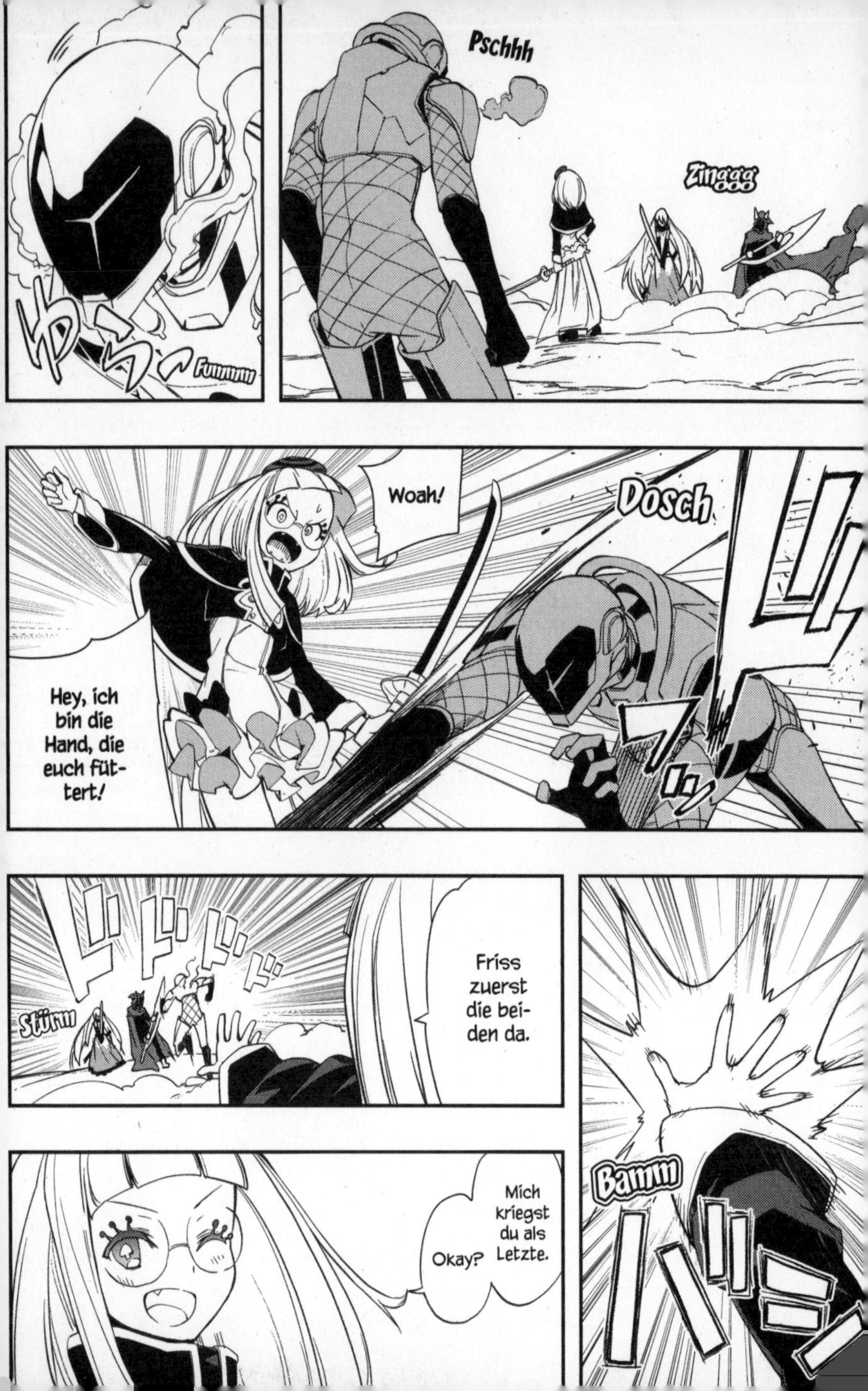

Pschhh
Zinggg
Fummm

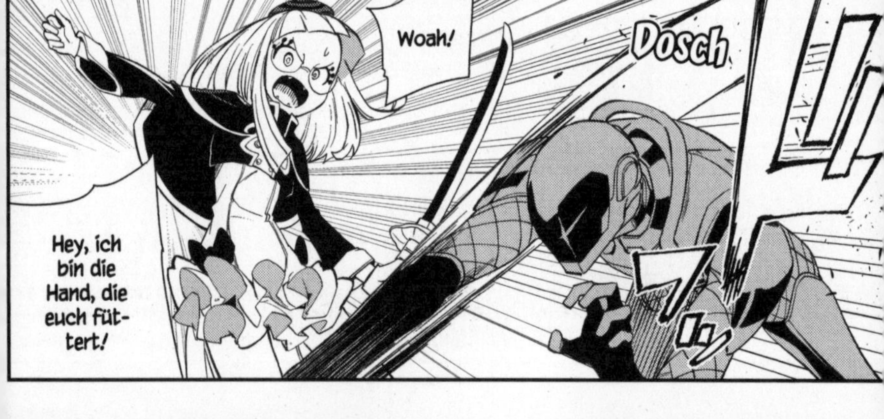
Dosch
Woah!
Hey, ich bin die Hand, die euch füttert!

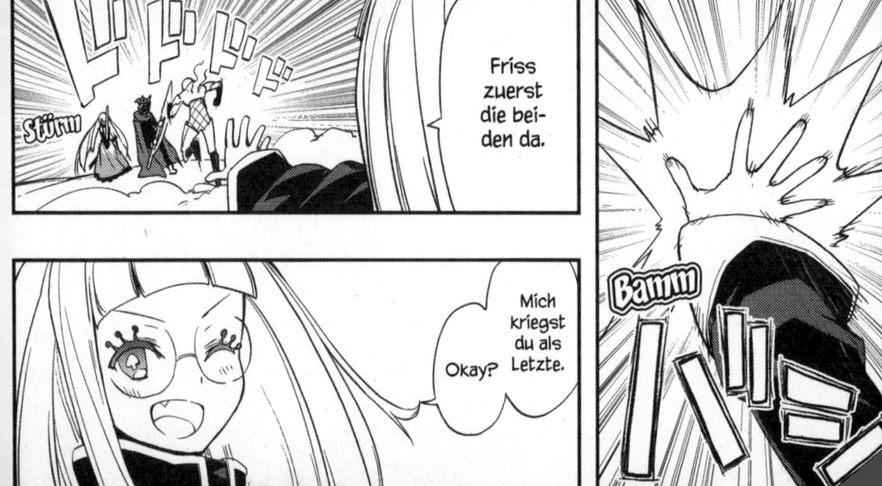
Bamm
Friss zuerst die beiden da.
Stürm
Mich kriegst du als Letzte.
Okay?

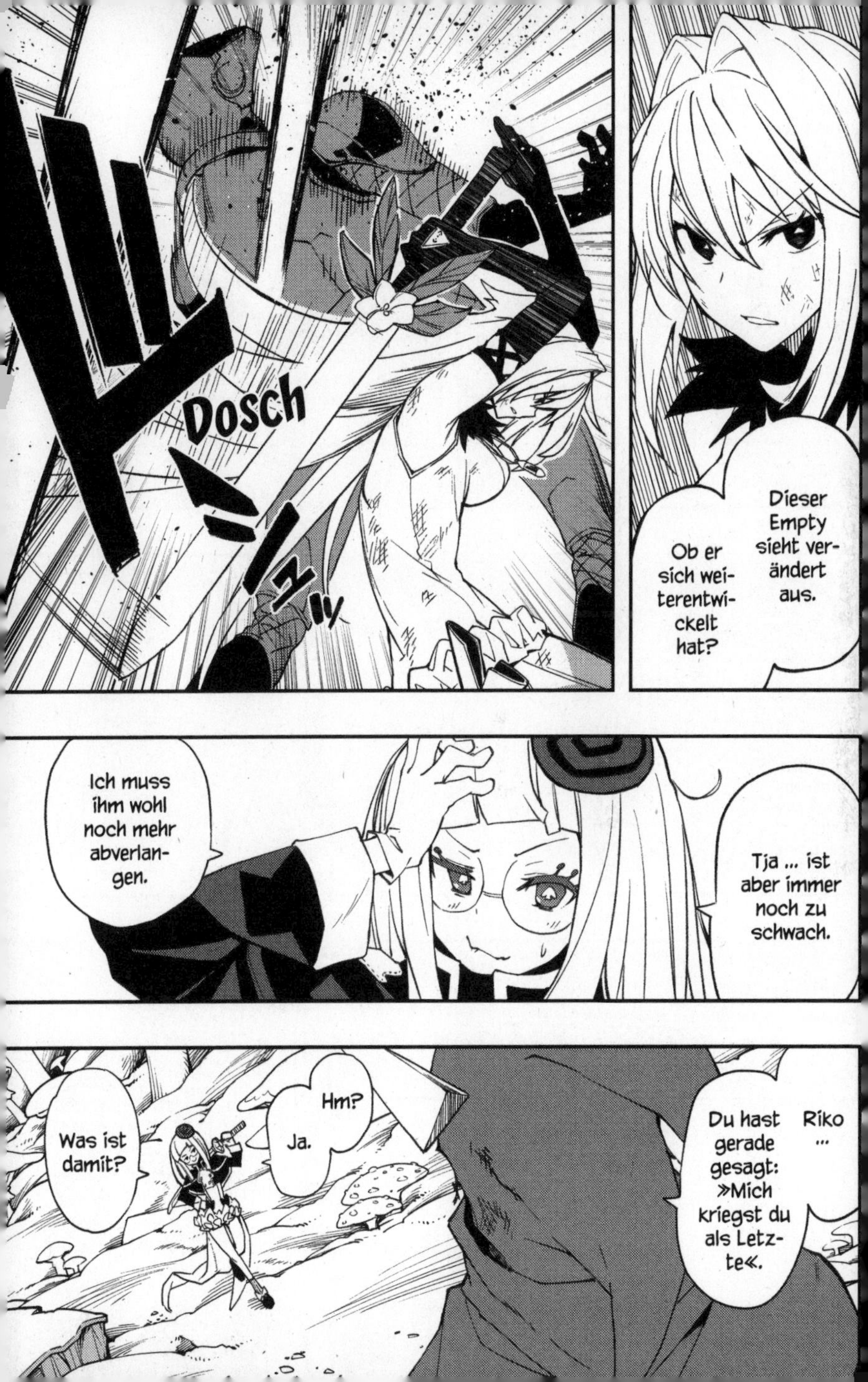

Dieser Empty sieht verändert aus.
Ob er sich weiterentwickelt hat?
Dosch

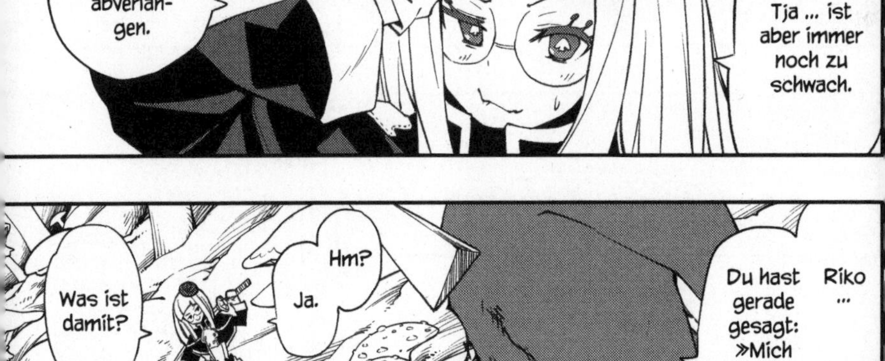

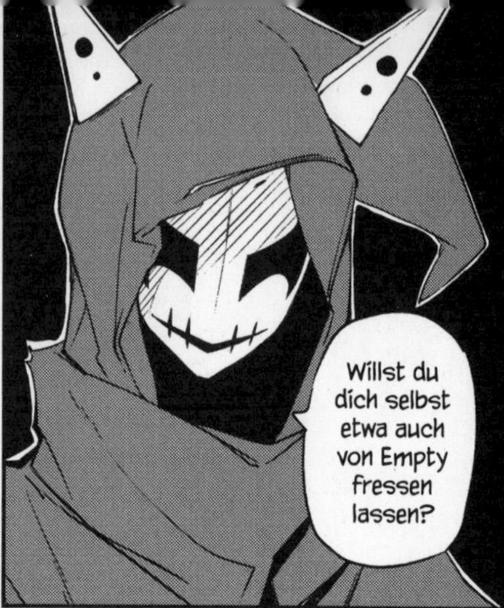
Willst du dich selbst etwa auch von Empty fressen lassen?

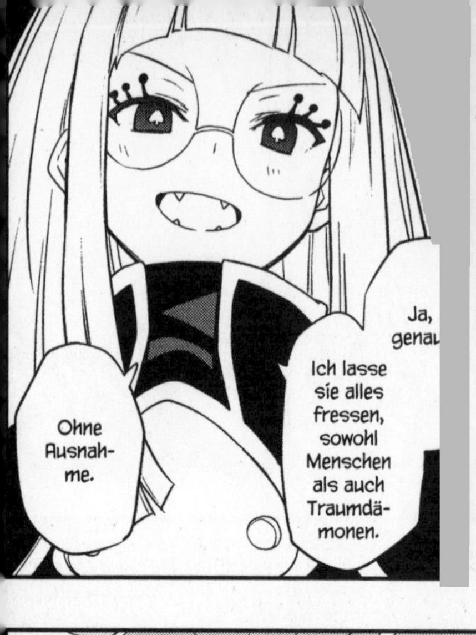
Ja, genau
Ich lasse sie alles fressen, sowohl Menschen als auch Traumdä-monen.
Ohne Ausnah-me.

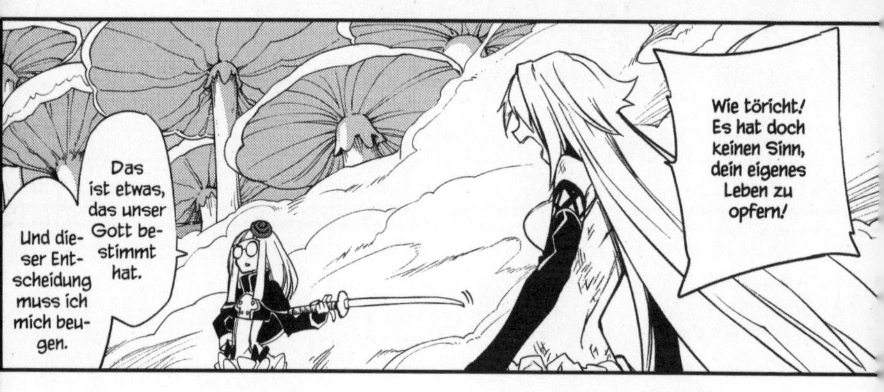
Wie töricht! Es hat doch keinen Sinn, dein eigenes Leben zu opfern!
Das ist etwas, das unser Gott be-stimmt hat.
Und die-ser Ent-scheidung muss ich mich beu-gen.

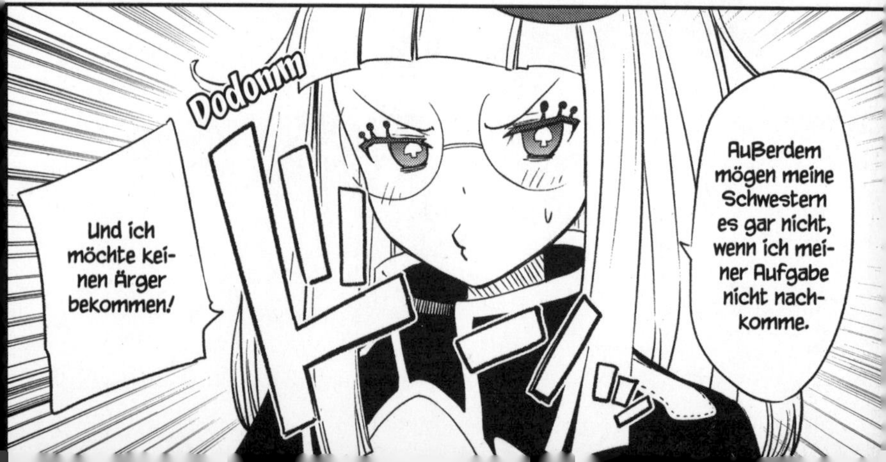
Dodomm
Außerdem mögen meine Schwestern es gar nicht, wenn ich mei-ner Aufgabe nicht nach-komme.
Und ich möchte kei-nen Ärger bekommen!

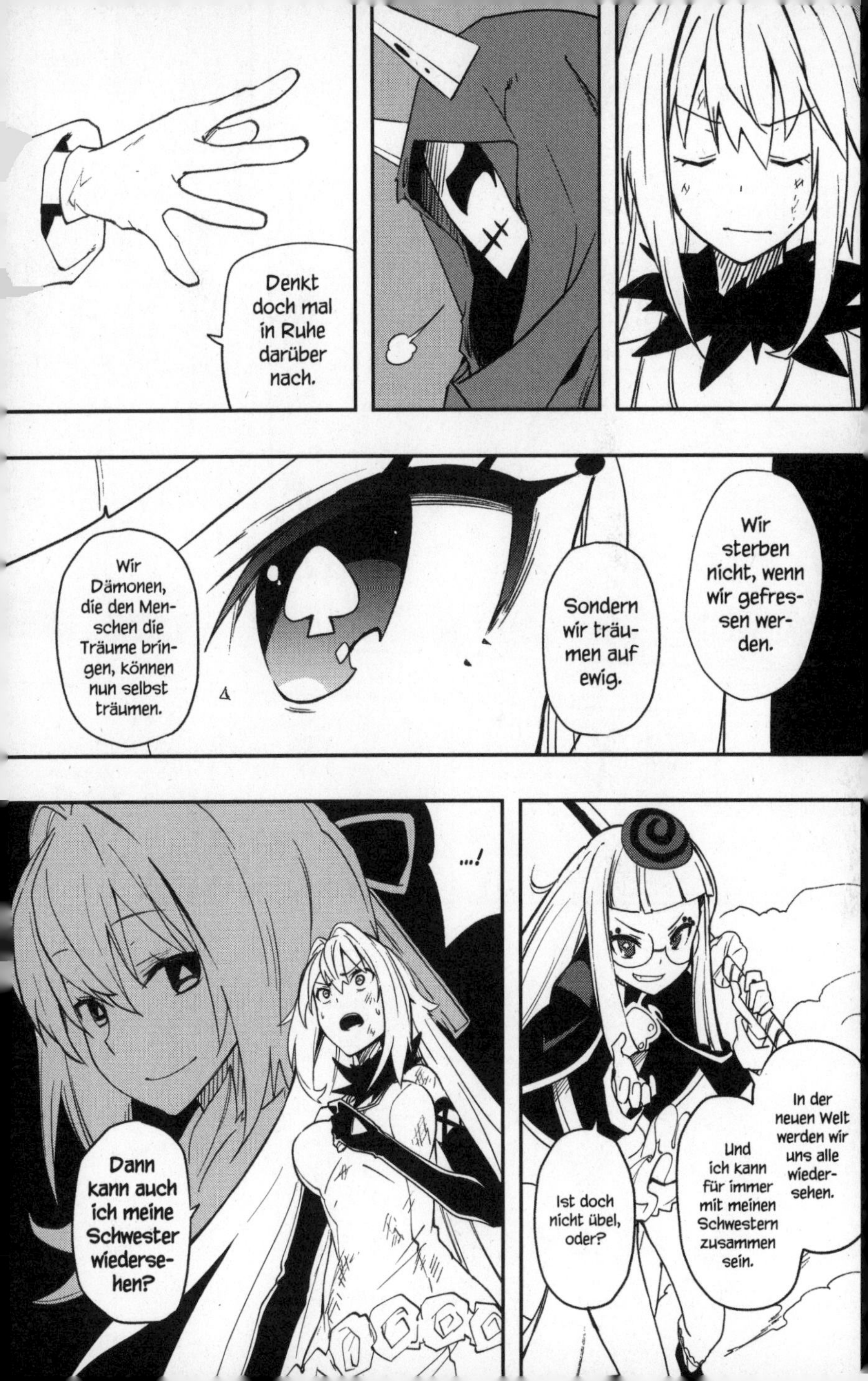

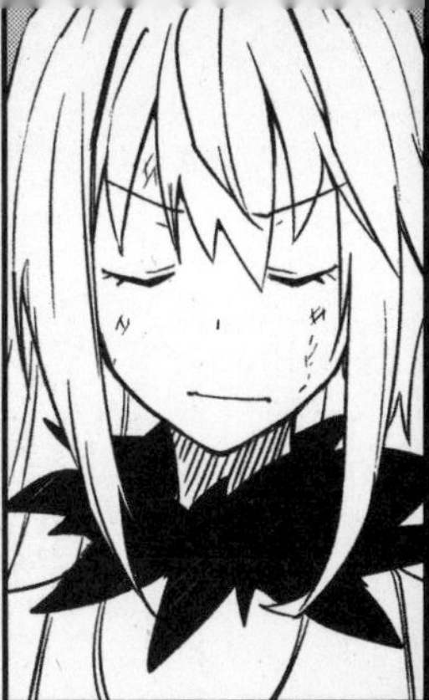
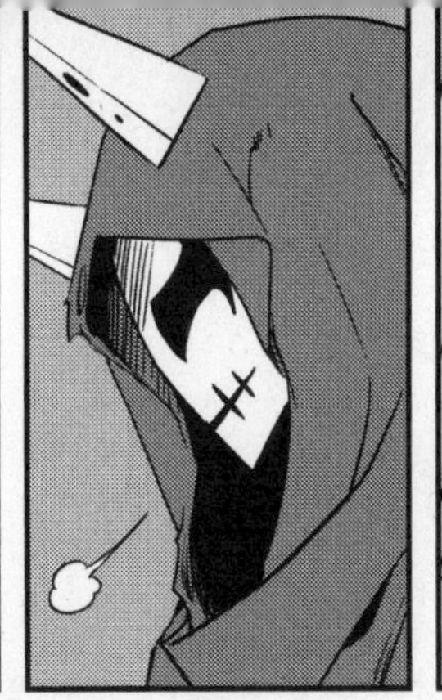
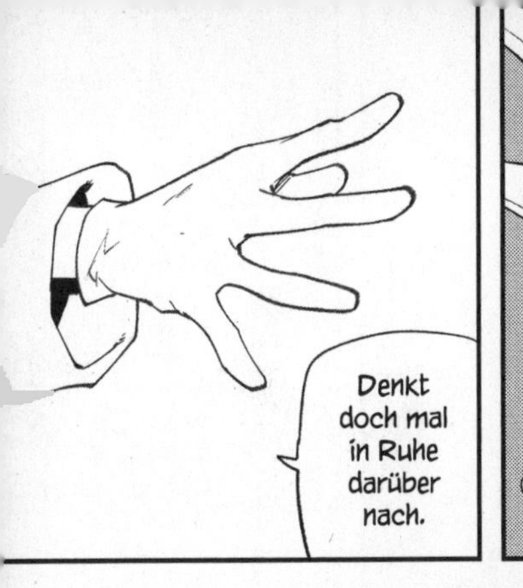
Denkt doch mal in Ruhe darüber nach.

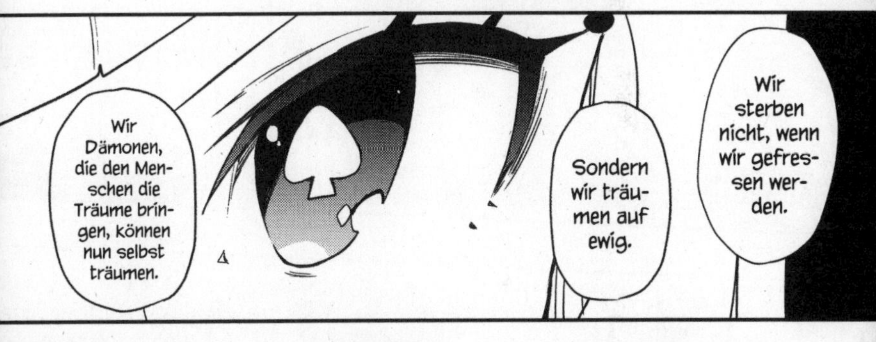
Wir sterben nicht, wenn wir gefressen werden.
Sondern wir träumen auf ewig.
Wir Dämonen, die den Menschen die Träume bringen, können nun selbst träumen.

In der neuen Welt werden wir uns alle wiedersehen.
Und ich kann für immer mit meinen Schwestern zusammen sein.
Ist doch nicht übel, oder?
...!
Dann kann auch ich meine Schwester wiedersehen?

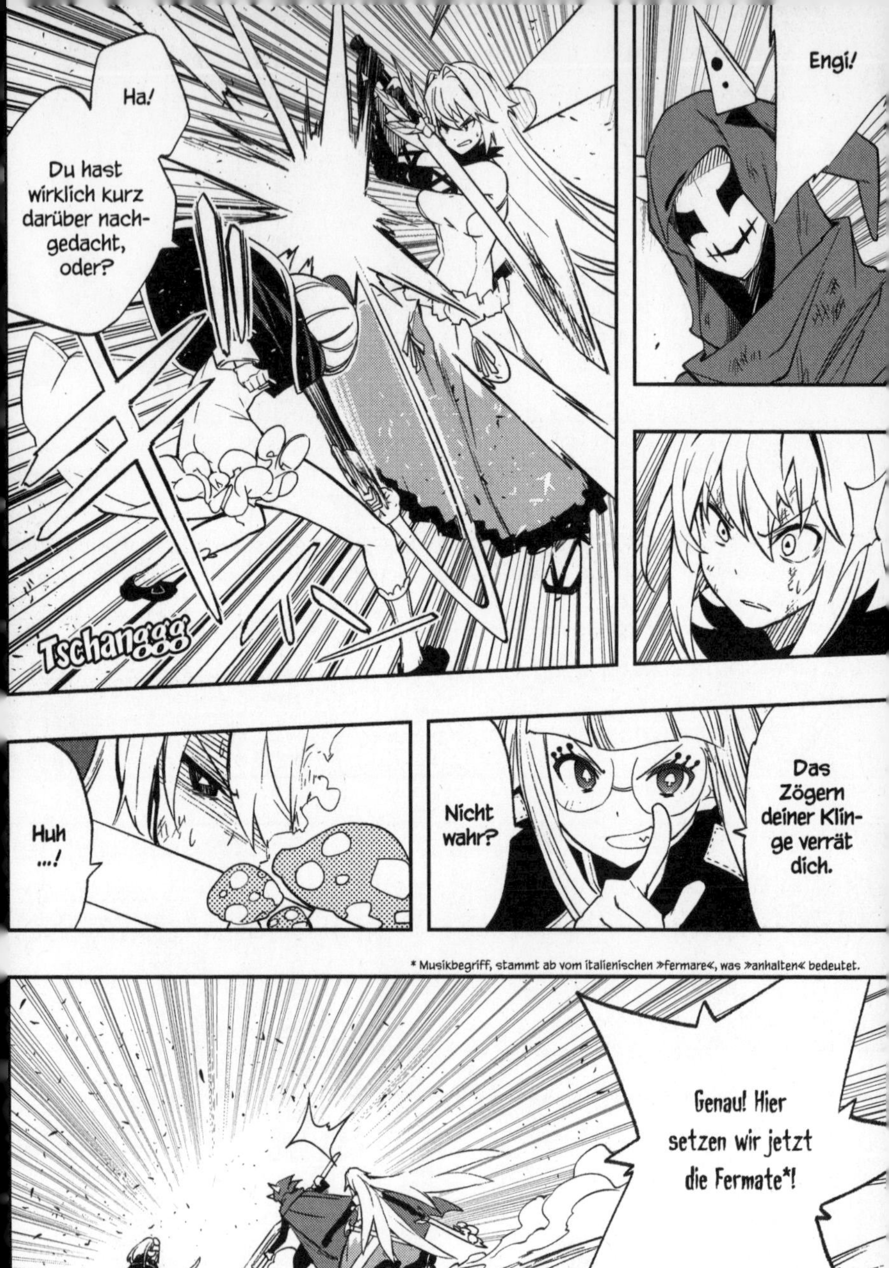

* Musikbegriff, stammt ab vom italienischen »fermare«, was »anhalten« bedeutet.

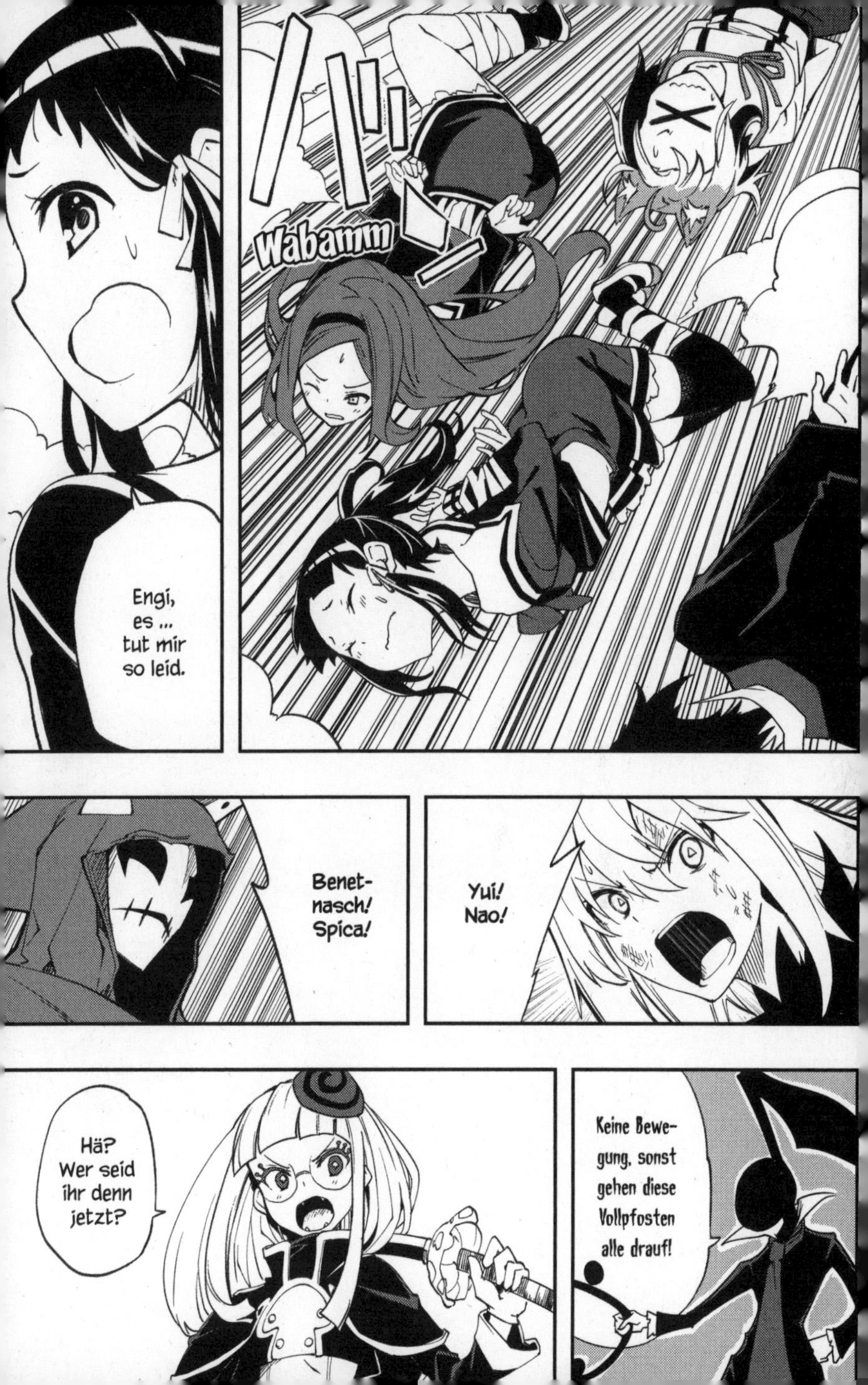

Wabamm

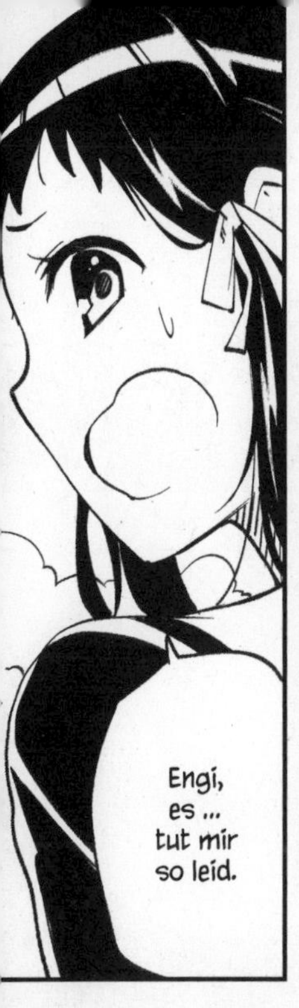
Engi,
es ...
tut mir
so leid.

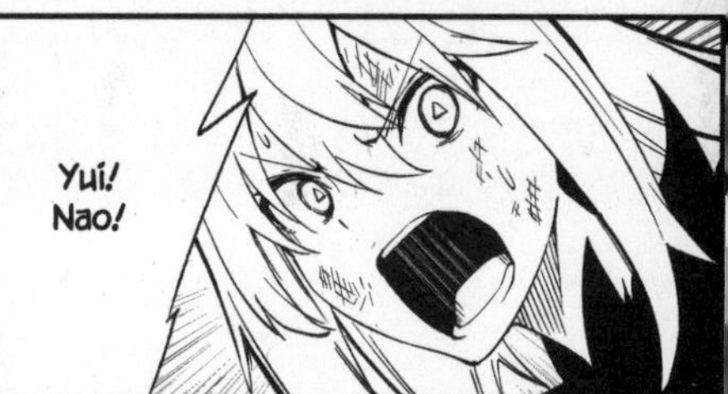
Yui!
Nao!

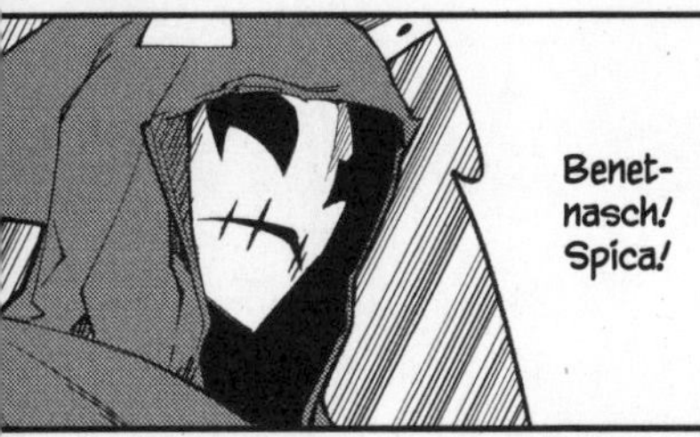
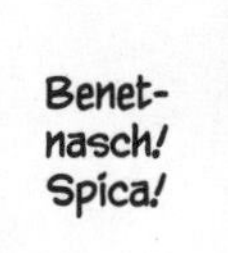
Benet-
nasch!
Spica!

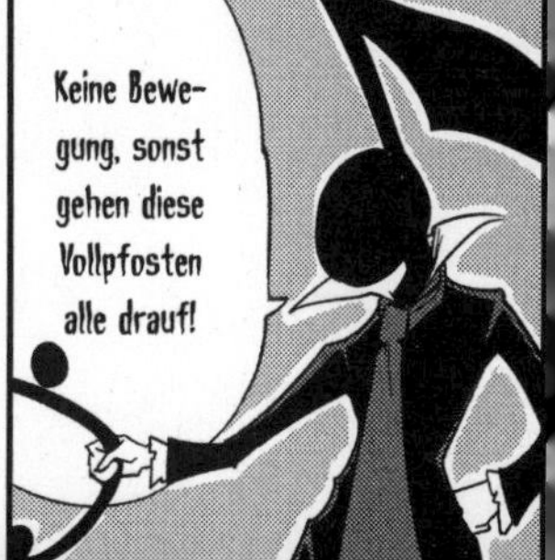
Keine Bewe-
gung, sonst
gehen diese
Vollpfosten
alle drauf!

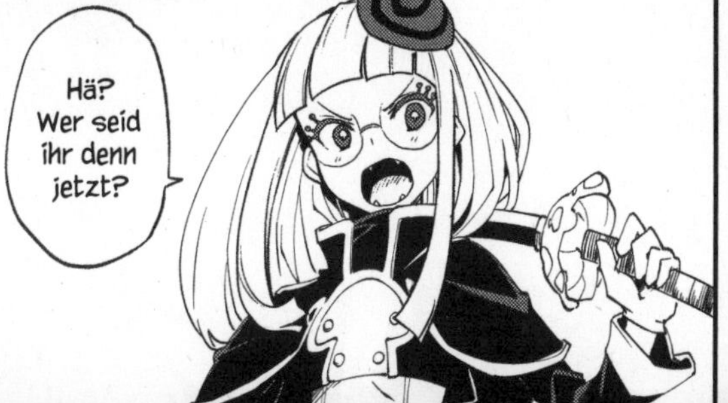
Hä?
Wer seid
ihr denn
jetzt?

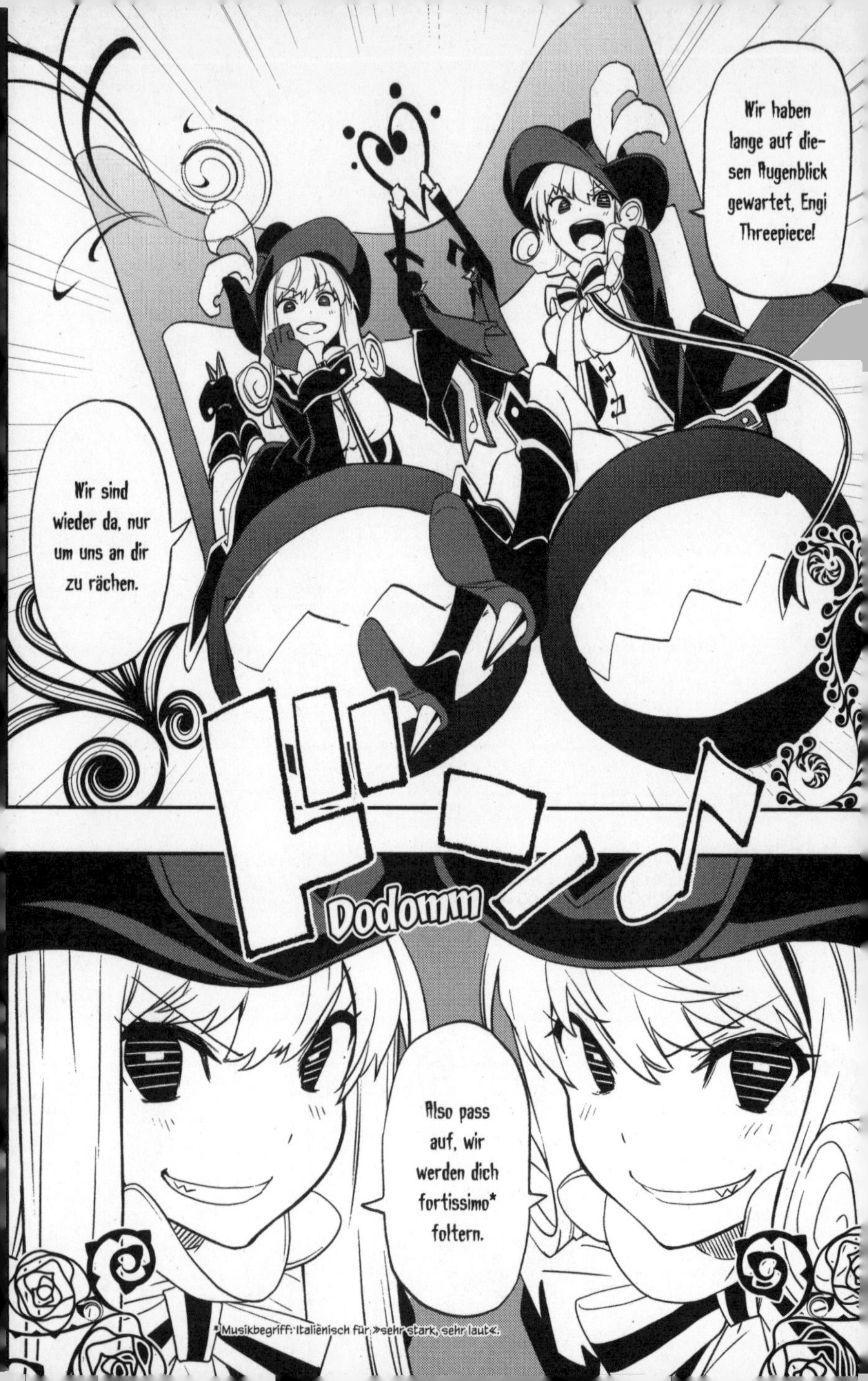
Wir haben lange auf diesen Augenblick gewartet, Engi Threepiece!
Wir sind wieder da, nur um uns an dir zu rächen.
Dodomm
Also pass auf, wir werden dich fortissimo* foltern.
* Musikbegriff: Italienisch für »sehr stark, sehr laut«.

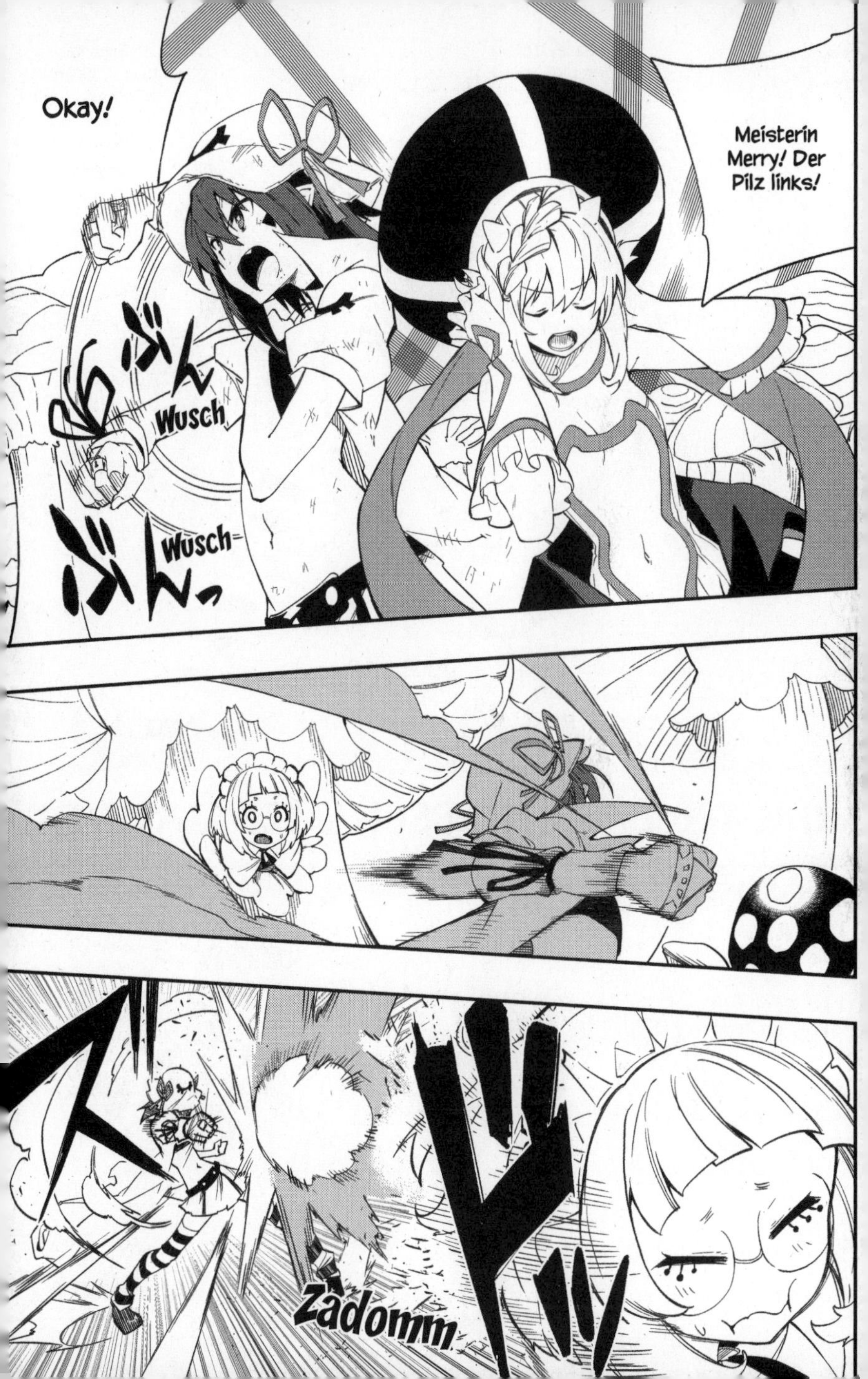

Meisterin Merry! Der Pilz links!
Okay!
ぶん
Wusch
ぶんっ
Wusch
Zàdomm

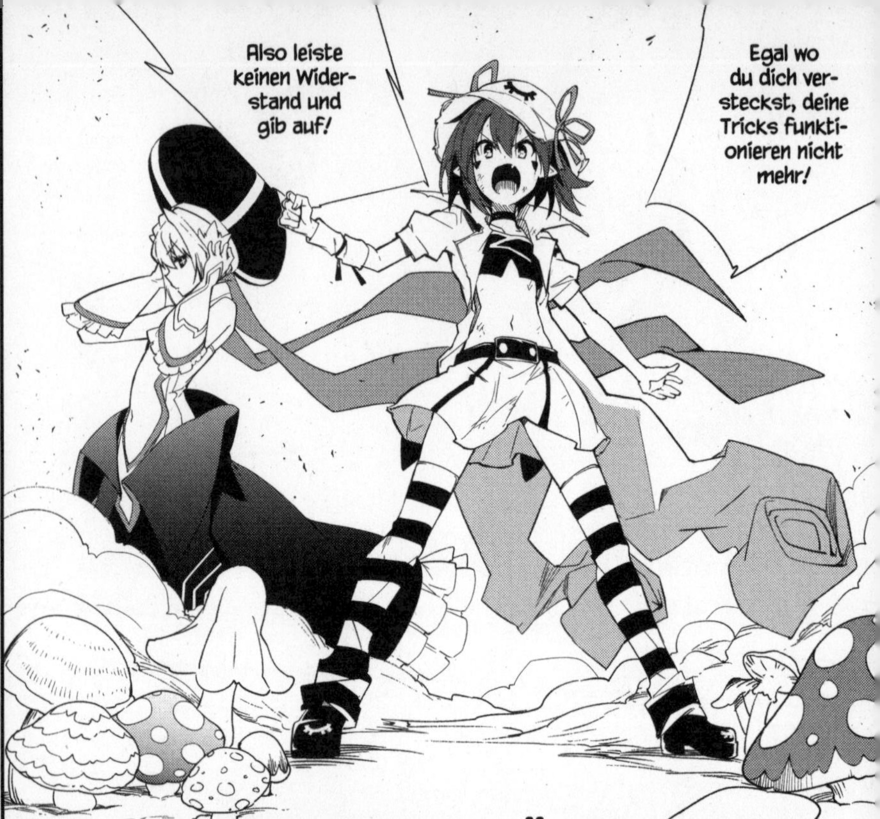

Egal wo du dich versteckst, deine Tricks funktionieren nicht mehr!

Also leiste keinen Widerstand und gib auf!

REM 126 DAS UNVERSCHÄMTE CLARINO

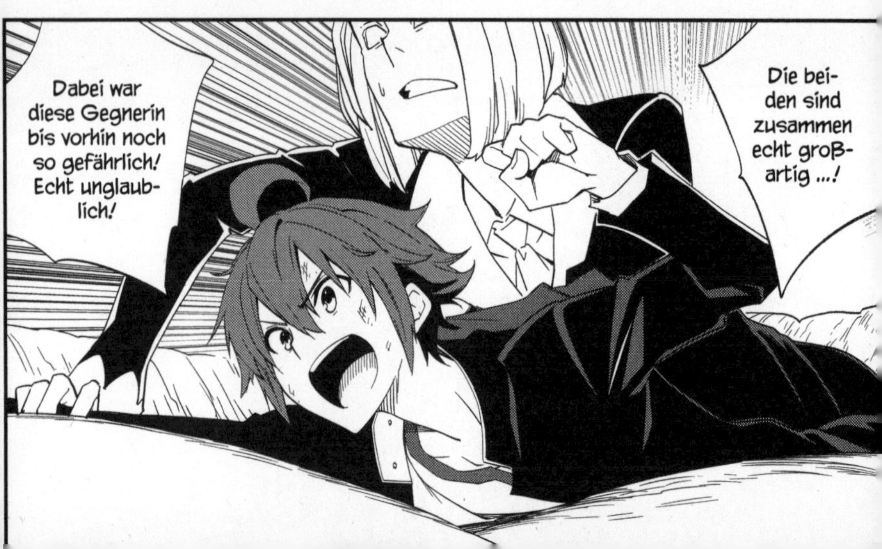

Die beiden sind zusammen echt großartig ...!

Dabei war diese Gegnerin bis vorhin noch so gefährlich! Echt unglaublich!

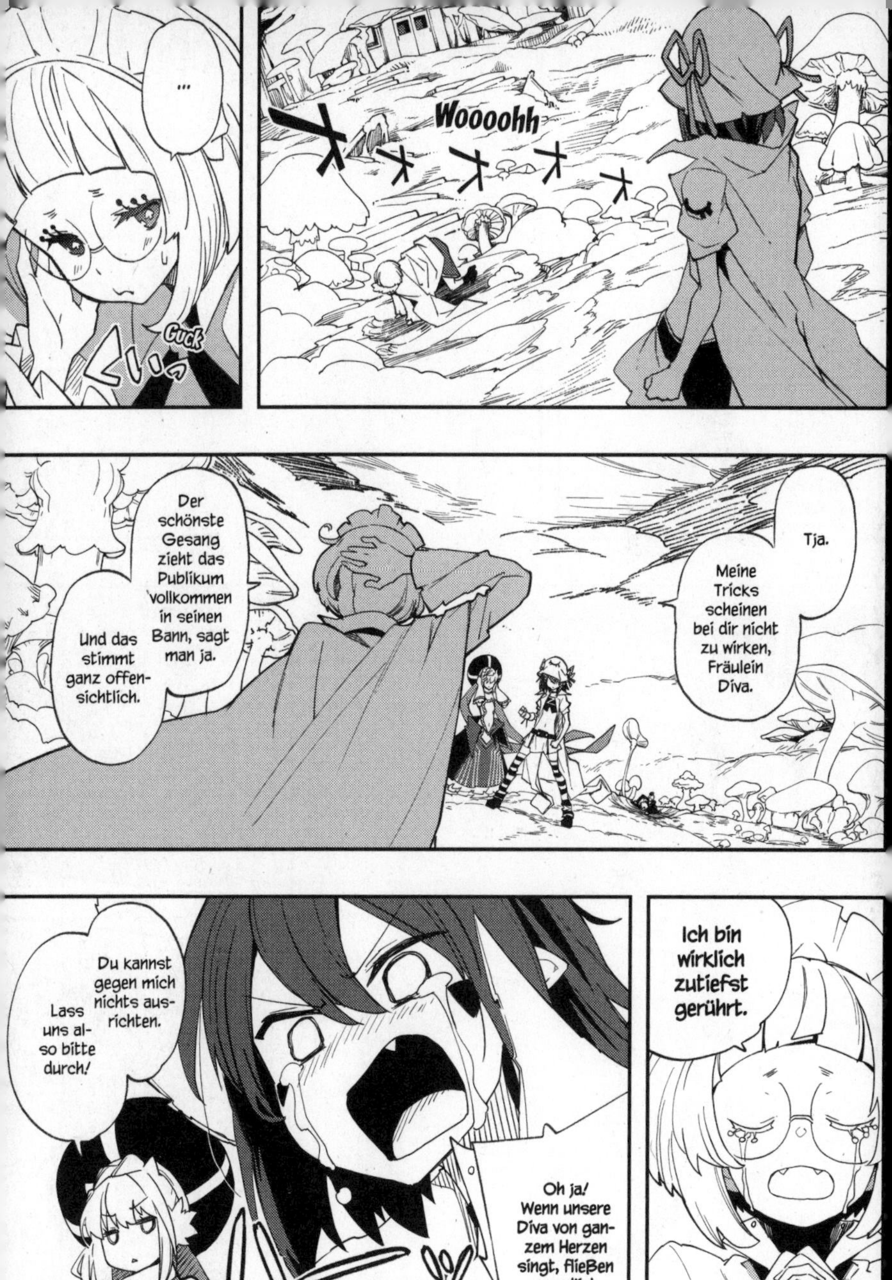
Wooooh
...
Guck
Tja.
Meine Tricks scheinen bei dir nicht zu wirken, Fräulein Diva.
Der schönste Gesang zieht das Publikum vollkommen in seinen Bann, sagt man ja.
Und das stimmt ganz offensichtlich.
Ich bin wirklich zutiefst gerührt.
Gerührt
Oh ja! Wenn unsere Diva von ganzem Herzen singt, fließen unendlich viele Tränen!
Flenn
Du kannst gegen mich nichts ausrichten.
Lass uns also bitte durch!

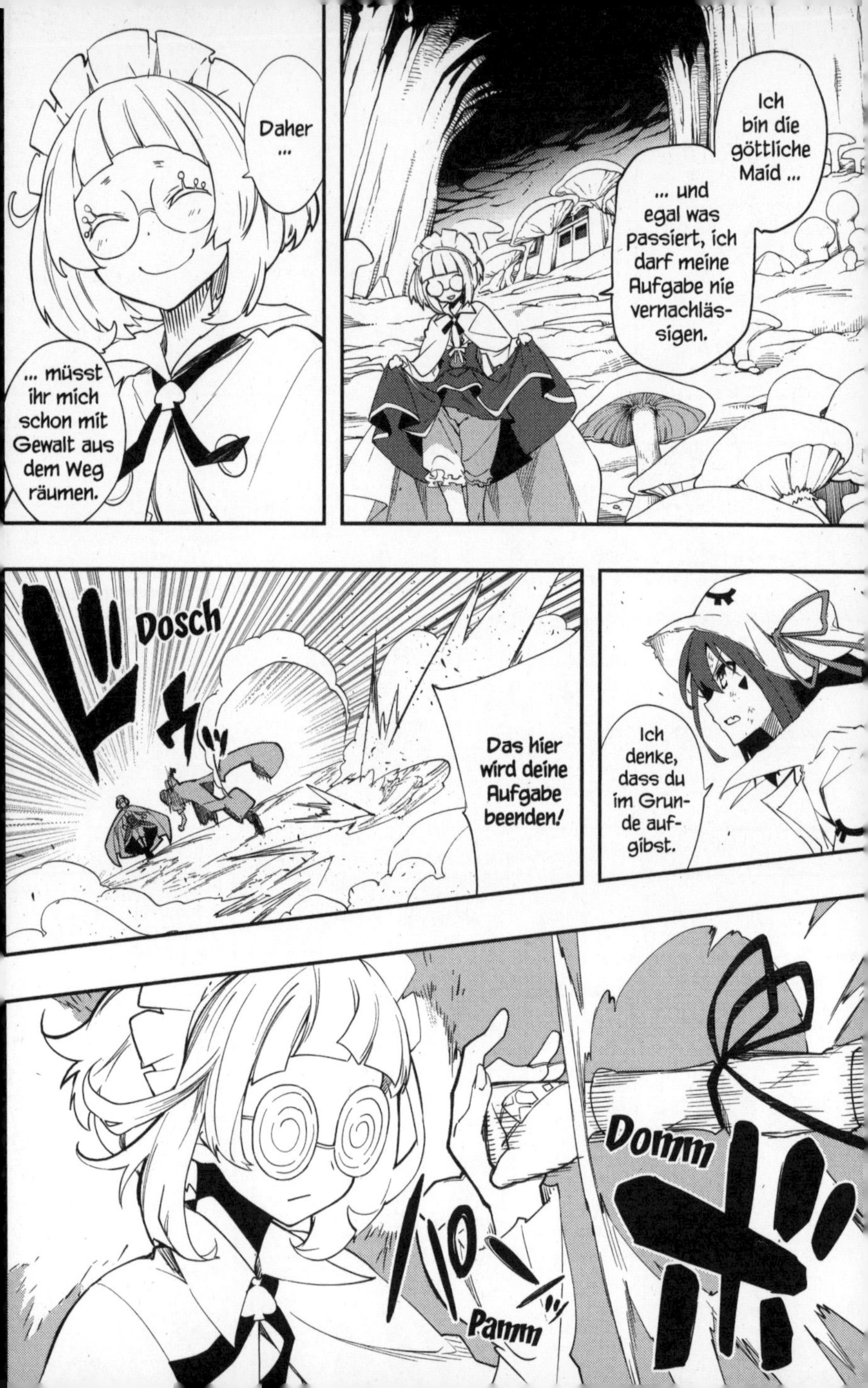

Ich bin die göttliche Maid ...

... und egal was passiert, ich darf meine Aufgabe nie vernachläs-sigen.

Daher ...

... müsst ihr mich schon mit Gewalt aus dem Weg räumen.

Ich denke, dass du im Grun-de auf-gibst.

Das hier wird deine Aufgabe beenden!

Dosch

Domm

Pamm

Zumm

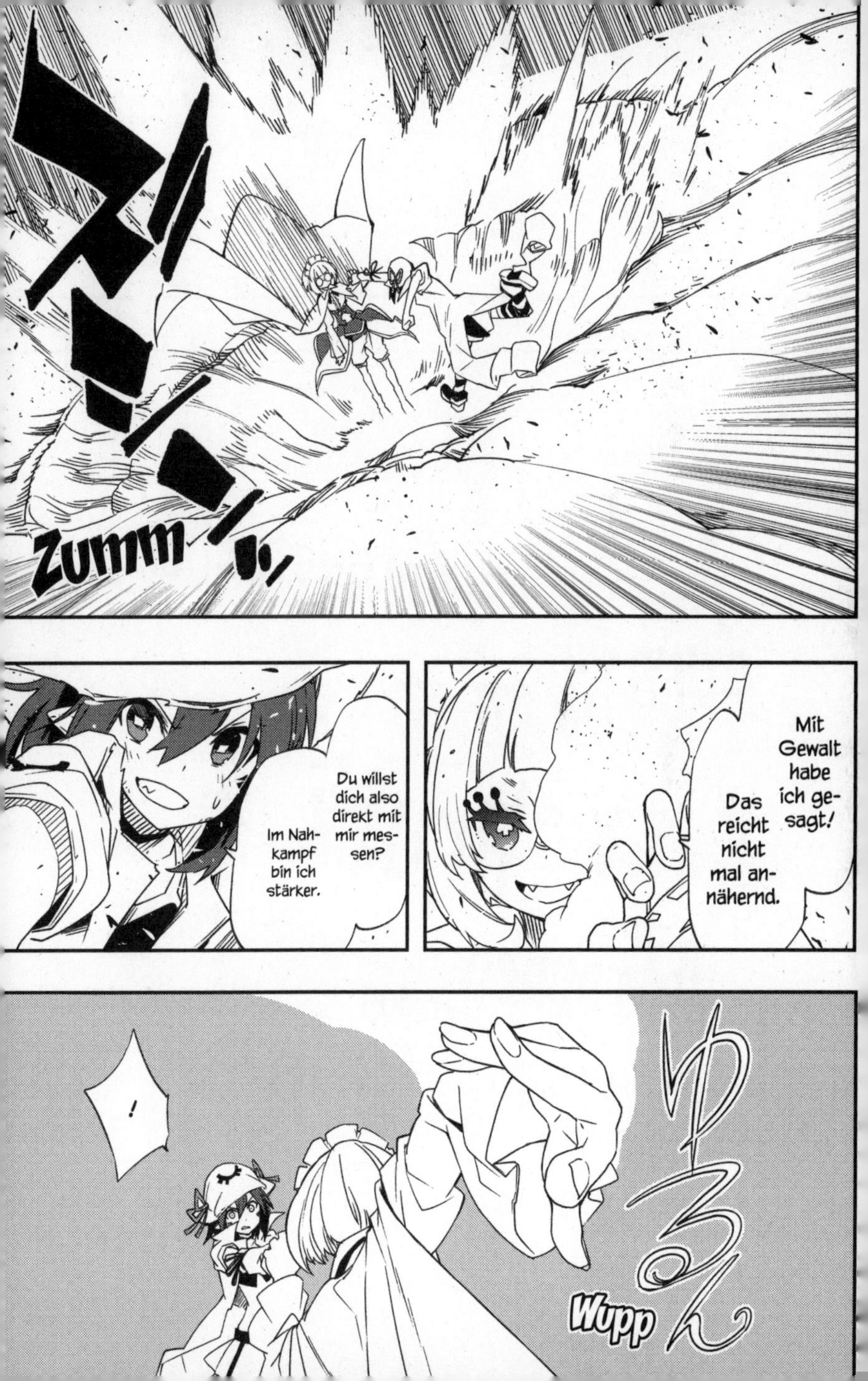

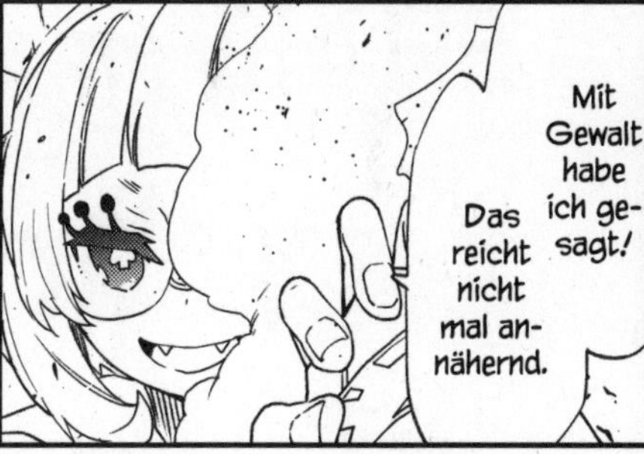
Mit Gewalt habe ich gesagt!
Das reicht nicht mal annähernd.

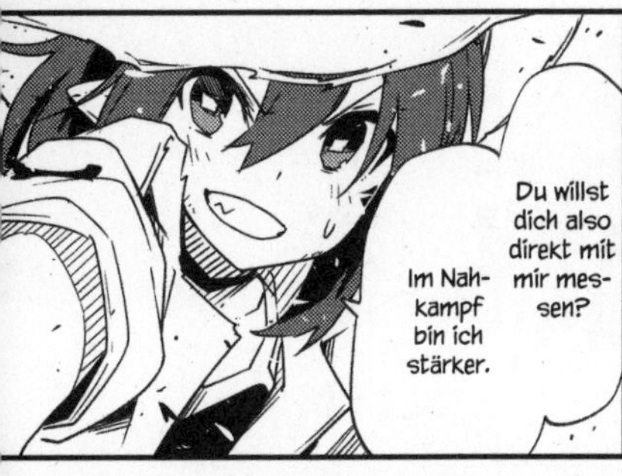
Du willst dich also direkt mit mir messen?
Im Nahkampf bin ich stärker.

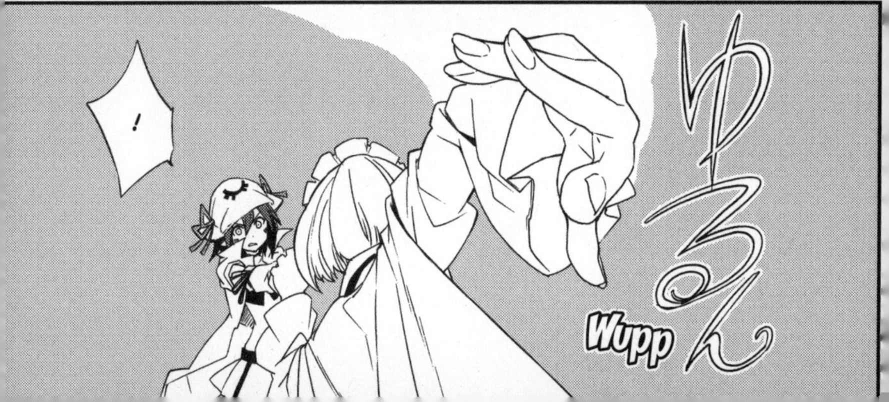
!
Wupp

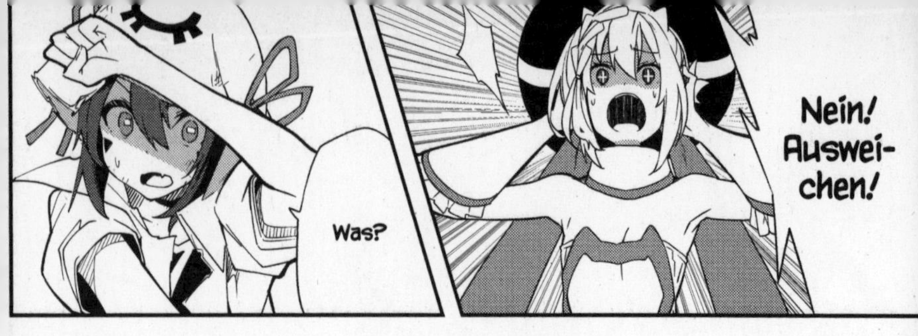

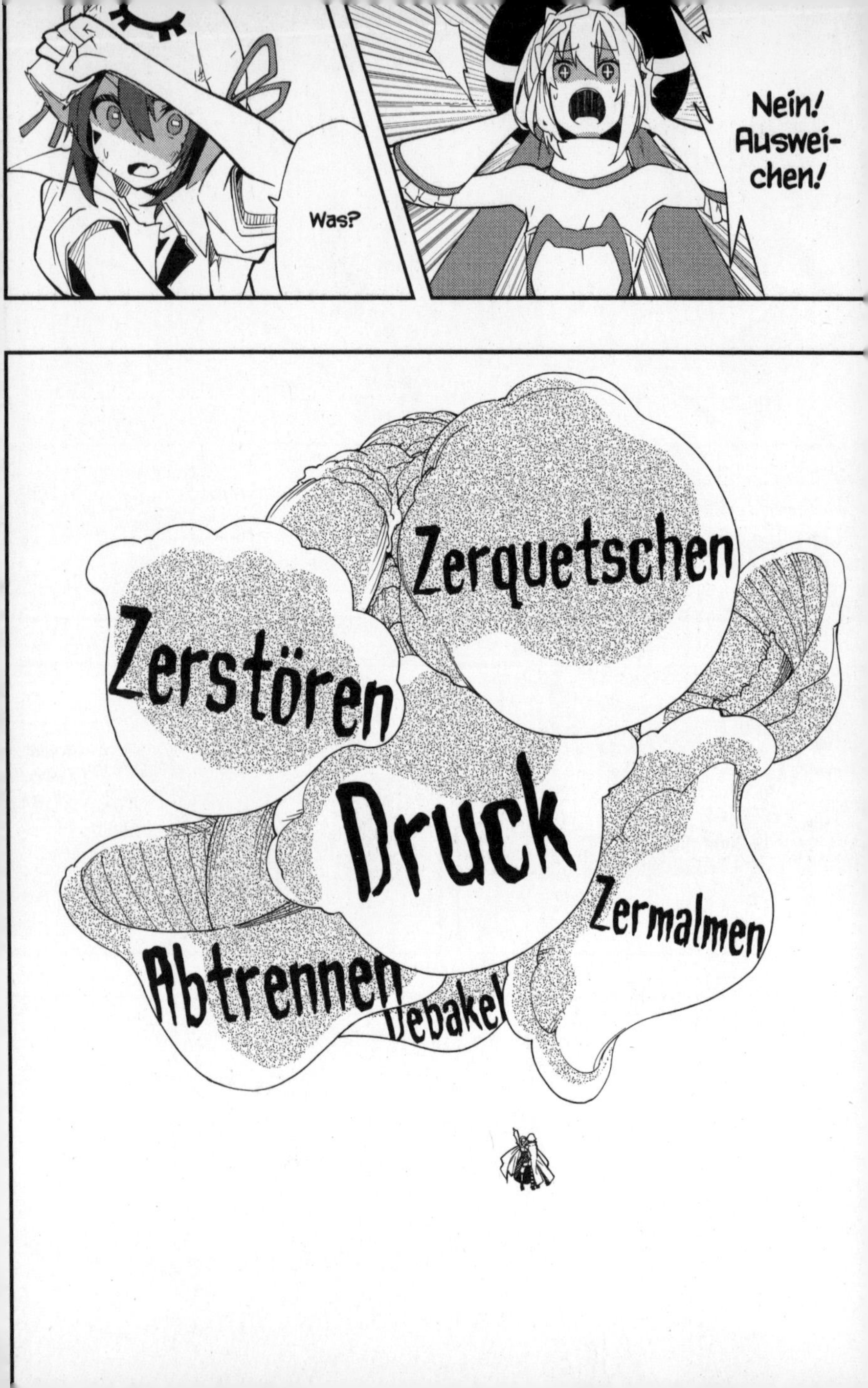

Zerquetschen
Zerstören
Druck
Zermalmen
Abtrennen
Debakel

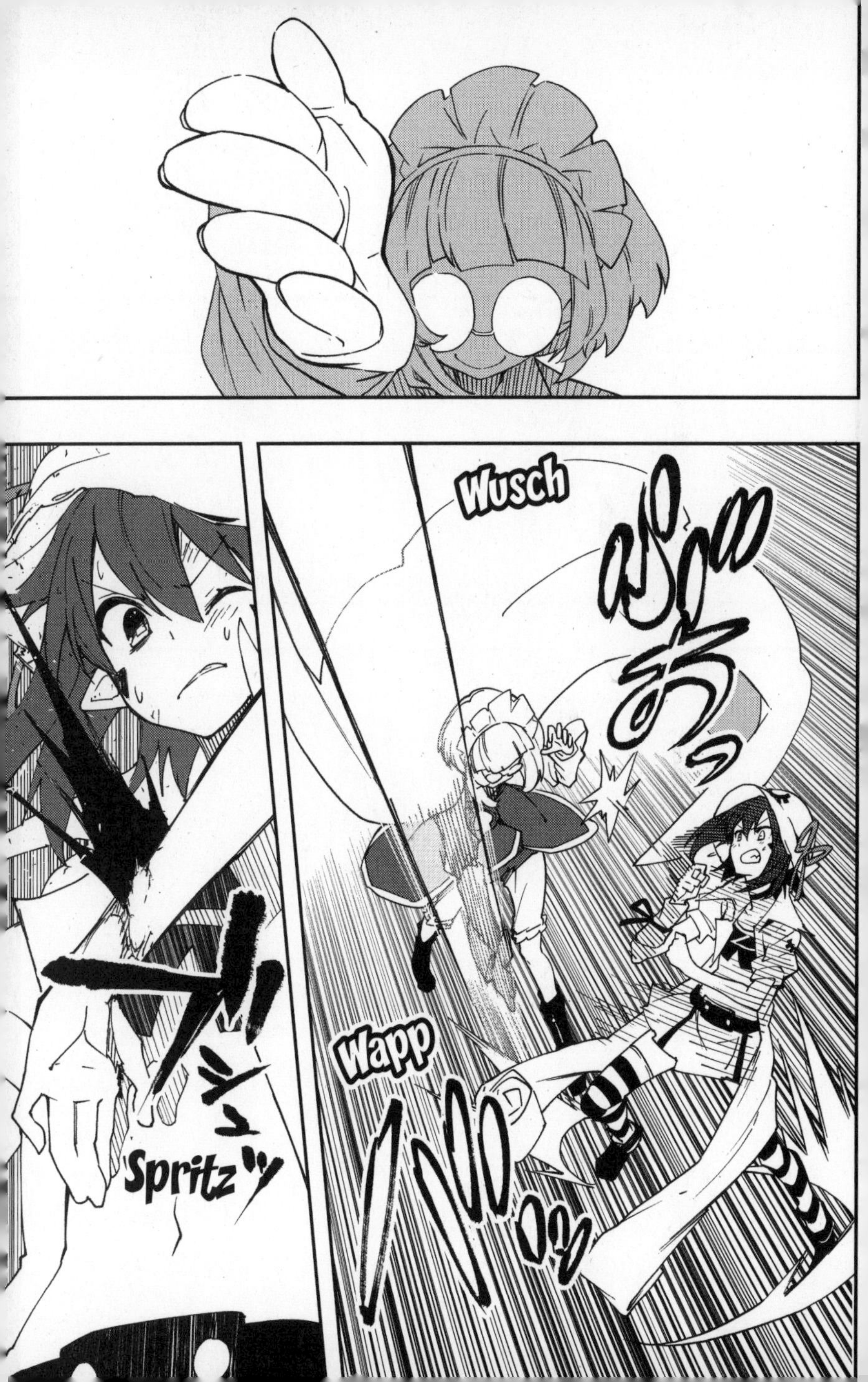

Wusch

Wapp

Spritz

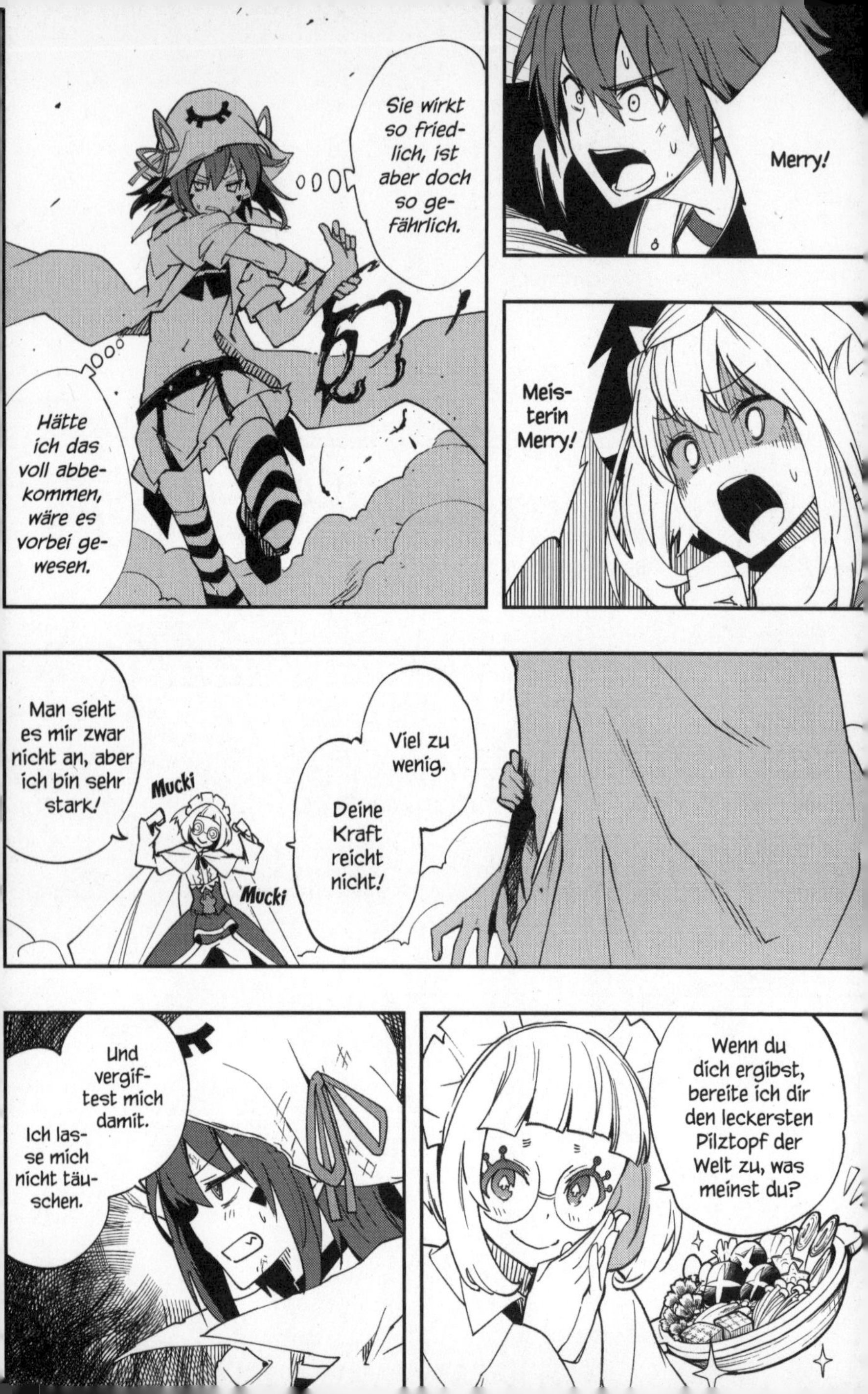

Merry!

Meisterin Merry!

Sie wirkt so friedlich, ist aber doch so gefährlich.

Hätte ich das voll abbekommen, wäre es vorbei gewesen.

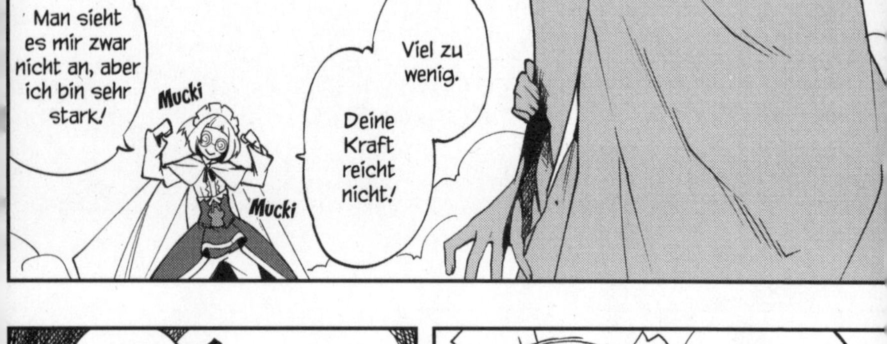

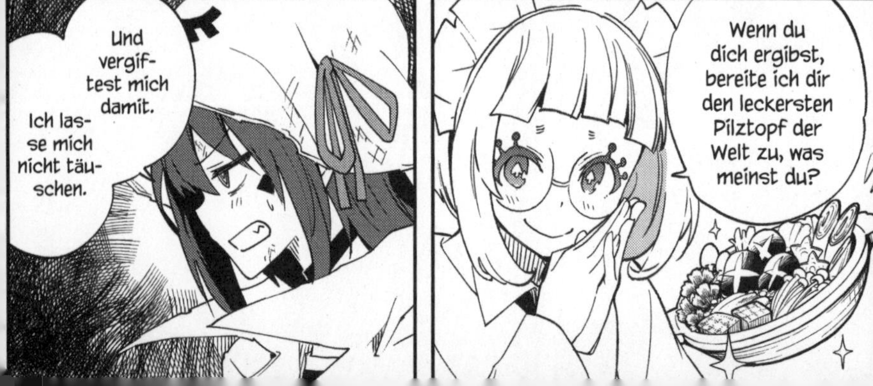

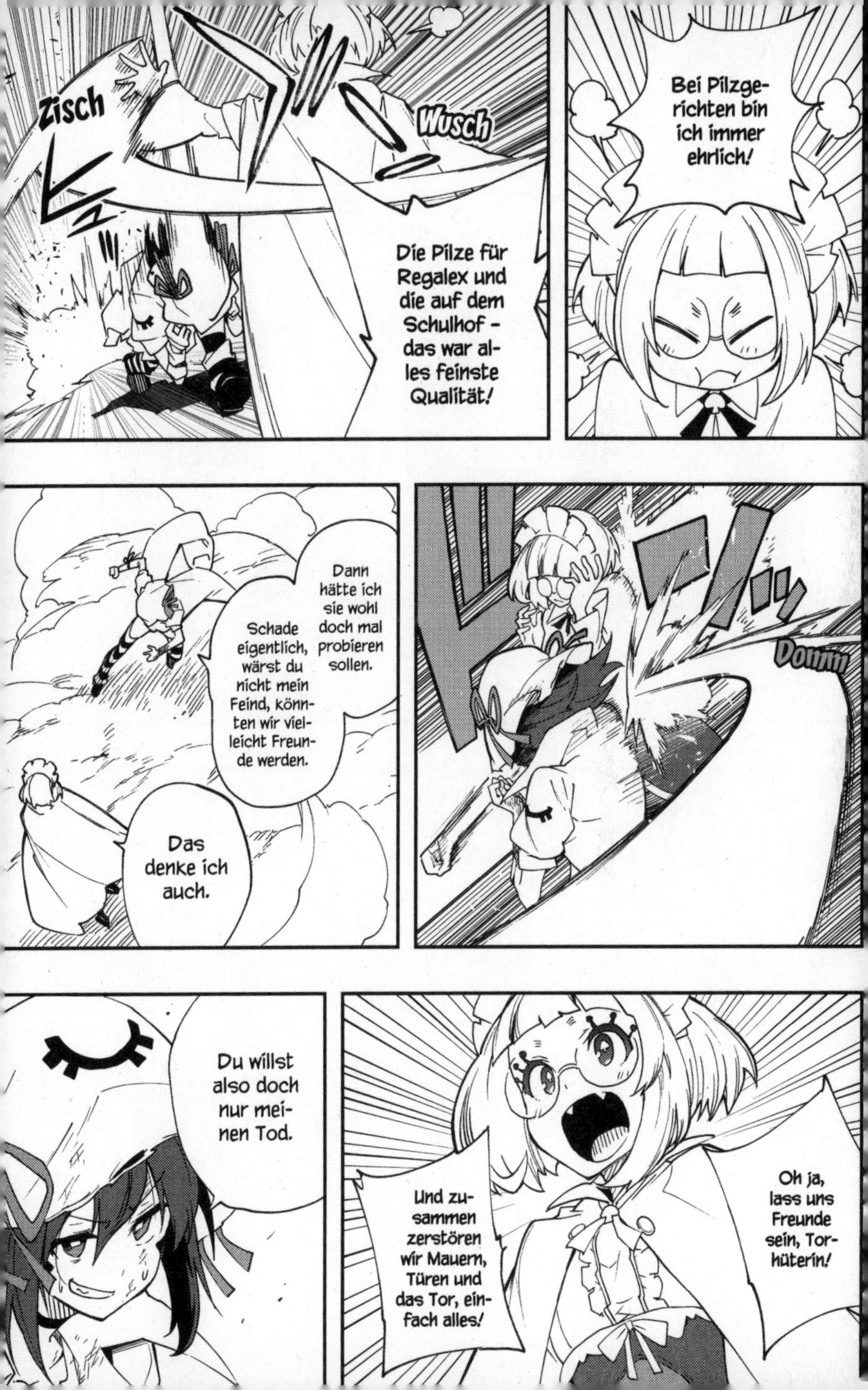
Bei Pilzgerichten bin ich immer ehrlich!
Zisch
Wusch
Die Pilze für Regalex und die auf dem Schulhof - das war alles feinste Qualität!
Domm
Dann hätte ich sie wohl doch mal probieren sollen.
Schade eigentlich, wärst du nicht mein Feind, könnten wir vielleicht Freunde werden.
Das denke ich auch.
Oh ja, lass uns Freunde sein, Torhüterin!
Und zusammen zerstören wir Mauern, Türen und das Tor, einfach alles!
Du willst also doch nur meinen Tod.

Wosch
Wupp

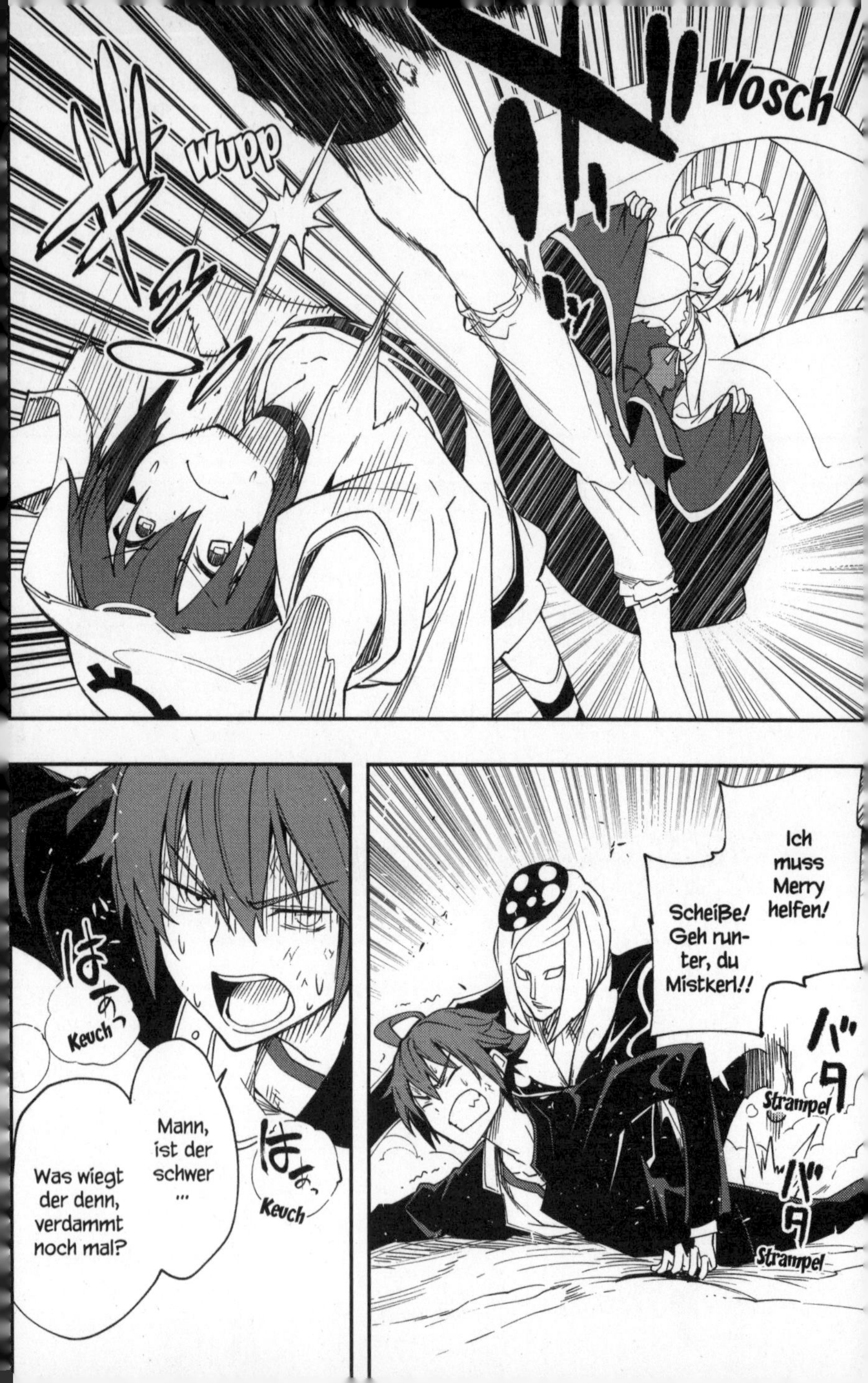

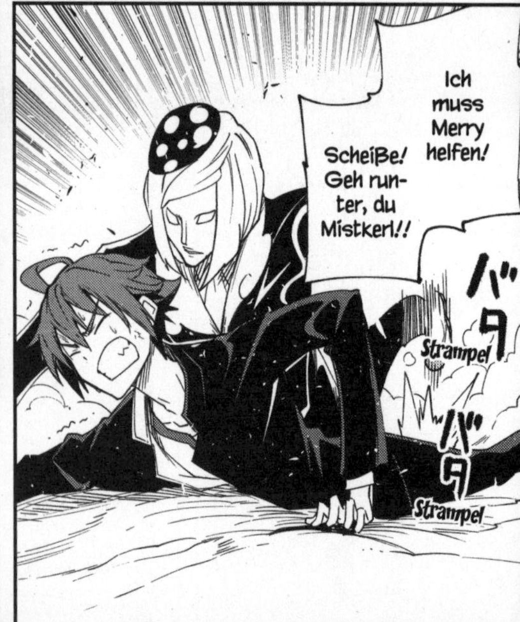
Ich muss Merry helfen!
Scheiße! Geh runter, du Mistkerl!!
バタ
Strampel
バタ
Strampel

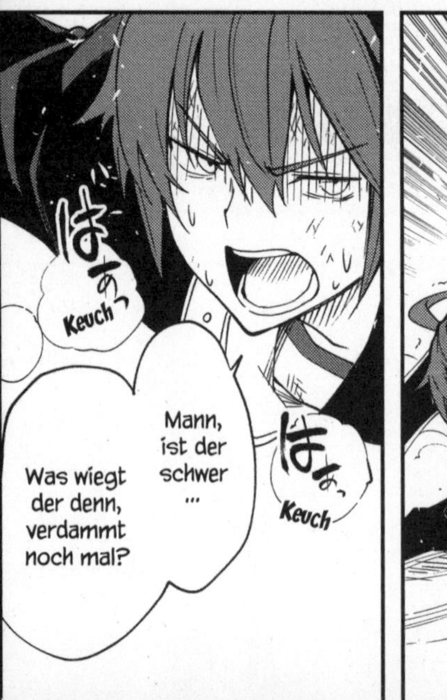
はあっ
Keuch
はぁっ
Keuch
Mann, ist der schwer ...
Was wiegt der denn, verdammt noch mal?

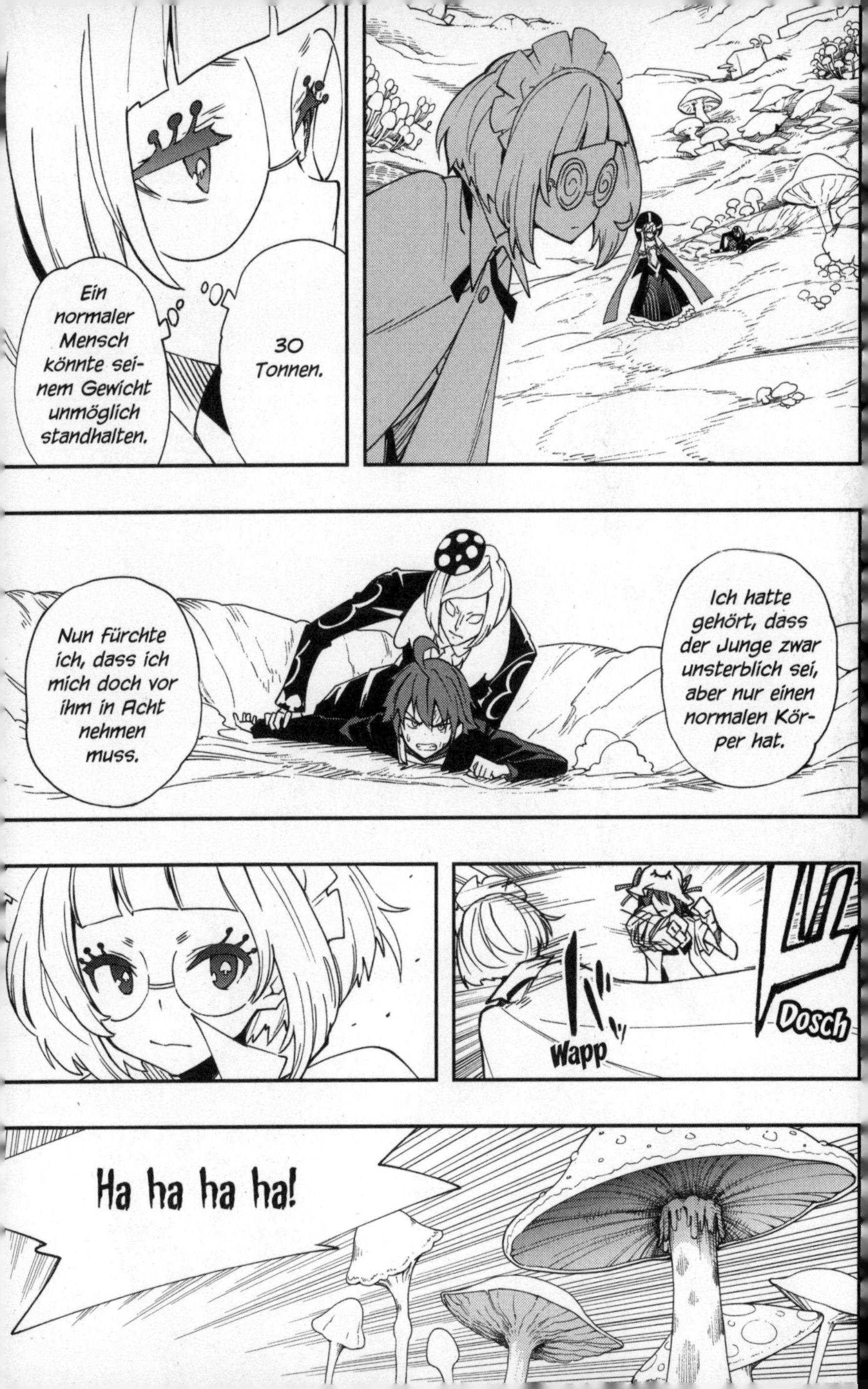

30 Tonnen.

Ein normaler Mensch könnte seinem Gewicht unmöglich standhalten.

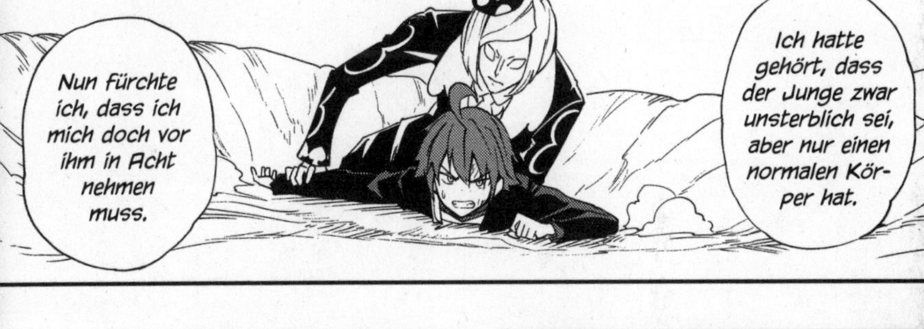

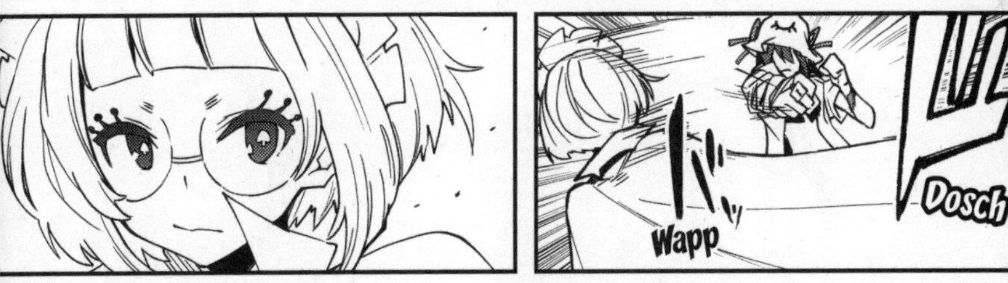

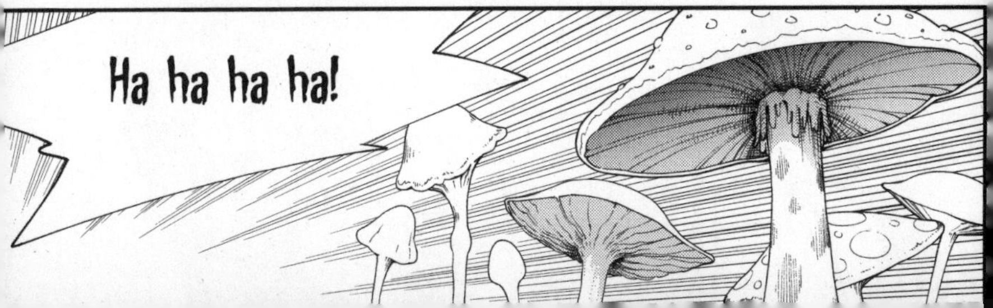

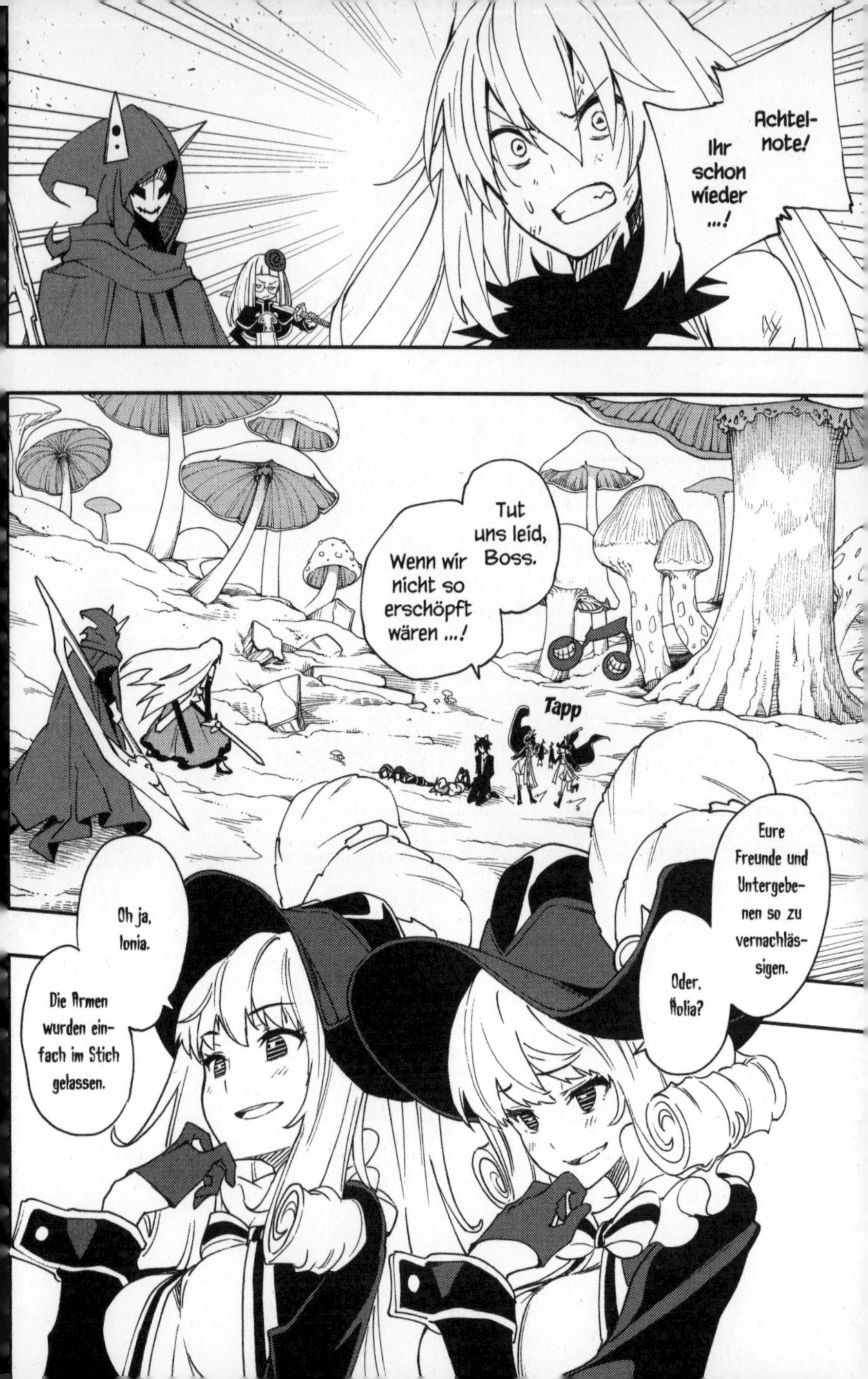
Achtel-
note!
Ihr
schon
wieder
...!
Tut
uns leid,
Boss.
Wenn wir
nicht so
erschöpft
wären ...!
Tapp
Eure
Freunde und
Untergebe-
nen so zu
vernachläs-
sigen.
Oder,
Äolia?
Oh ja,
Ionia.
Die Armen
wurden ein-
fach im Stich
gelassen.

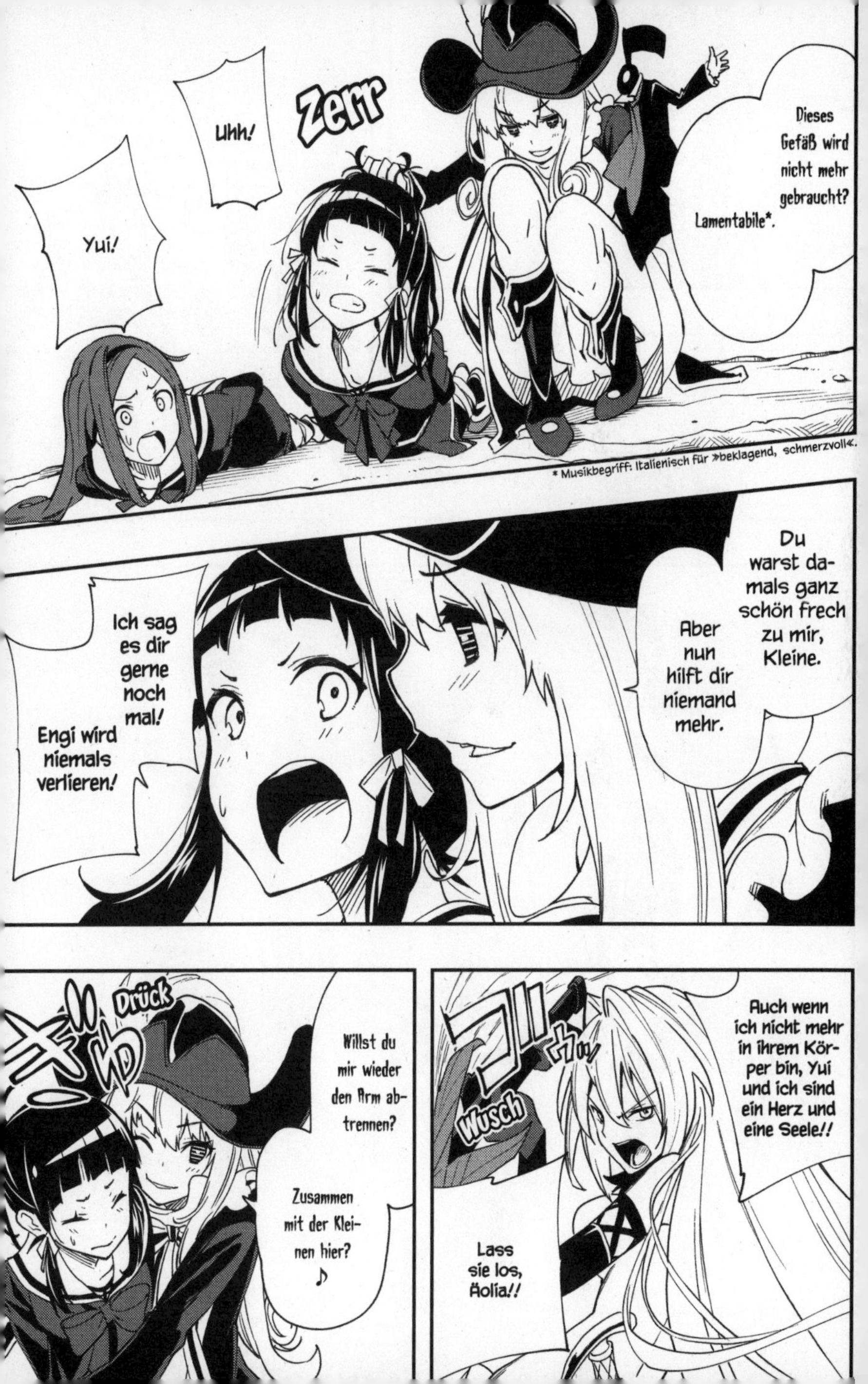

Dieses Gefäß wird nicht mehr gebraucht?

Lamentabile*.

Zerr

Uhh!

Yui!

* Musikbegriff: Italienisch für »beklagend, schmerzvoll«.

Du warst damals ganz schön frech zu mir, Kleine.

Aber nun hilft dir niemand mehr.

Ich sag es dir gerne noch mal!

Engi wird niemals verlieren!

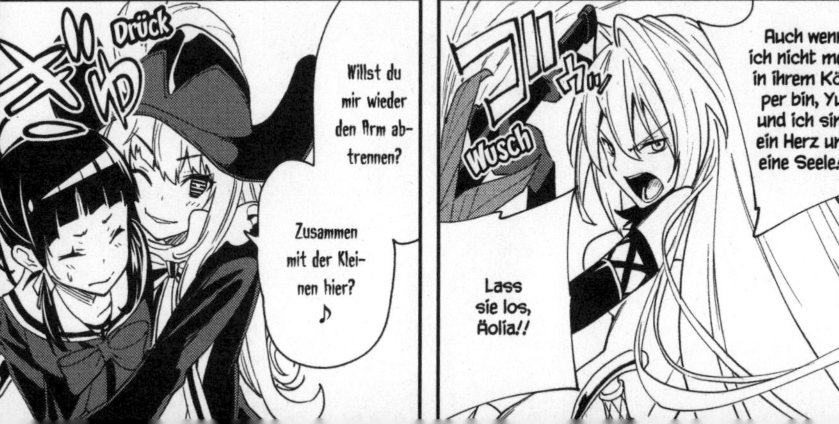

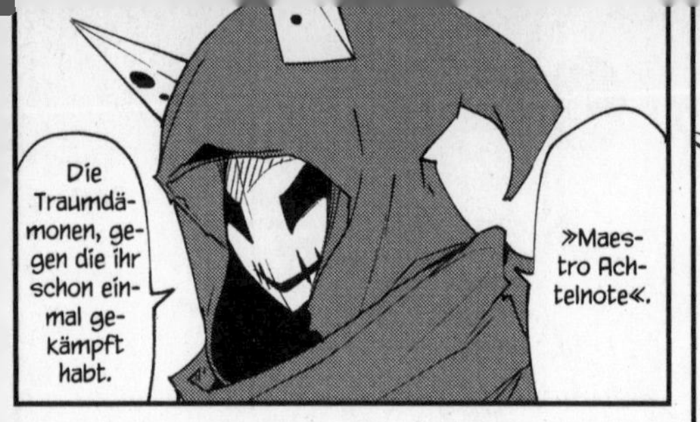
Die Traumdämonen, gegen die ihr schon einmal gekämpft habt.
»Maestro Achtelnote«.

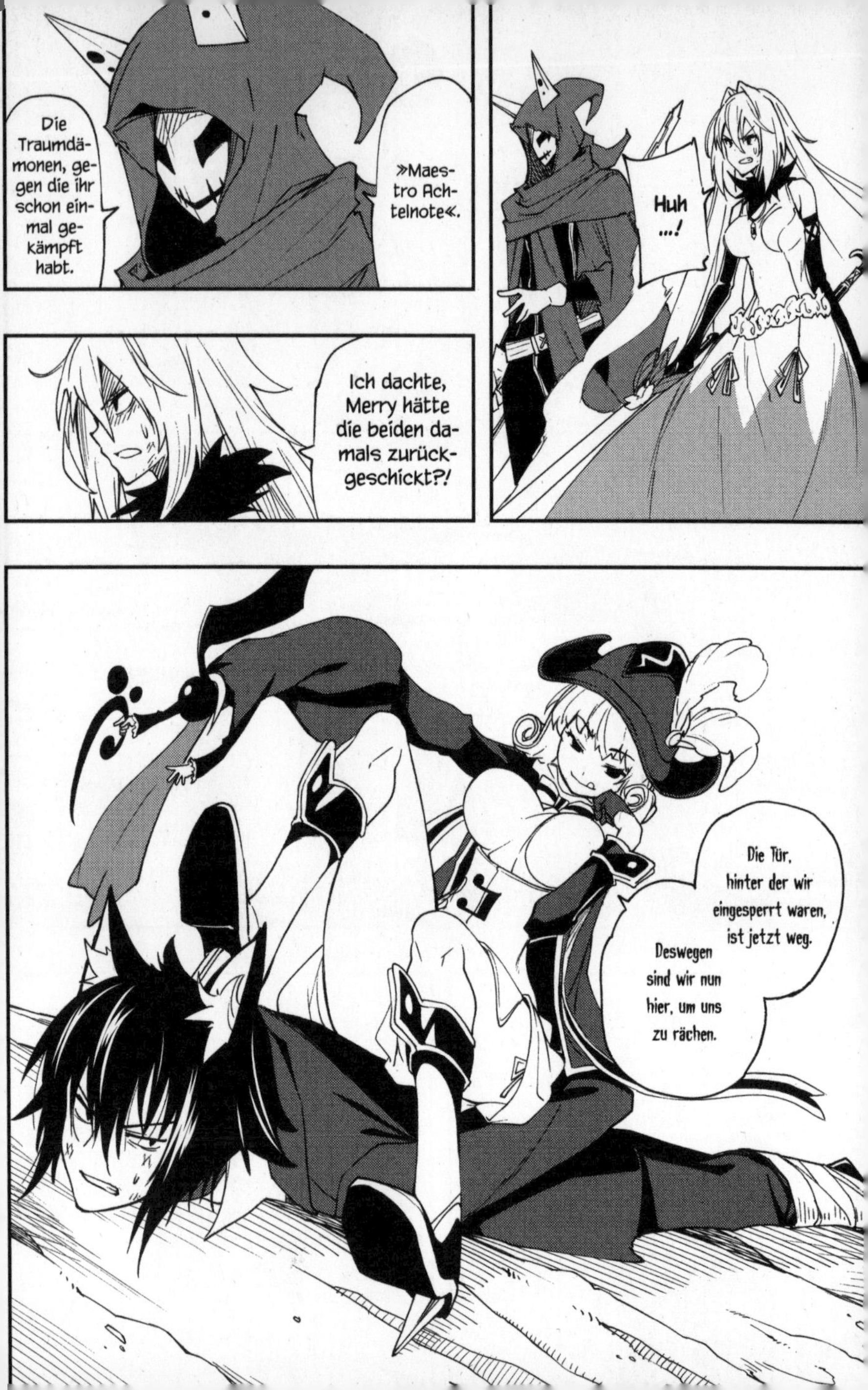

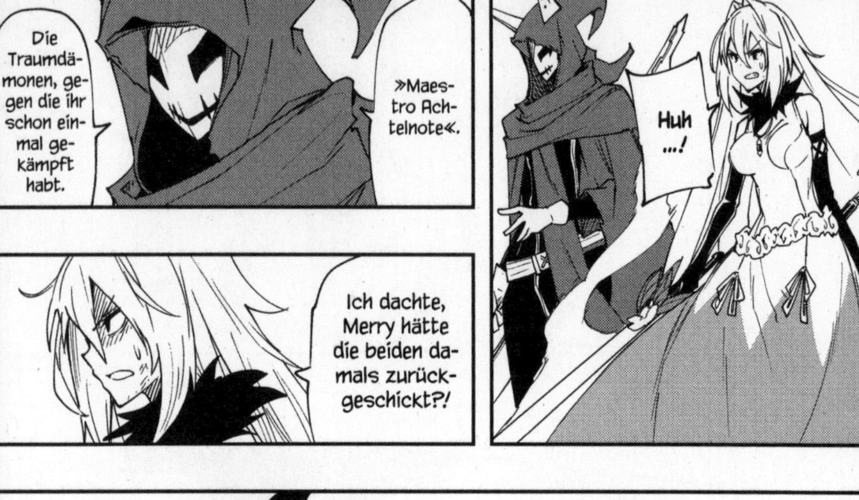
Huh ...!
Ich dachte, Merry hätte die beiden damals zurückgeschickt?!

Die Tür, hinter der wir eingesperrt waren, ist jetzt weg.
Deswegen sind wir nun hier, um uns zu rächen.

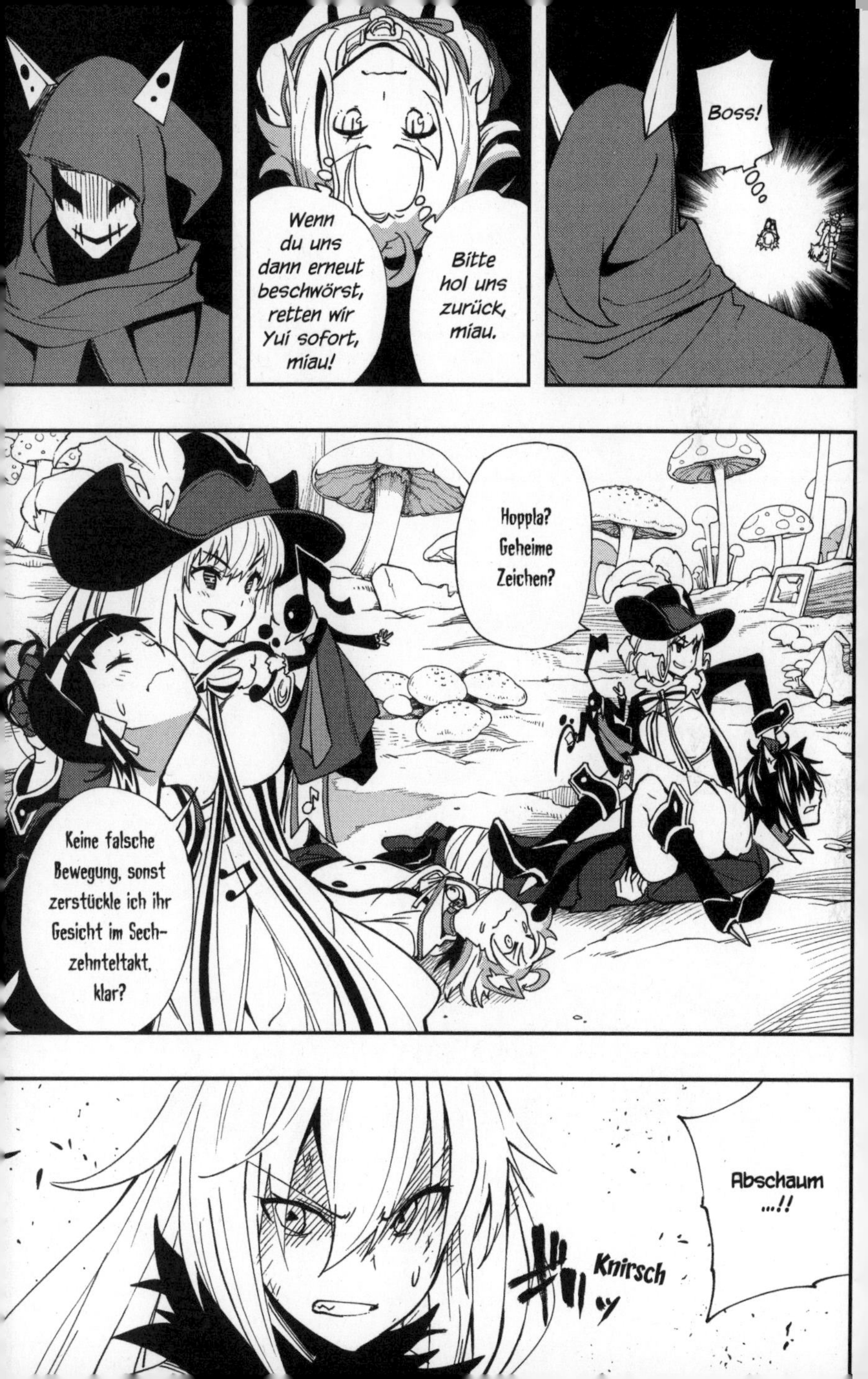

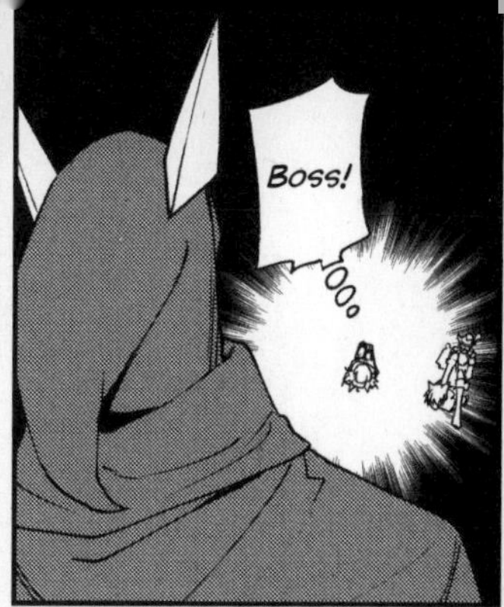

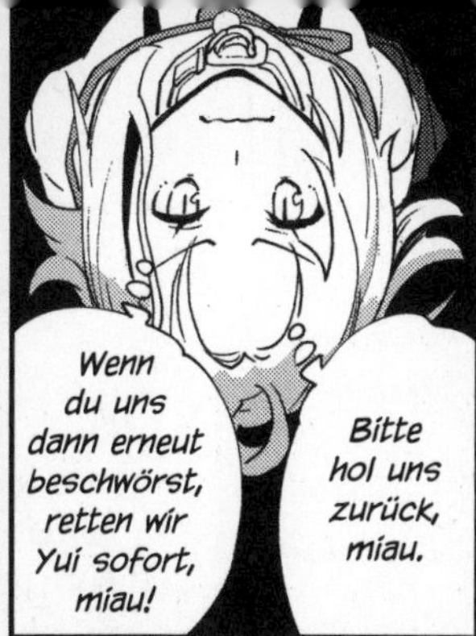

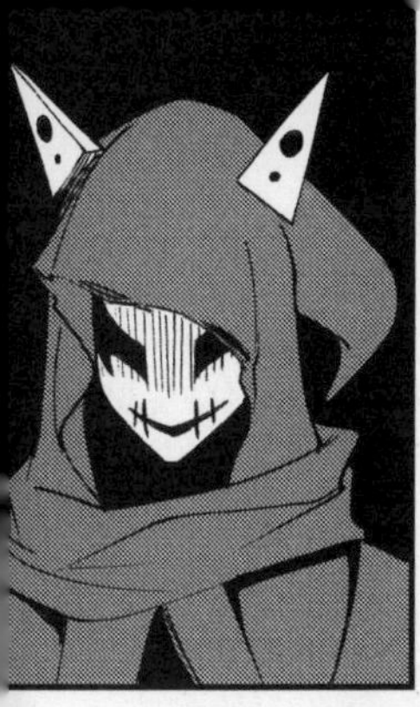

Hoppla? Geheime Zeichen?

Keine falsche Bewegung, sonst zerstückle ich ihr Gesicht im Sechzehnteltakt, klar?

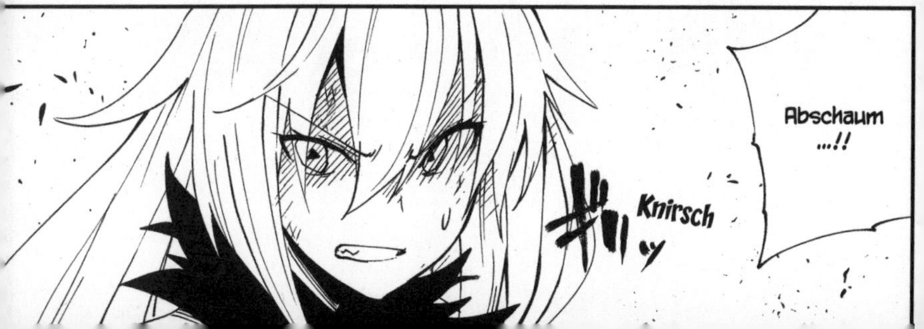

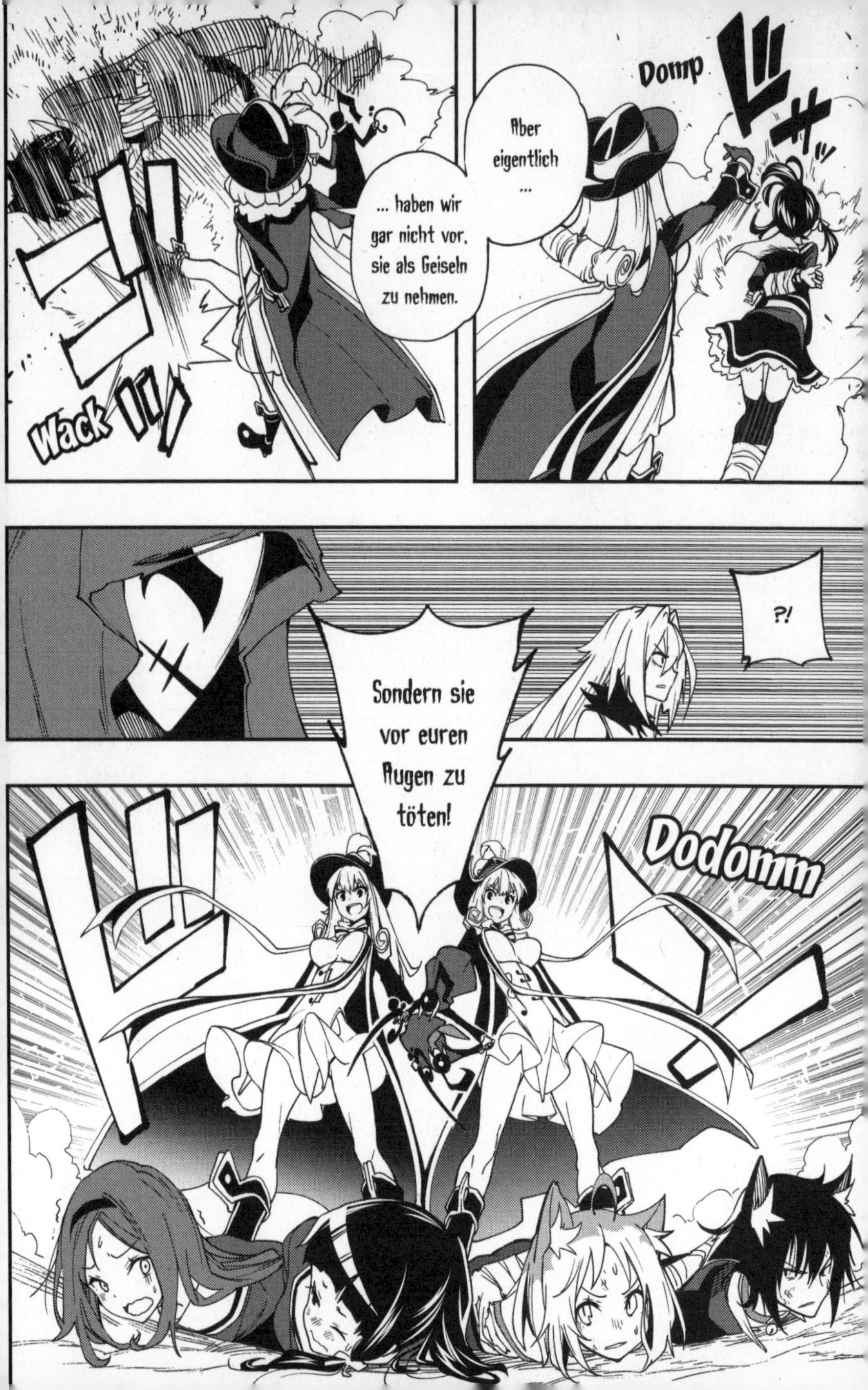

Domp

Aber eigentlich ...

... haben wir gar nicht vor, sie als Geiseln zu nehmen.

Wack

?!

Sondern sie vor euren Augen zu töten!

Dodomm

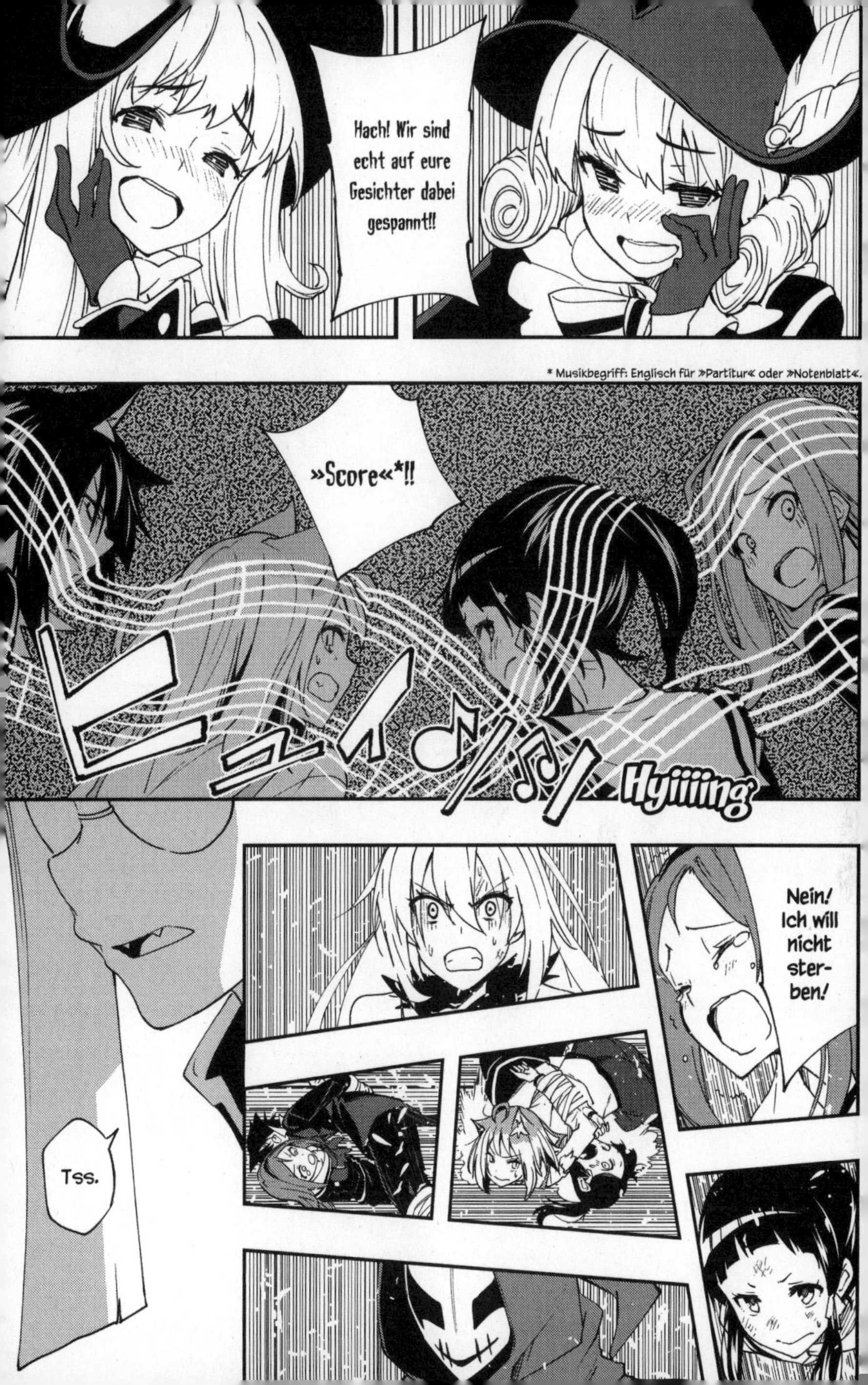

Hach! Wir sind echt auf eure Gesichter dabei gespannt!!

»Score«*!!

Hyiiiing

Nein! Ich will nicht ster-ben!

Tss.

* Musikbegriff: Englisch für »Partitur« oder »Notenblatt«.

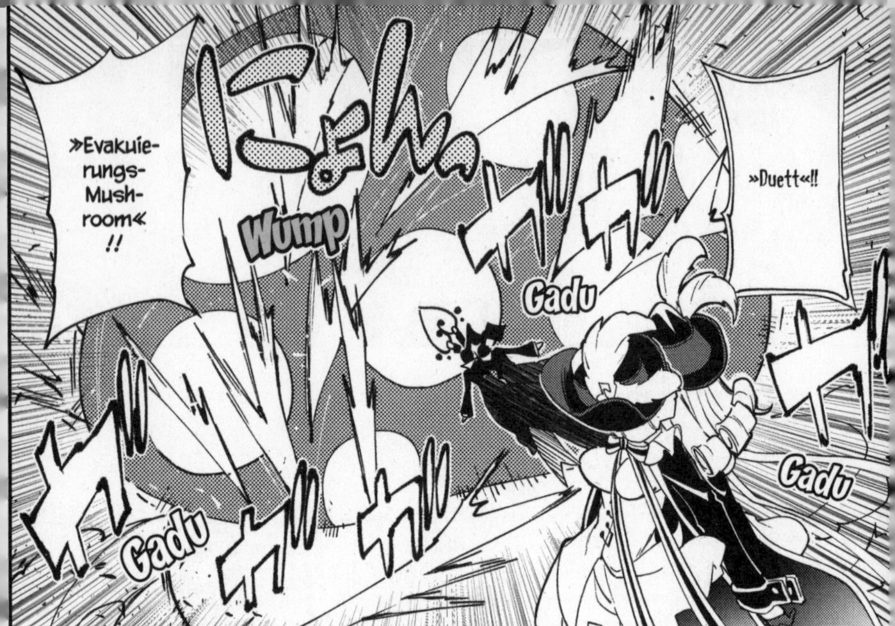

»Duett«!!

»Evakuierungs-Mushroom«!!

にょん

Wump

Gadu

Gadu

Gadu

Hey?!

Was soll dieser Pilz?!

Der stört so was von fortissimo*!!

* Musikbegriff: Italienisch für »sehr stark, sehr laut«.

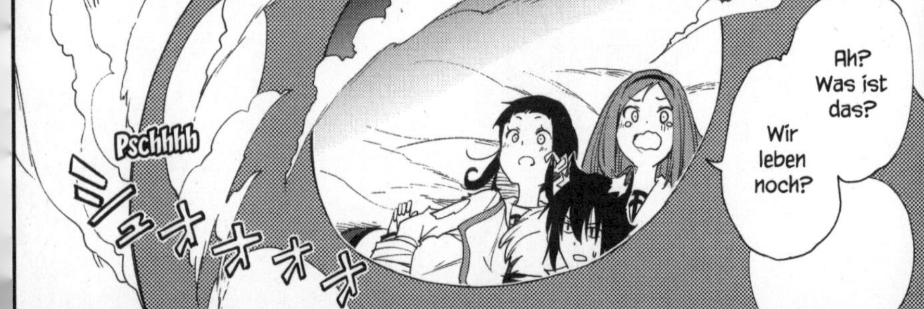

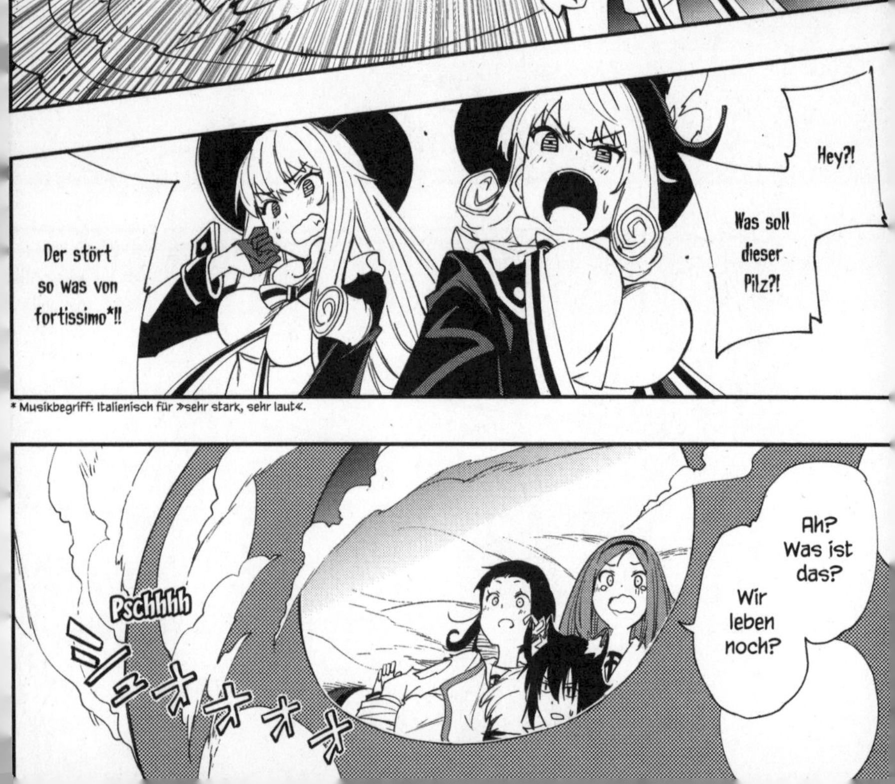

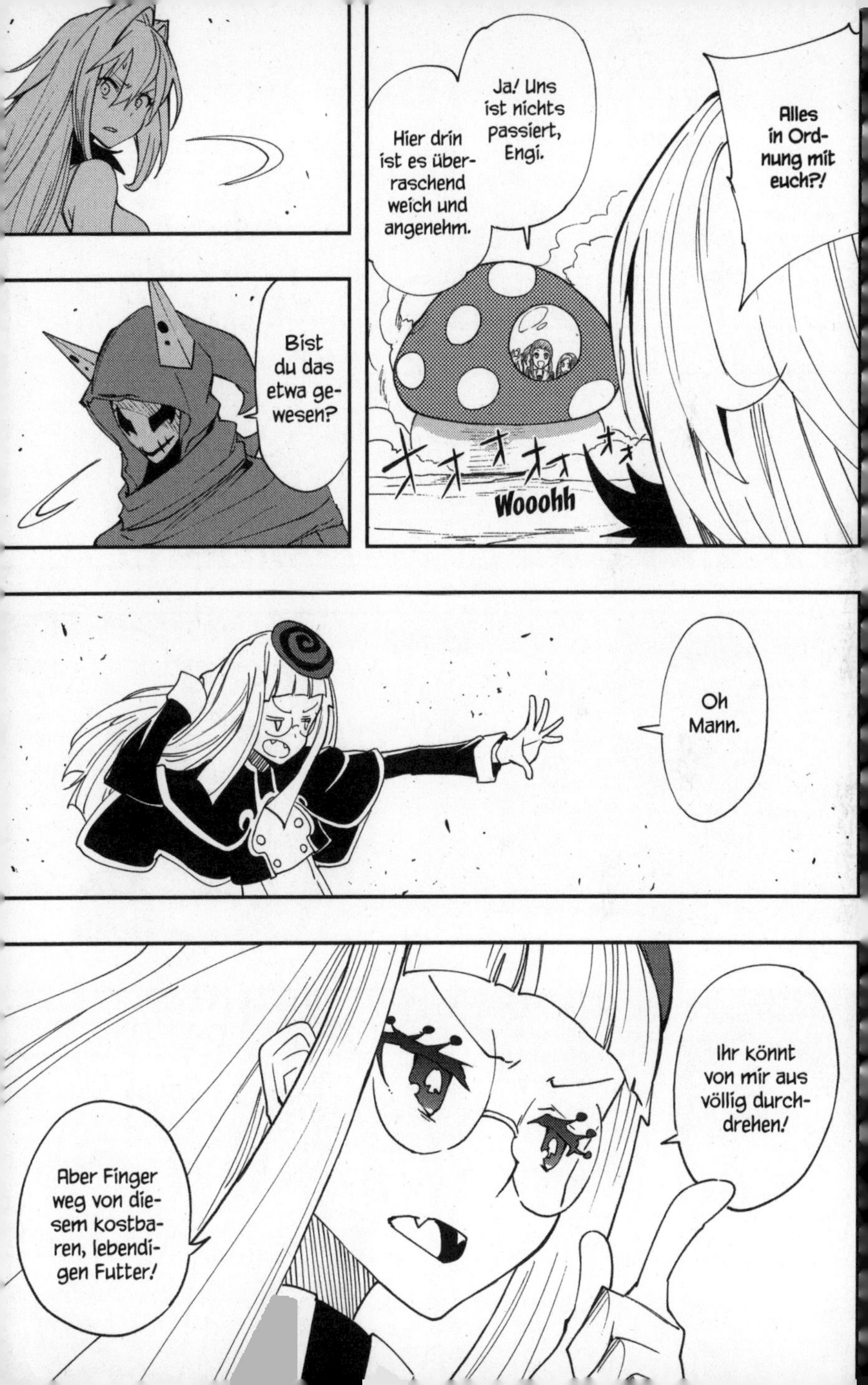

Alles in Ordnung mit euch?!

Ja! Uns ist nichts passiert, Engi.

Hier drin ist es überraschend weich und angenehm.

Wooohh

Bist du das etwa gewesen?

Oh Mann.

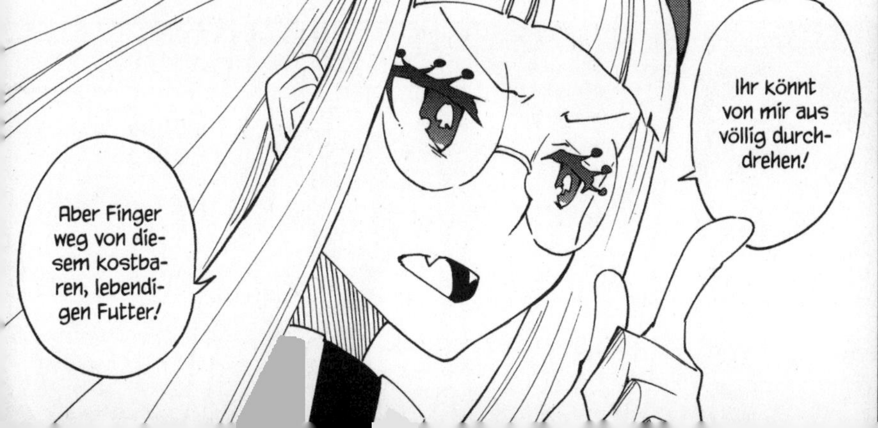

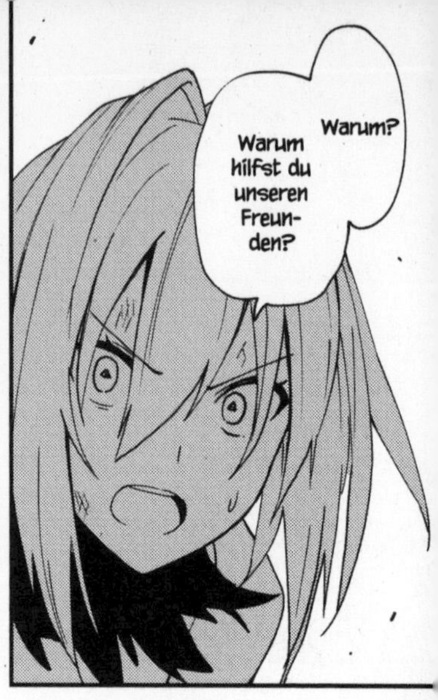
Warum?
Warum hilfst du unseren Freun-den?

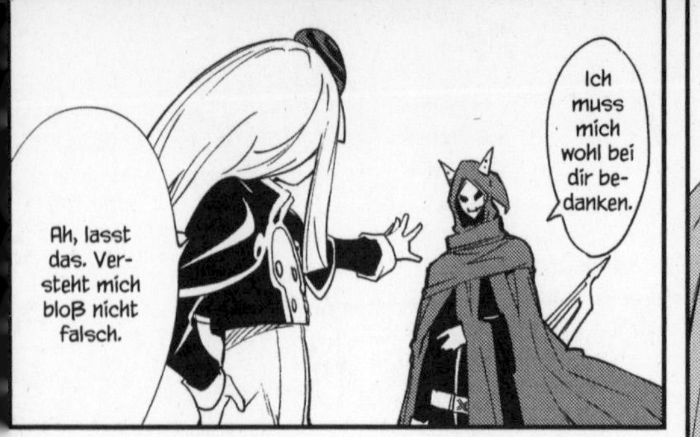
Ich muss mich wohl bei dir be-danken.
Ah, lasst das. Ver-steht mich bloß nicht falsch.

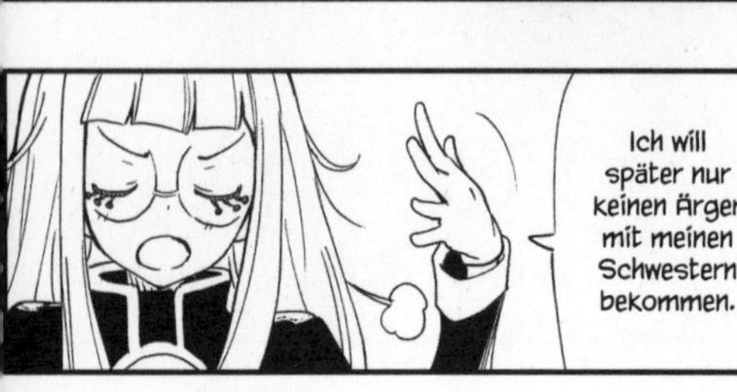
Ich will später nur keinen Ärger mit meinen Schwestern bekommen.

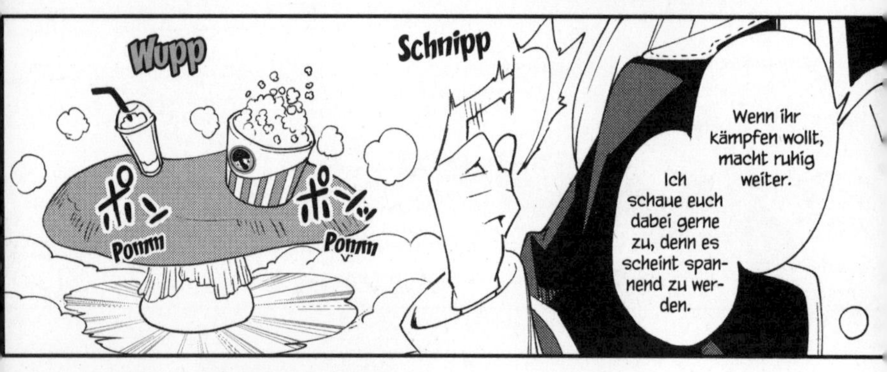
Wenn ihr kämpfen wollt, macht ruhig weiter.
Ich schaue euch dabei gerne zu, denn es scheint span-nend zu wer-den.
Schnipp
Wupp
Ponnn
Ponnn

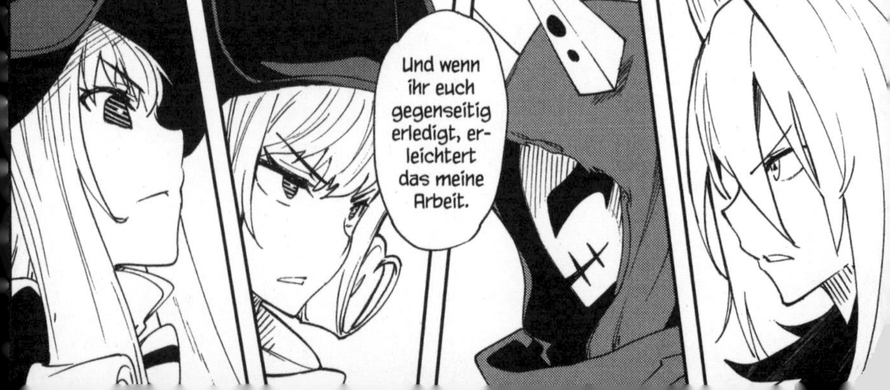
Und wenn ihr euch gegenseitig erledigt, er-leichtert das meine Arbeit.

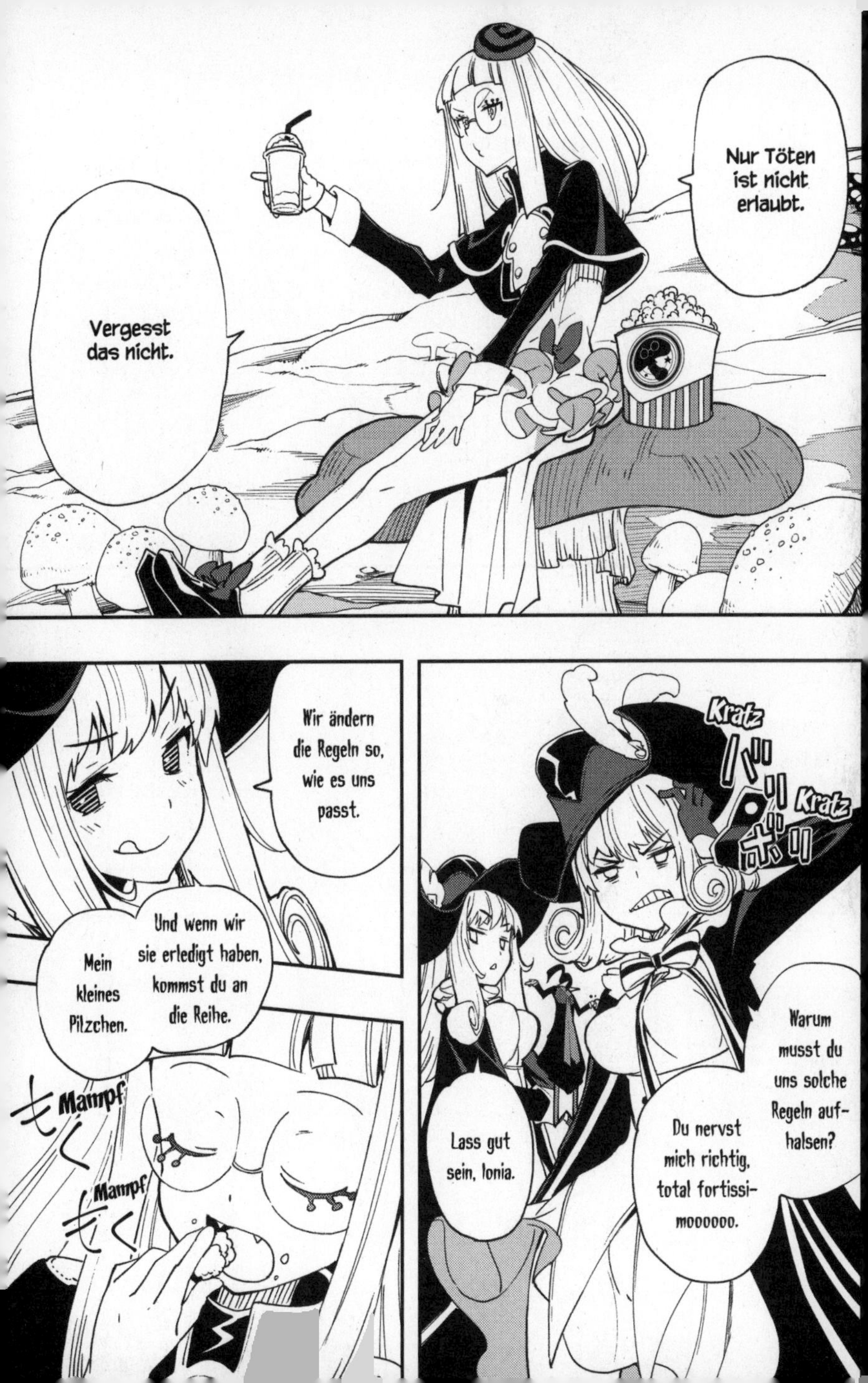

Nur Töten ist nicht erlaubt.

Vergesst das nicht.

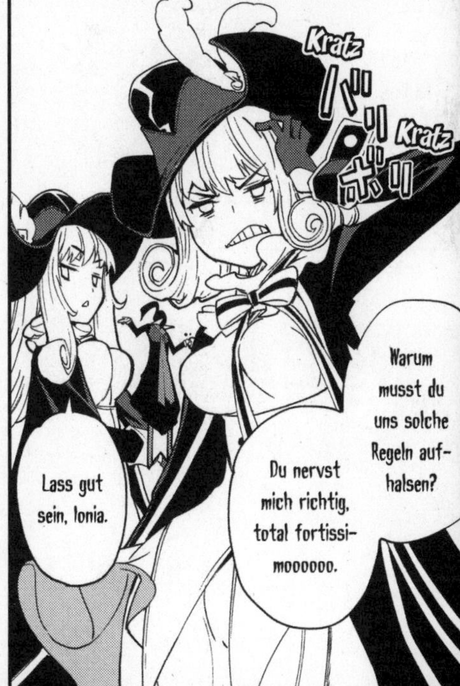

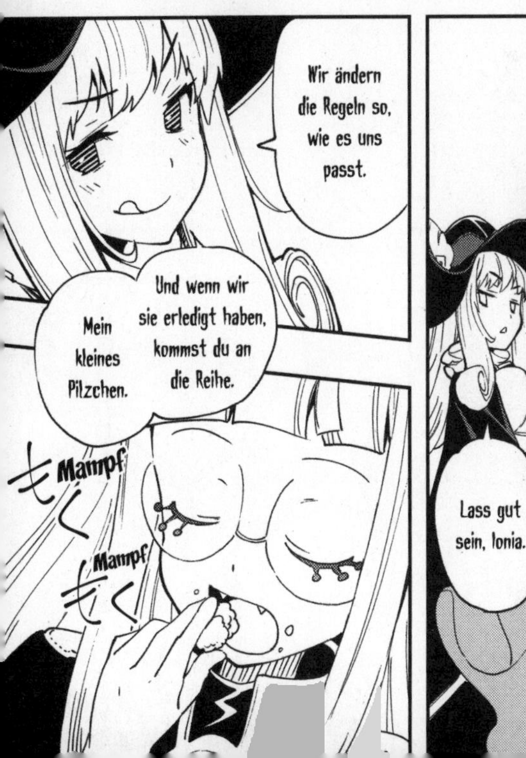

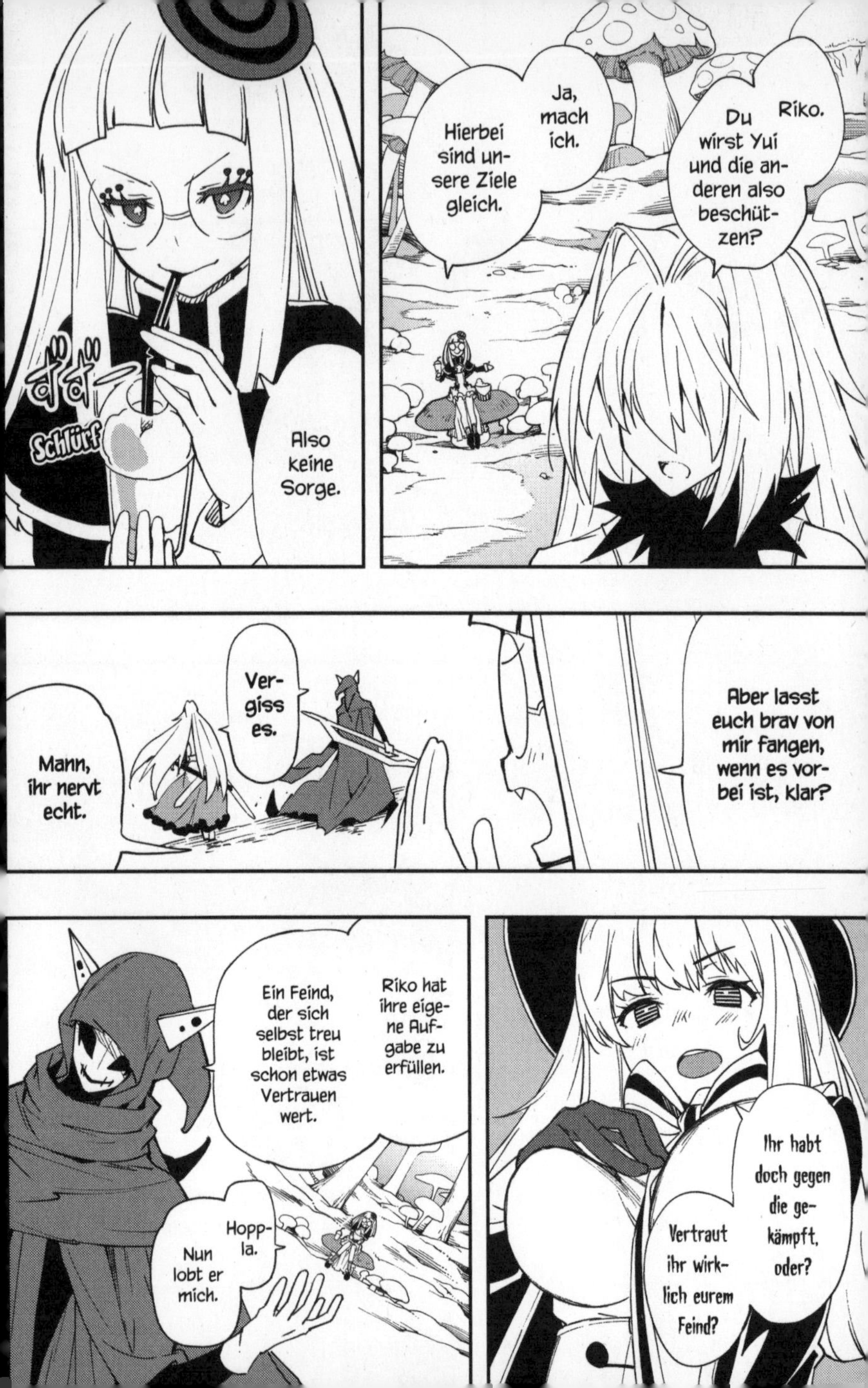

Riko. Du wirst Yui und die anderen also beschützen?
Ja, mach ich.
Hierbei sind unsere Ziele gleich.
Schlürf
Also keine Sorge.

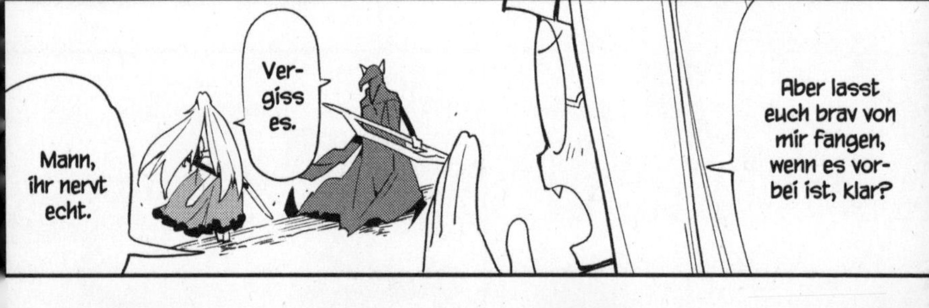

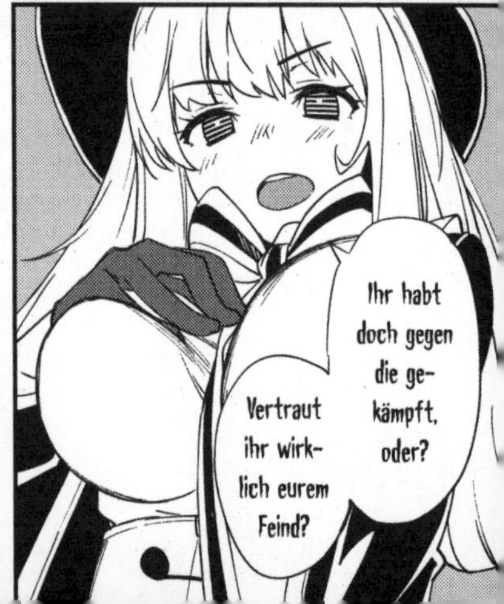

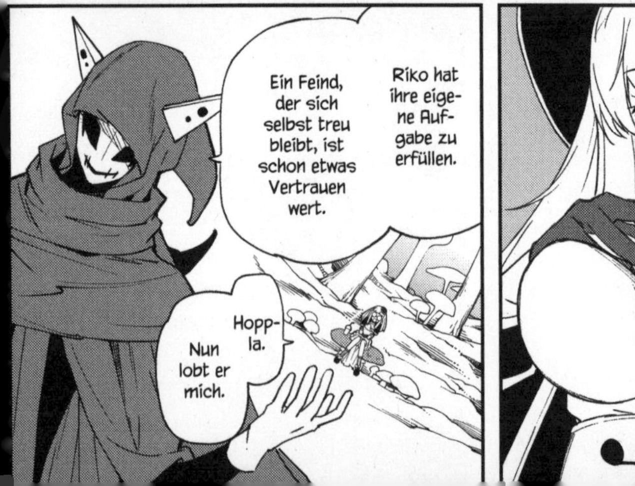

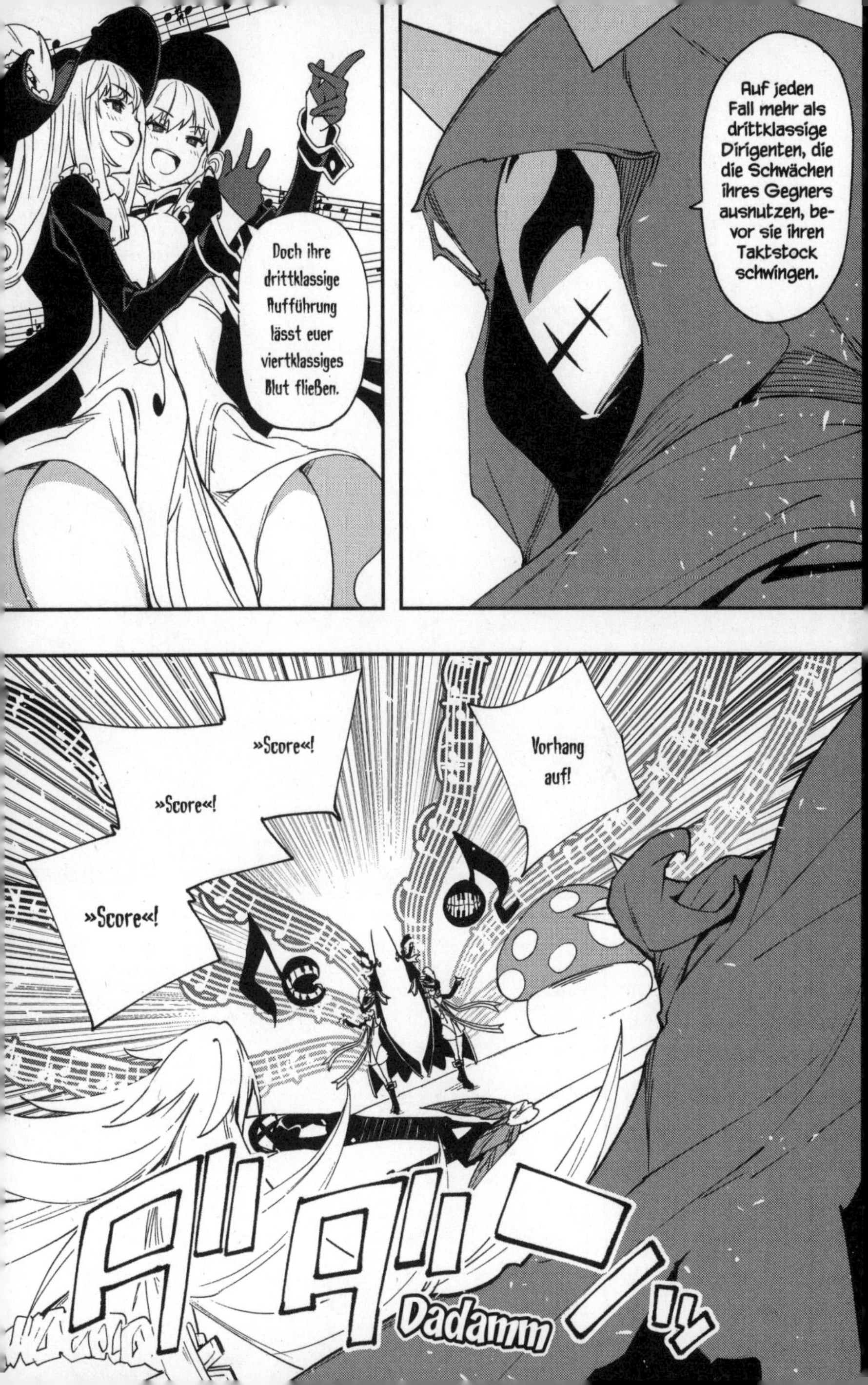

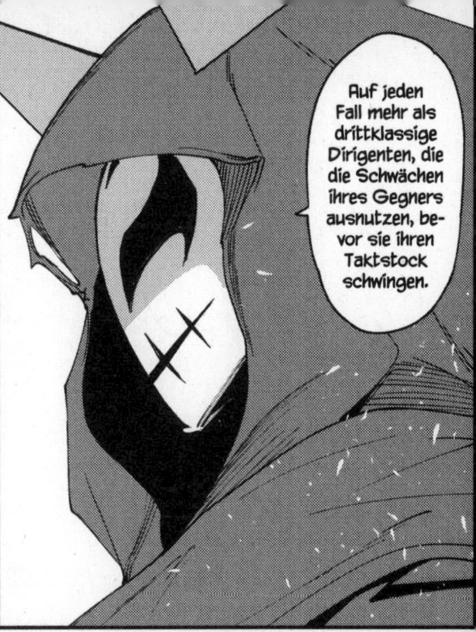
Auf jeden Fall mehr als drittklassige Dirigenten, die die Schwächen ihres Gegners ausnutzen, bevor sie ihren Taktstock schwingen.

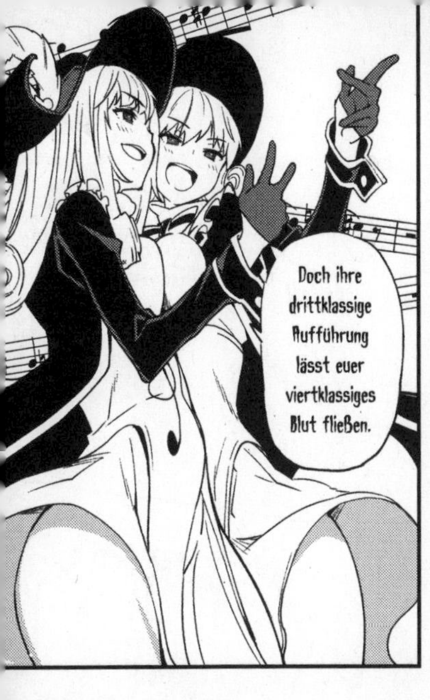
Doch ihre drittklassige Aufführung lässt euer viertklassiges Blut fließen.

Vorhang auf!
»Score«!
»Score«!
»Score«!
Dadamm

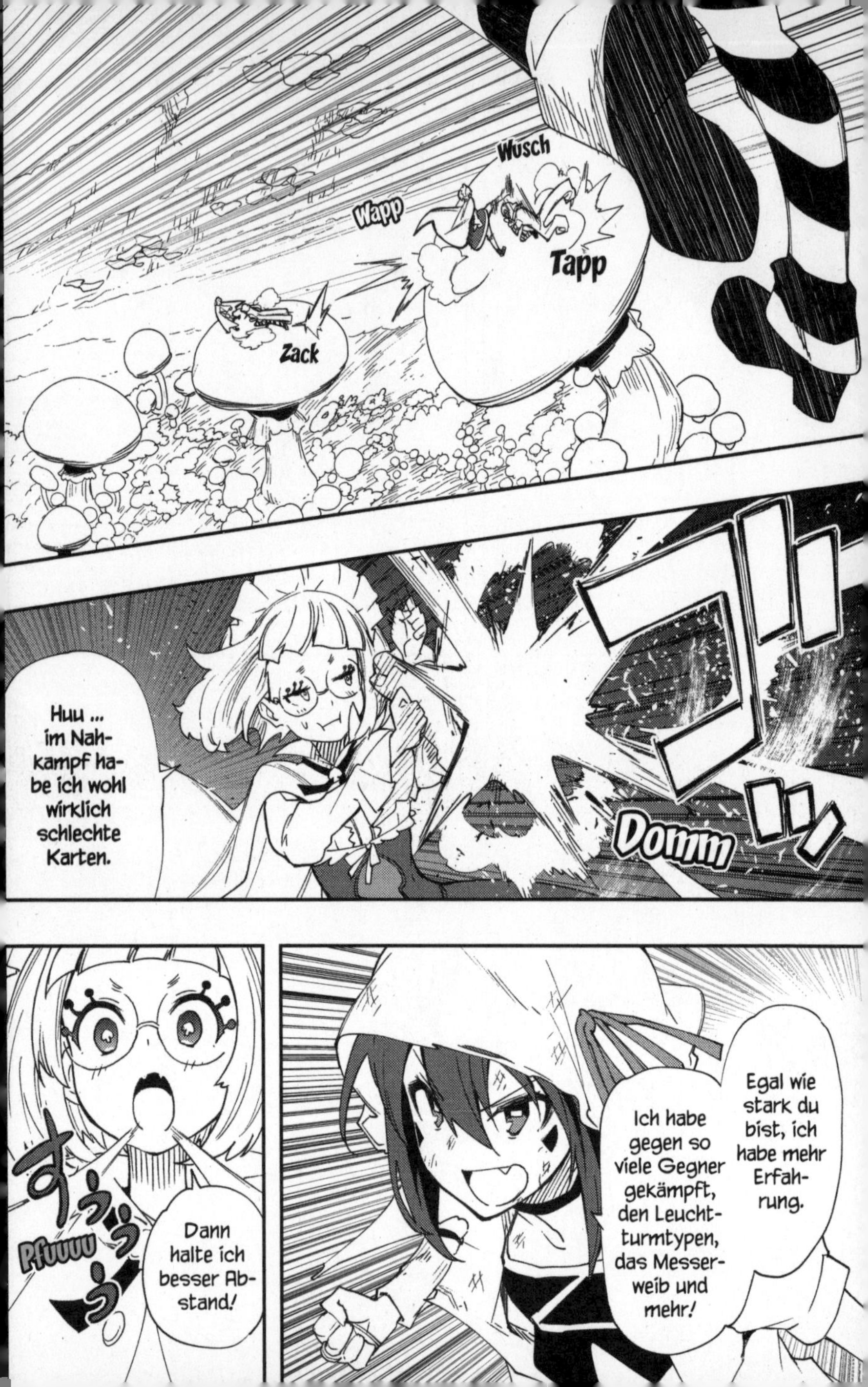

Wusch
Wapp
Tapp
Zack

Domm
Huu ... im Nahkampf habe ich wohl wirklich schlechte Karten.

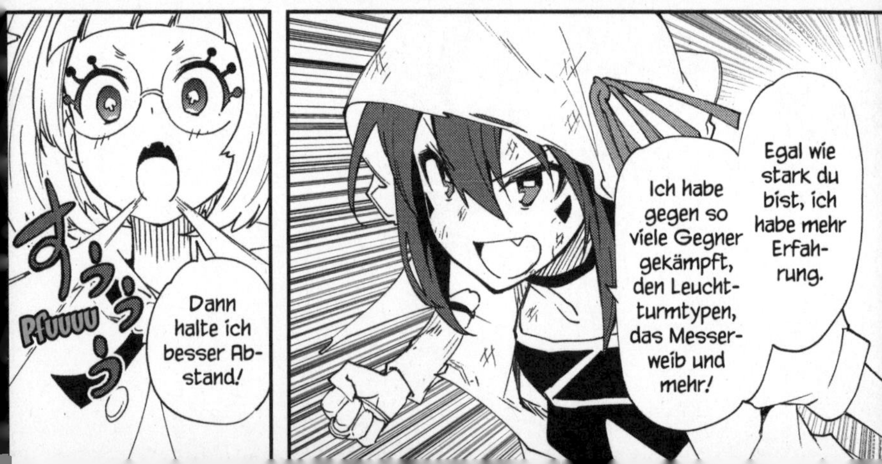

!

Wusch

Plomp

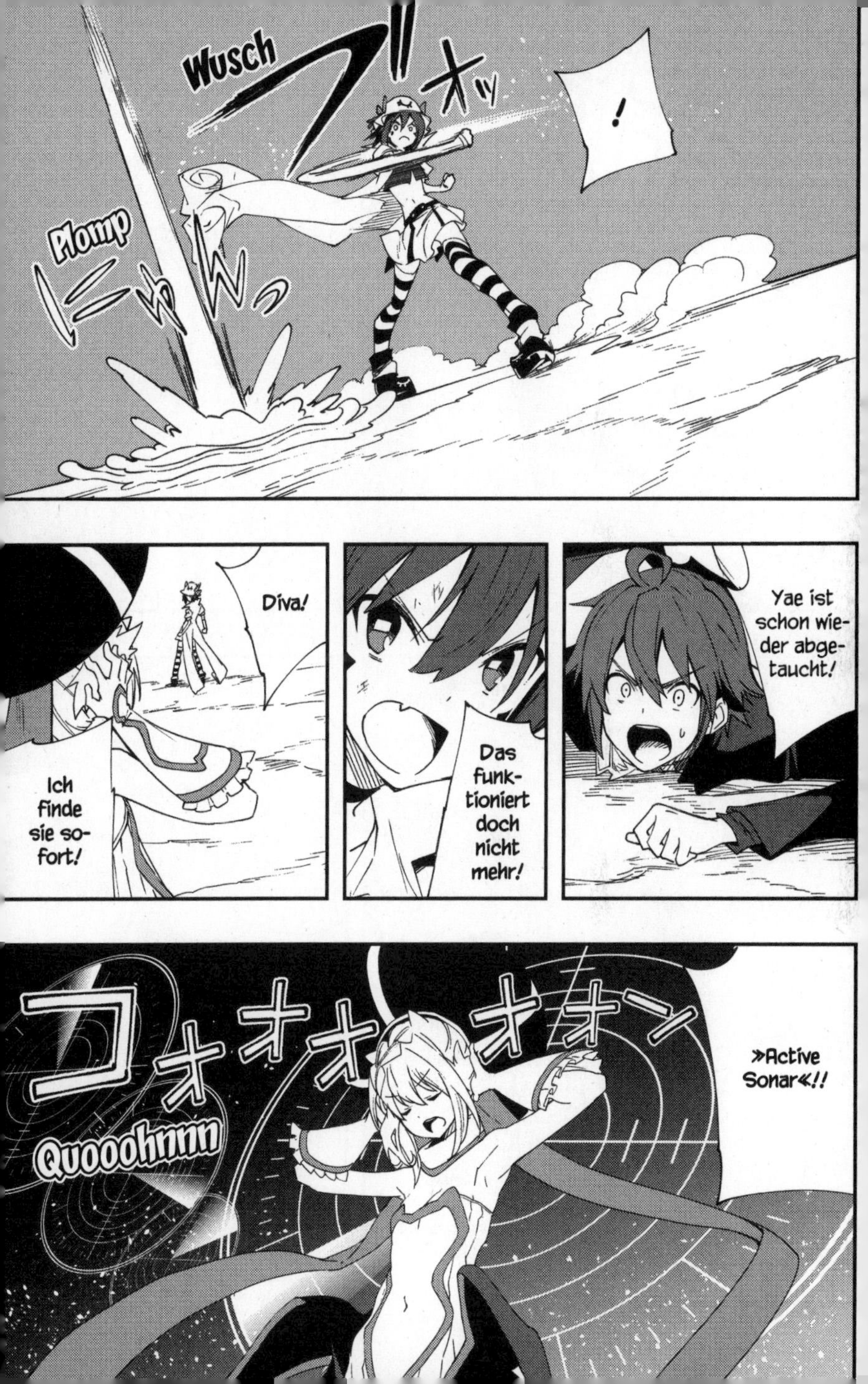

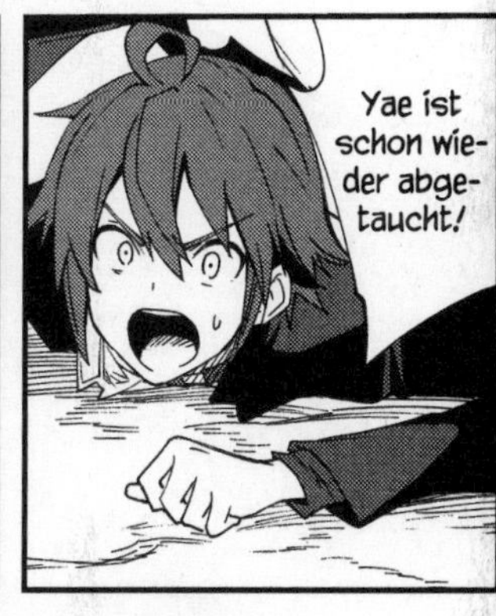

Yae ist schon wie-der abge-taucht!

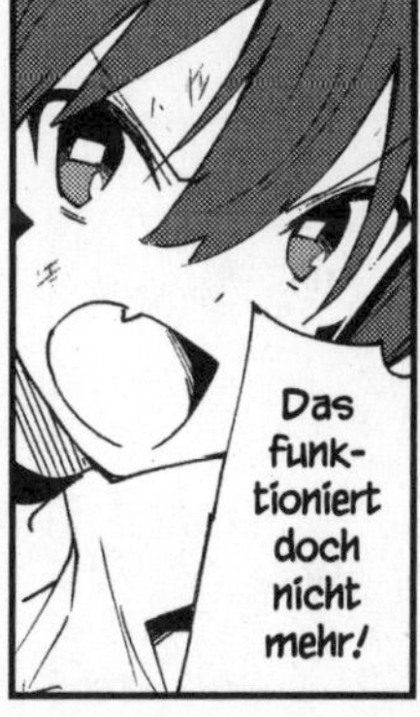

Das funk-tioniert doch nicht mehr!

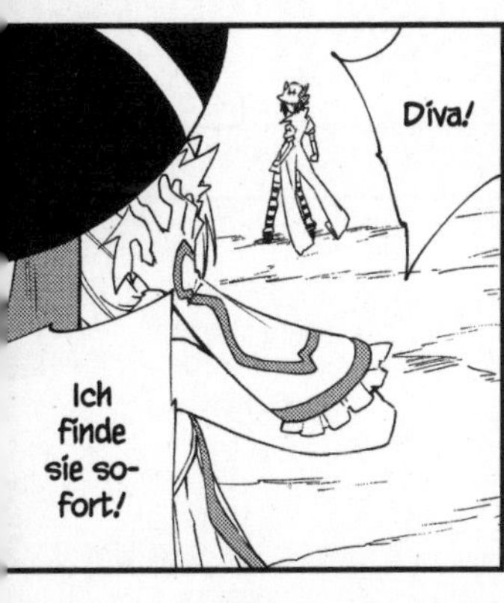

Diva!
Ich finde sie so-fort!

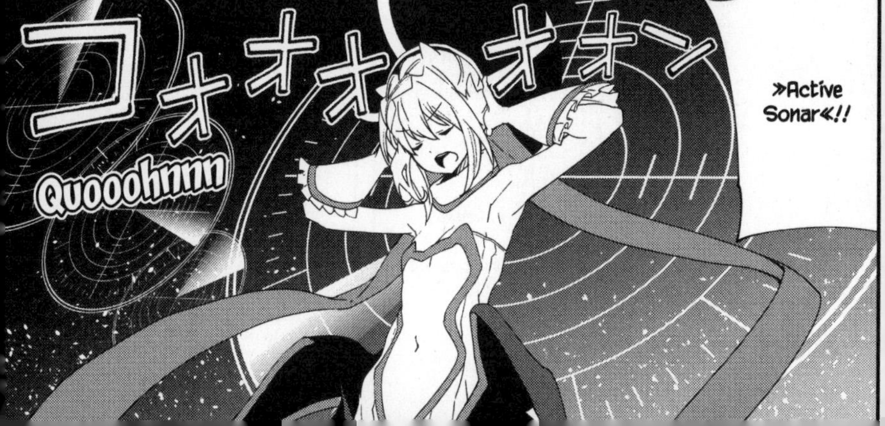

»Active Sonar«!!
Quooohnnn

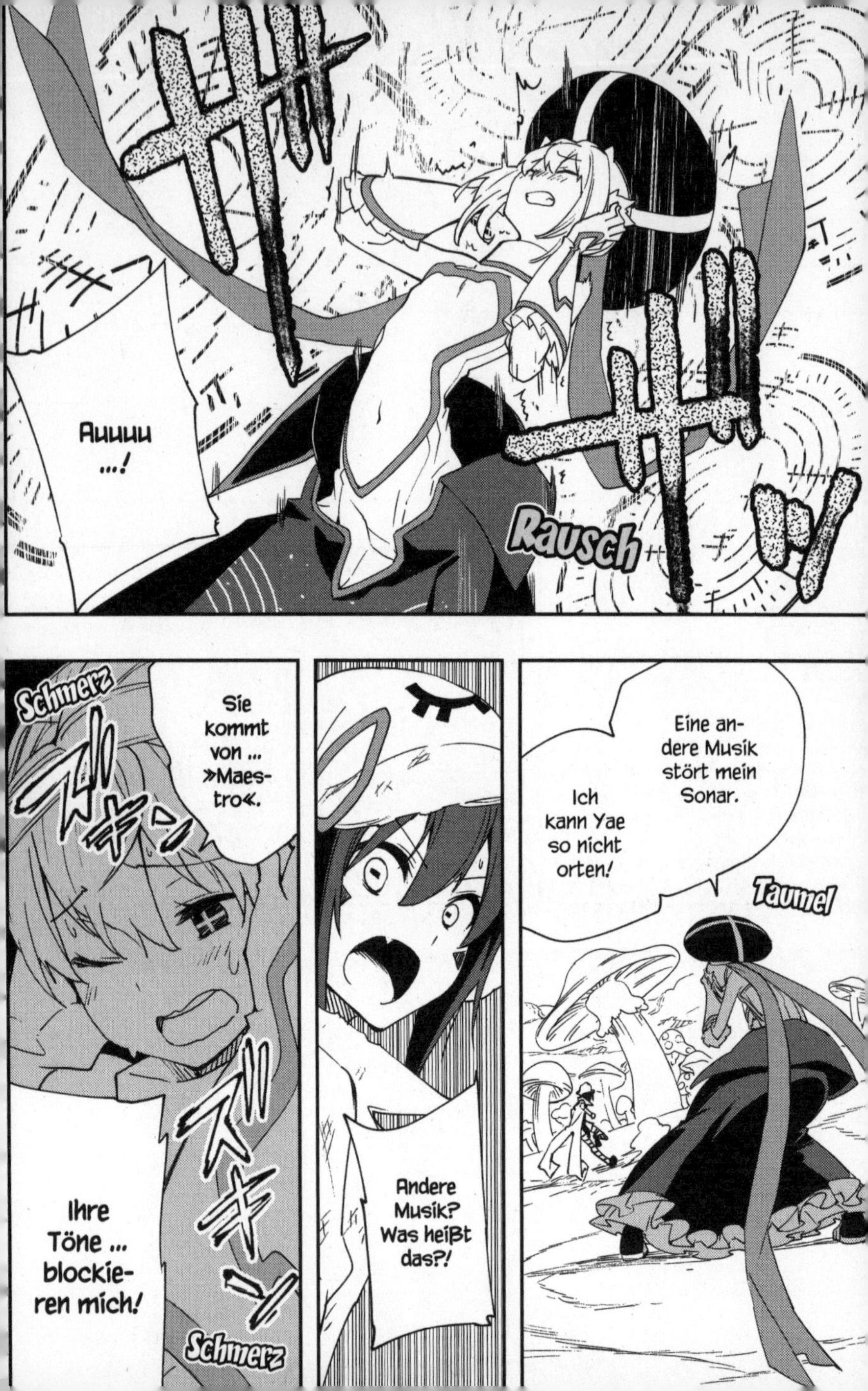

Rausch
Auuuu ...!

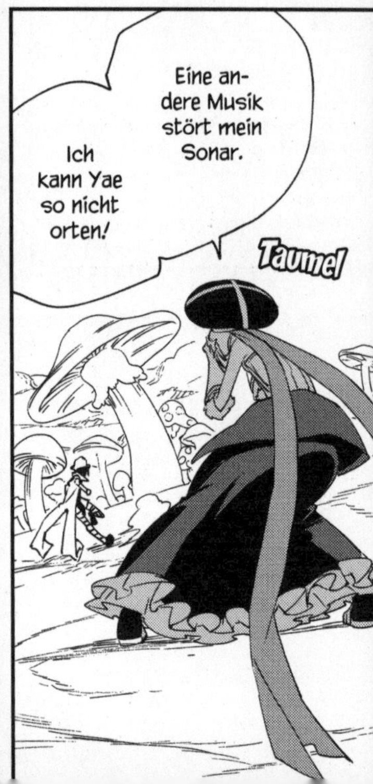
Eine andere Musik stört mein Sonar.
Ich kann Yae so nicht orten!
Taumel

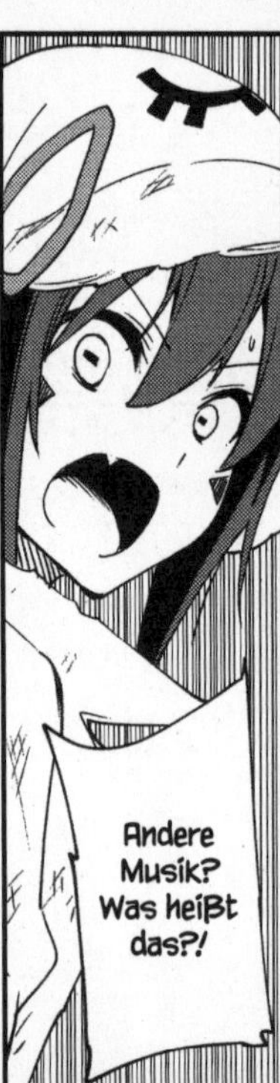
Andere Musik? Was heißt das?!

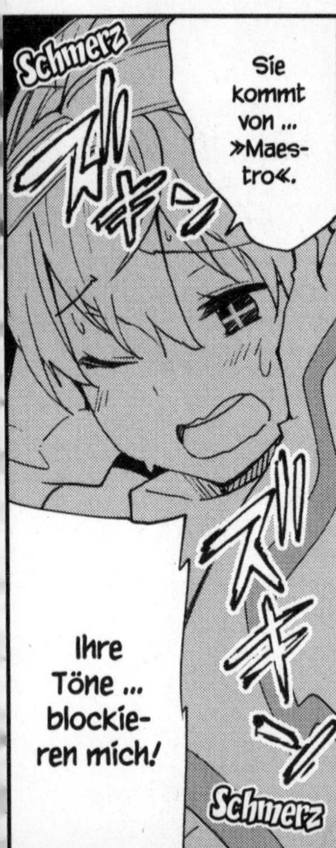
Schmerz
Sie kommt von ... »Maestro«.
Ihre Töne ... blockieren mich!
Schmerz

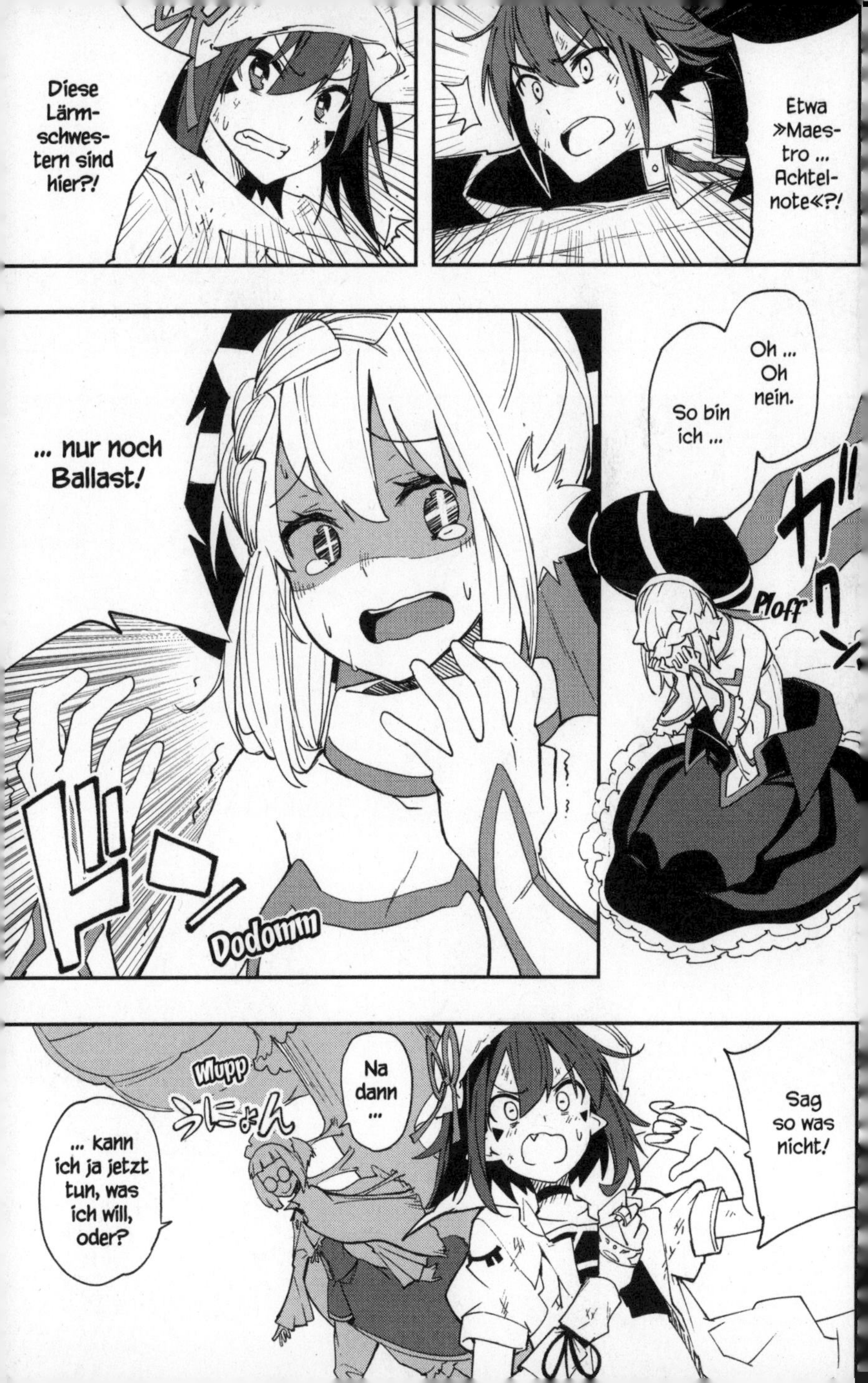

Etwa »Maestro ... Achtelnote«?!

Diese Lärmschwestern sind hier?!

Oh ... Oh nein.

So bin ich ...

Ploff

... nur noch Ballast!

Dodomm

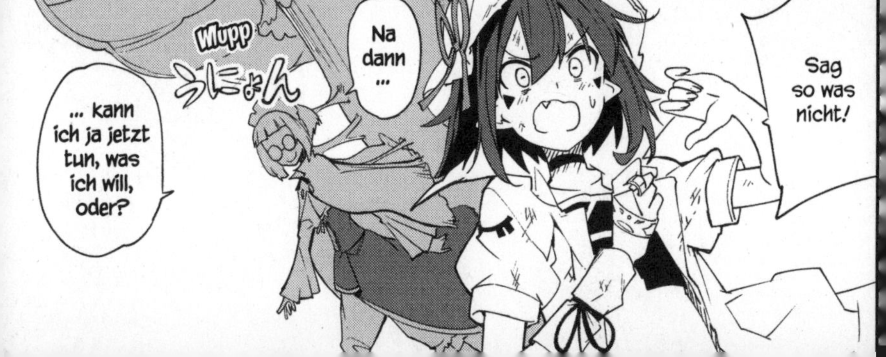

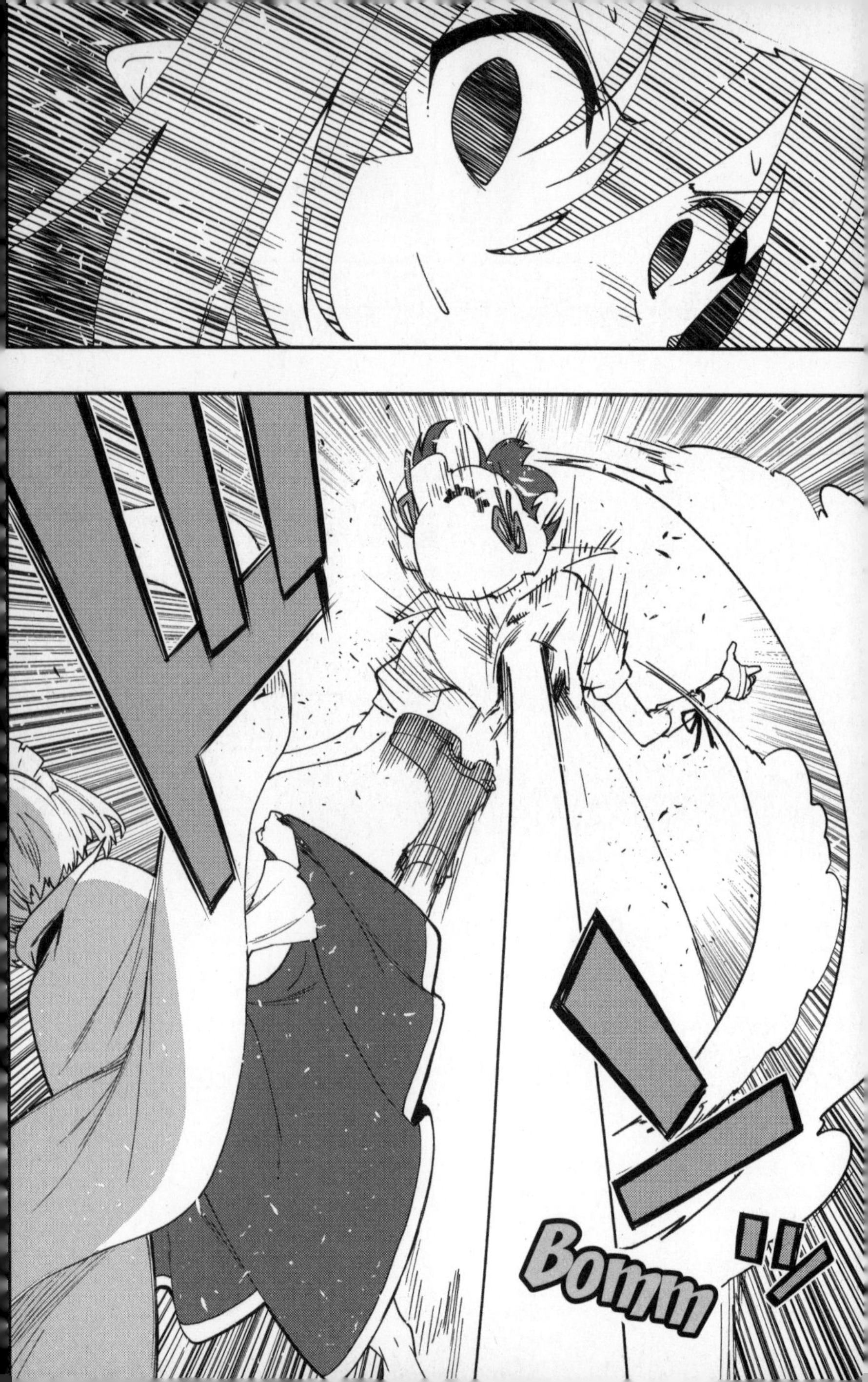
Bomm!!

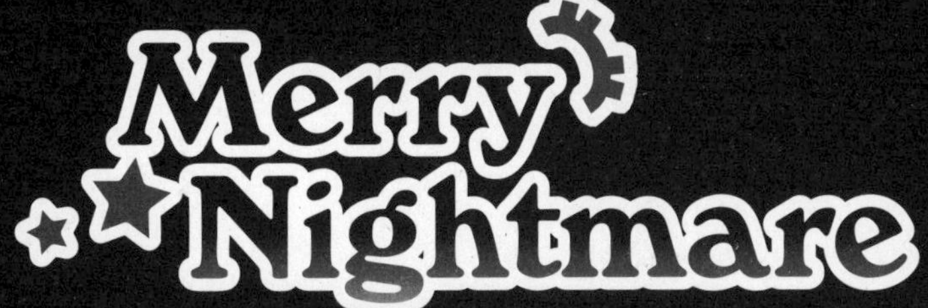
Merry Nightmare

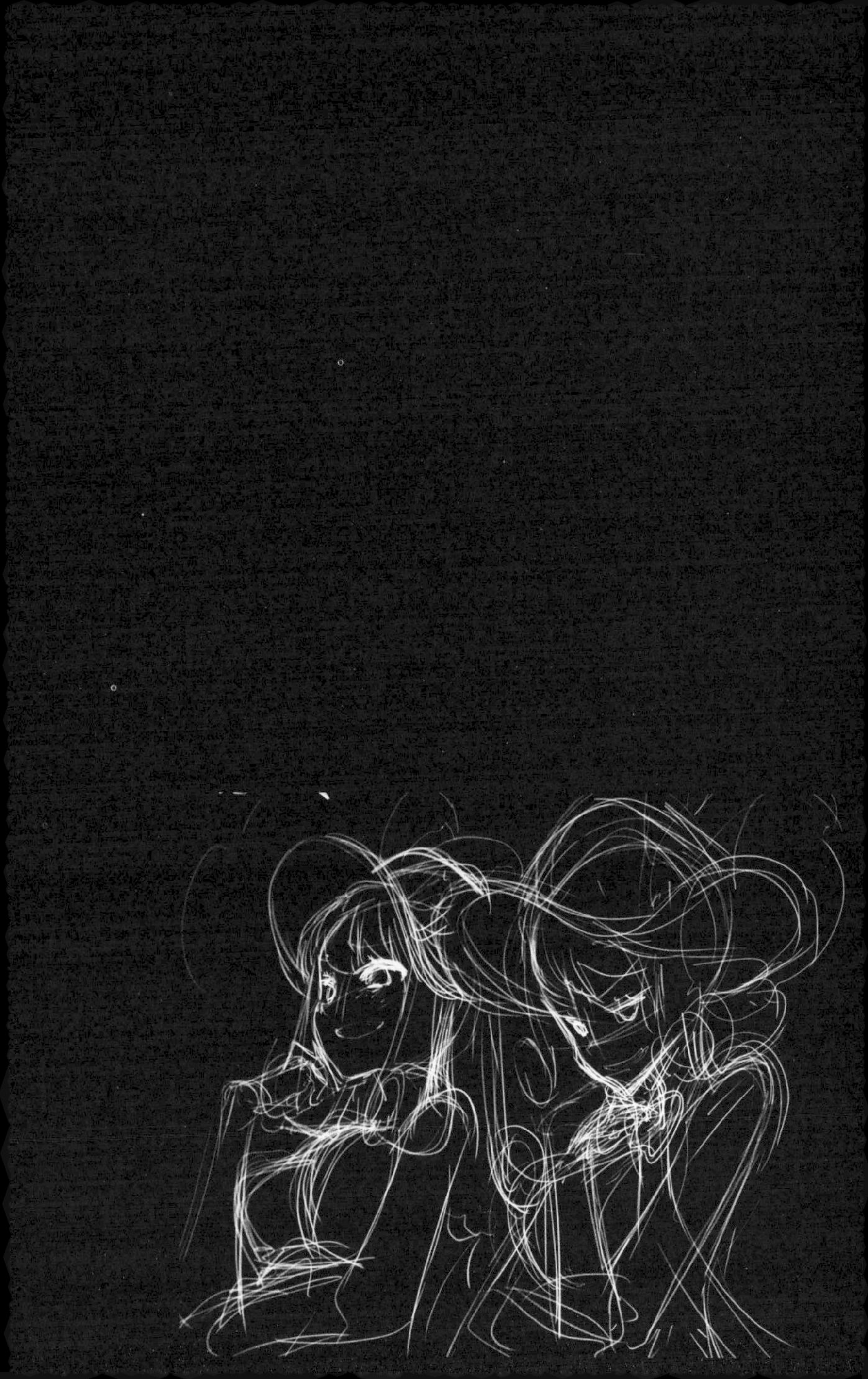

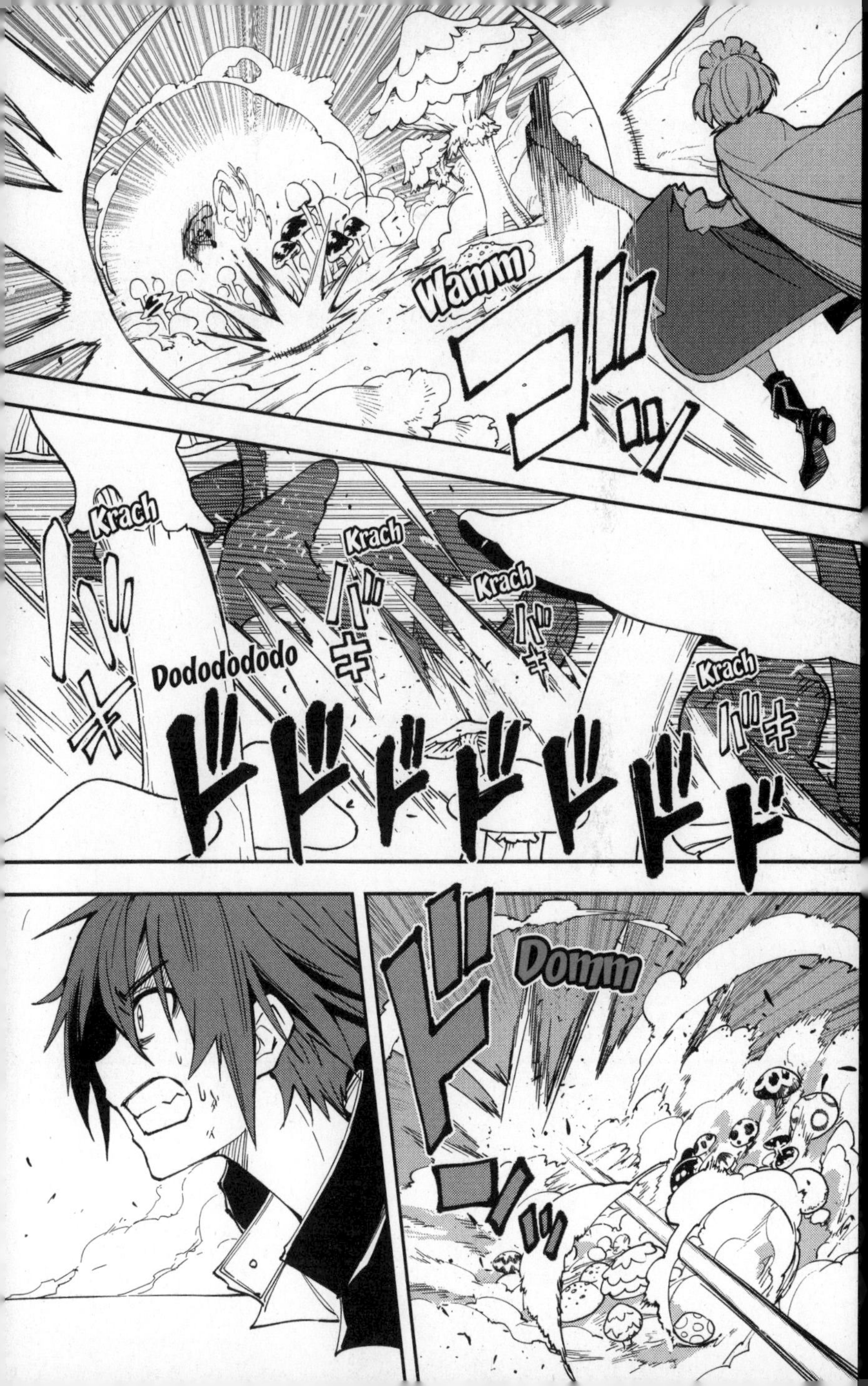
Wamm
ゴッ
Krach
バキ
Krach
バキ
Krach
バキ
Krach
バキ
Dododododo
ドドドドドドドド
Domm
ドゴッ

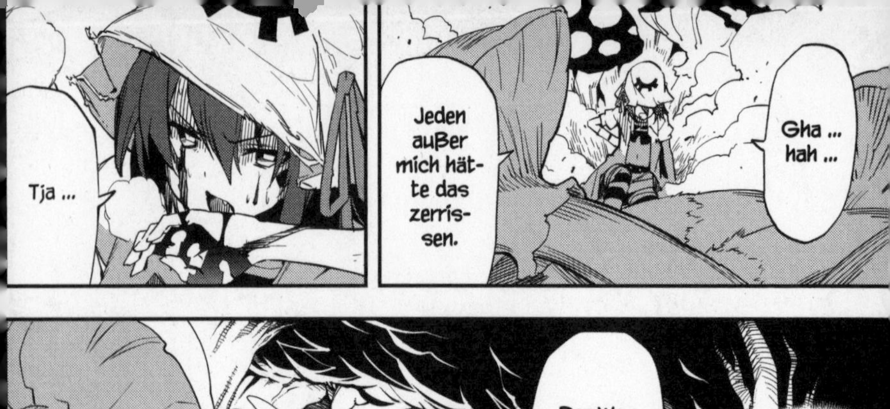

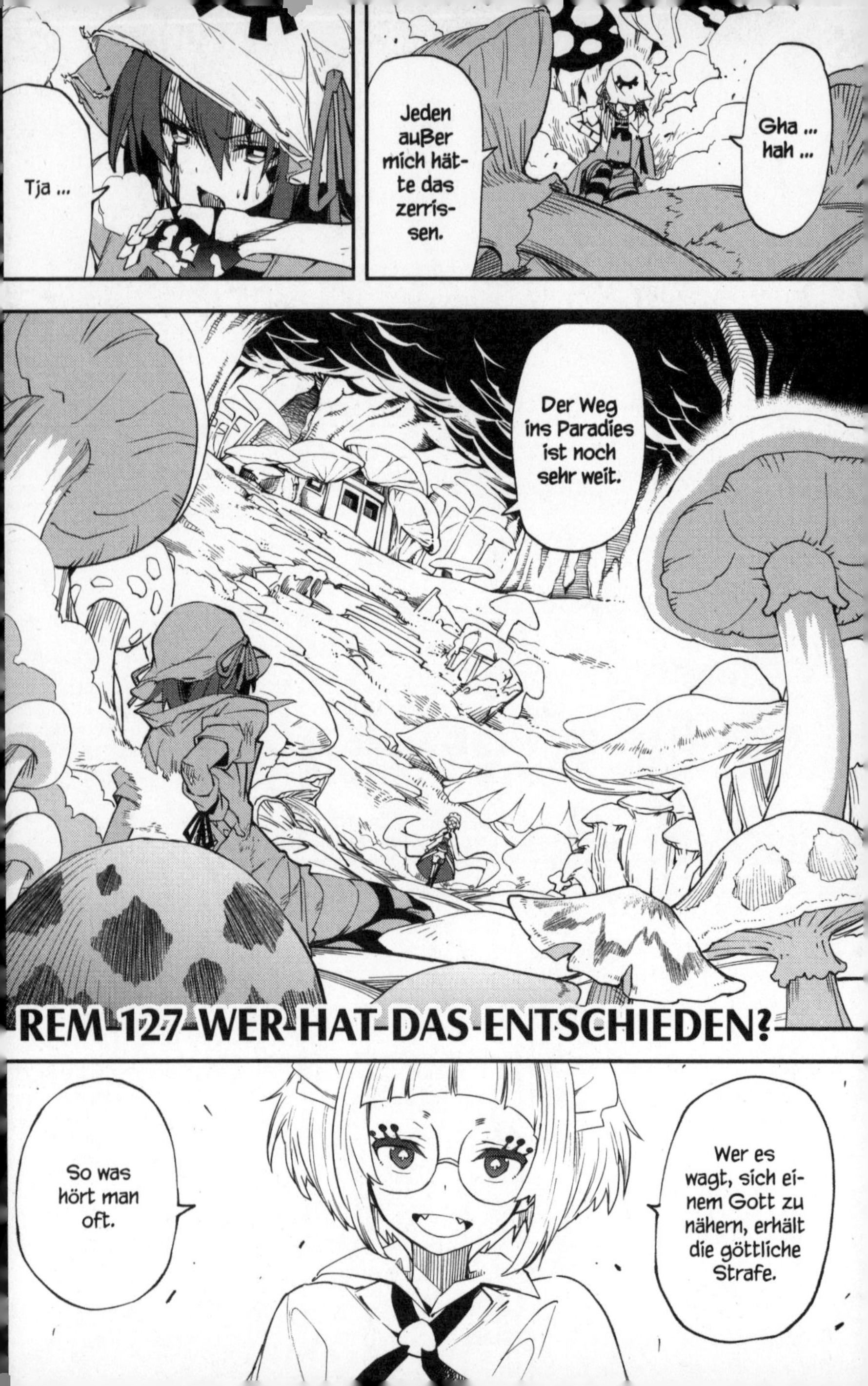

Der Weg ins Paradies ist noch sehr weit.

REM 127 WER HAT DAS ENTSCHIEDEN?

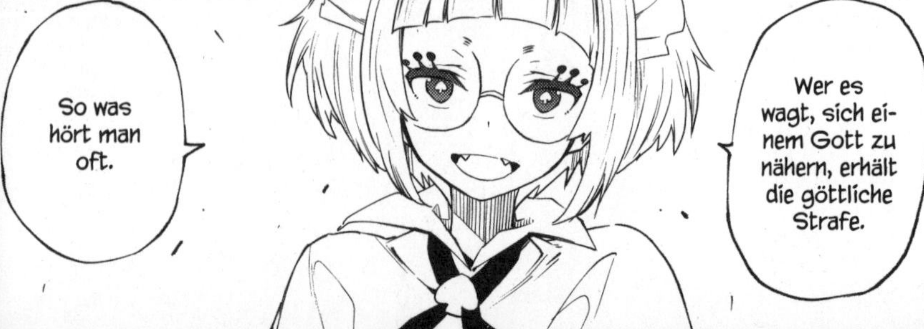

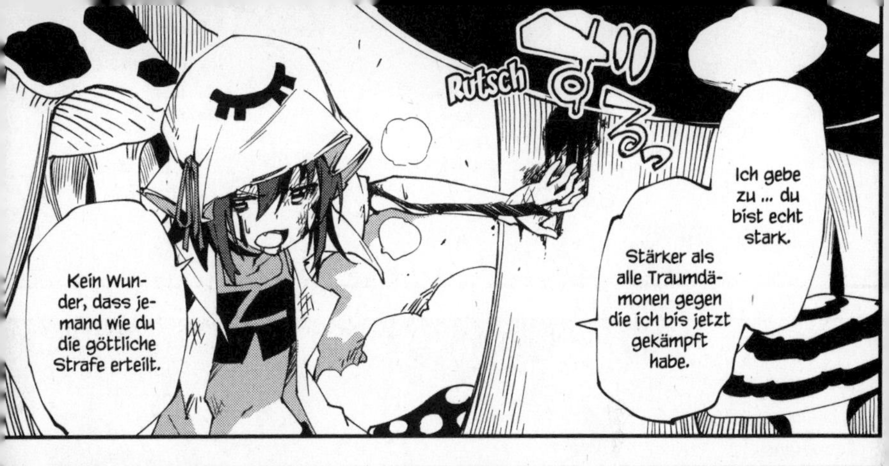
Rutsch
Ich gebe zu ... du bist echt stark.
Stärker als alle Traumdämonen gegen die ich bis jetzt gekämpft habe.
Kein Wunder, dass jemand wie du die göttliche Strafe erteilt.

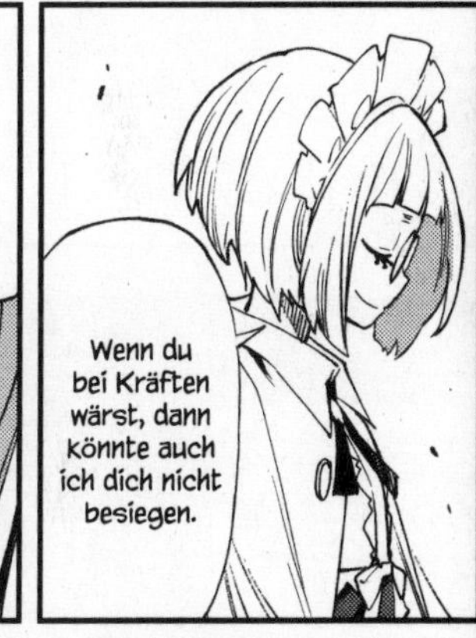
Wenn du bei Kräften wärst, dann könnte auch ich dich nicht besiegen.

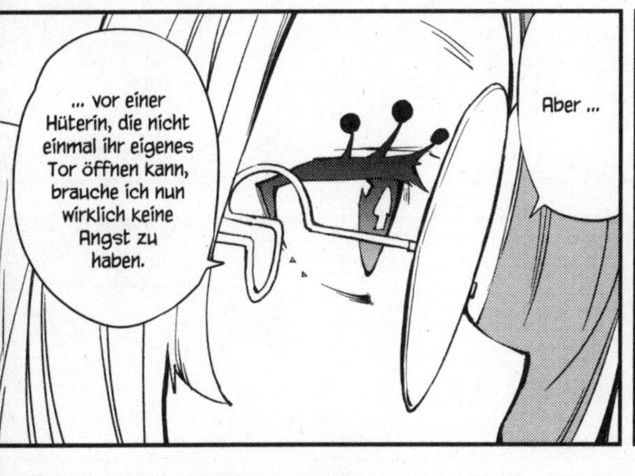
Aber ...
... vor einer Hüterin, die nicht einmal ihr eigenes Tor öffnen kann, brauche ich nun wirklich keine Angst zu haben.

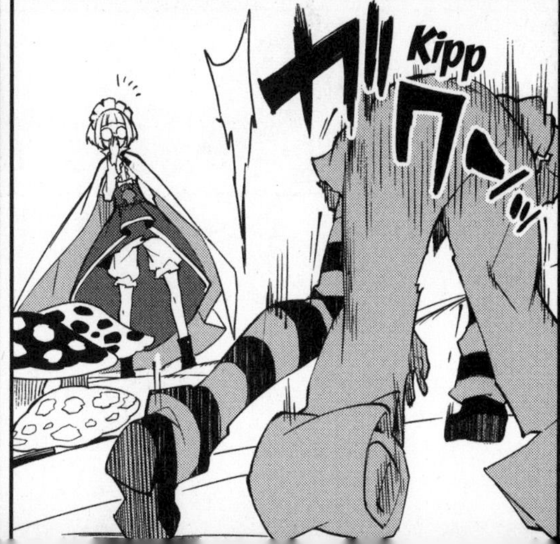
Kipp

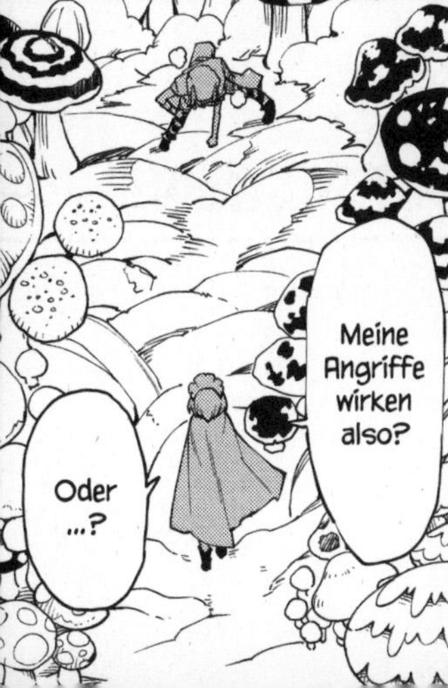
Meine Angriffe wirken also?
Oder ...?

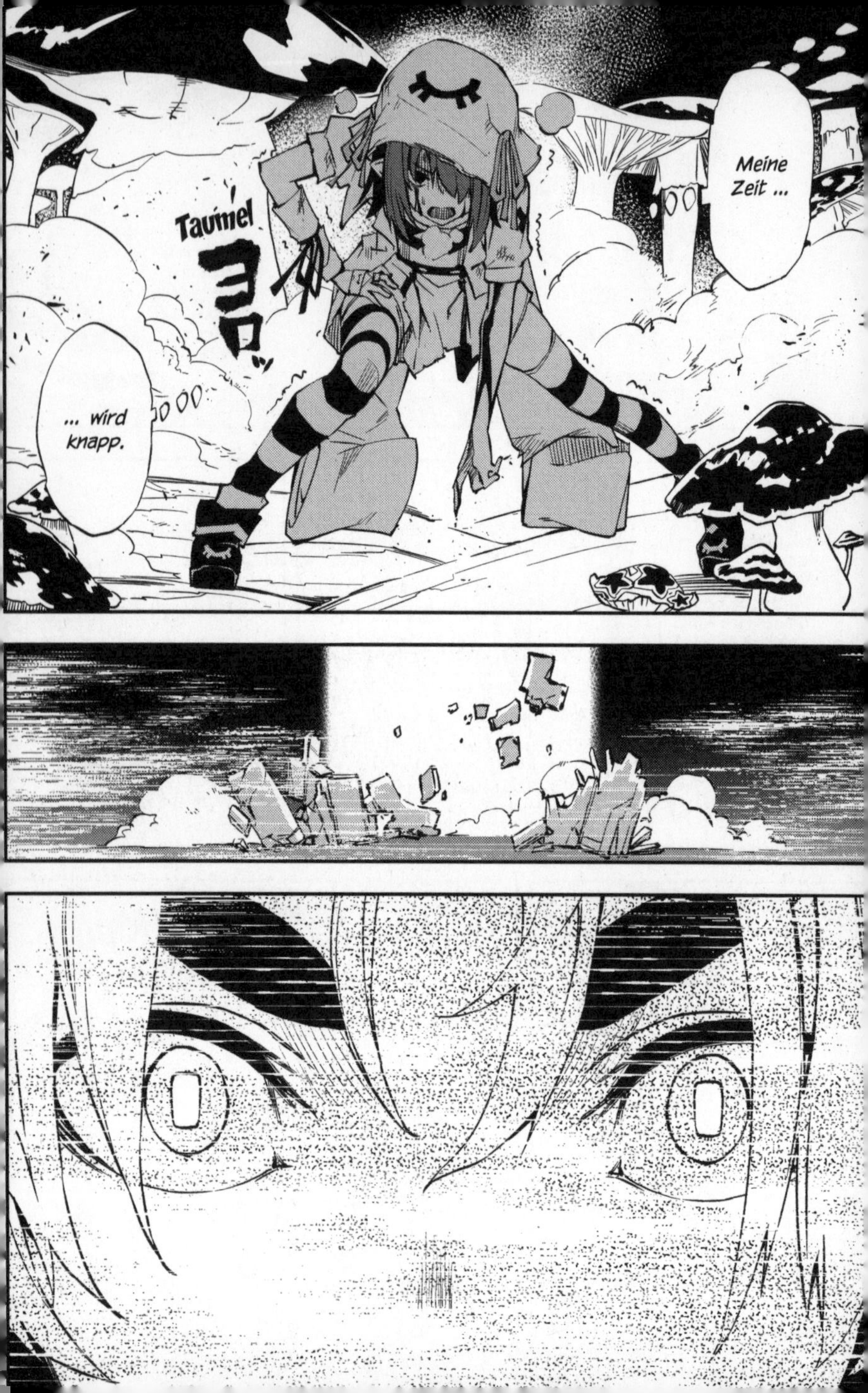

Meine Zeit ...

Taumel

ヨロッ

... wird knapp.

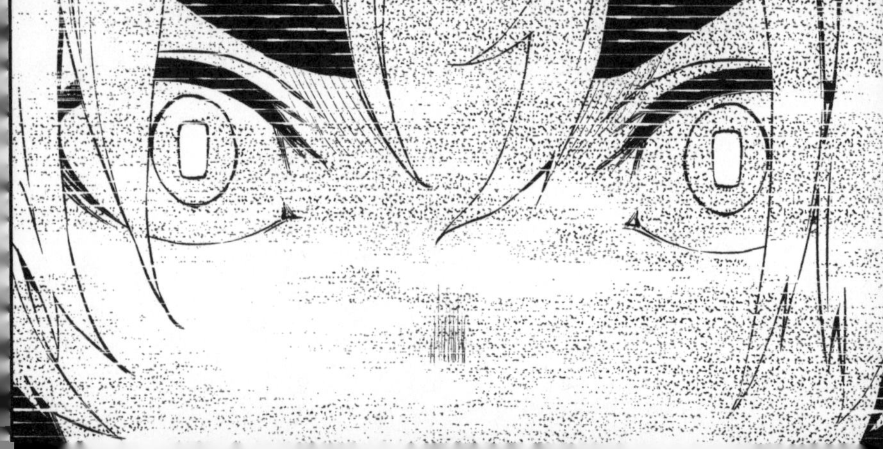

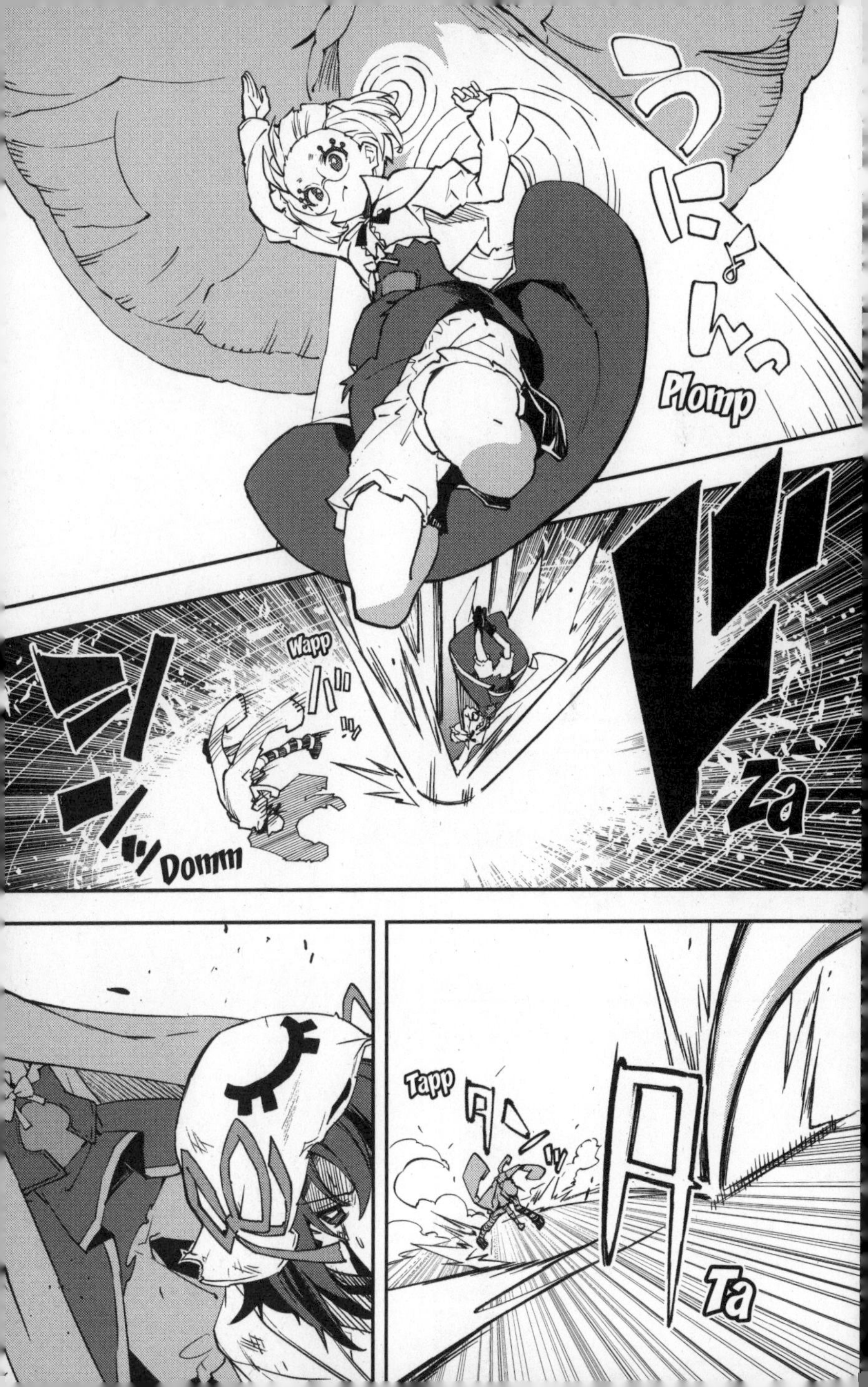

Plomp

Wapp

Za

Domm

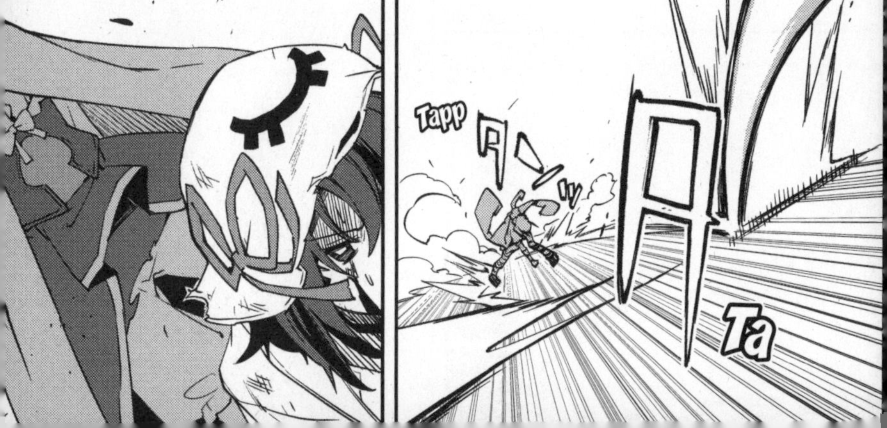

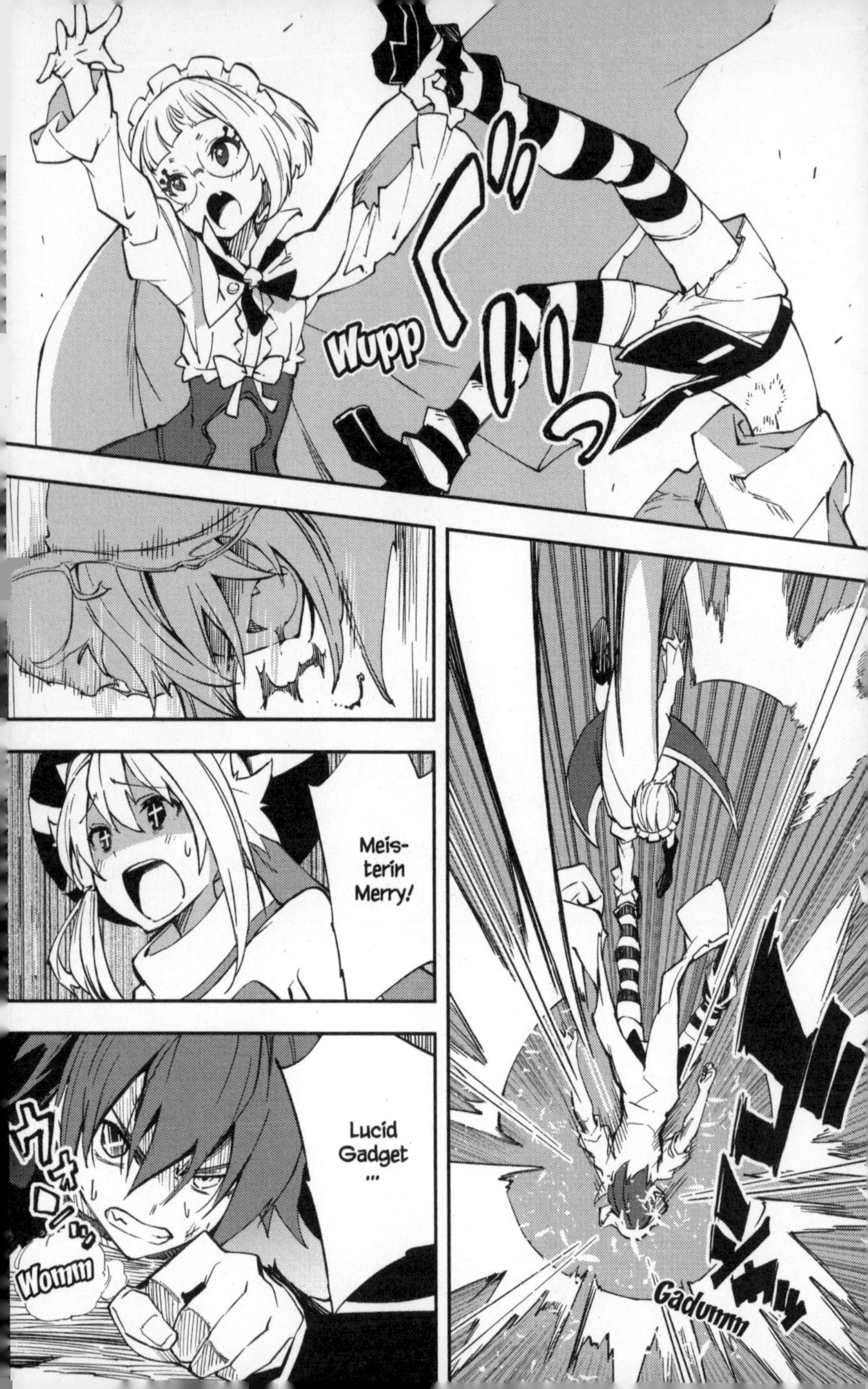
Wupp
Meis-
terin
Merry!
Lucid
Gadget
...
Wommm
Gadummm

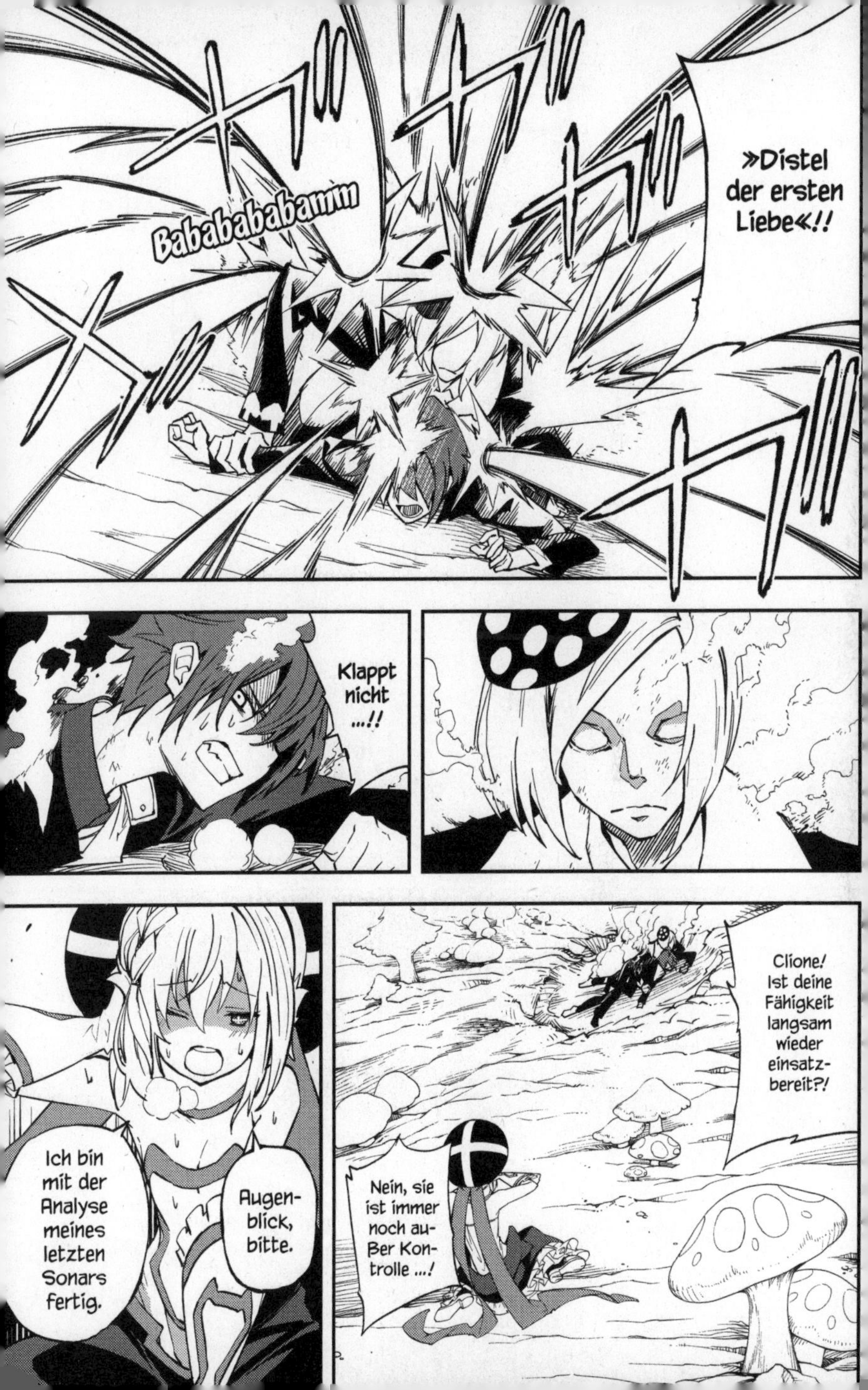

»Distel der ersten Liebe«!!

Babababababamm

Klappt nicht ...!!

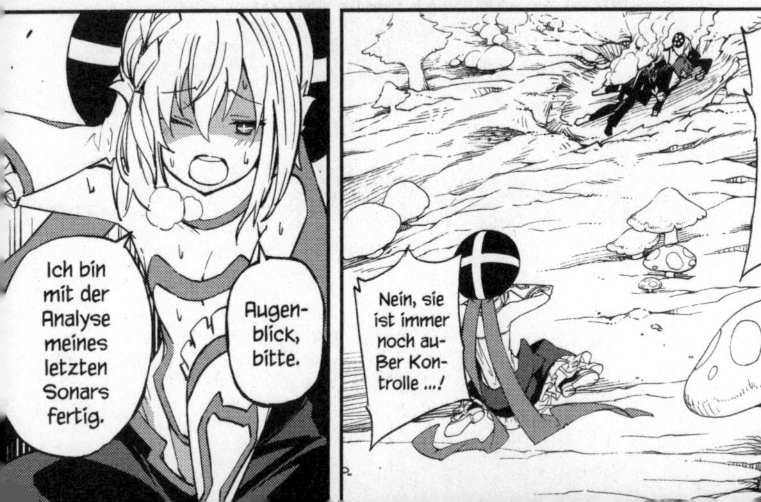

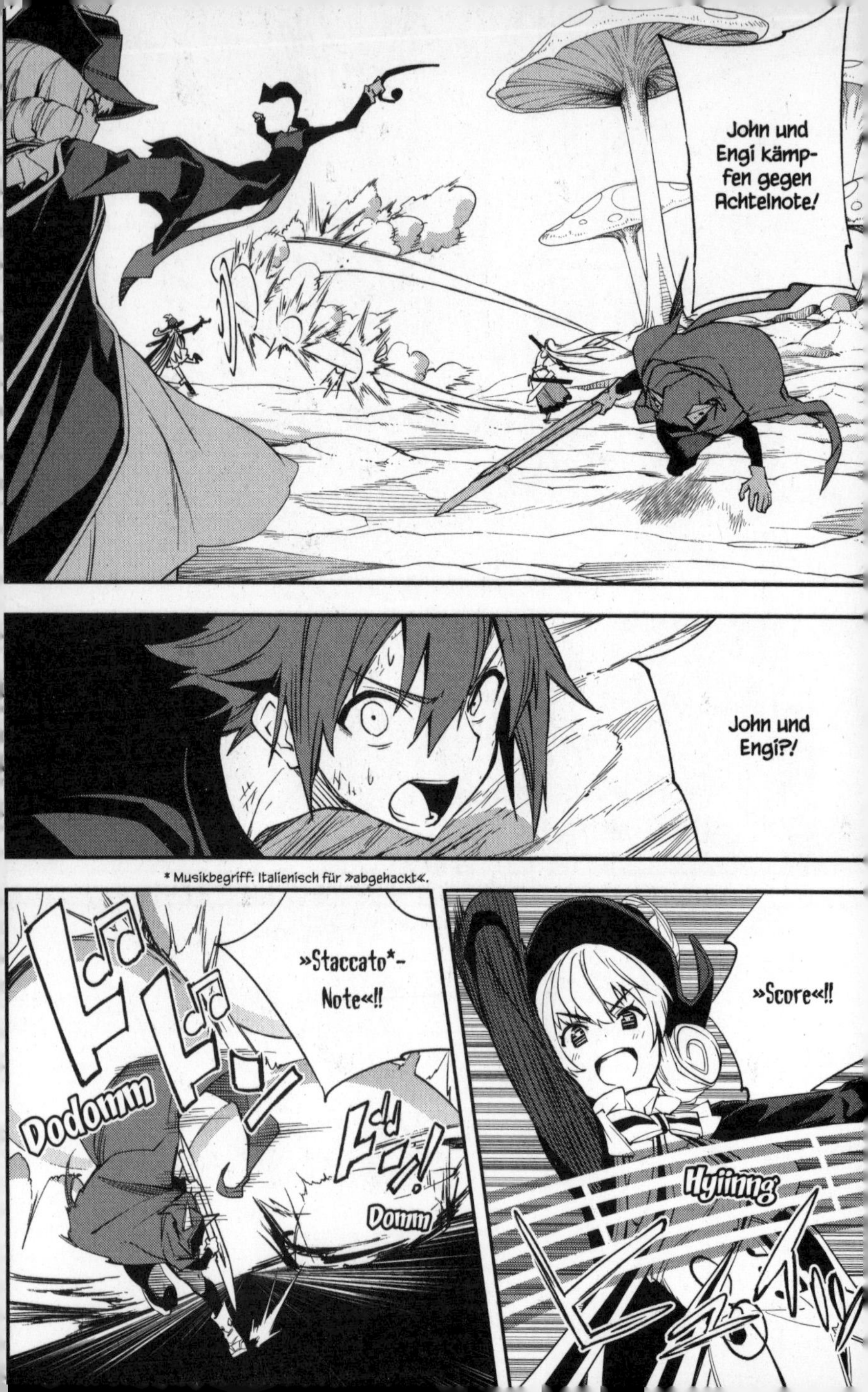

John und Engi kämpfen gegen Achtelnote!

John und Engi?!

* Musikbegriff: Italienisch für »abgehackt«.

»Score«!!

Hyiinng

»Staccato*-Note«!!

Dodomm

Domm

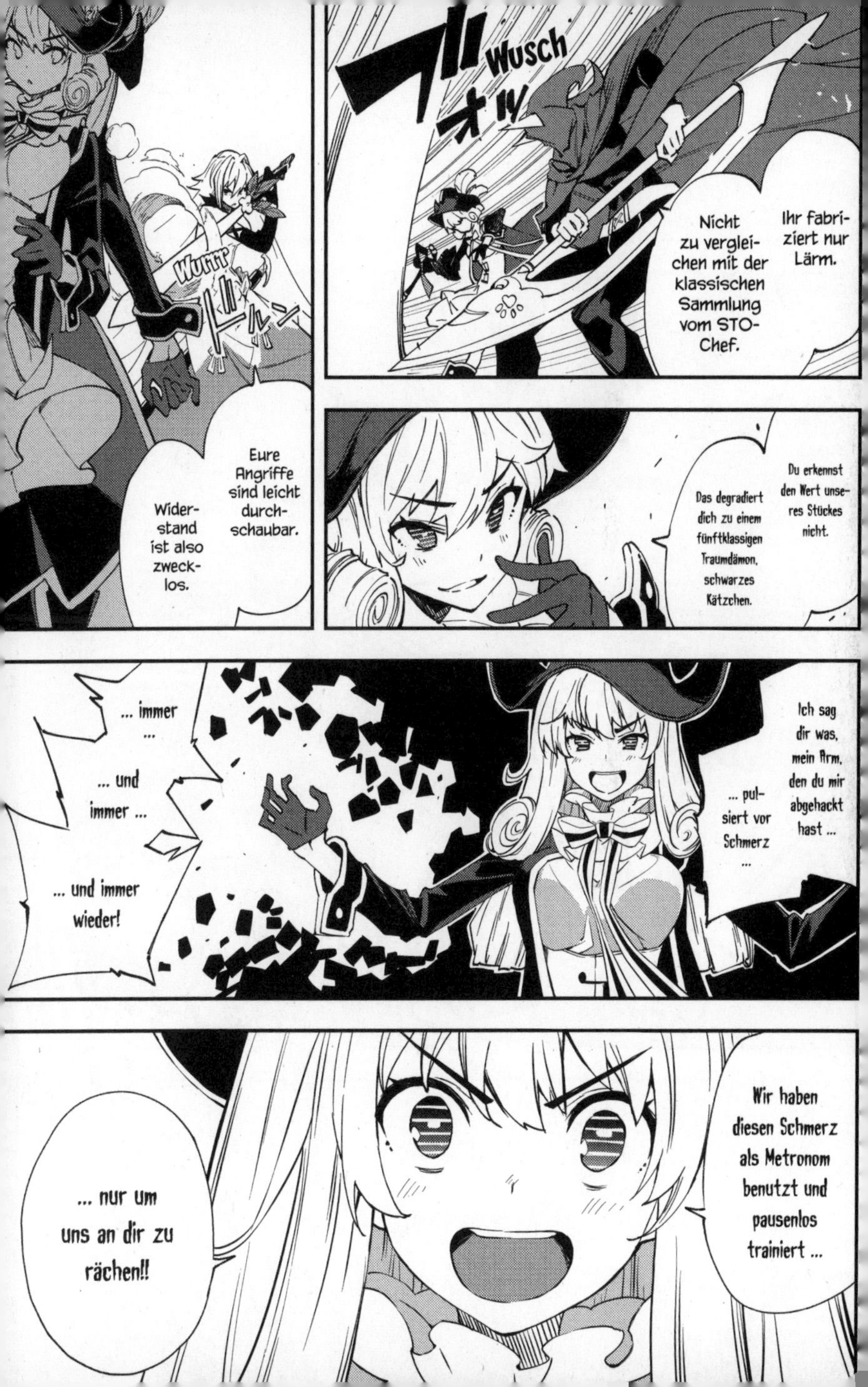

Wusch
Ihr fabriziert nur Lärm.
Nicht zu vergleichen mit der klassischen Sammlung vom STO-Chef.
Du erkennst den Wert unseres Stückes nicht.
Das degradiert dich zu einem fünftklassigen Traumdämon, schwarzes Kätzchen.
Wurrr
Eure Angriffe sind leicht durchschaubar.
Widerstand ist also zwecklos.

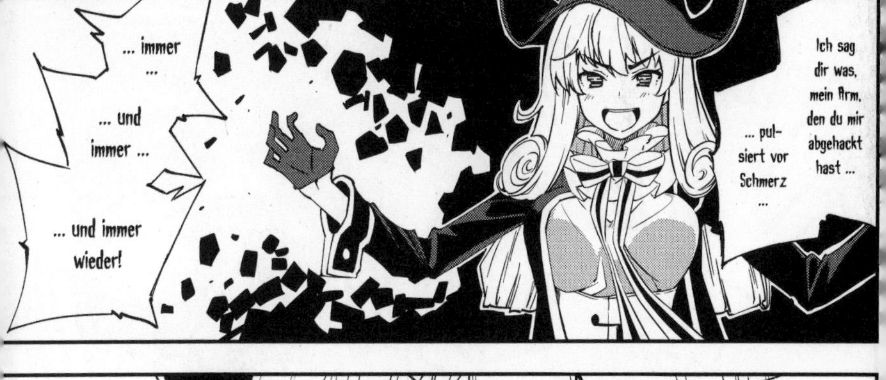

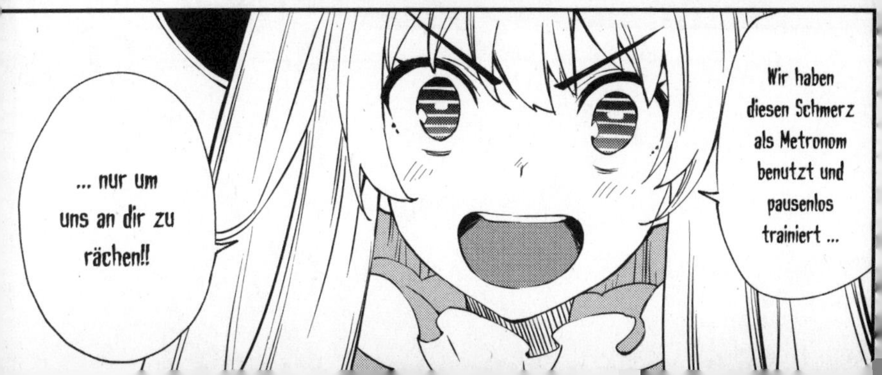

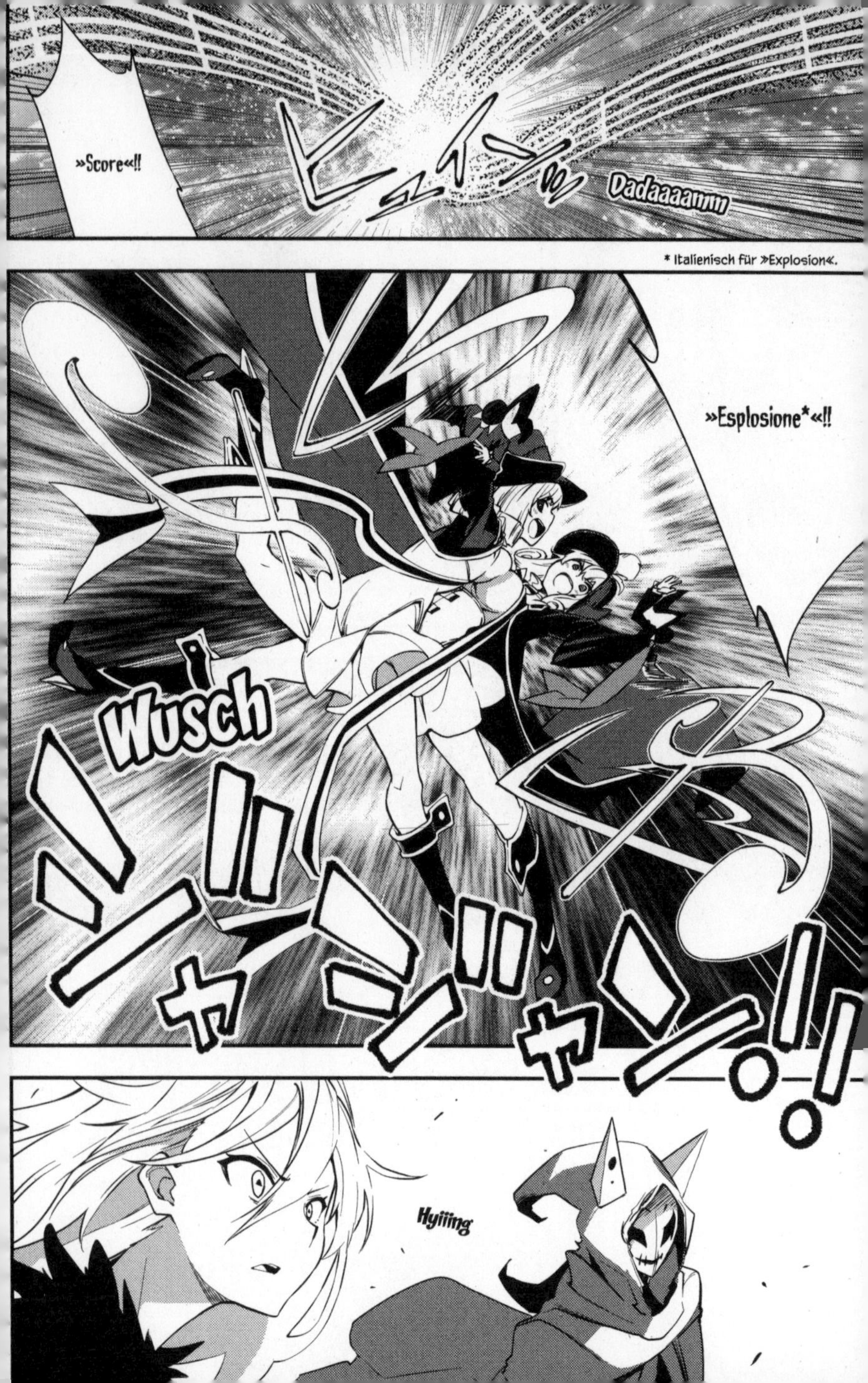

* Italienisch für »Explosion«.

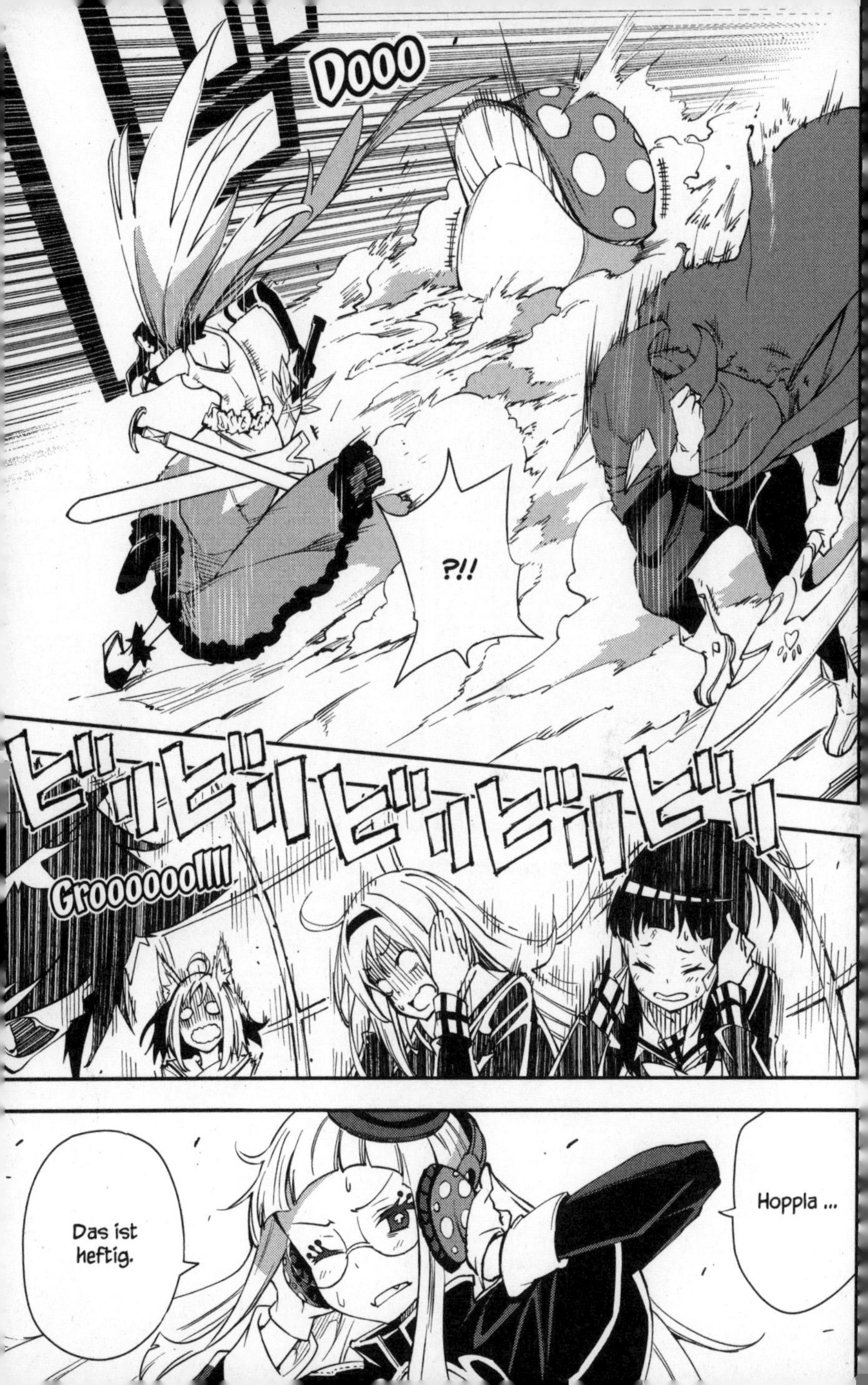

Dooo

?!!

Groooooollll

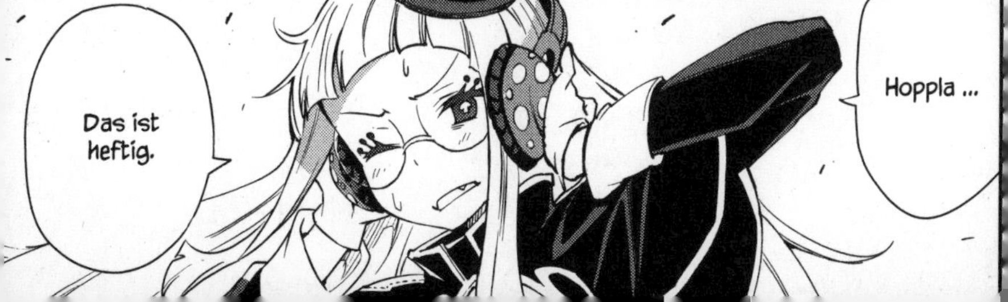

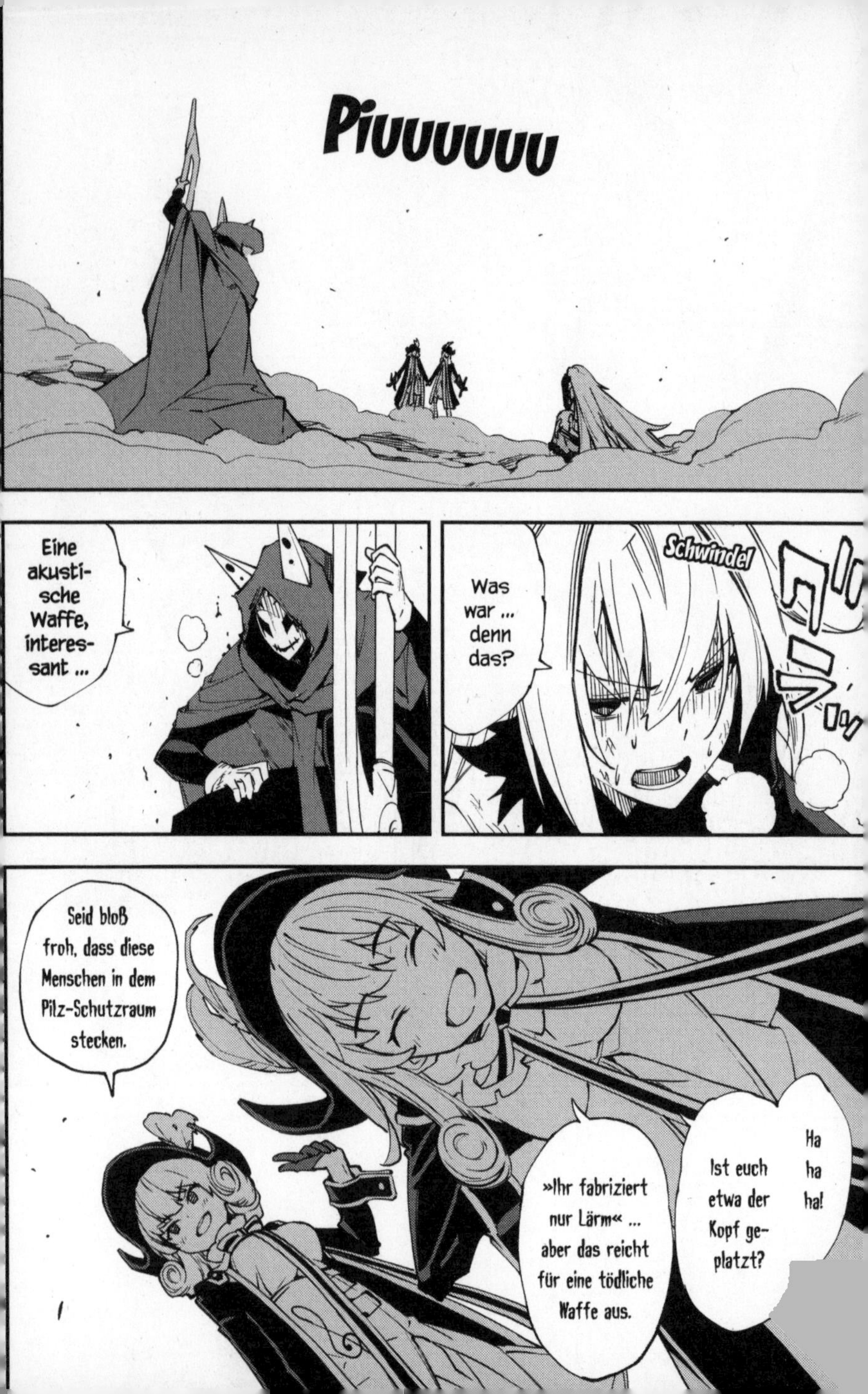

Piuuuuuu

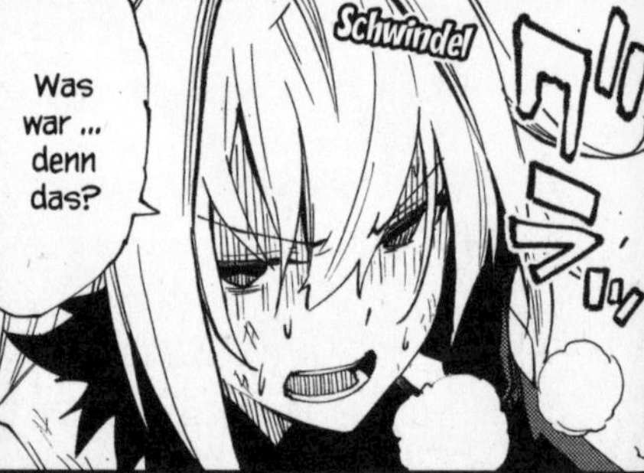

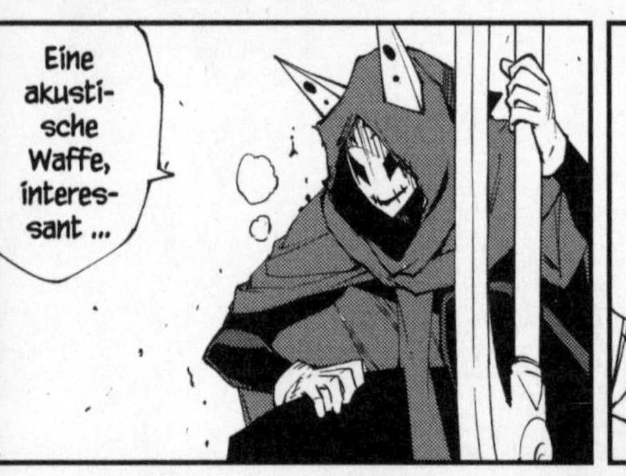

Ha ha ha!

Ist euch etwa der Kopf geplatzt?

»Ihr fabriziert nur Lärm« ... aber das reicht für eine tödliche Waffe aus.

Seid bloß froh, dass diese Menschen in dem Pilz-Schutzraum stecken.

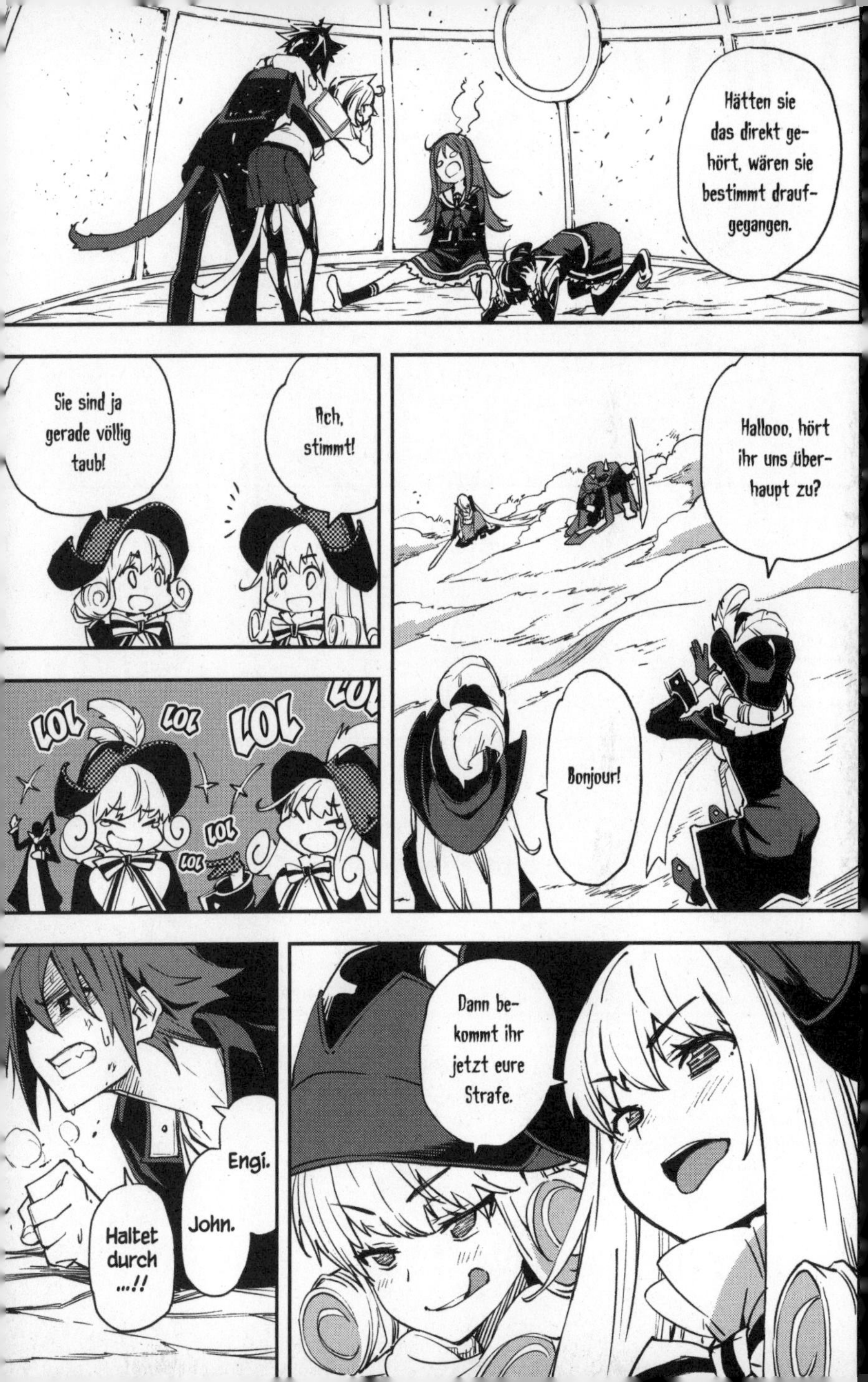

Hätten sie das direkt gehört, wären sie bestimmt draufgegangen.

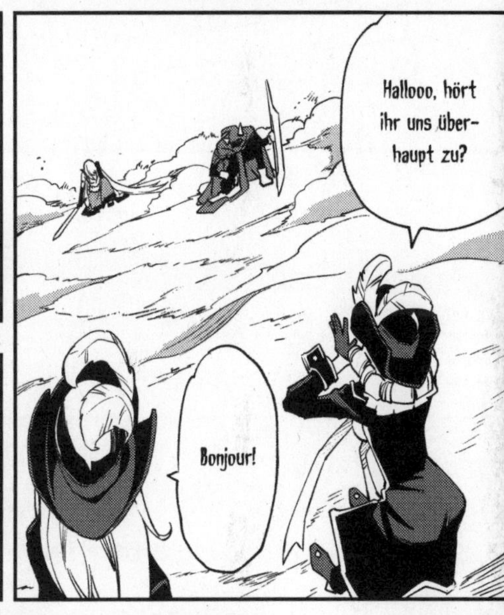

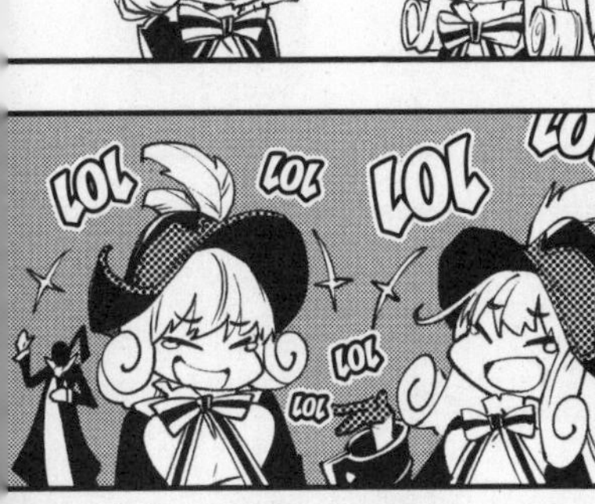

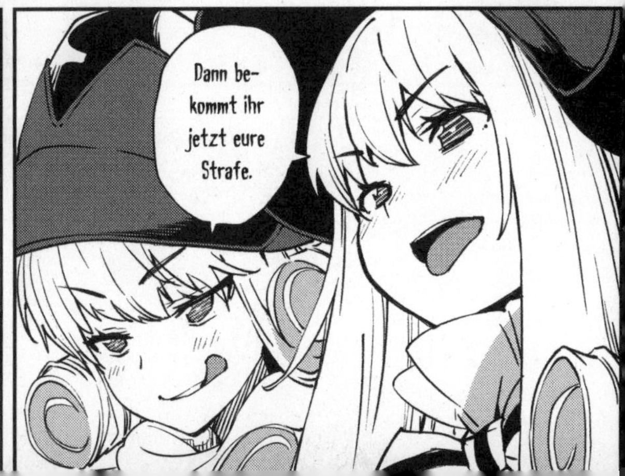

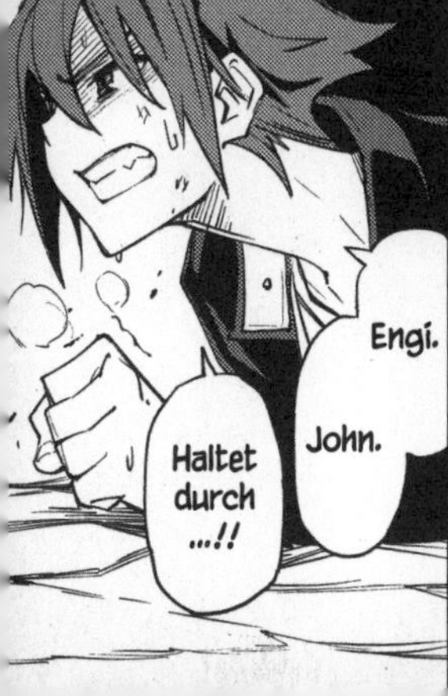

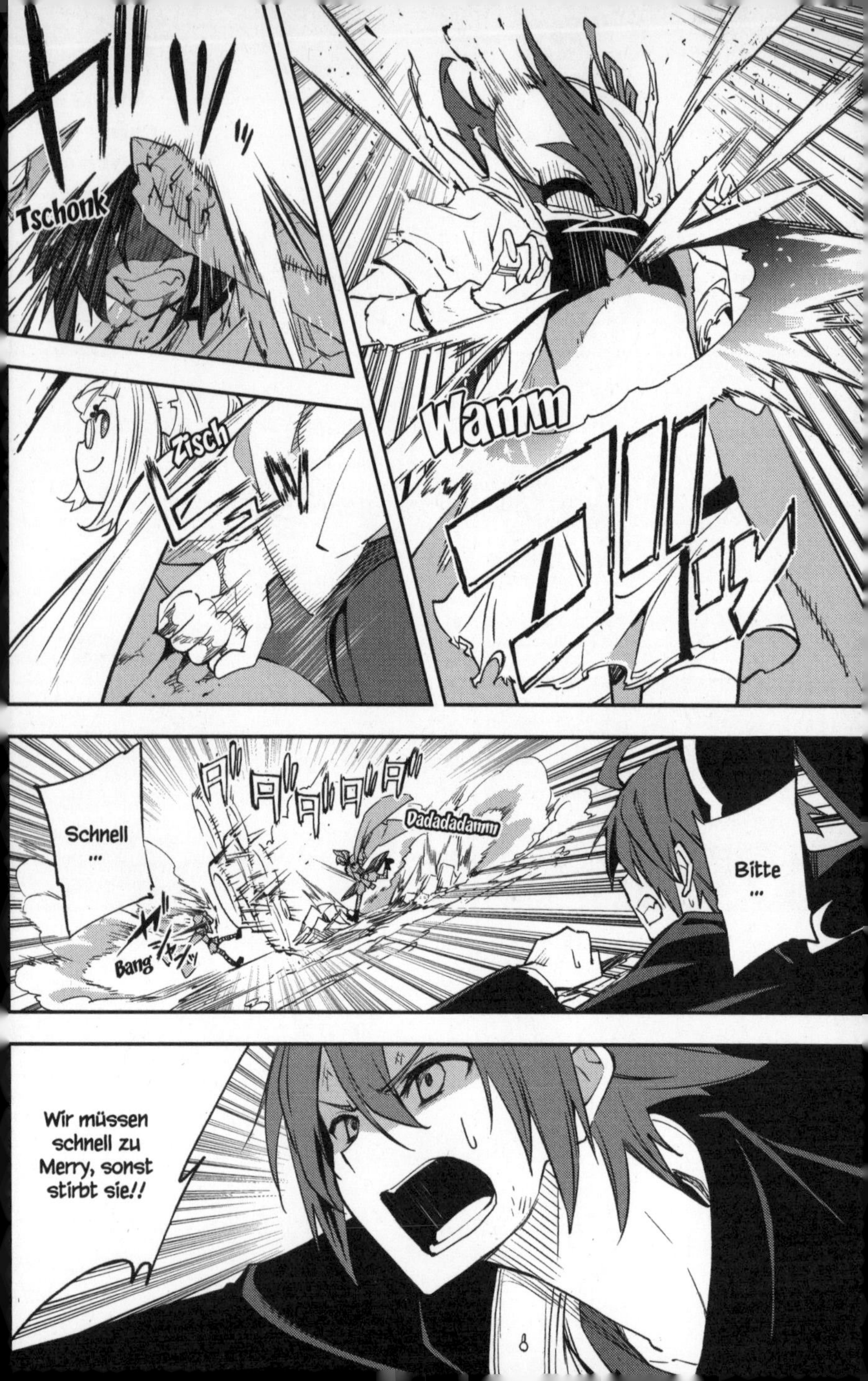

Wamm
Tschonk
Zisch

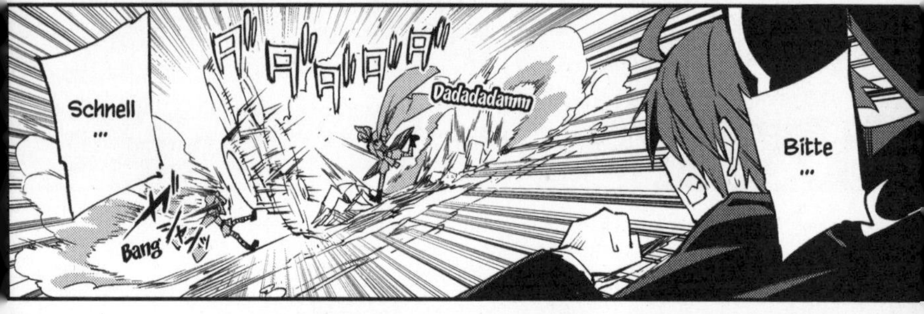
Bitte ...
Dadadadamm
Schnell ...
Bang

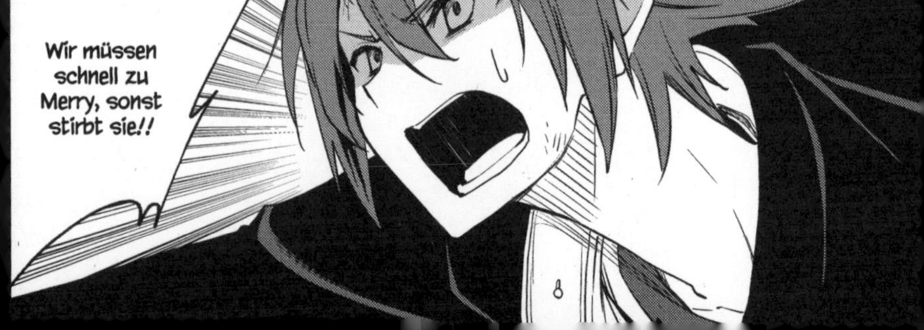
Wir müssen schnell zu Merry, sonst stirbt sie!!

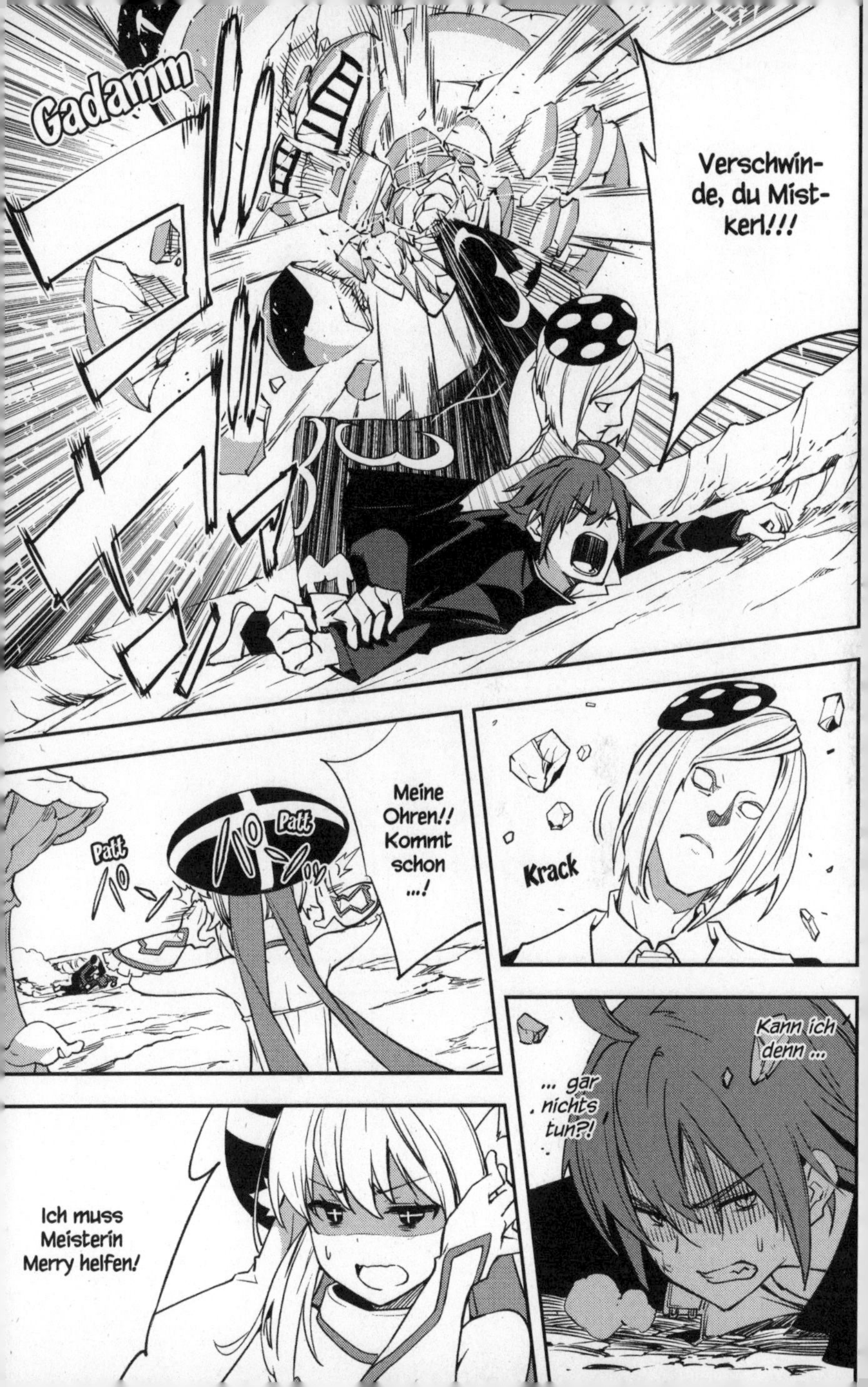
Gadamm
Verschwinde, du Misterl!!!
Krack
Meine Ohren!! Kommt schon ...!
Patt
Patt
Kann ich denn ...
... gar nichts tun?!
Ich muss Meisterin Merry helfen!

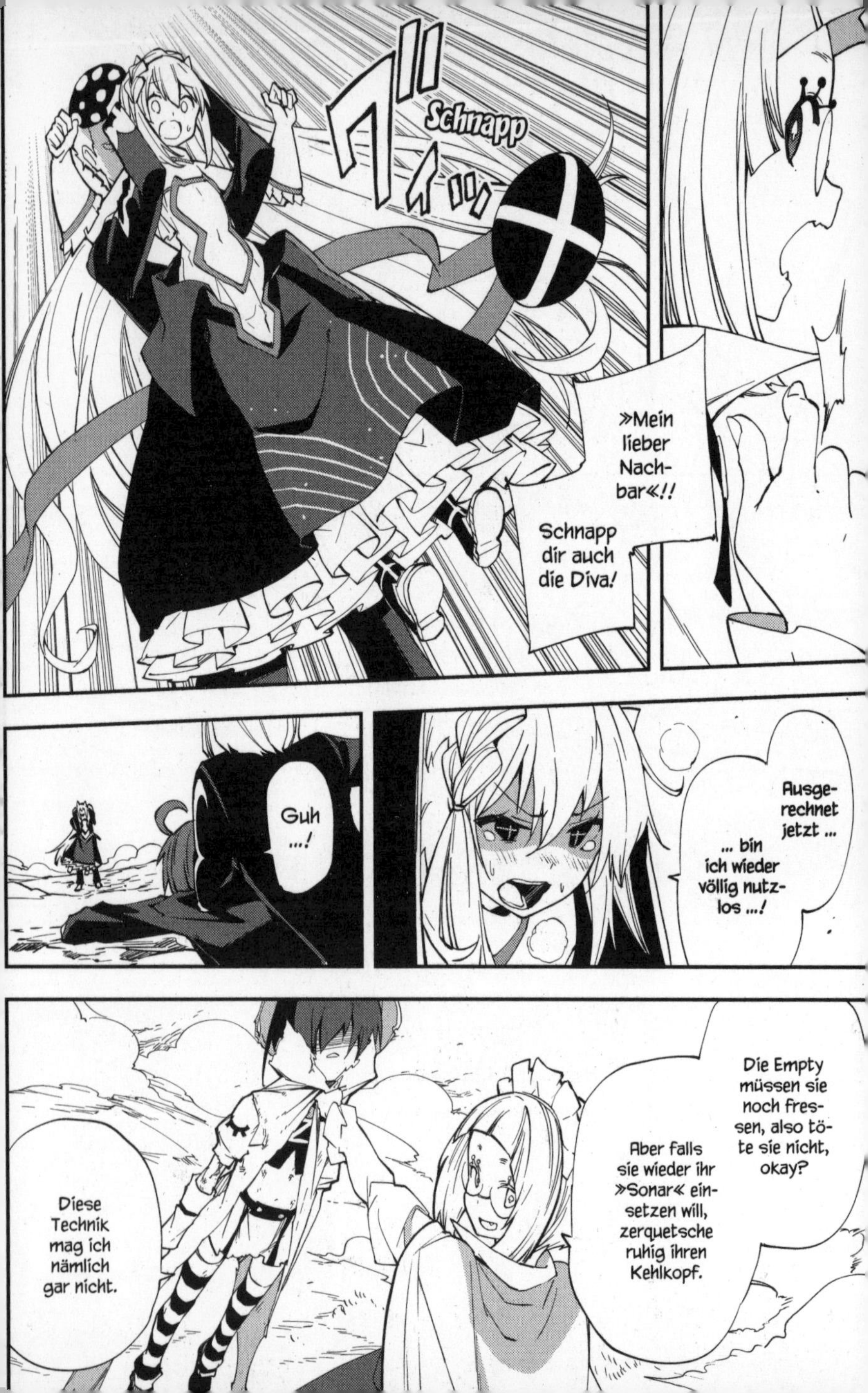

Schnapp

»Mein lieber Nachbar«!!

Schnapp dir auch die Diva!

Ausgerechnet jetzt ...

... bin ich wieder völlig nutzlos ...!

Guh ...!

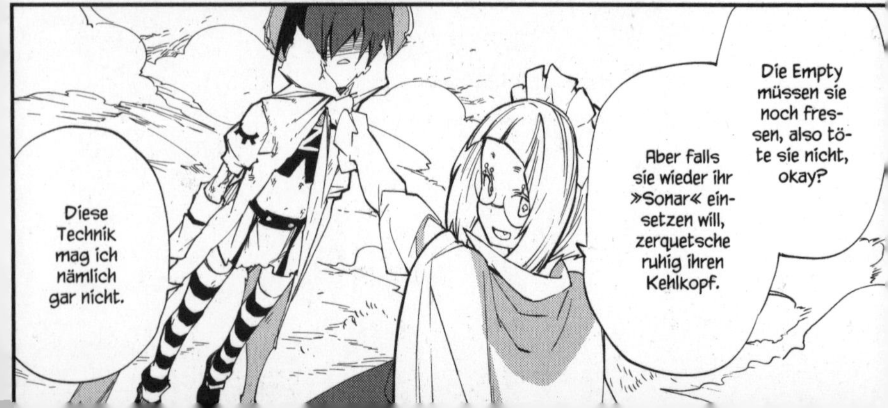

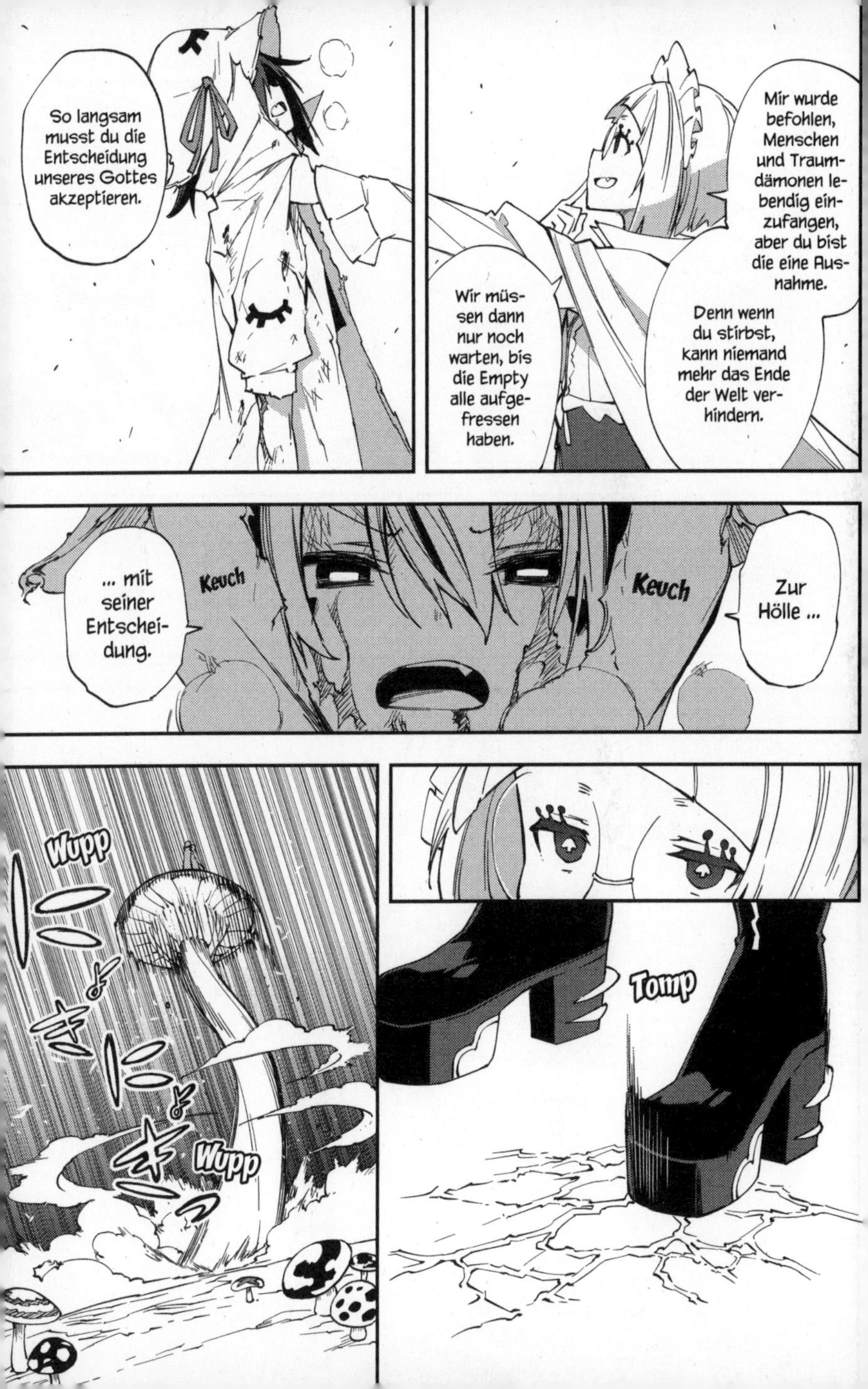

Mir wurde befohlen, Menschen und Traumdämonen lebendig einzufangen, aber du bist die eine Ausnahme.

Denn wenn du stirbst, kann niemand mehr das Ende der Welt verhindern.

Wir müssen dann nur noch warten, bis die Empty alle aufgefressen haben.

So langsam musst du die Entscheidung unseres Gottes akzeptieren.

Zur Hölle ...

Keuch

Keuch

... mit seiner Entscheidung.

Tomp

Wupp

Wupp

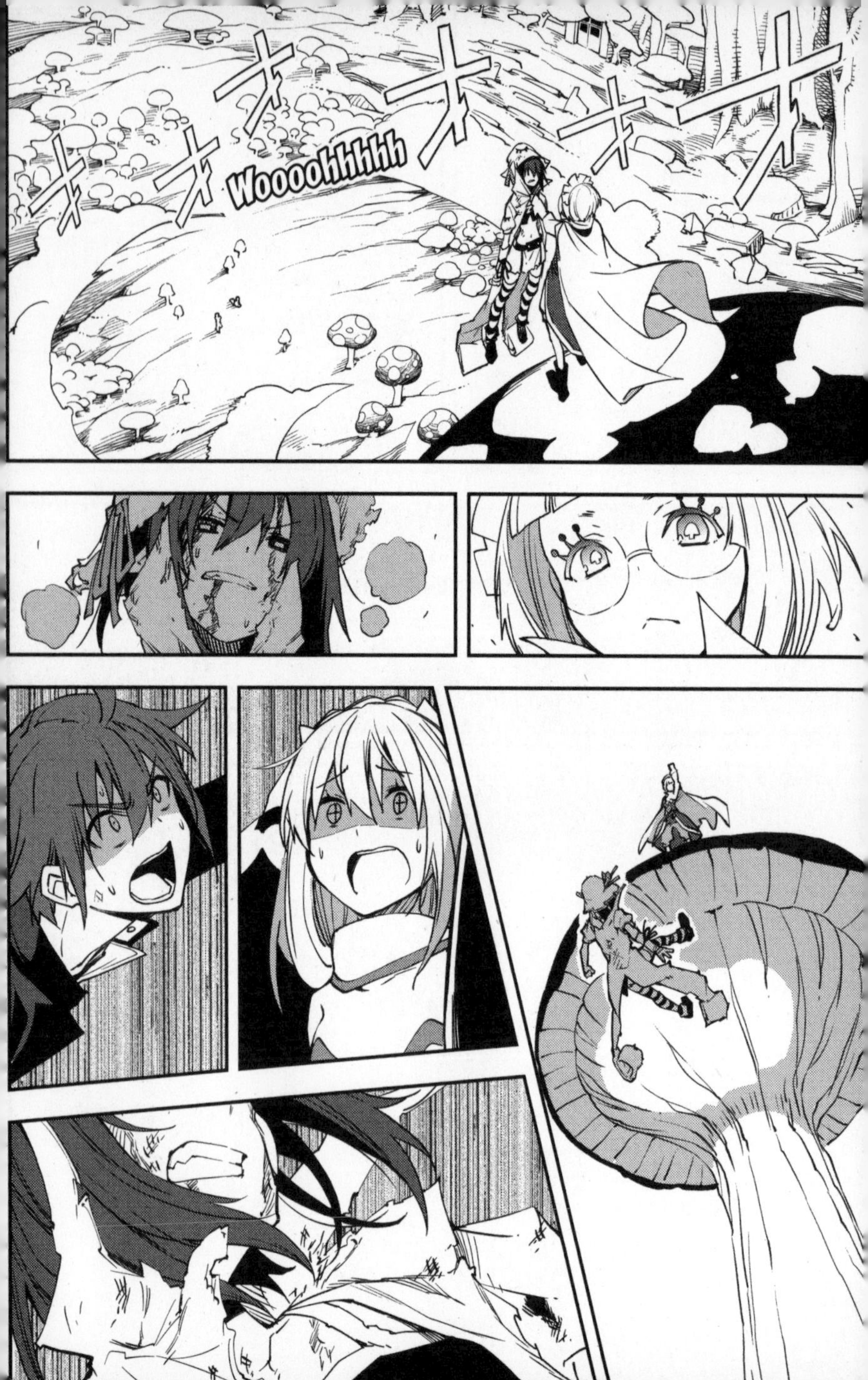
Woooohhhhh

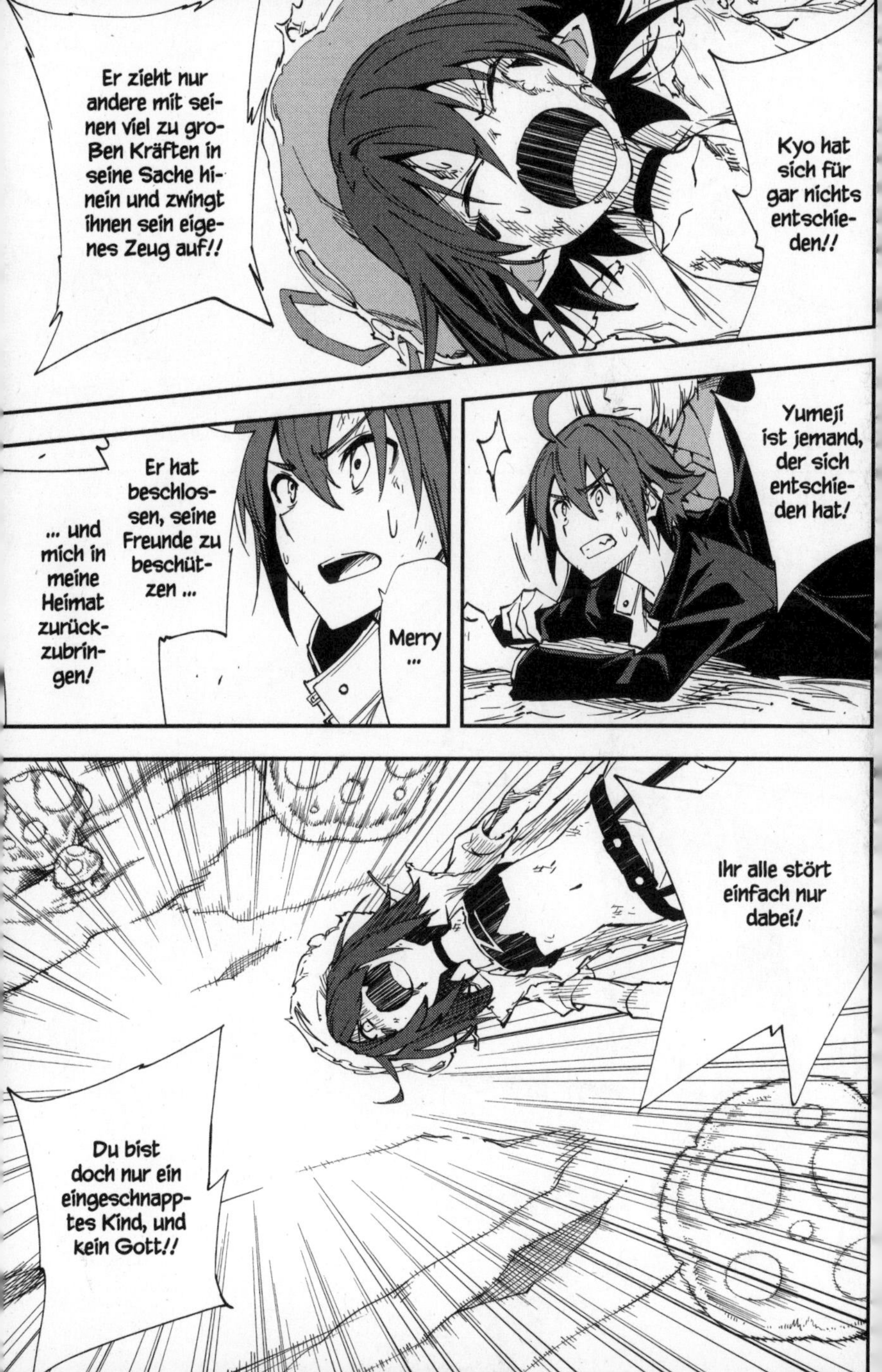
Kyo hat sich für gar nichts entschieden!!
Er zieht nur andere mit seinen viel zu großen Kräften in seine Sache hinein und zwingt ihnen sein eigenes Zeug auf!!
Yumeji ist jemand, der sich entschieden hat!
Merry ...
Er hat beschlossen, seine Freunde zu beschützen ...
... und mich in meine Heimat zurückzubringen!
Ihr alle stört einfach nur dabei!
Du bist doch nur ein eingeschnapptes Kind, und kein Gott!!

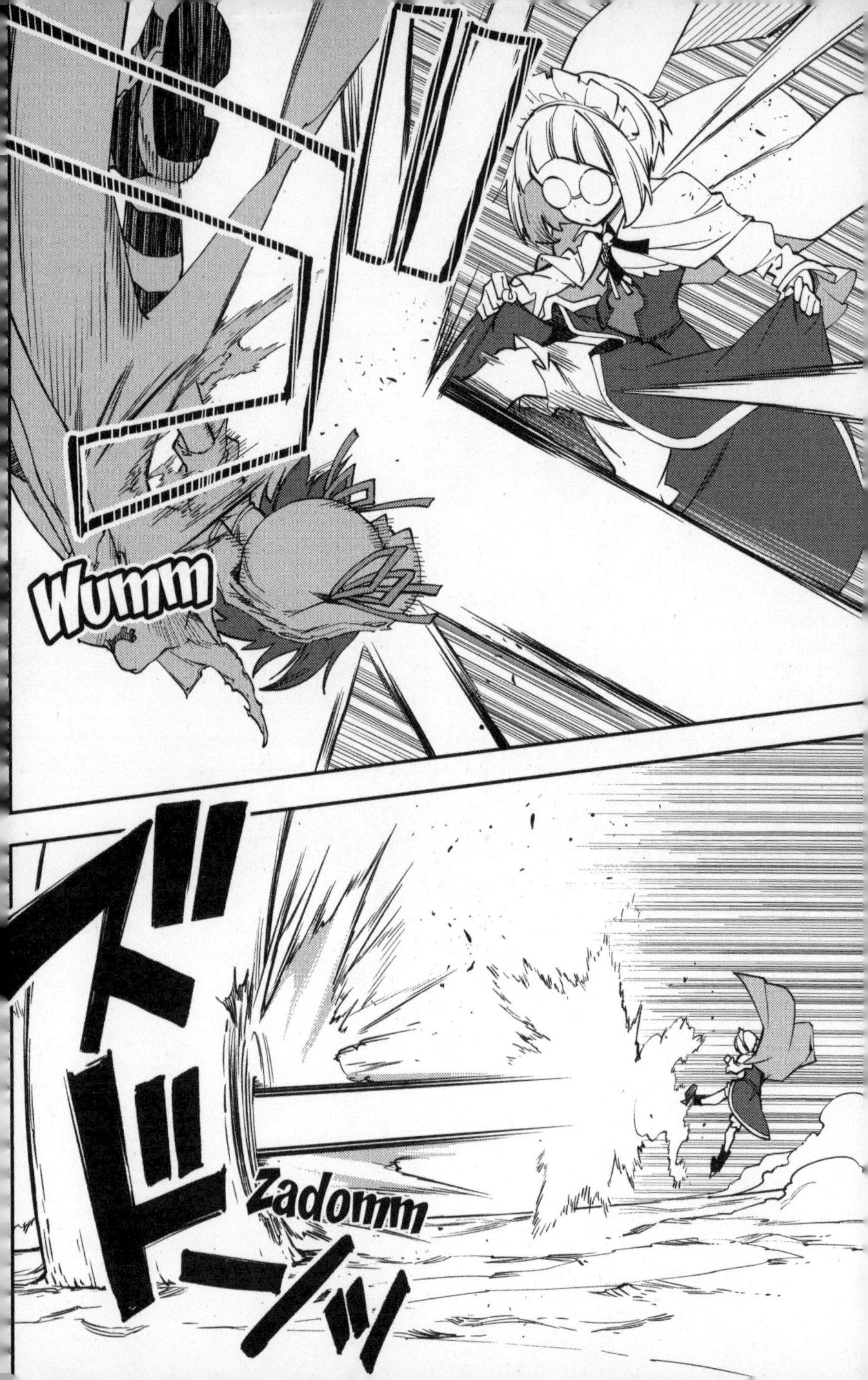
Wumm
ズドーッ
Zadomm

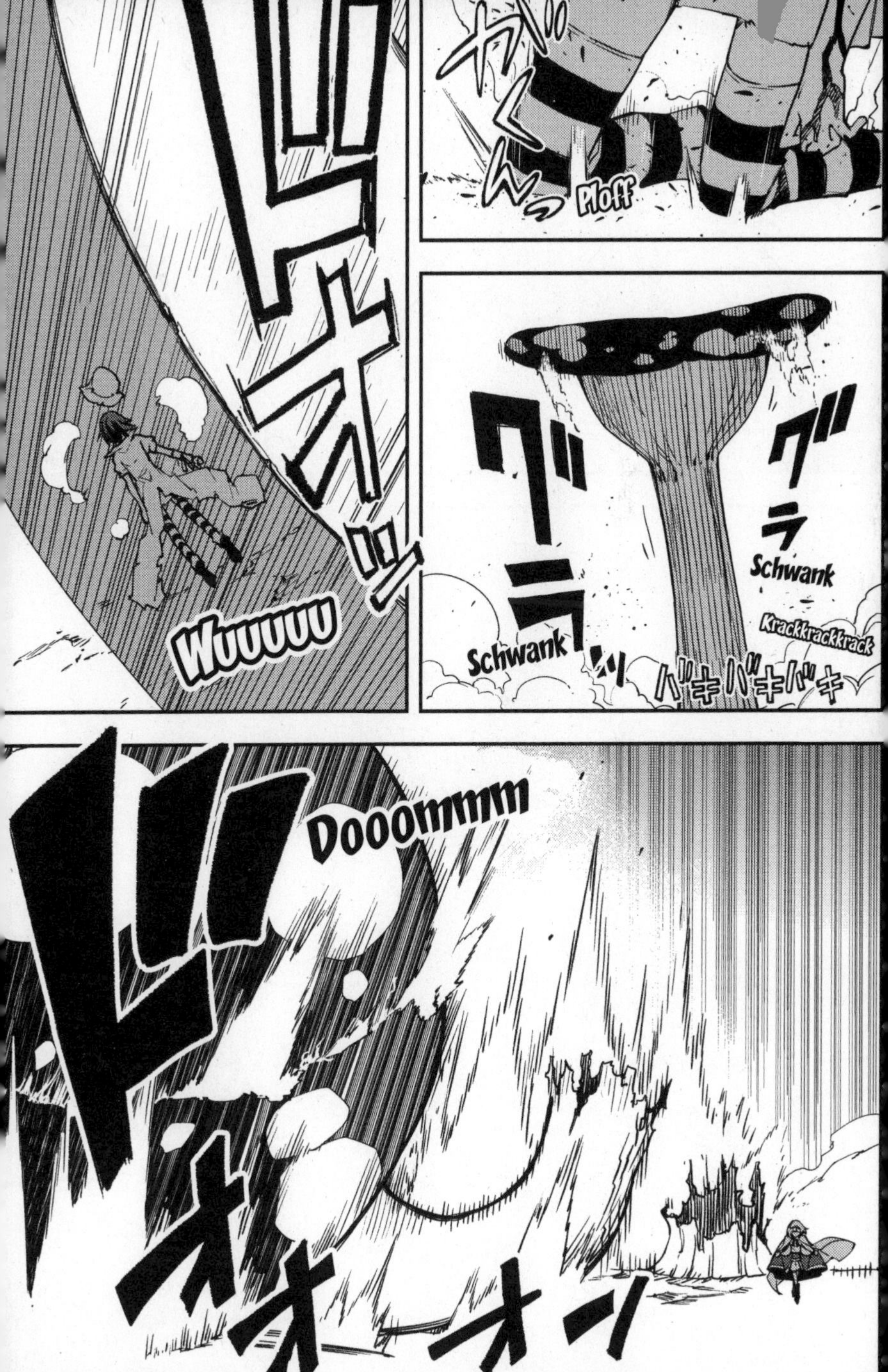
Ploff
グラ
Schwank
グラ
Schwank
バキバキバキ
Krackkrackkrack
Wuuuuu
Dooommm

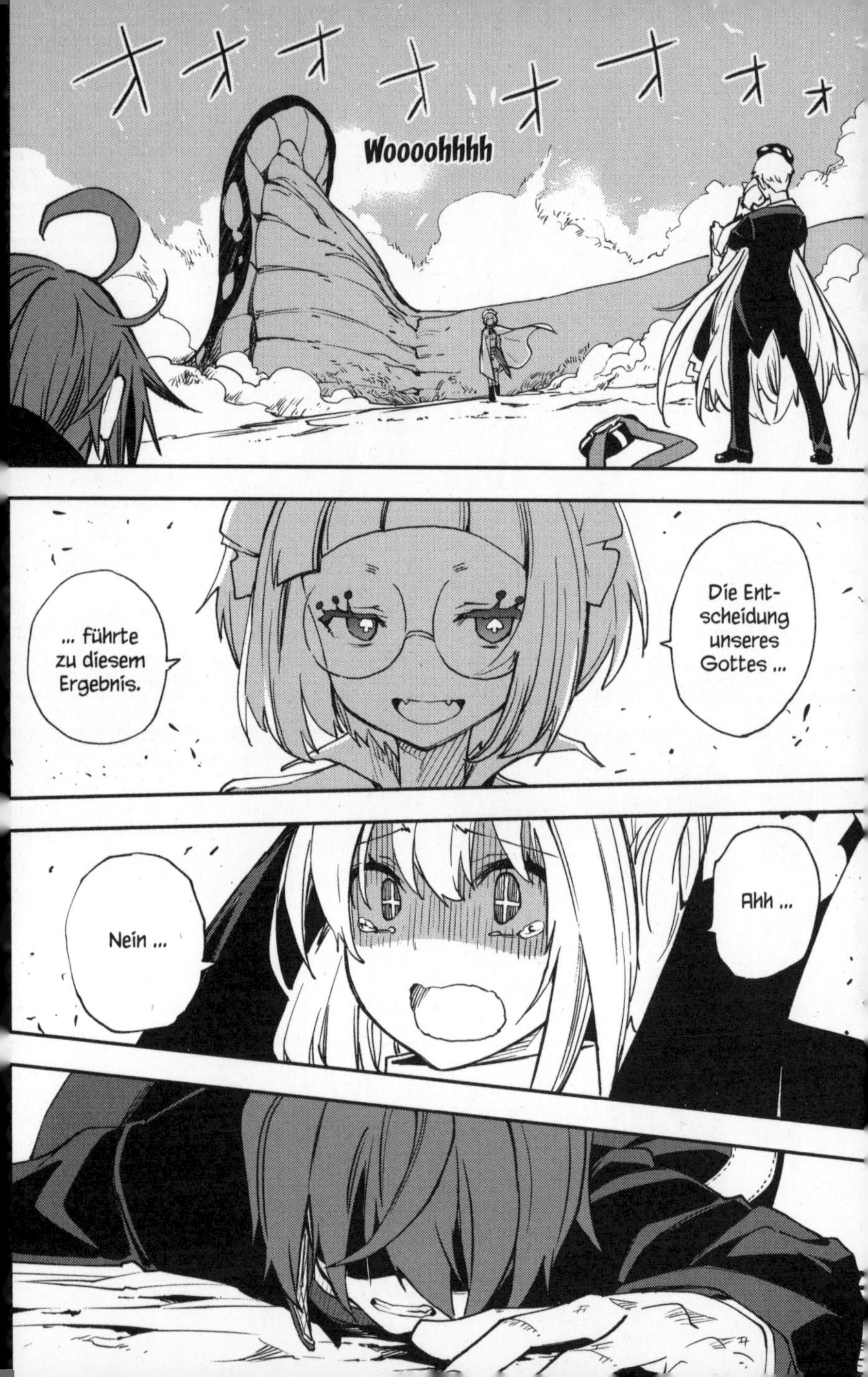
オオオオオオォ
Woooohhhh
Die Ent-
scheidung
unseres
Gottes ...
... führte
zu diesem
Ergebnis.
Ahh ...
Nein ...

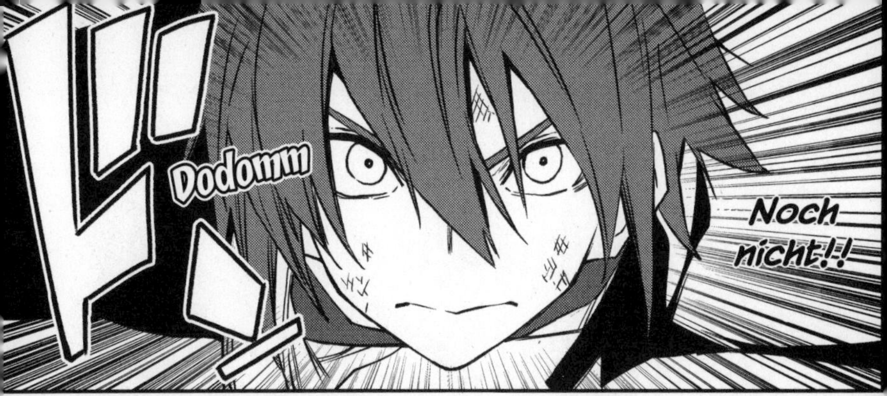

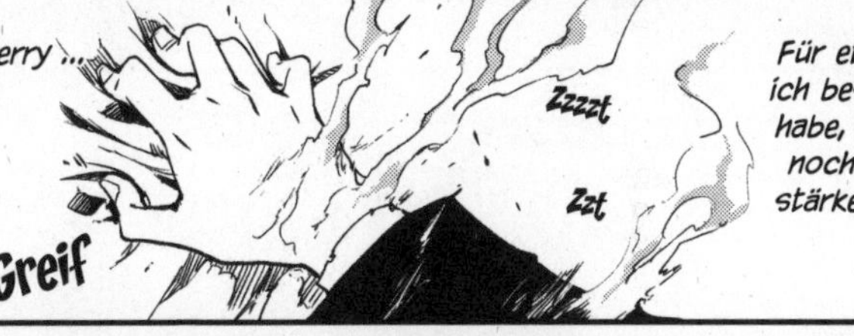

Wir haben doch beschlossen, uns nicht zu verabschieden, bis wir es geschafft haben.

Und auch wenn du nicht mehr kämpfen kannst, ich bin immer noch hier!

Flamm

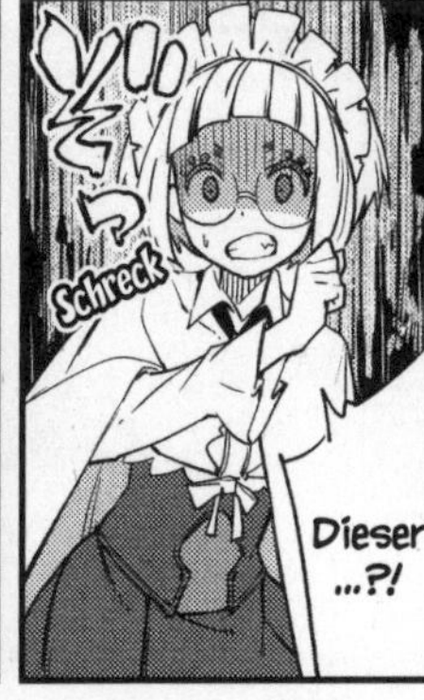

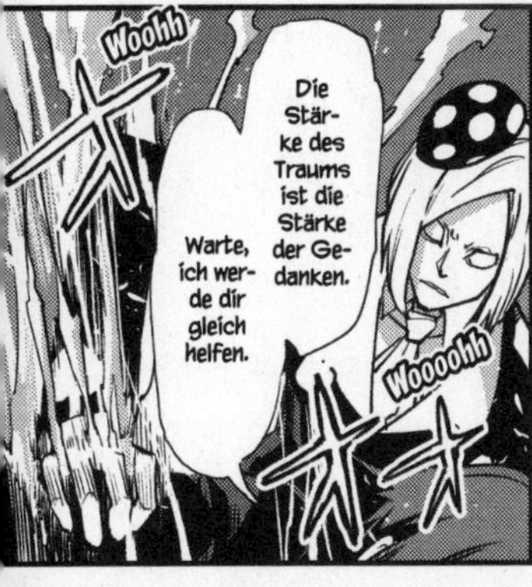

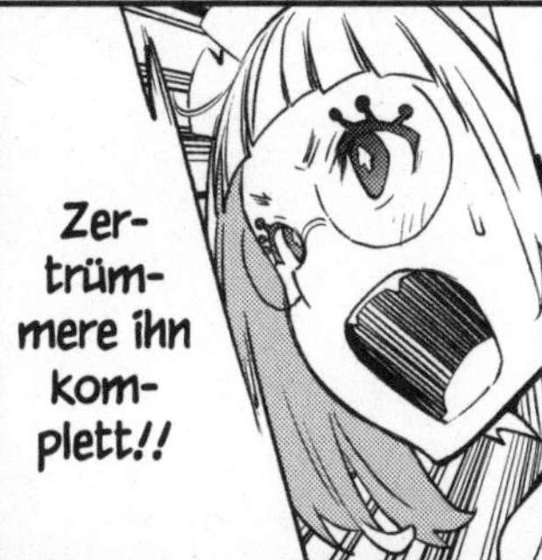

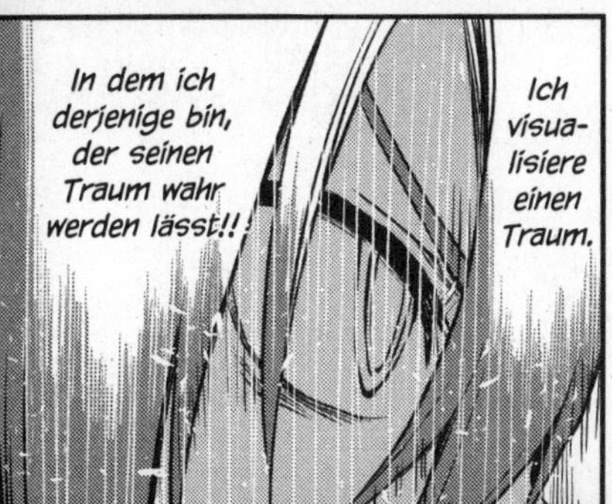

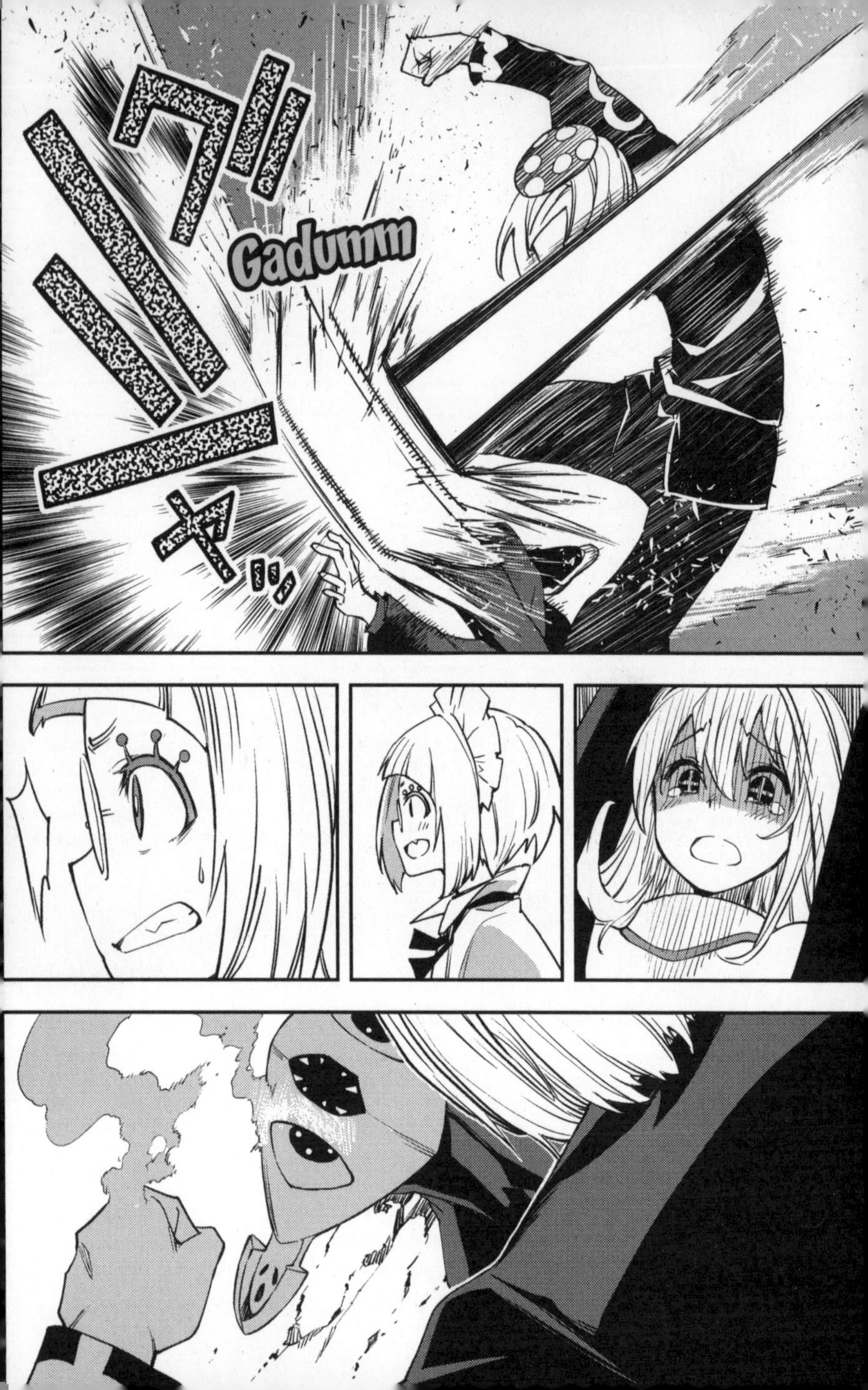

Gadumm

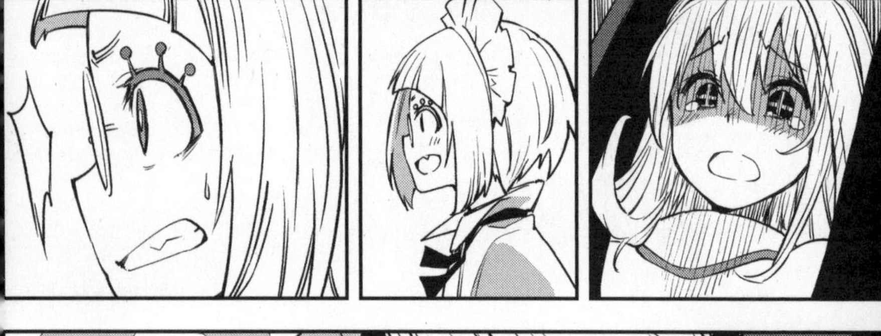

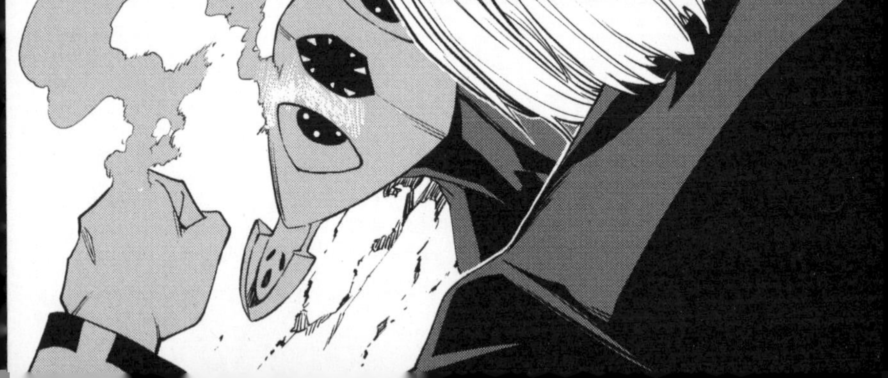

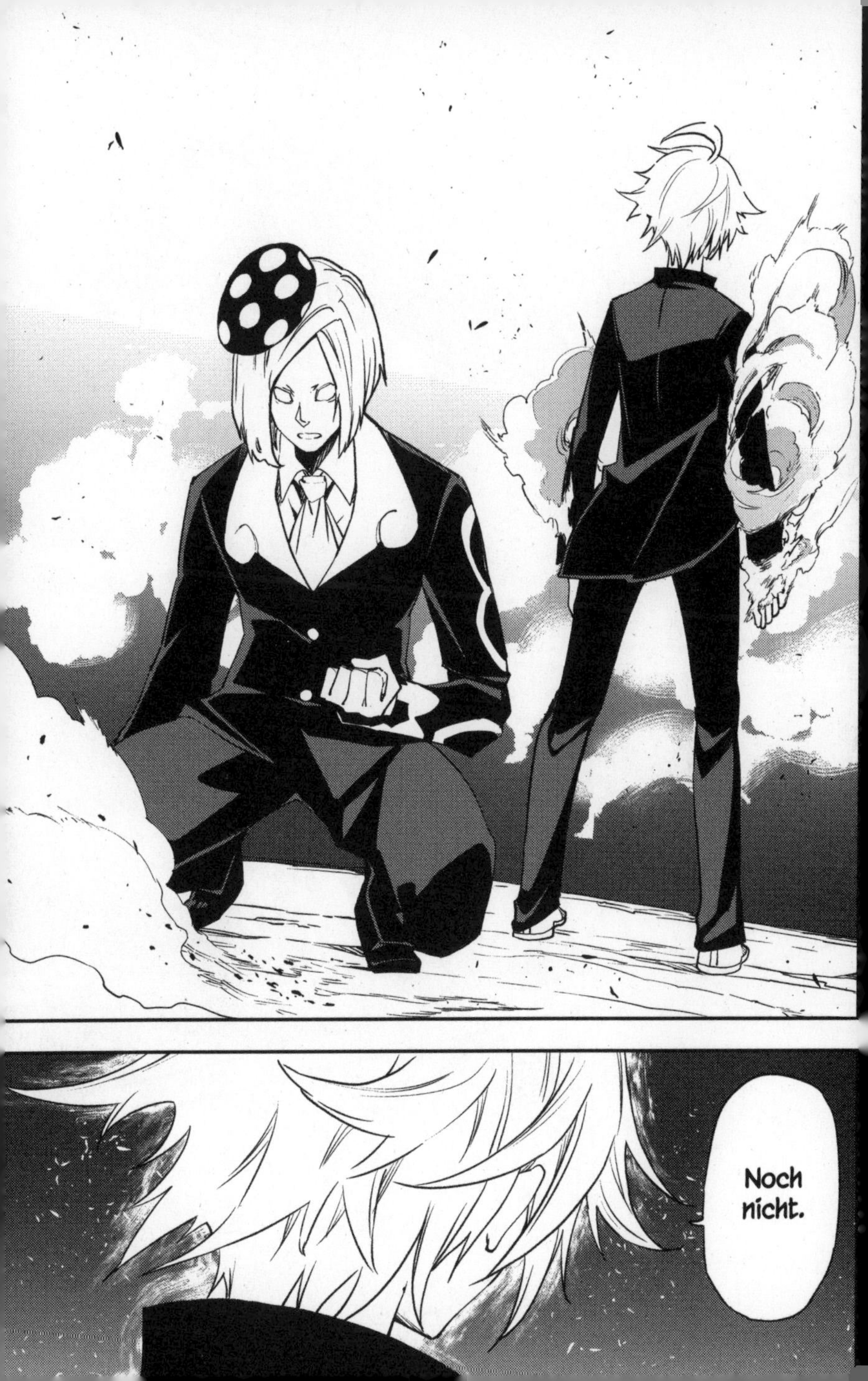

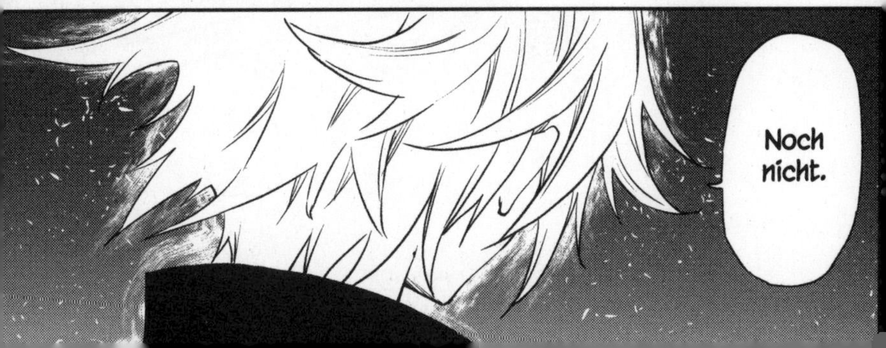
Noch nicht.

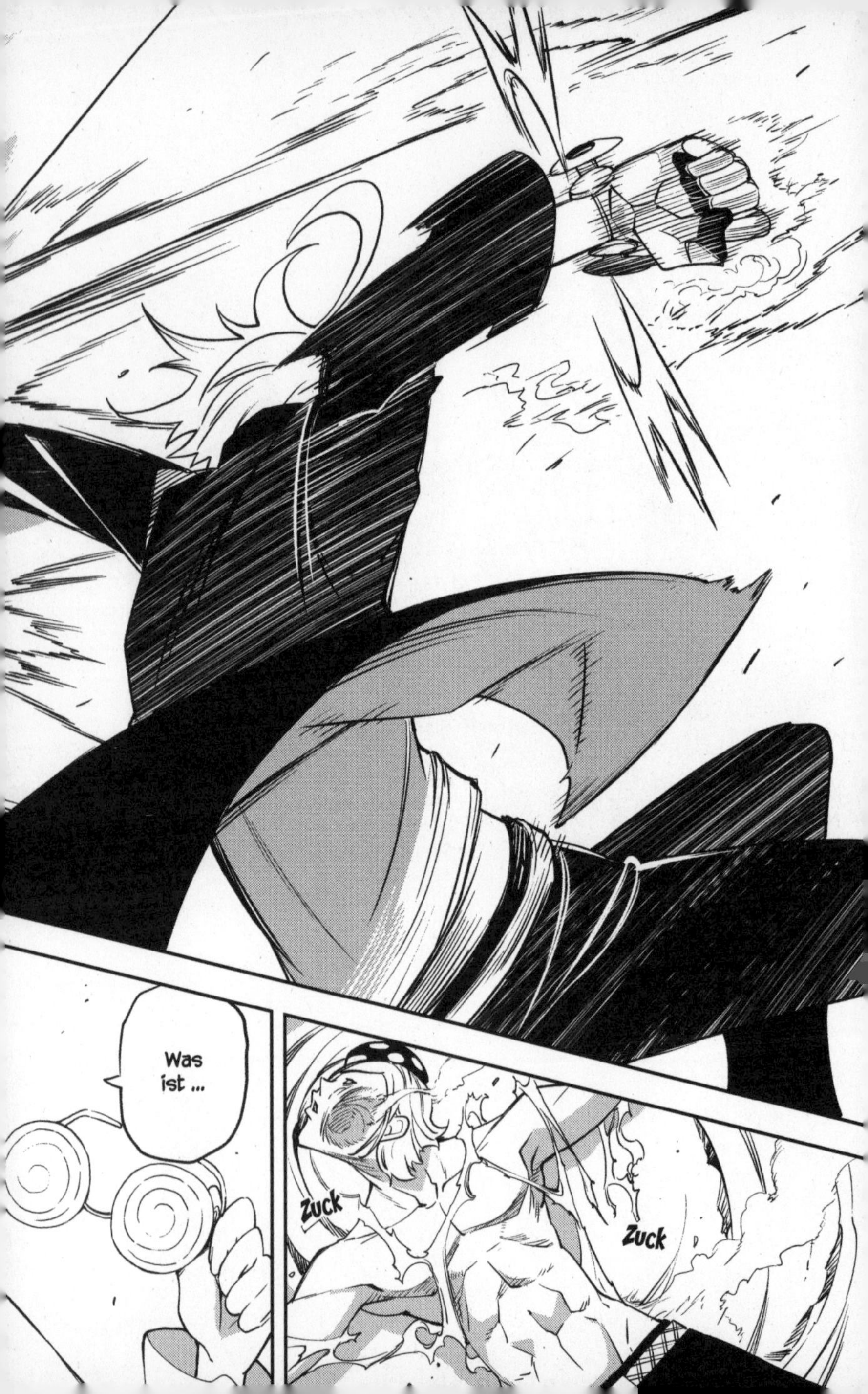
Was ist ...
ZUCK
ZUCK

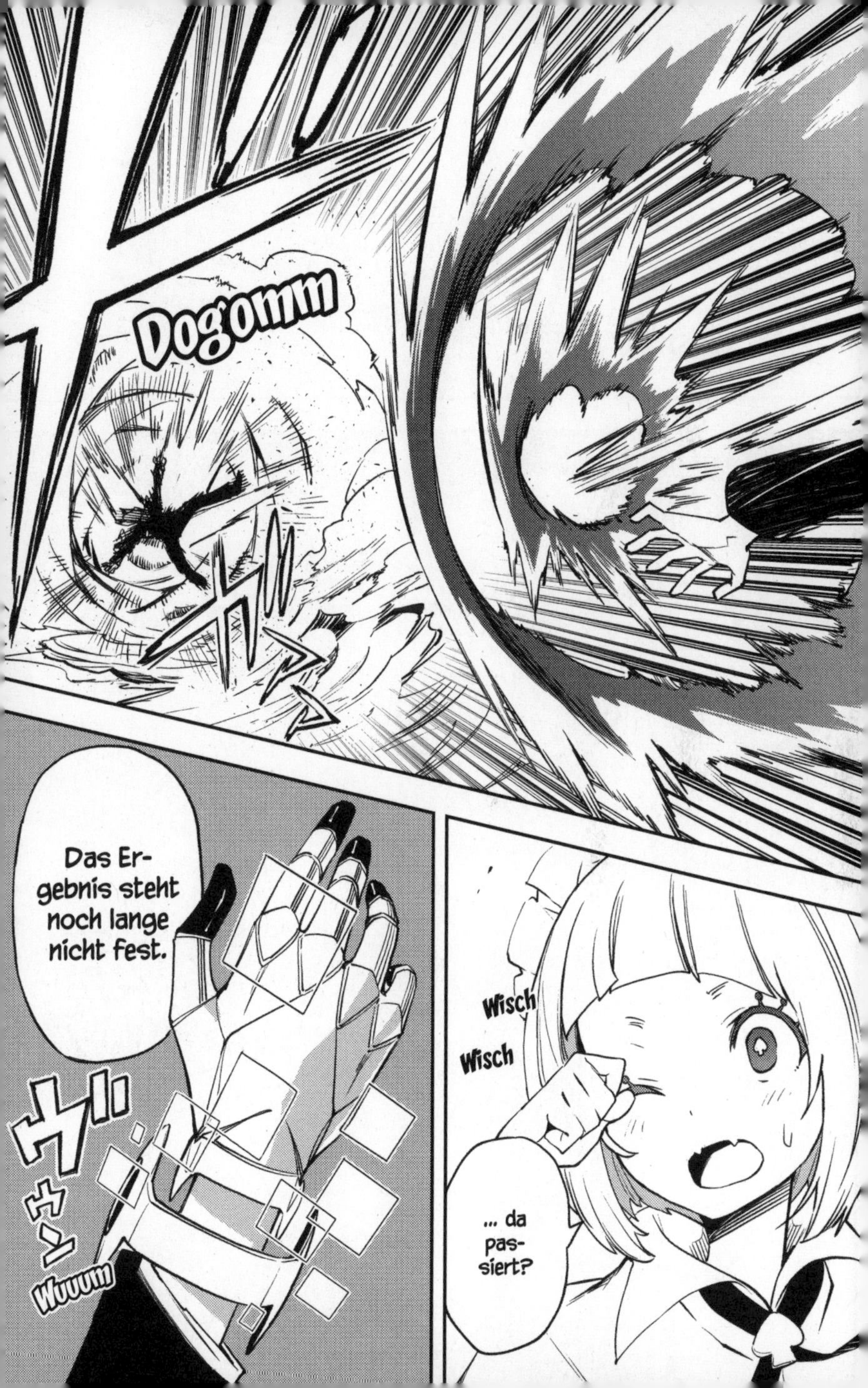
Dogomm
Das Ergebnis steht noch lange nicht fest.
Wuuum
Wisch
Wisch
... da passiert?

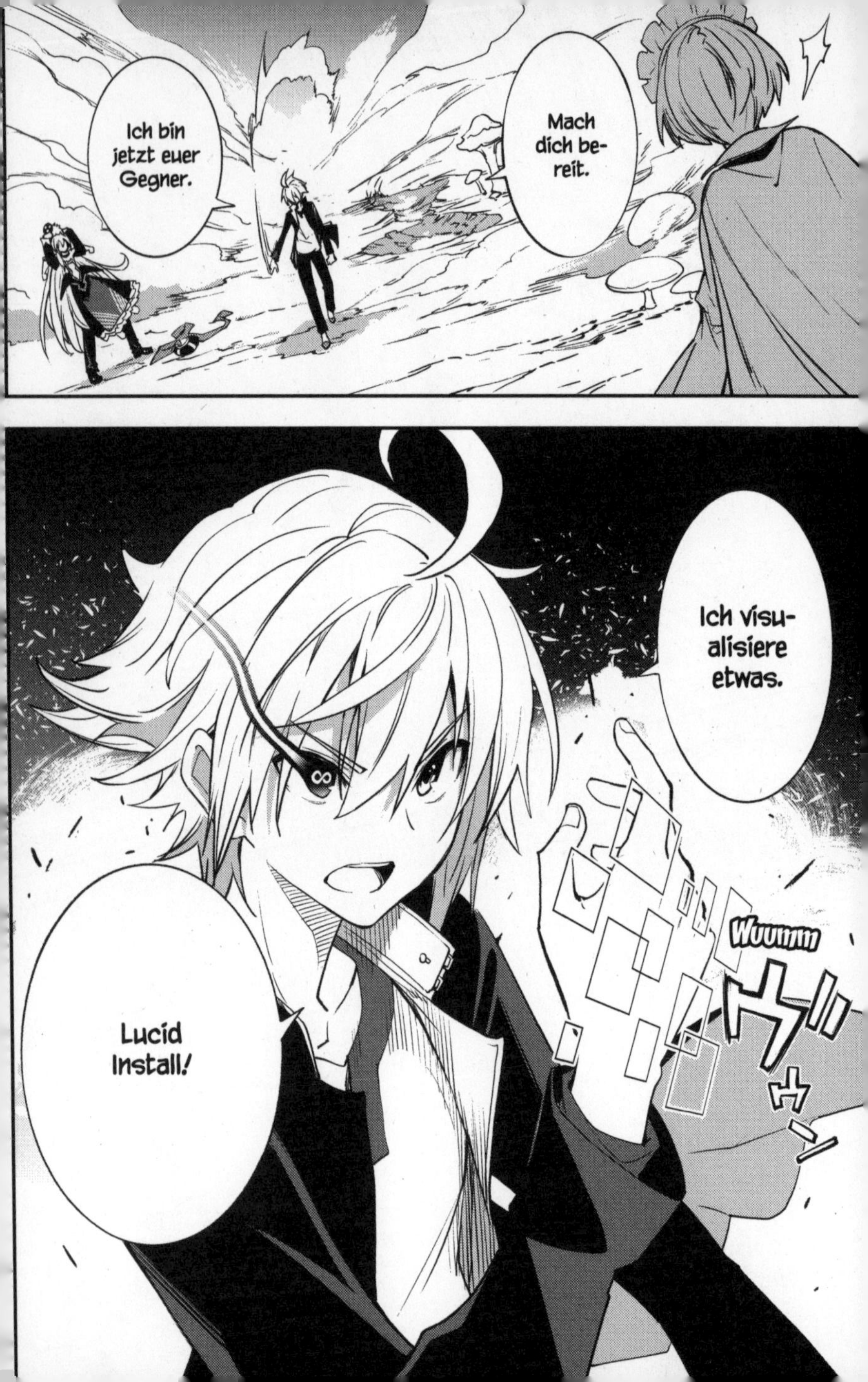

Mach dich be-reit.

Ich bin jetzt euer Gegner.

Ich visu-alisiere etwas.

Lucid Install!

Wuuumm

ウゥゥーン

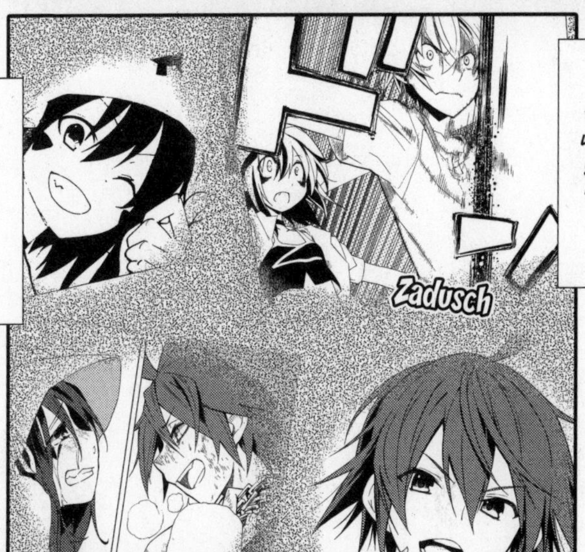
Wir haben uns immer gegenseitig unterstützt ...
Zadusch
... und sind dadurch so weit gekommen.

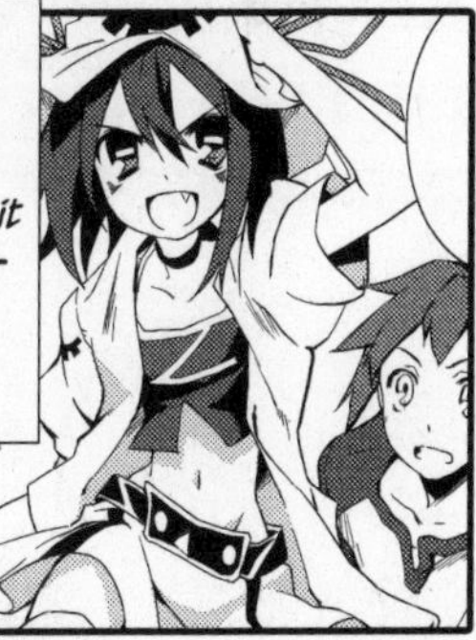
Seit wir uns in dem Traum mit John begegnet sind ...

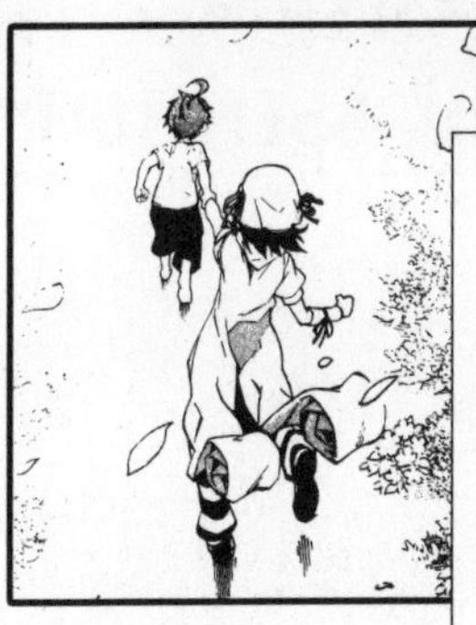
... nein, eigentlich seit noch viel früher ...
... trage ich ein Versprechen in meinem Herzen.
Ich will dich unbedingt nach Hause bringen.
Und so sind wir den Weg gemeinsam weitergegangen.

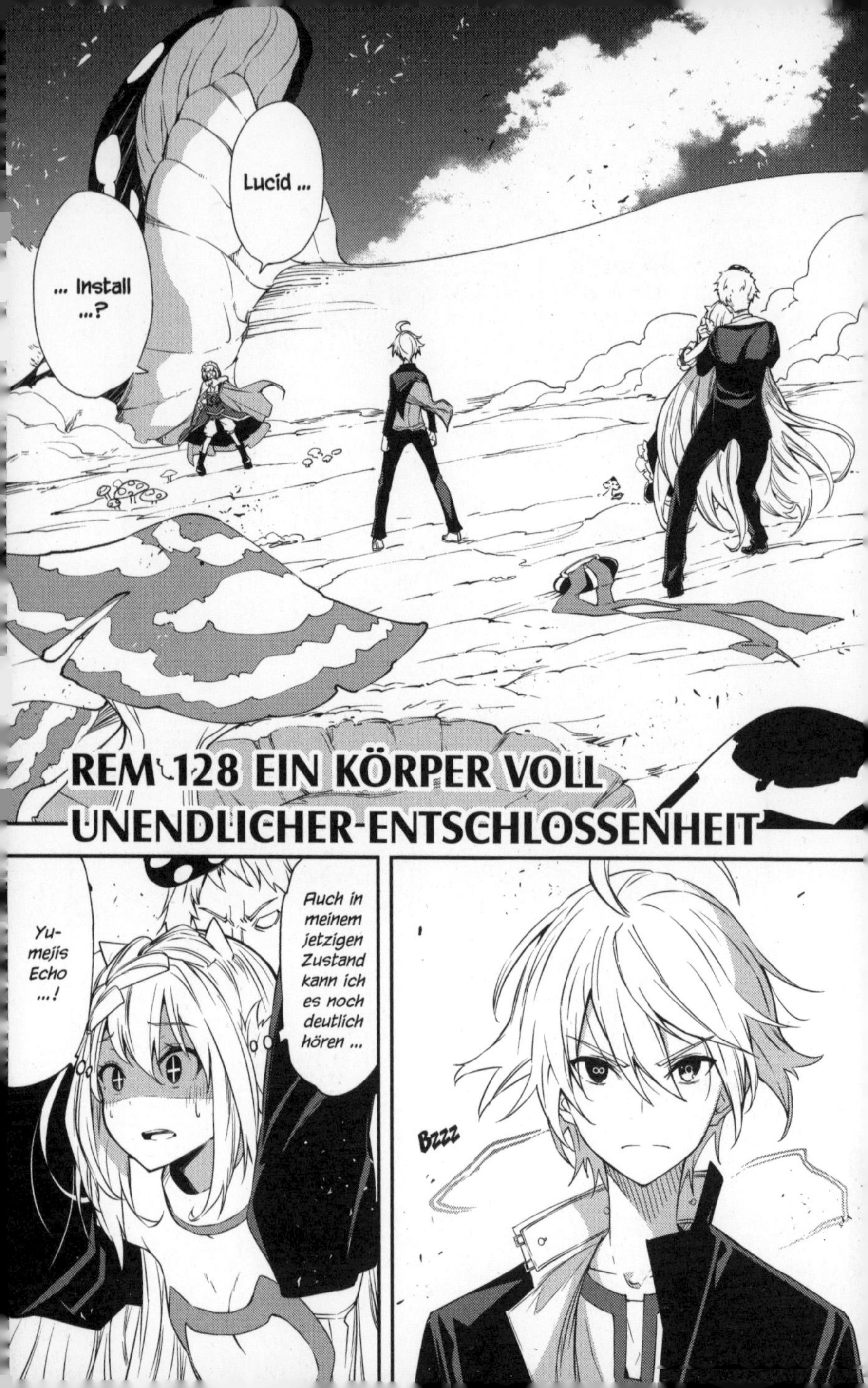
Lucid ...
... Install ...?
REM 128 EIN KÖRPER VOLL UNENDLICHER ENTSCHLOSSENHEIT
Bzzz
Auch in meinem jetzigen Zustand kann ich es noch deutlich hören ...
Yu-mejis Echo ...!

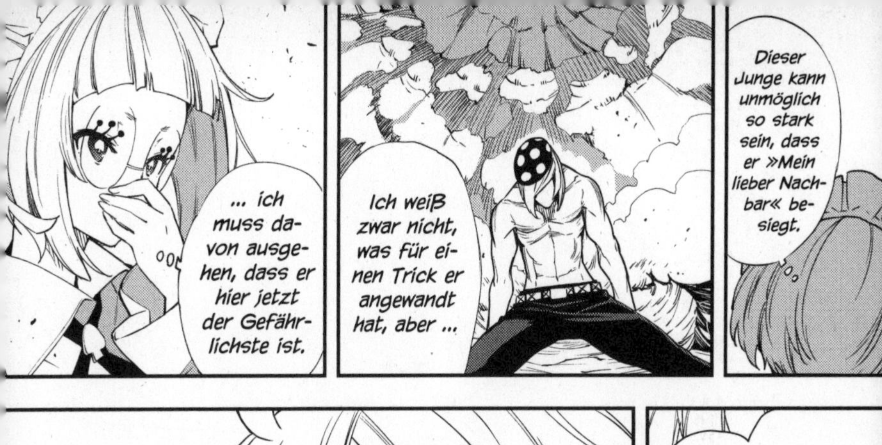

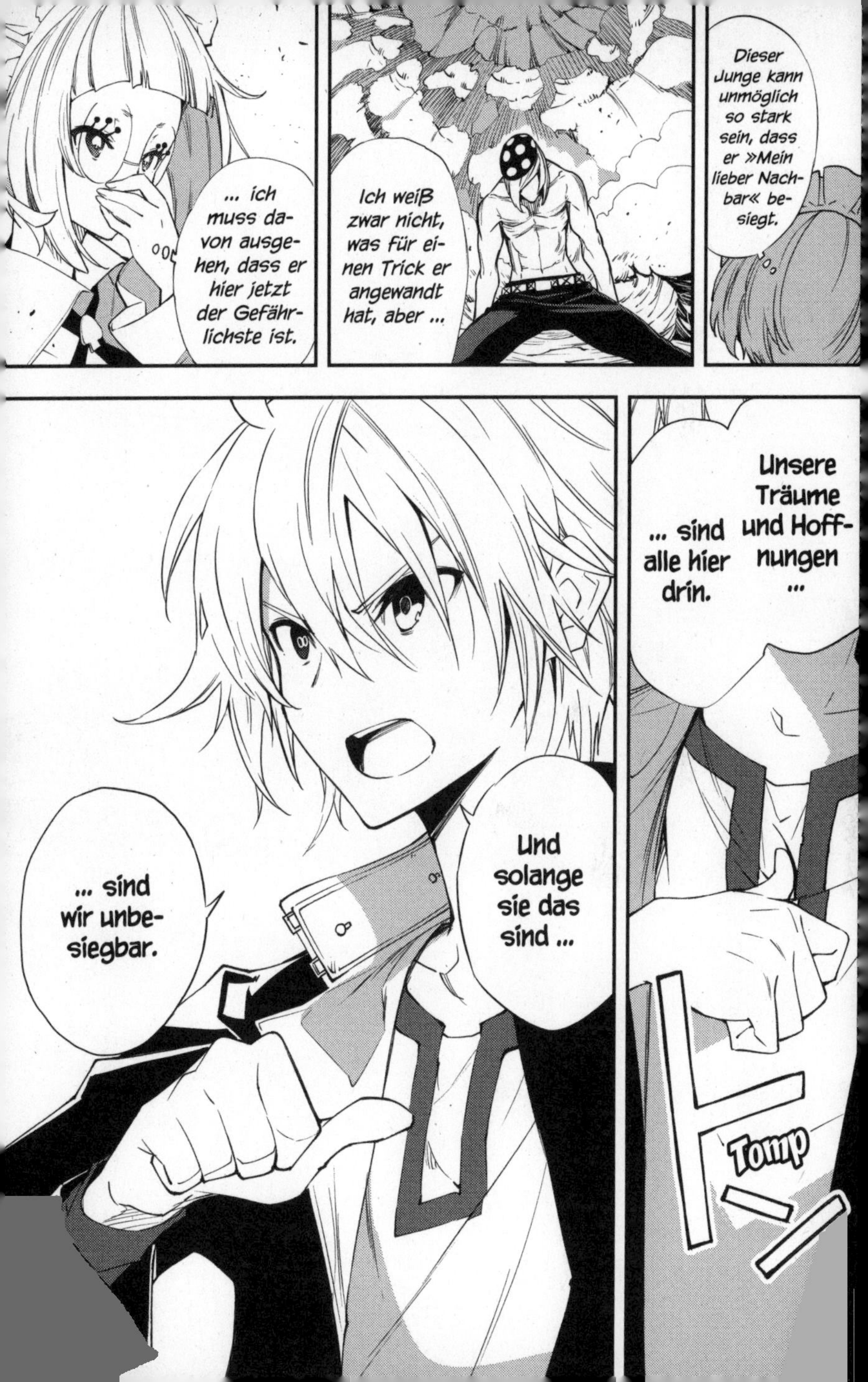

Unsere Träume und Hoffnungen ...

... sind alle hier drin.

Tomp

Und solange sie das sind ...

... sind wir unbesiegbar.

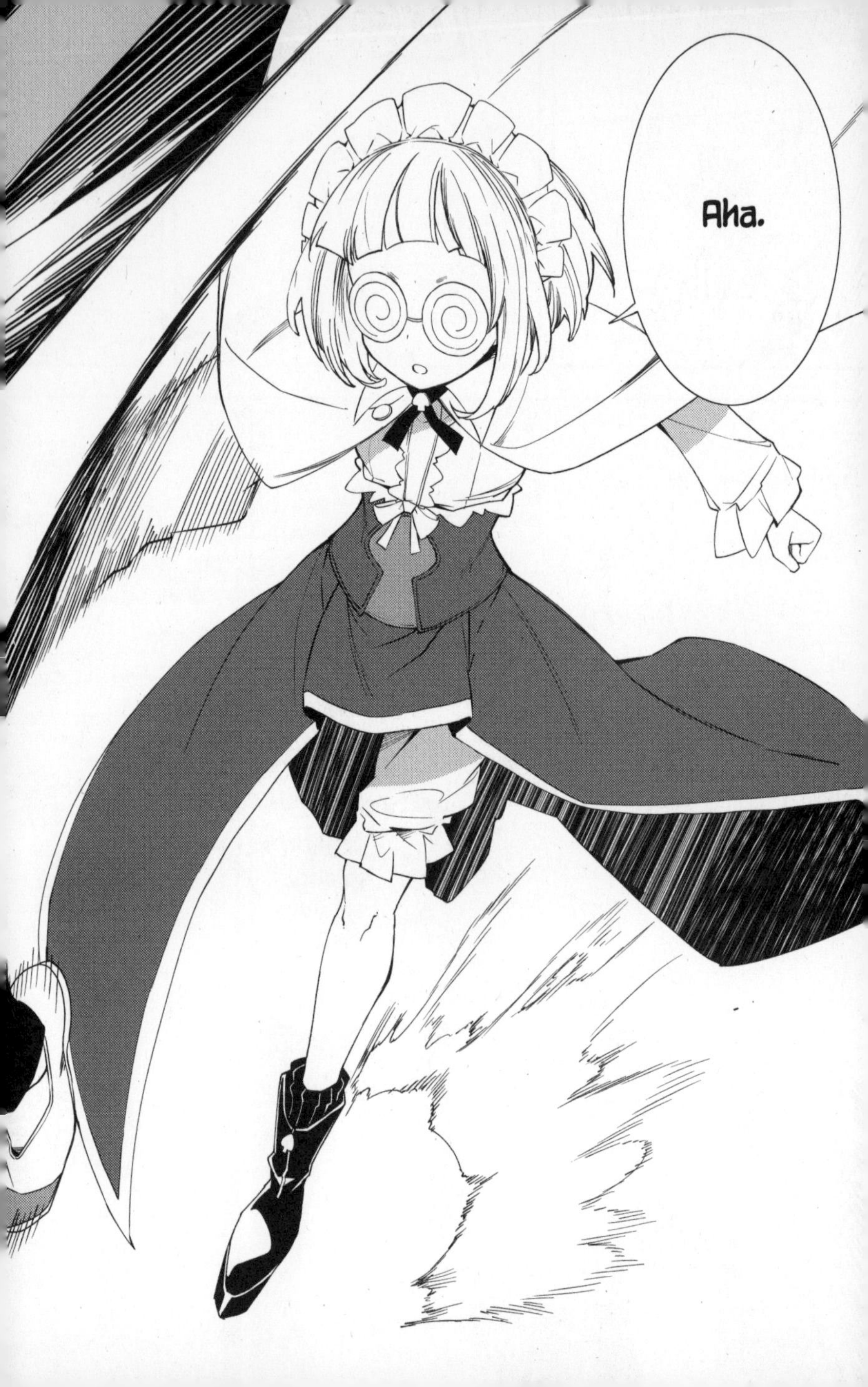
Aha.

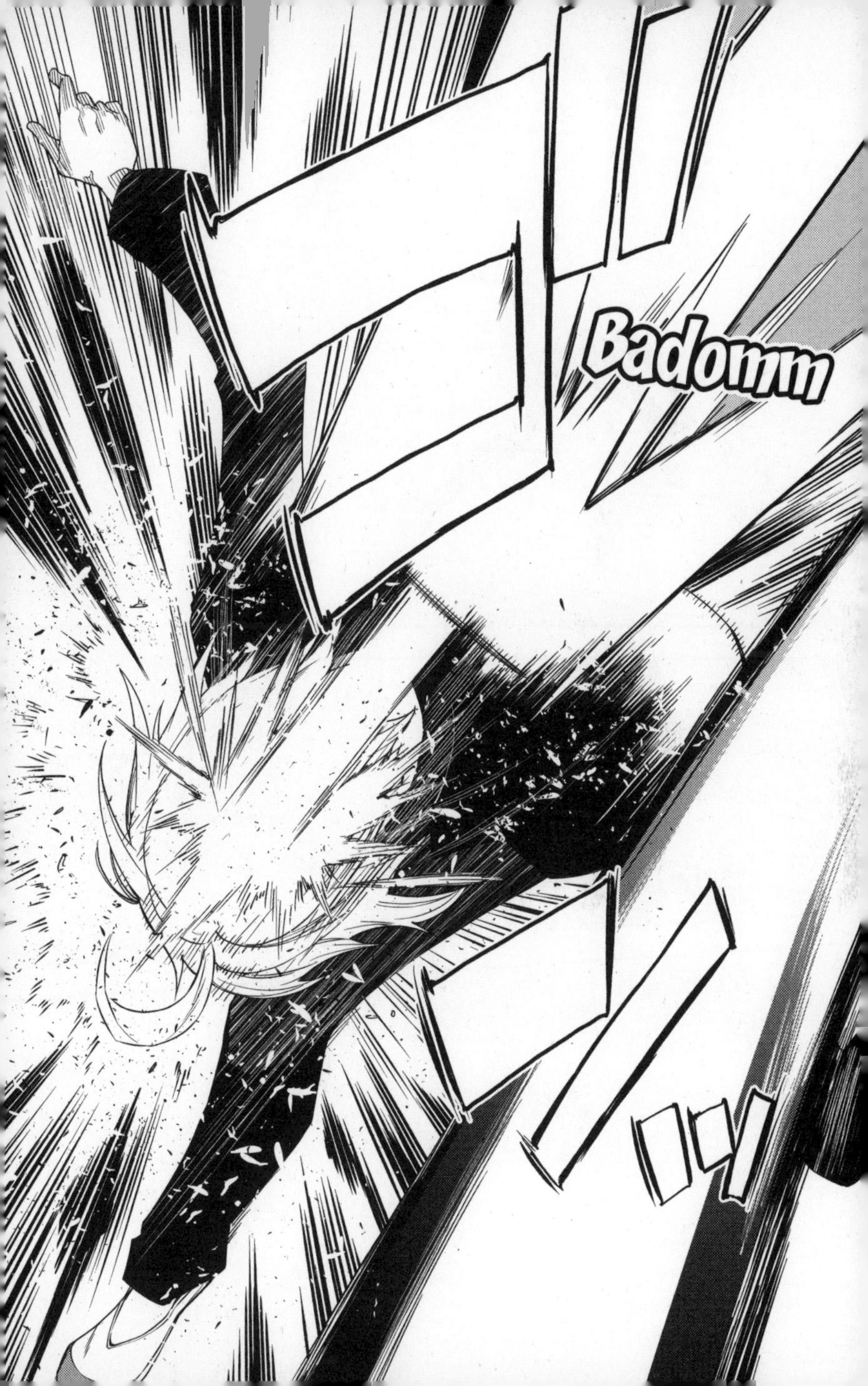
Badomm

Krock

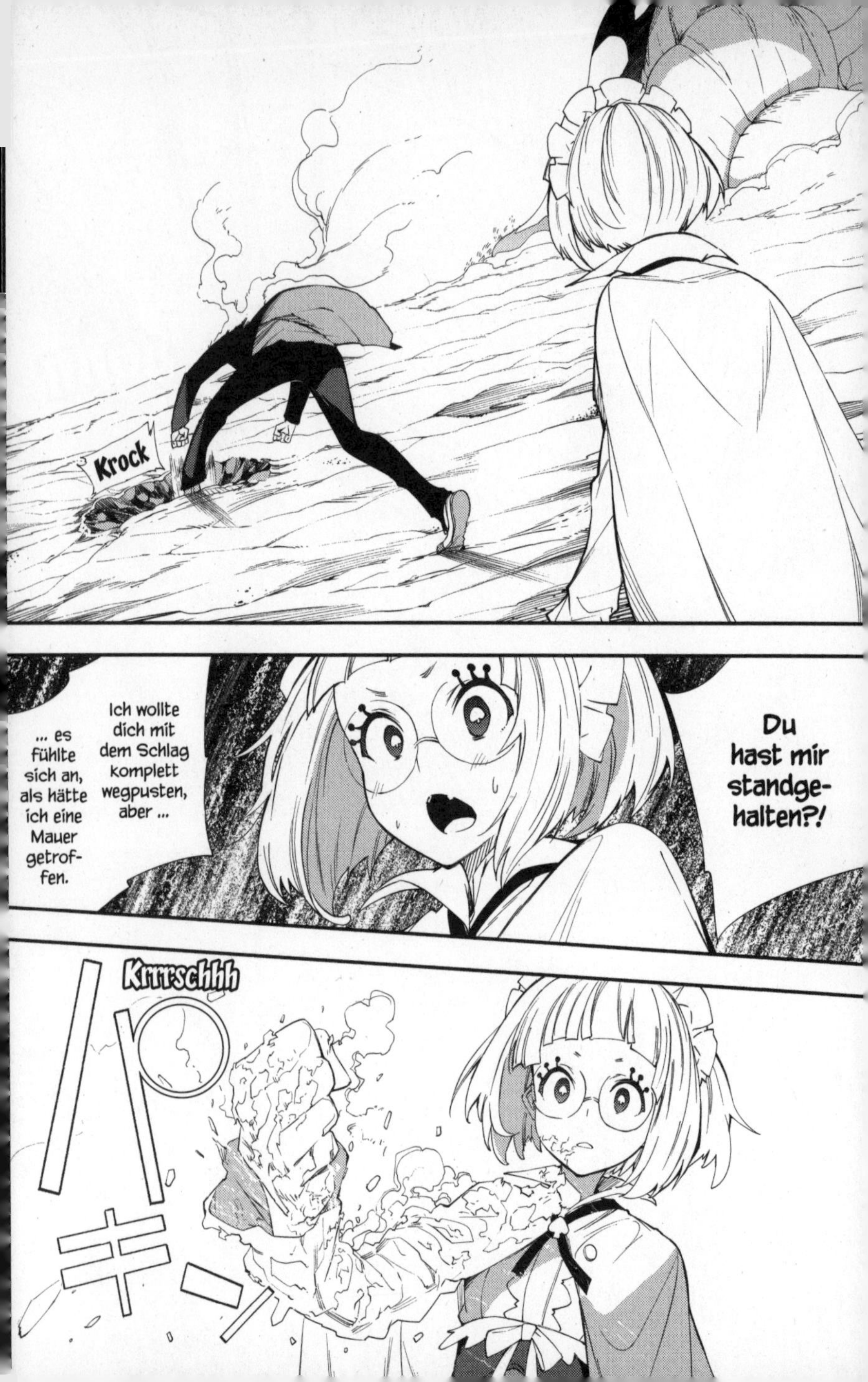

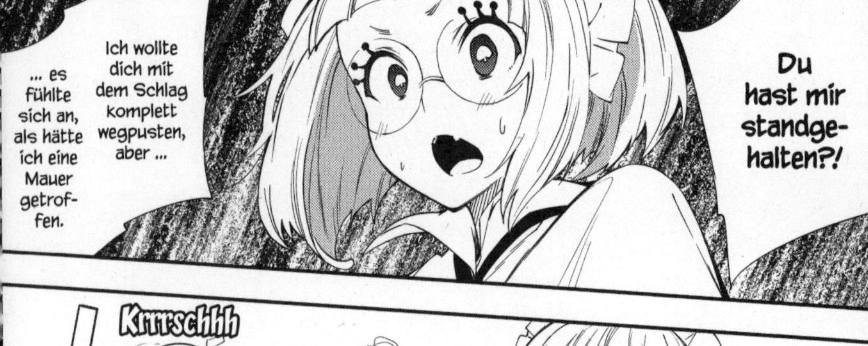
Du hast mir standgehalten?!
Ich wollte dich mit dem Schlag komplett wegpusten, aber ...
... es fühlte sich an, als hätte ich eine Mauer getroffen.

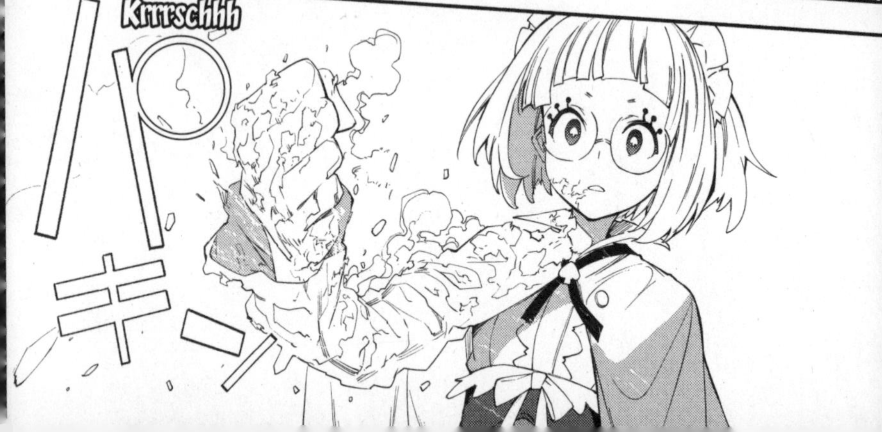
Krrrschhh
パキーン

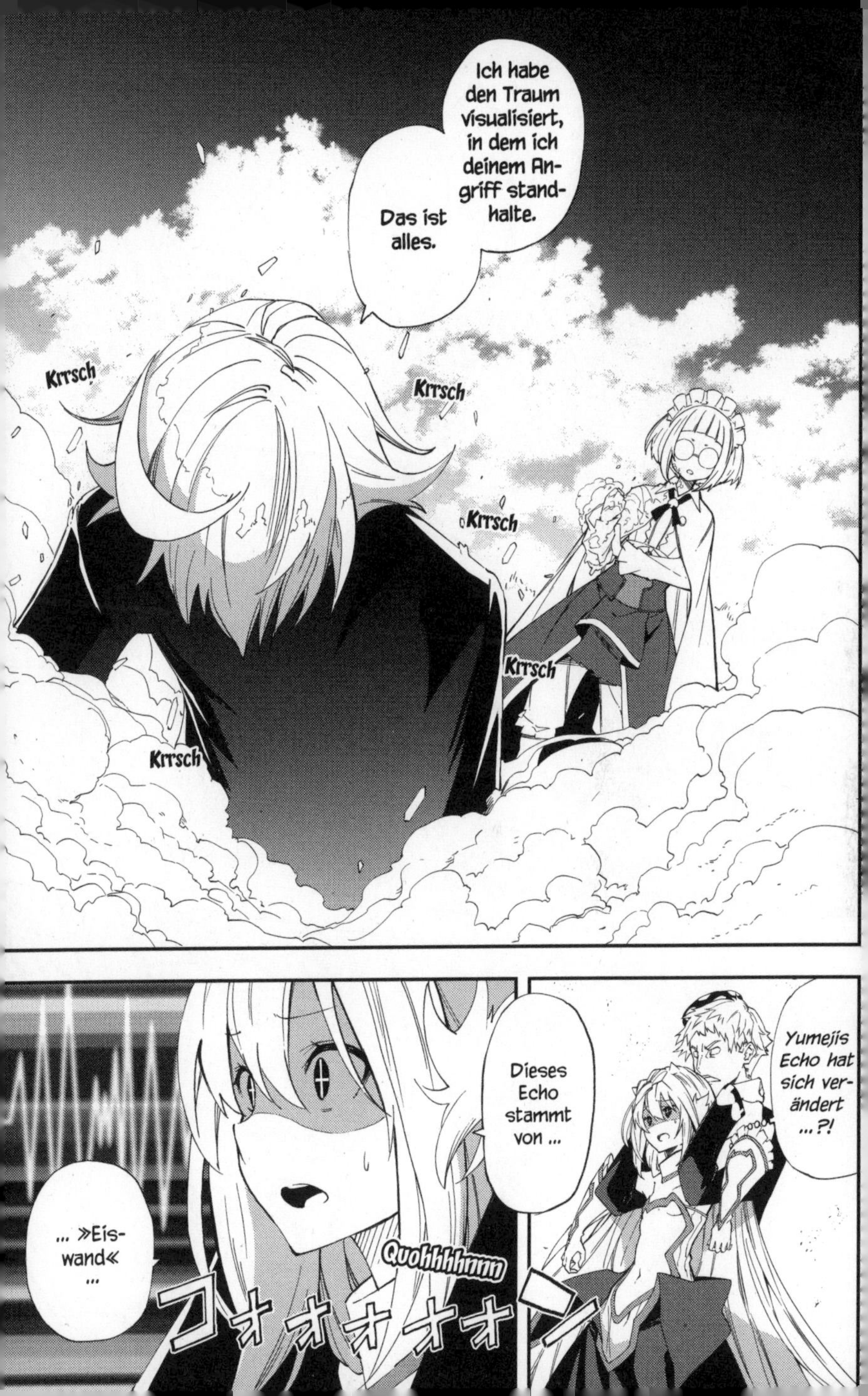

Ich habe den Traum visualisiert, in dem ich deinem Angriff standhalte.
Das ist alles.
Krrsch
Krrsch
Krrsch
Krrsch
Krrsch

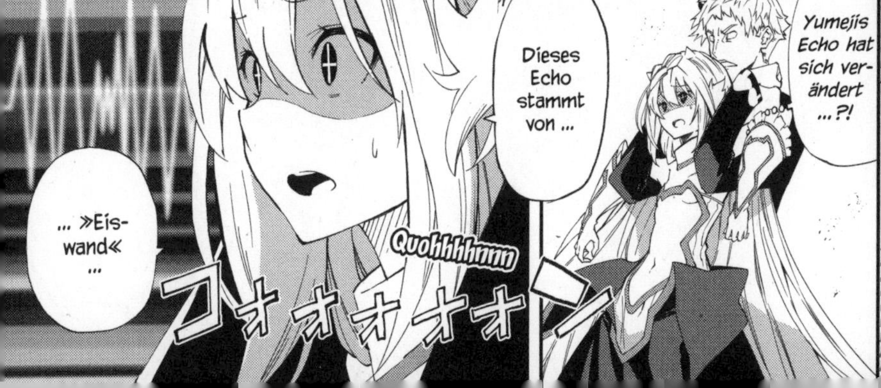

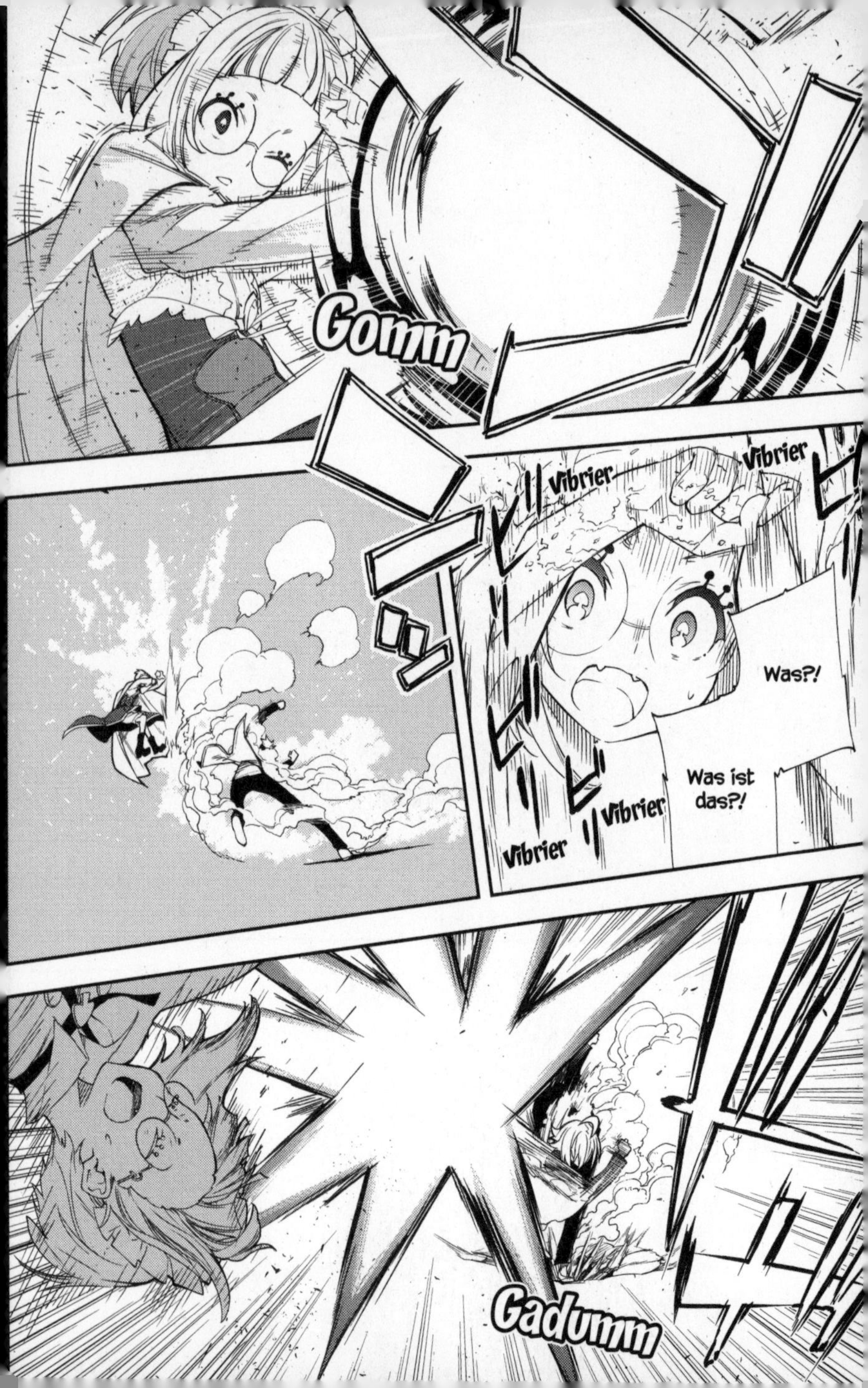
Gomm
Vibrier
Vibrier
Was?!
Was ist das?!
Vibrier
Vibrier
Gadumm

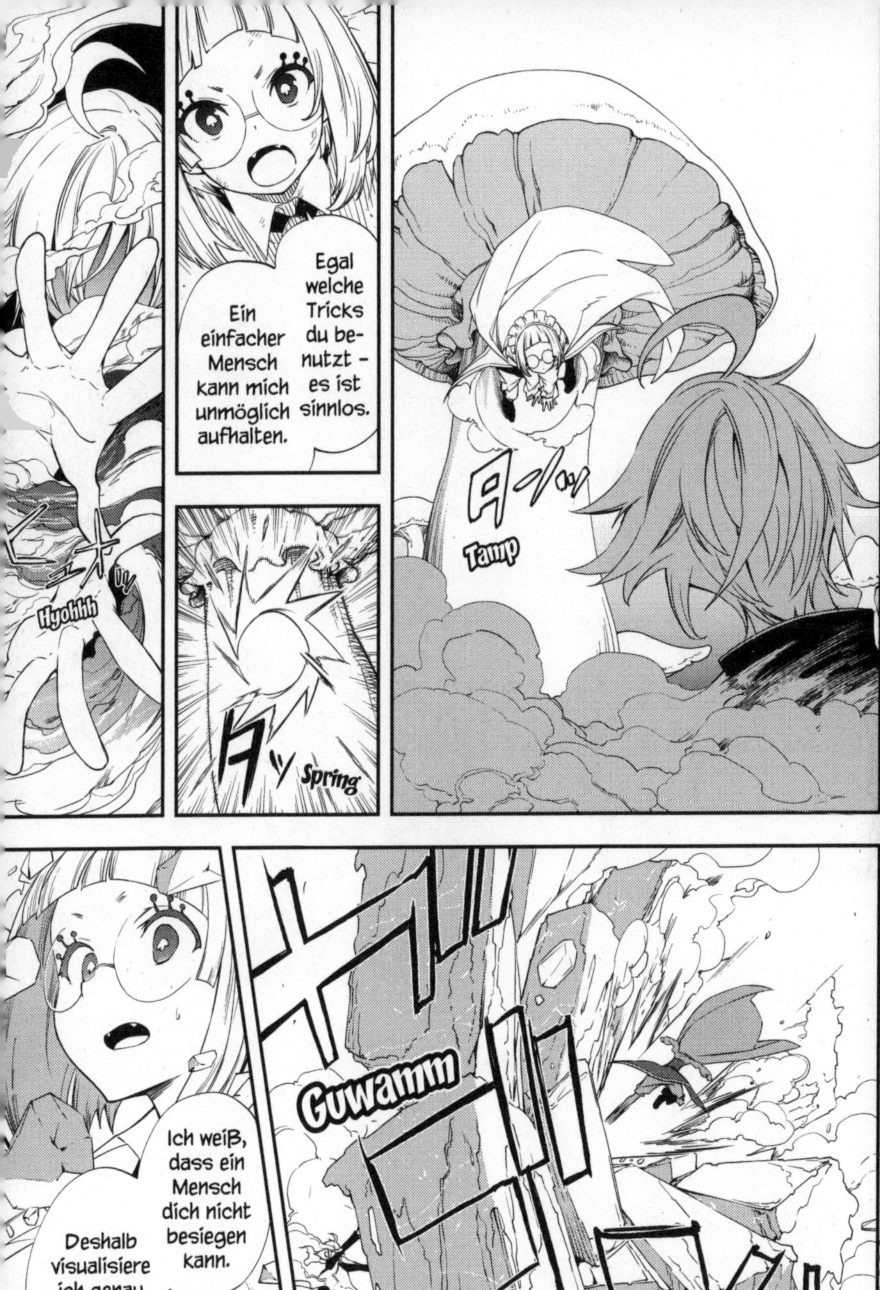

Tamp
Egal welche Tricks du benutzt – es ist sinnlos.
Ein einfacher Mensch kann mich unmöglich aufhalten.
Spring
Hyohhh
Guwamm
Ich weiß, dass ein Mensch dich nicht besiegen kann.
Deshalb visualisiere ich genau diesen Traum.

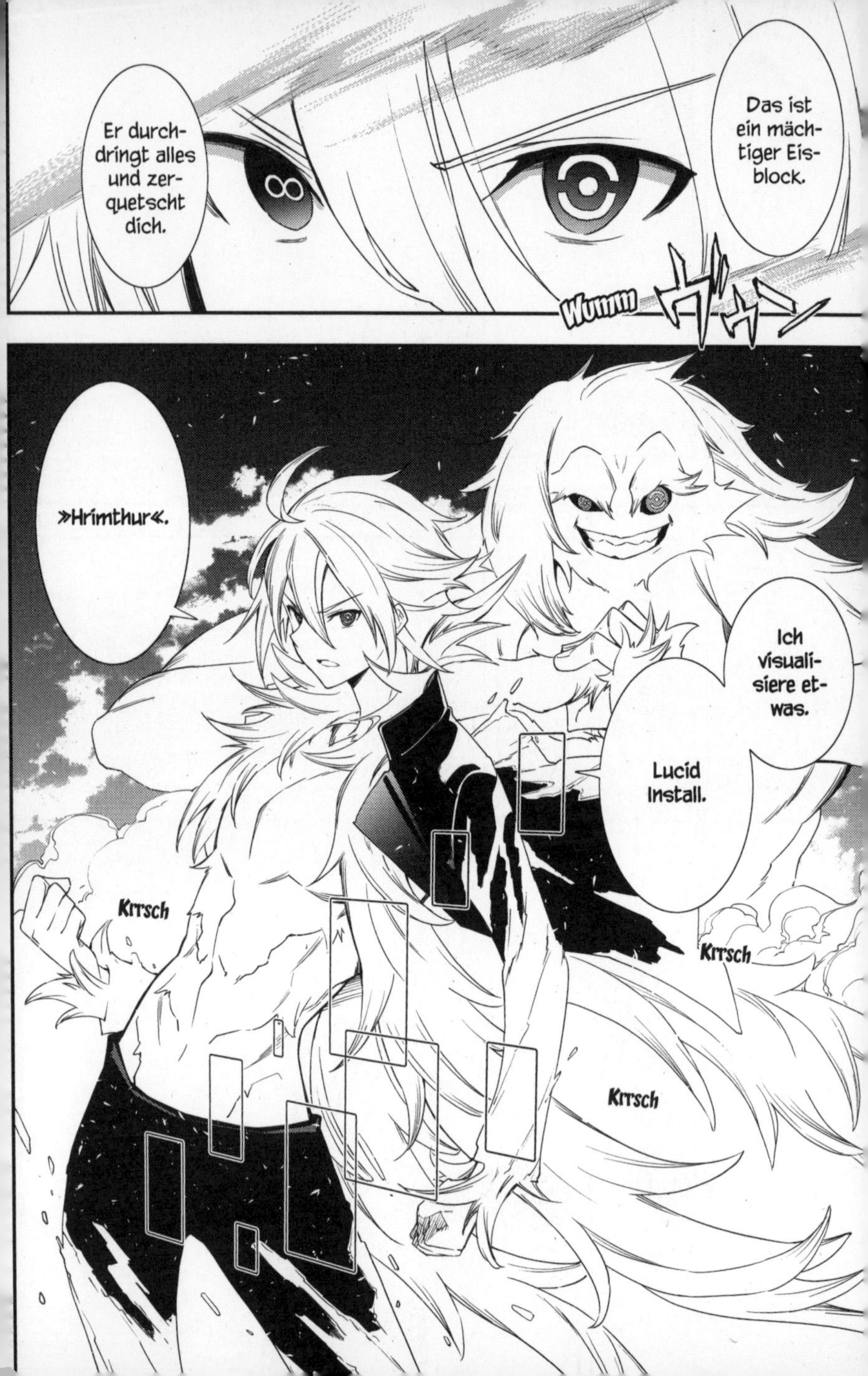
Das ist ein mächtiger Eisblock.
Er durchdringt alles und zerquetscht dich.
Wumm
Ich visualisiere etwas.
Lucid Install.
»Hrimthur«.
Krrsch
Krrsch
Krrsch

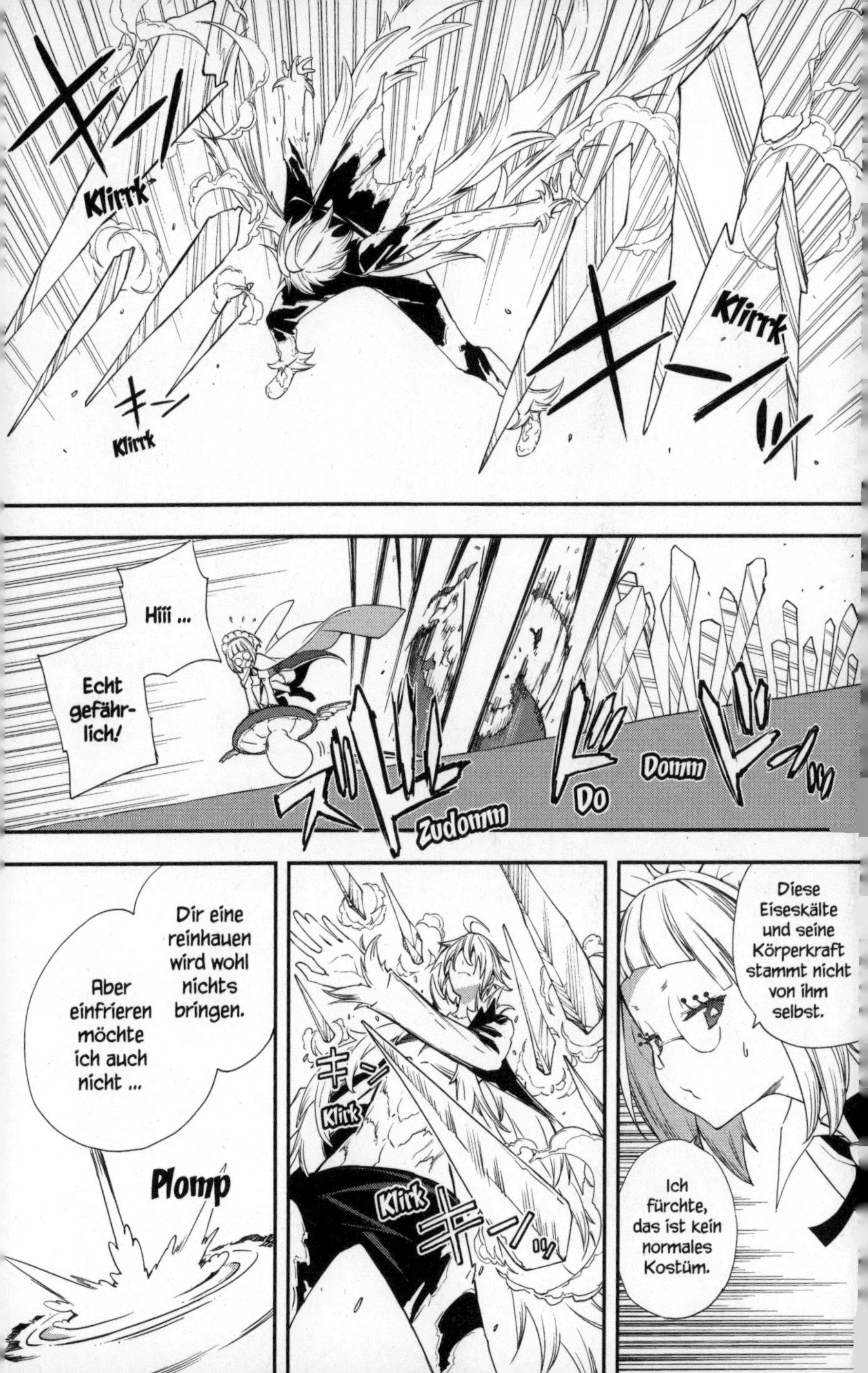
Klirrk
Klirrk
Klirrk
Domm
Do
Zudomm
Hiii ...
Echt gefährlich!
Diese Eiseskälte und seine Körperkraft stammt nicht von ihm selbst.
Ich fürchte, das ist kein normales Kostüm.
Klirk
Klirk
Dir eine reinhauen wird wohl nichts bringen.
Aber einfrieren möchte ich auch nicht ...
Plomp

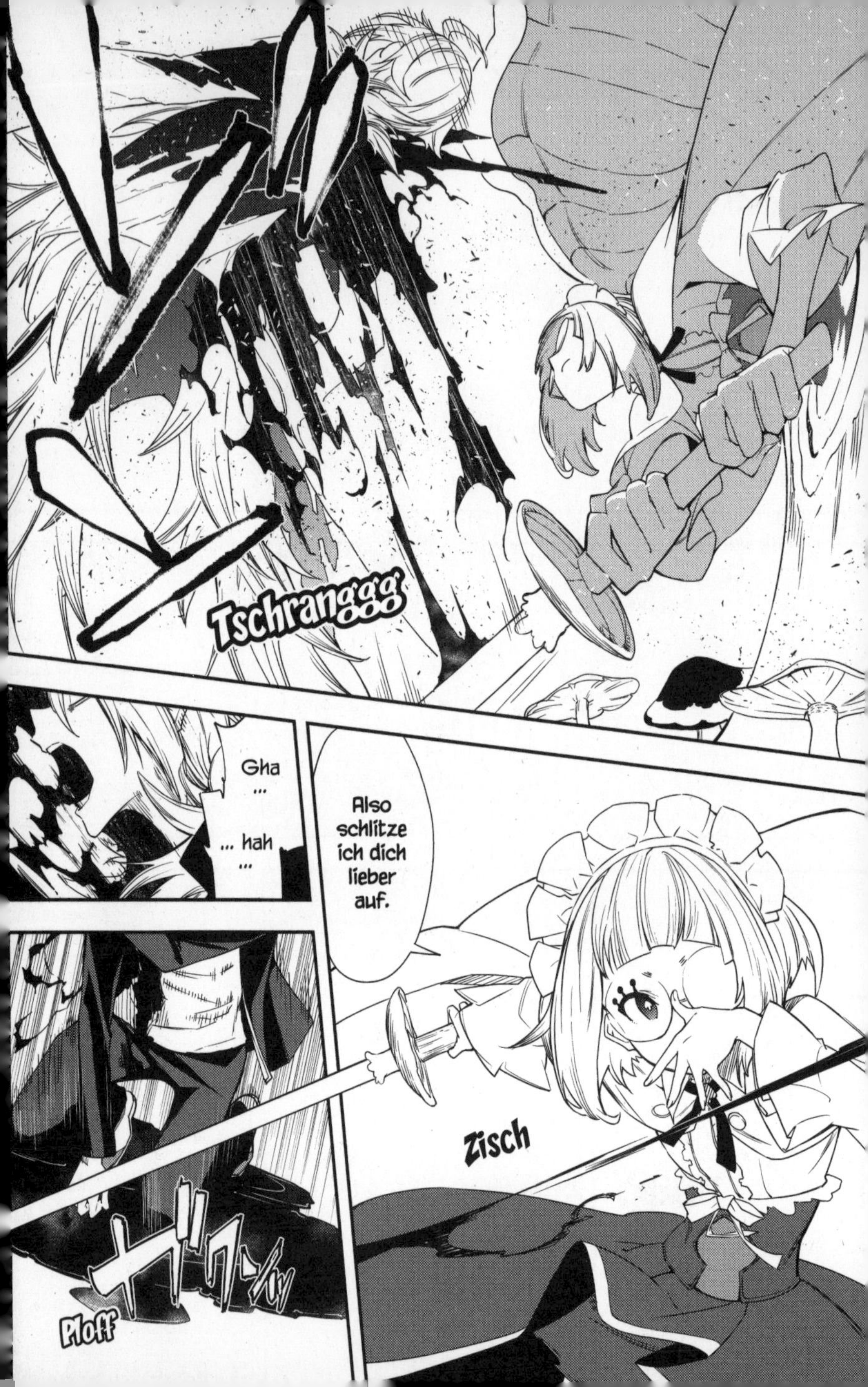
Tschranggg
Gha ...
... hah ...
Also schlitze ich dich lieber auf.
Zisch
Ploff

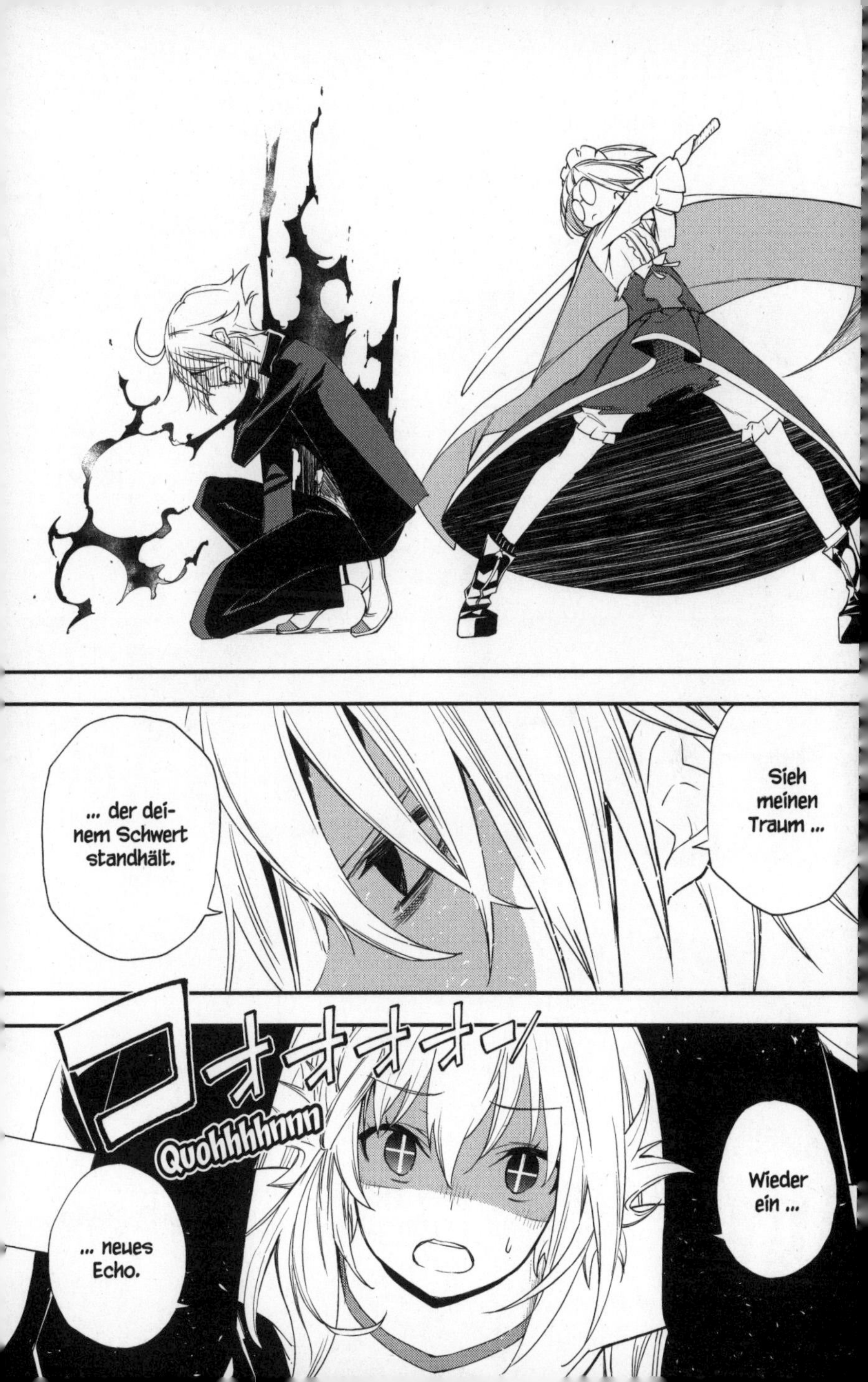

Sieh meinen Traum ...
... der deinem Schwert standhält.
コォォォォー
Quohhhhnnn
Wieder ein ...
... neues Echo.

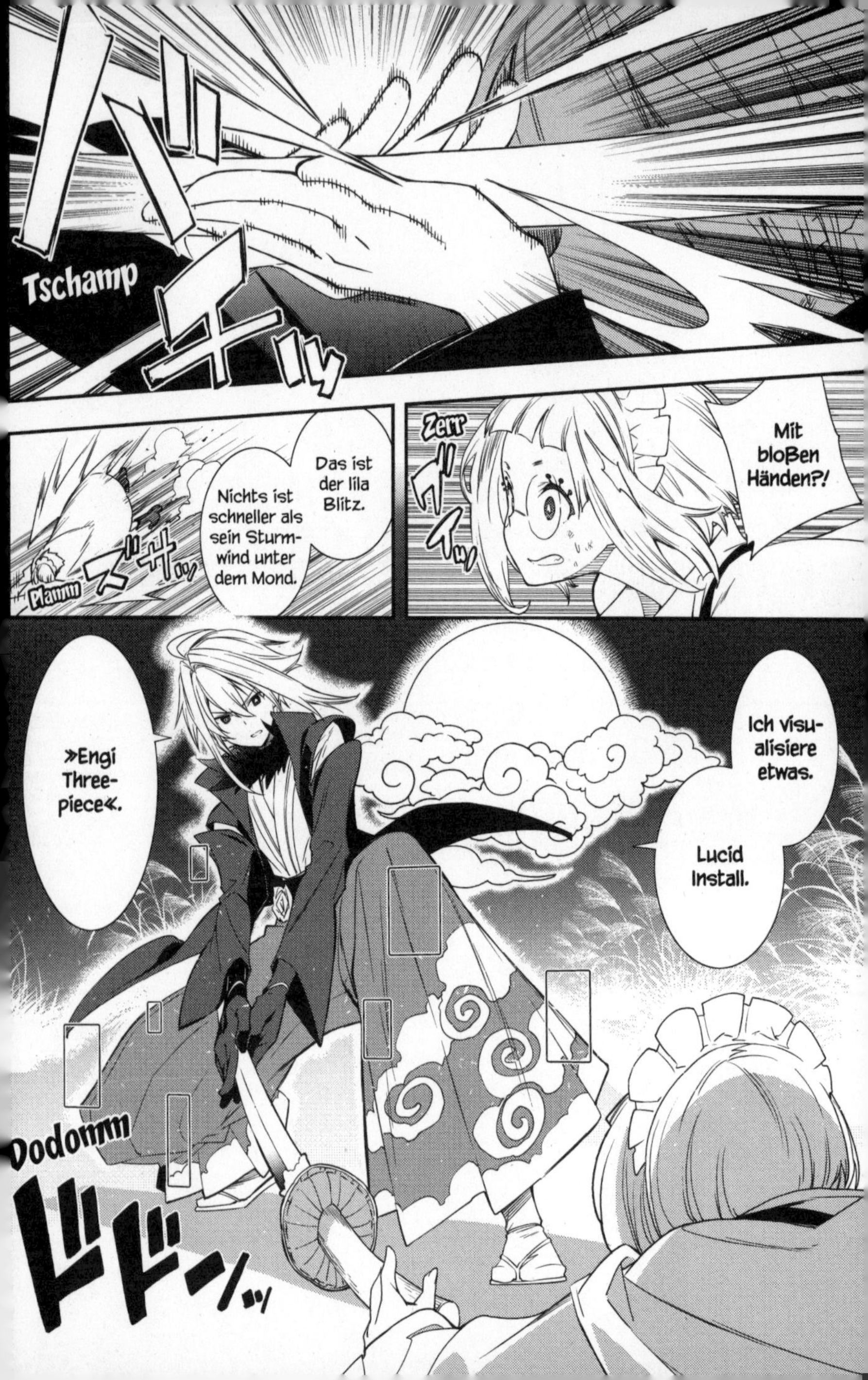
Tschamp
Mit bloßen Händen?!
Zerr
Das ist der lila Blitz.
Nichts ist schneller als sein Sturmwind unter dem Mond.
Plamm
Ich visualisiere etwas.
Lucid Install.
»Engi Three-piece«.
Dodonnn

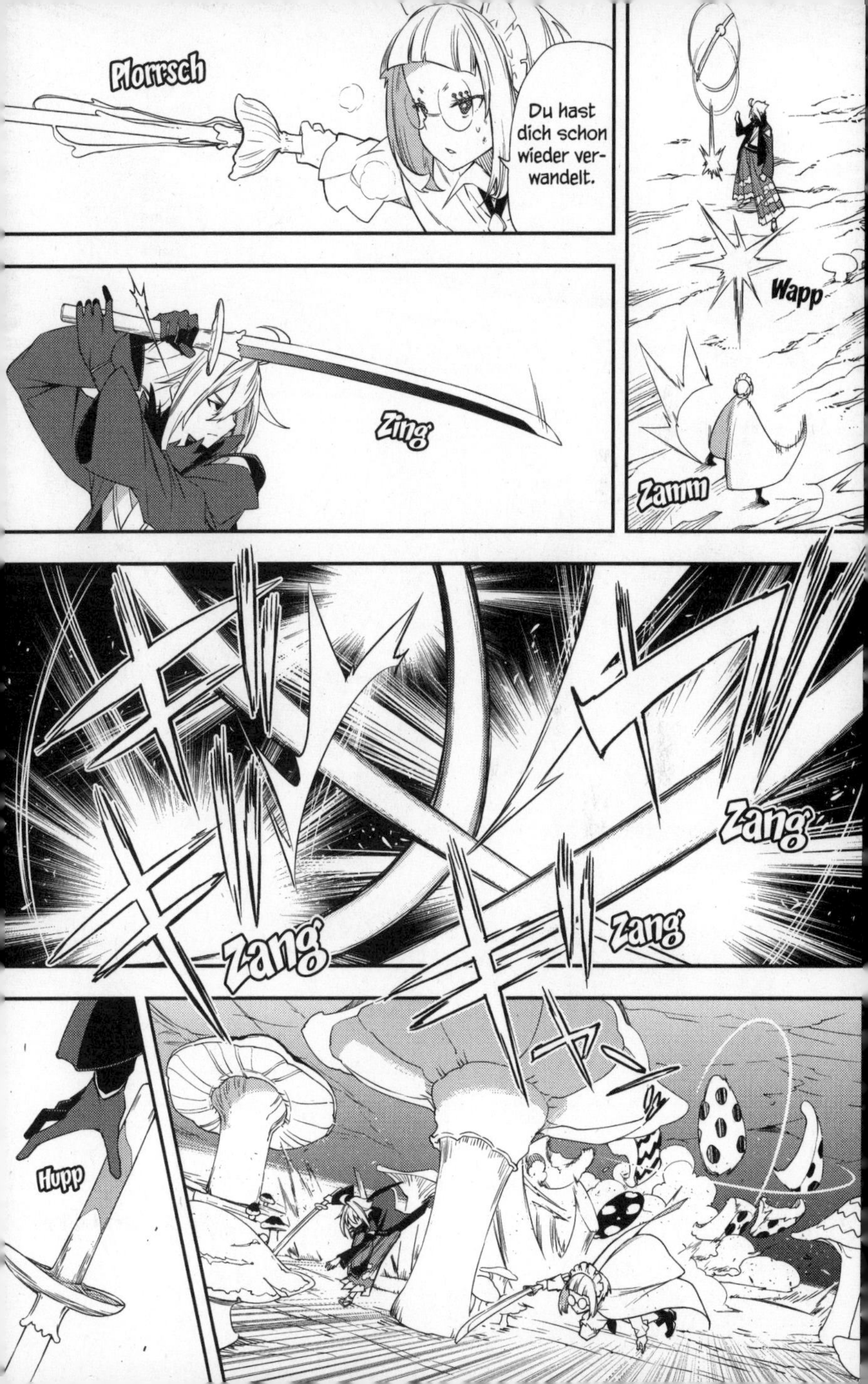

Wapp
Zamm
Plorrsch
Du hast dich schon wieder verwandelt.
Zing
Zang
Zang
Zang
Hupp

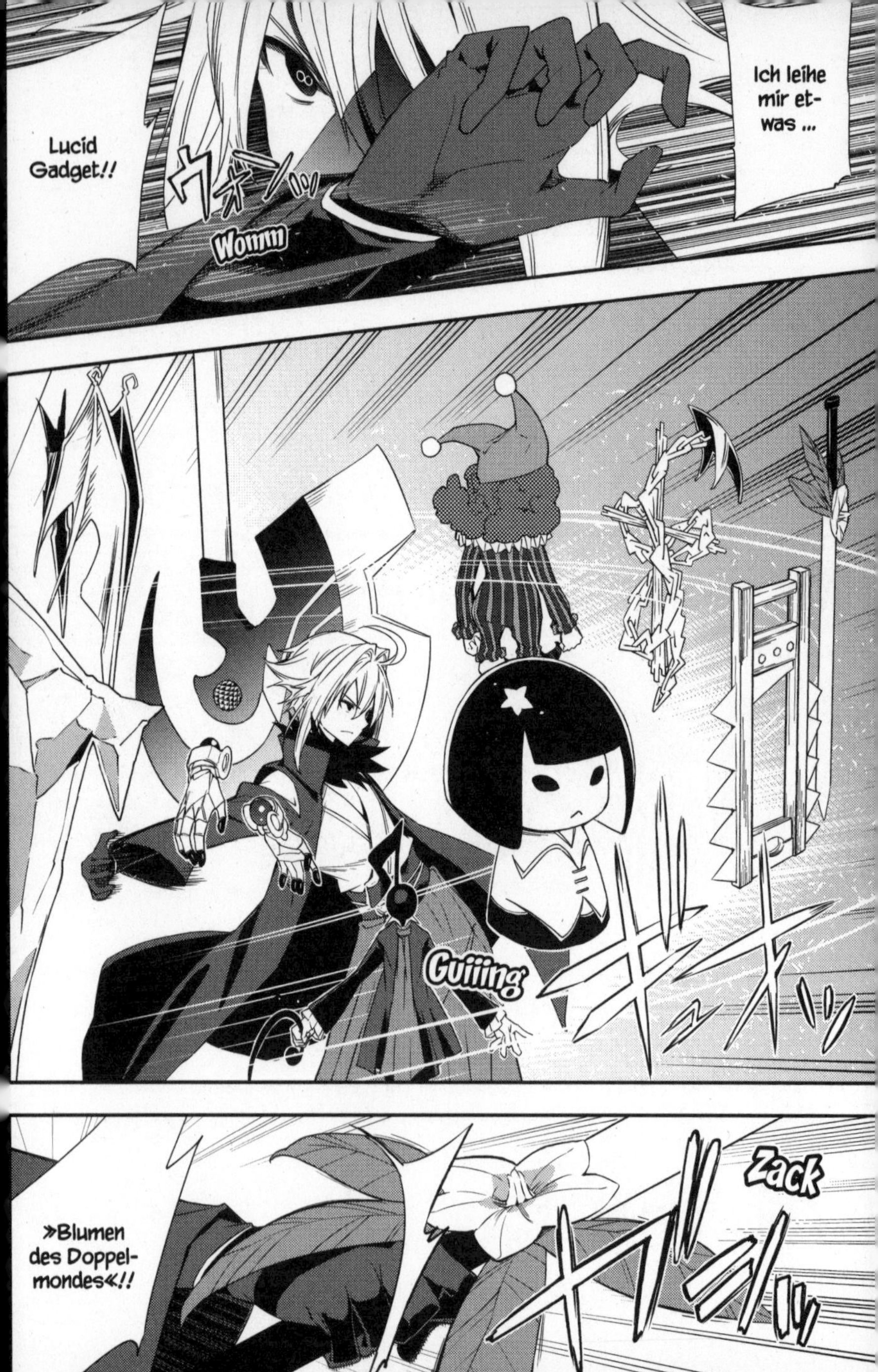
Ich leihe mir etwas ...
Lucid Gadget!!
Wonm
Guiiing
Zack
»Blumen des Doppelmondes«!!

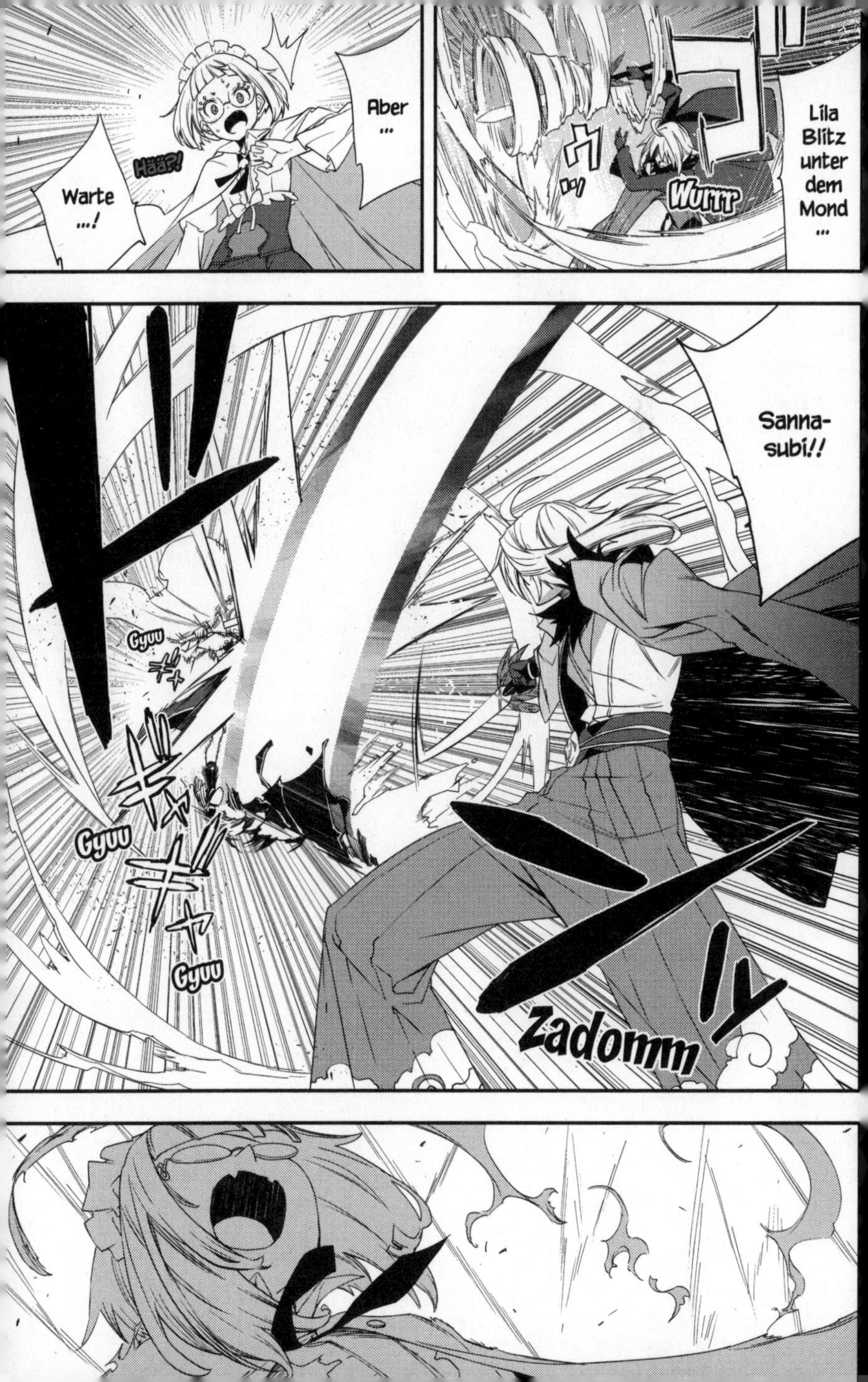

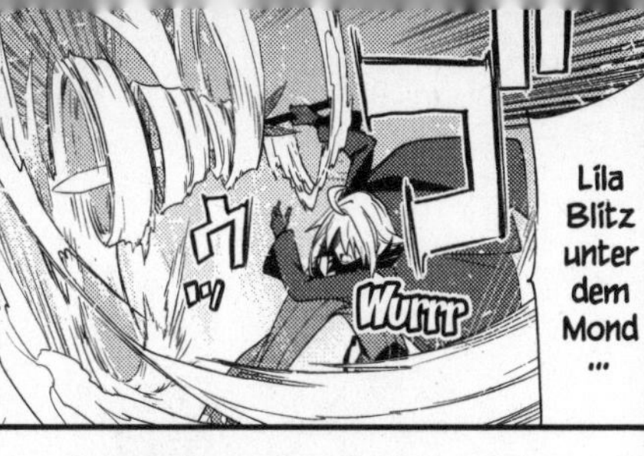
Lila Blitz unter dem Mond ...
Wurrr

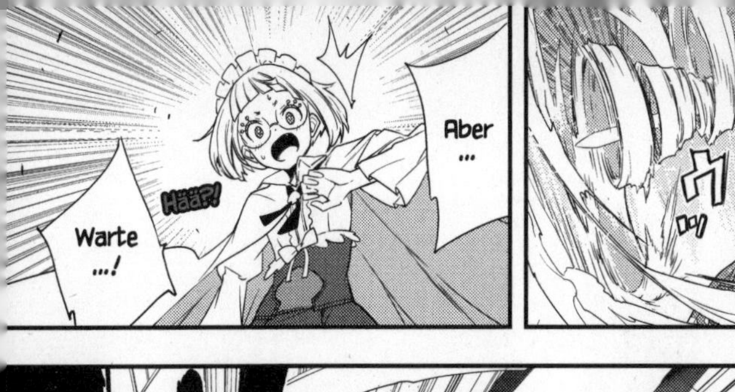
Aber ...
Hää?!
Warte ...!

Sanna-subi!!
Gyuu
Gyuu
Gyuu
Zadomm

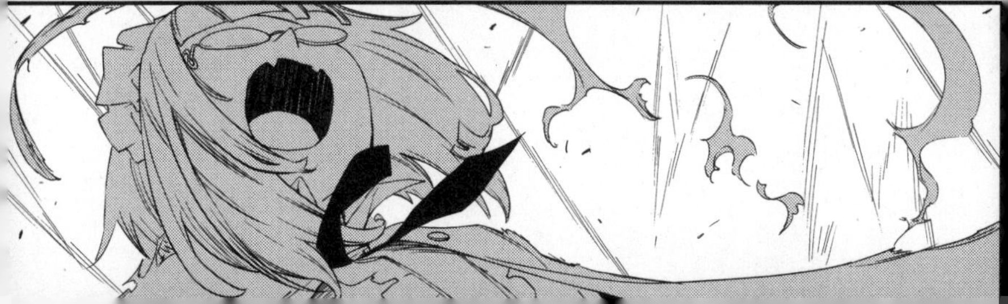

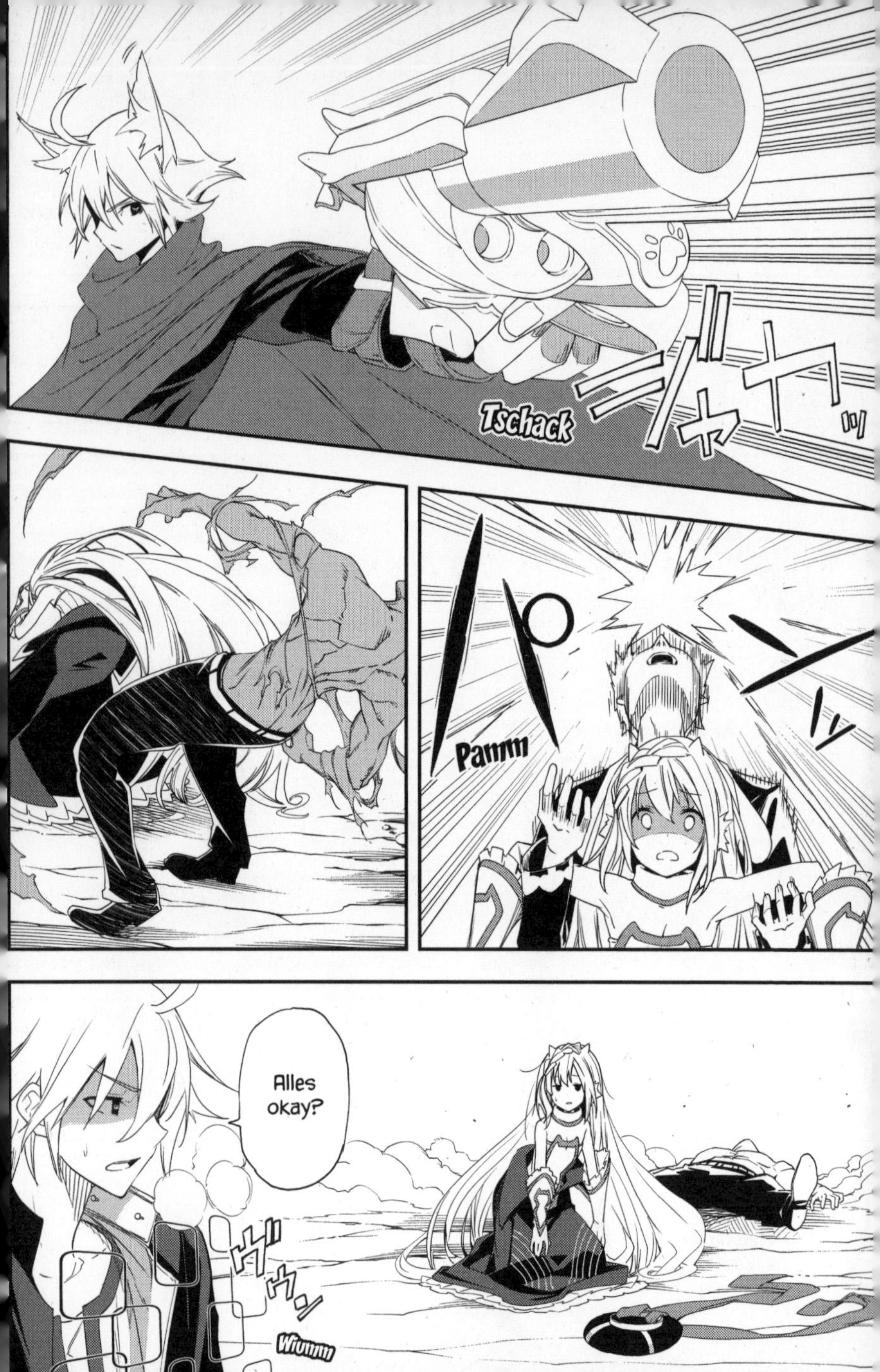
Tschack
Pannn
Alles okay?
Wiumm

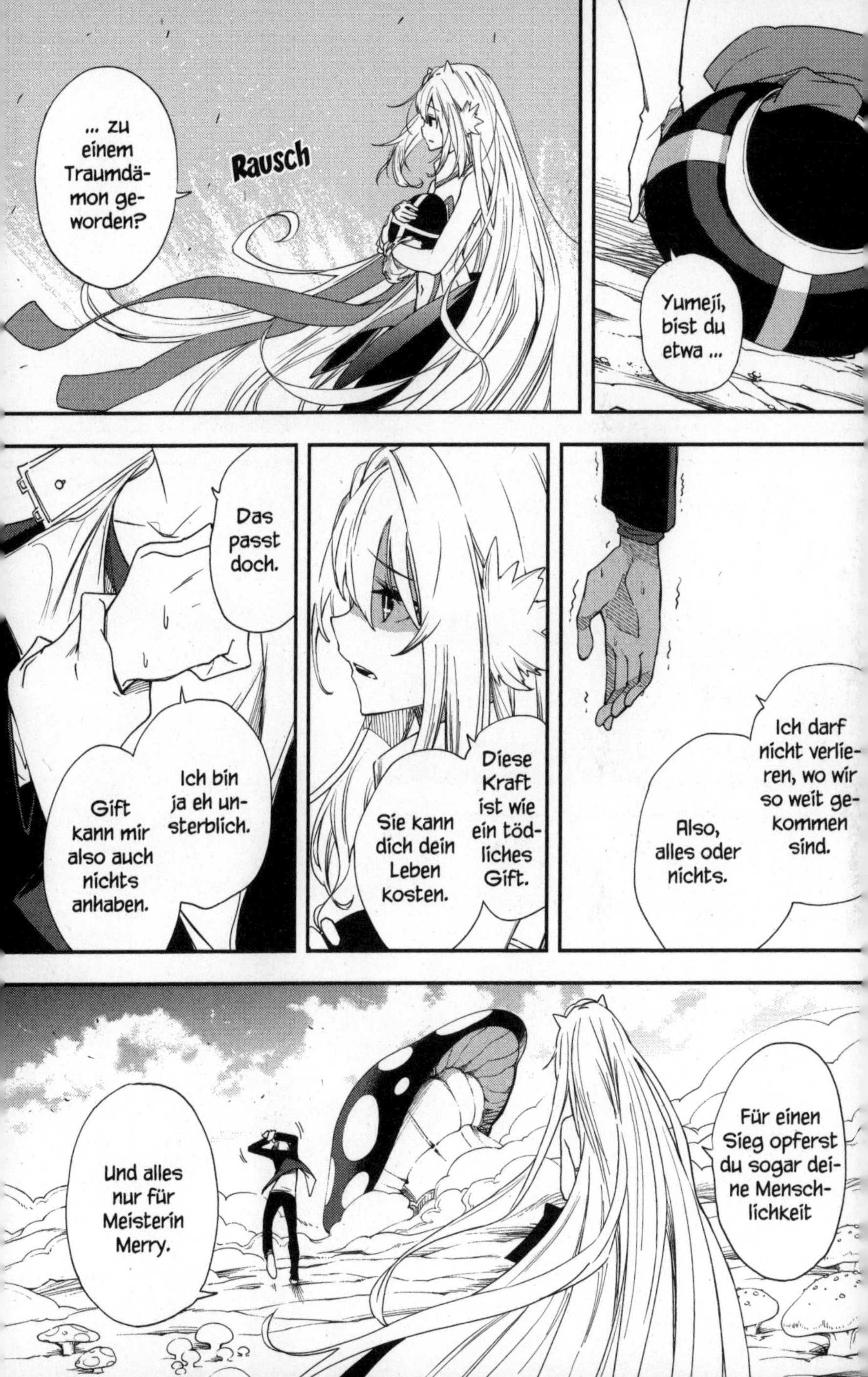
Yumeji, bist du etwa ...
... zu einem Traumdämon geworden?
Rausch
Ich darf nicht verlieren, wo wir so weit gekommen sind.
Also, alles oder nichts.
Diese Kraft ist wie ein tödliches Gift.
Sie kann dich dein Leben kosten.
Das passt doch.
Ich bin ja eh unsterblich.
Gift kann mir also auch nichts anhaben.
Für einen Sieg opferst du sogar deine Menschlichkeit
Und alles nur für Meisterin Merry.

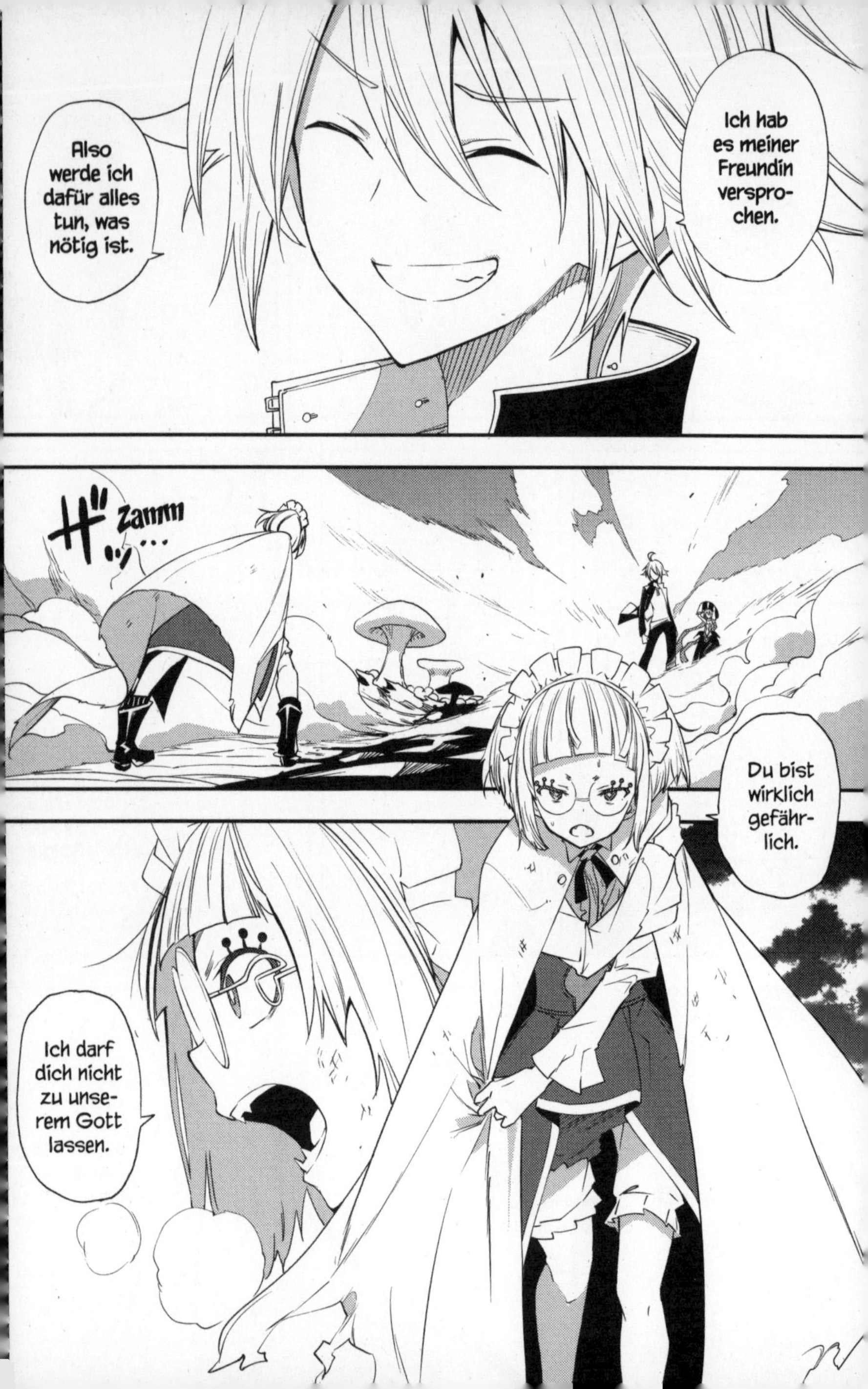

Ich hab es meiner Freundin versprochen.

Also werde ich dafür alles tun, was nötig ist.

Zannn ...

Du bist wirklich gefährlich.

Ich darf dich nicht zu unserem Gott lassen.

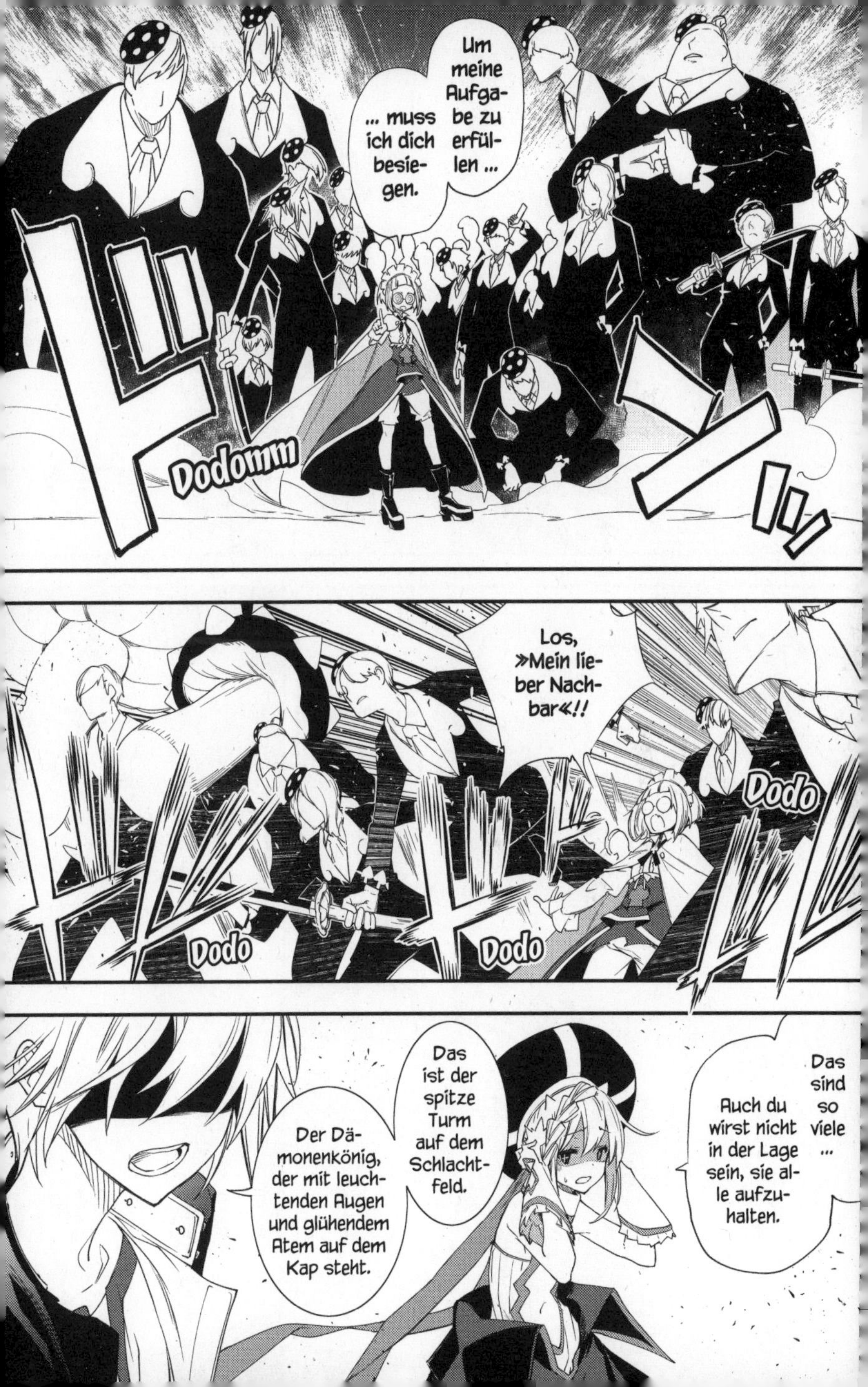

Um meine Aufgabe zu erfüllen ...

... muss ich dich besiegen.

Dodomm

Los, »Mein lieber Nachbar«!!

Dodo

Dodo

Dodo

Das sind so viele ...

Auch du wirst nicht in der Lage sein, sie alle aufzuhalten.

Das ist der spitze Turm auf dem Schlachtfeld.

Der Dämonenkönig, der mit leuchtenden Augen und glühendem Atem auf dem Kap steht.

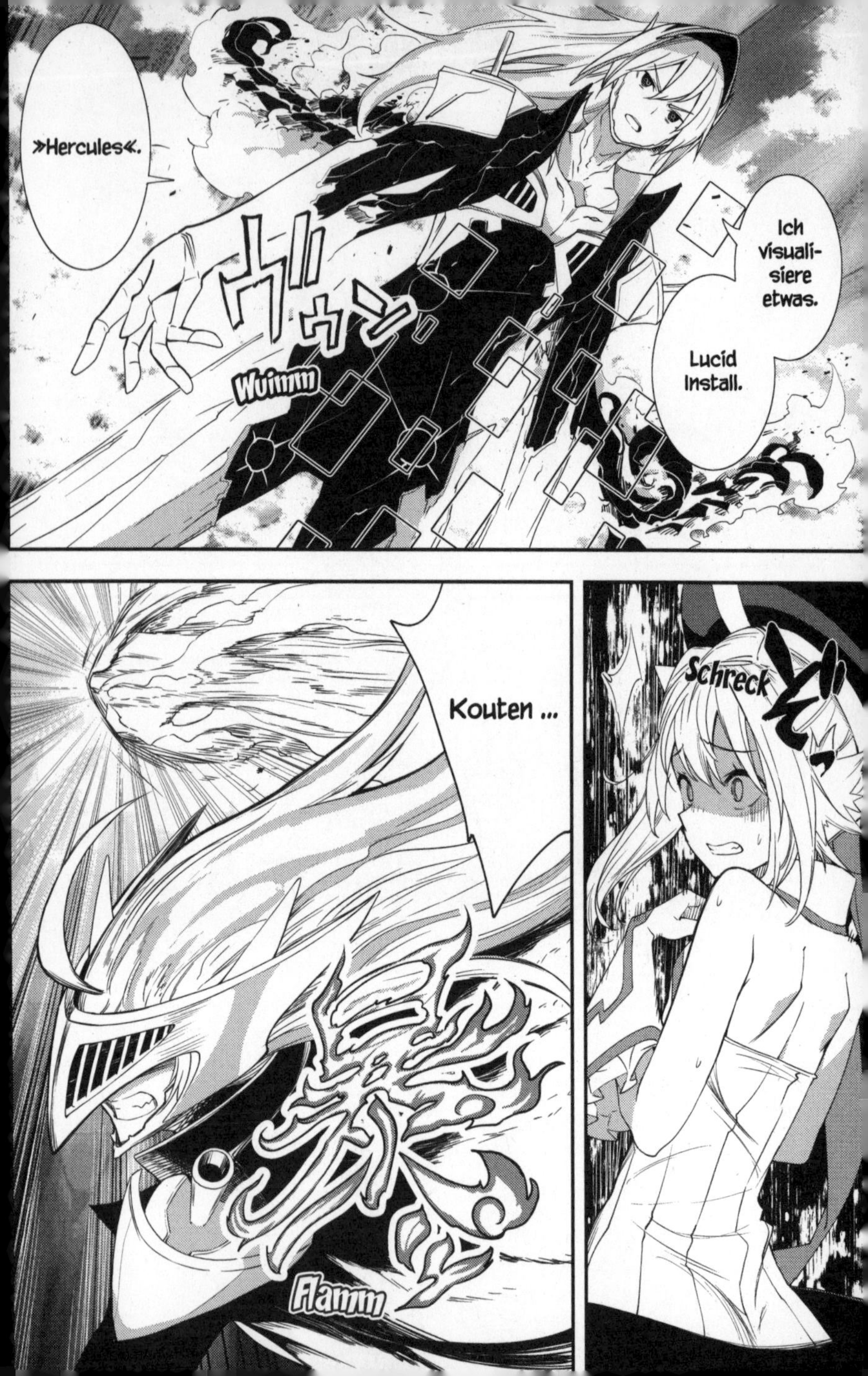

Ich visualisiere etwas.

Lucid Install.

»Hercules«.

Wuimm

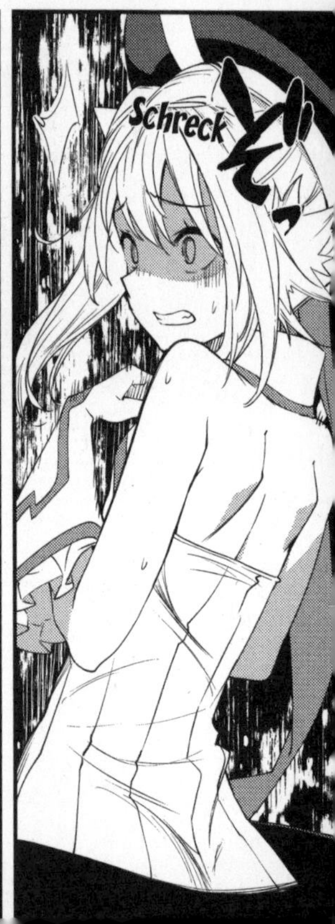

Kouten ...

Flamm

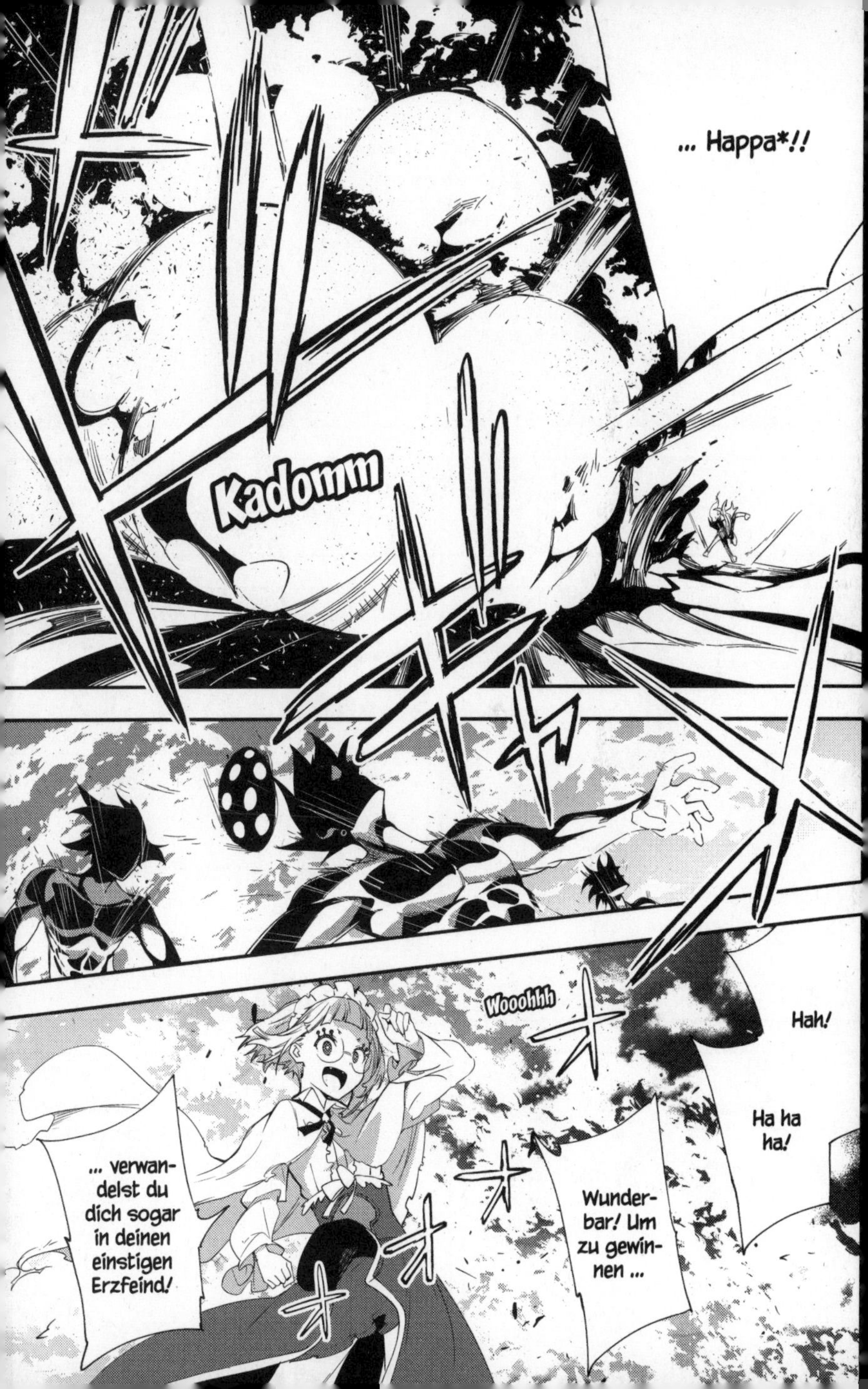
... Happa*!!
Kadomm
Wooohhh
Hah!
Ha ha ha!
Wunder-bar! Um zu gewin-nen ...
... verwan-delst du dich sogar in deinen einstigen Erzfeind!

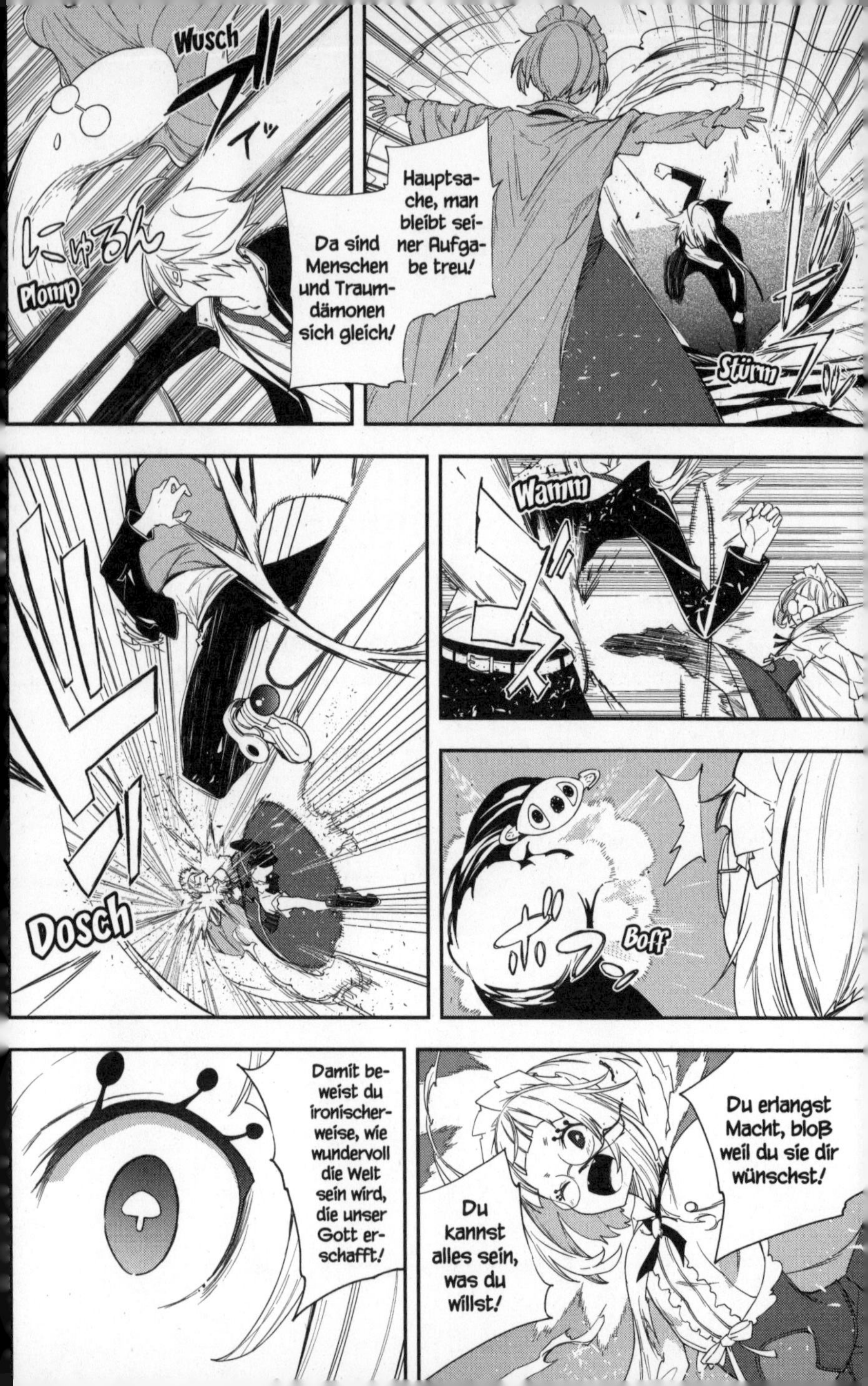

Stürm

Hauptsache, man bleibt seiner Aufgabe treu!

Da sind Menschen und Traumdämonen sich gleich!

Wusch

Plomp

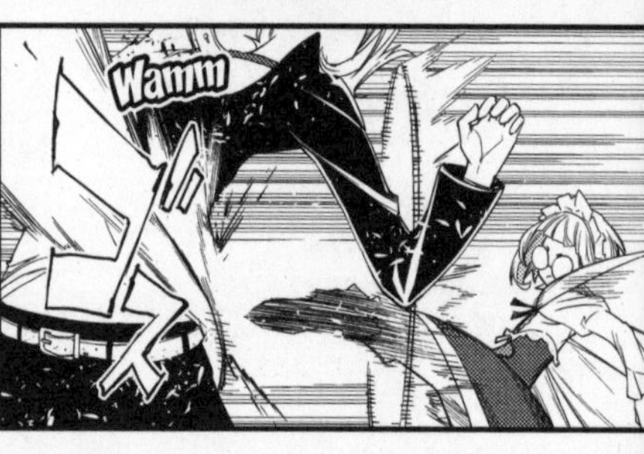

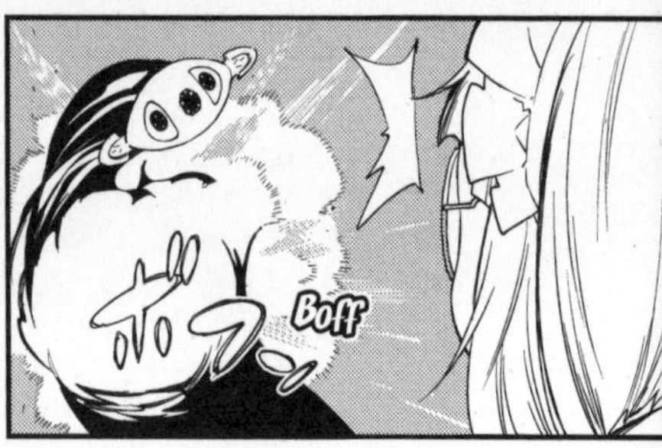

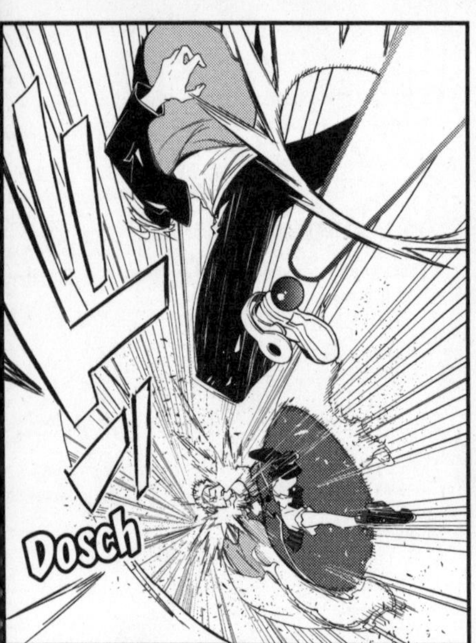

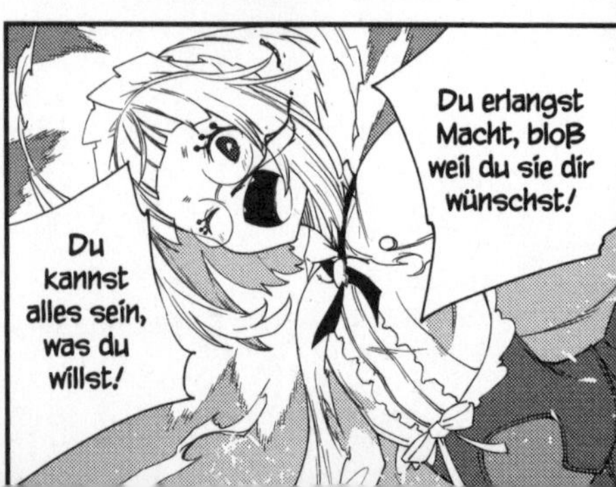

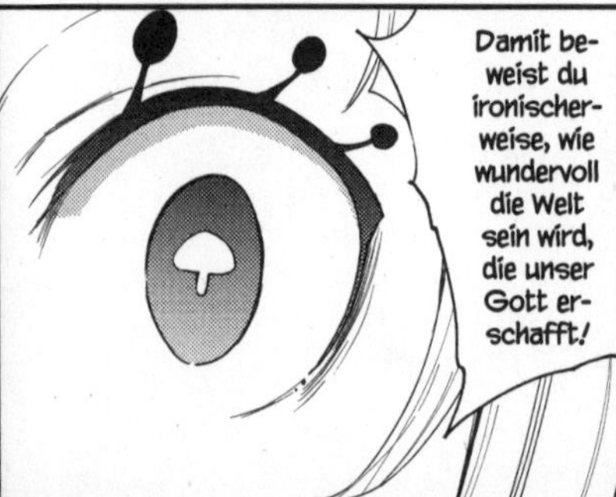

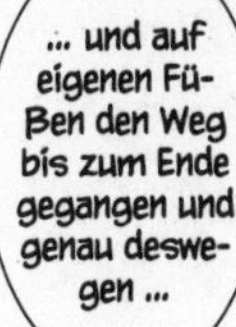
Nein, ich habe diese Kraft nicht bloß, weil ich sie mir wünsche.
Ich habe mich entschieden ...
... bin meinen Träumen gefolgt ...
... und auf eigenen Füßen den Weg bis zum Ende gegangen und genau deswegen ...

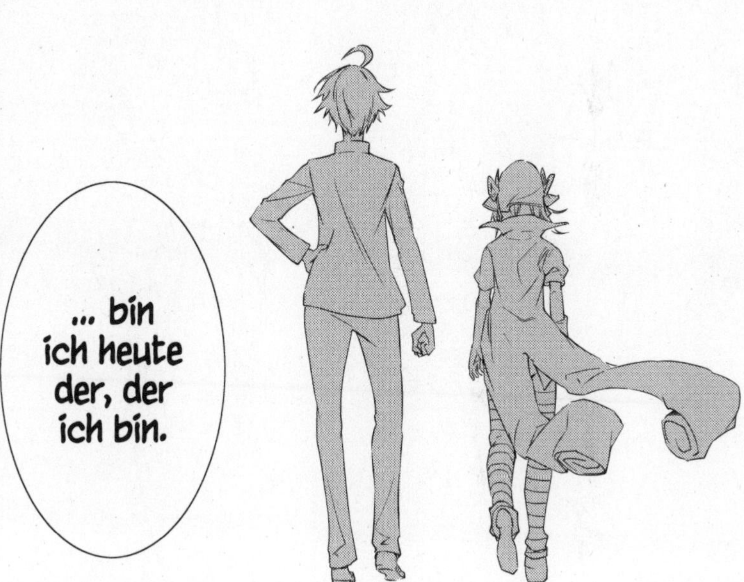
... bin ich heute der, der ich bin.

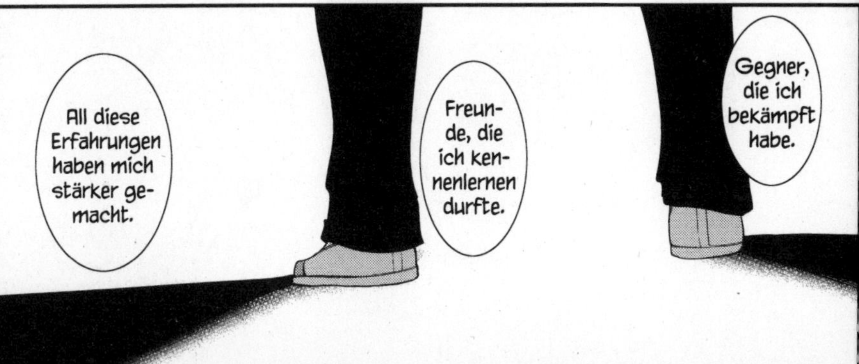
Gegner, die ich bekämpft habe.
Freunde, die ich kennenlernen durfte.
All diese Erfahrungen haben mich stärker gemacht.

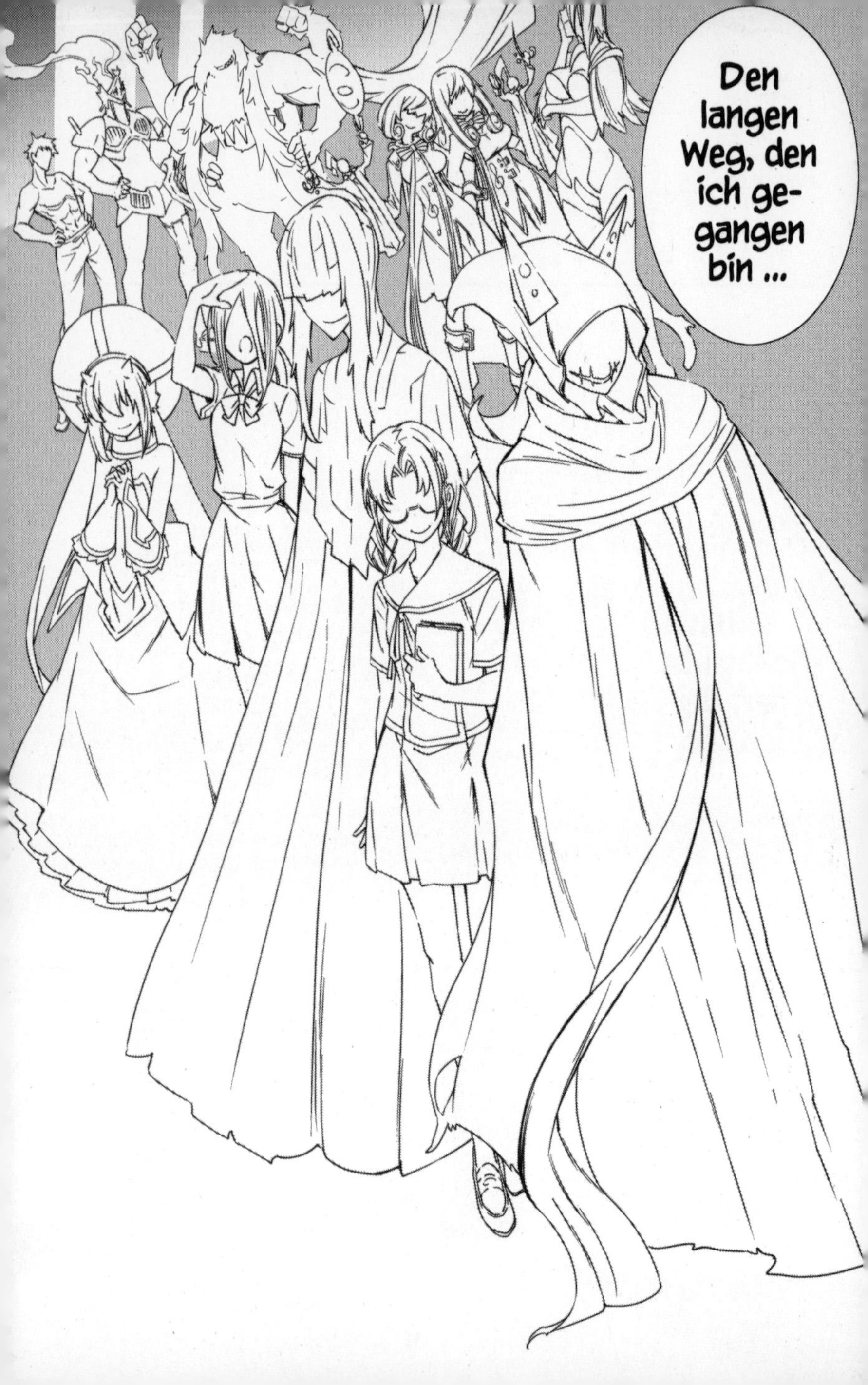
Den langen Weg, den ich gegangen bin ...

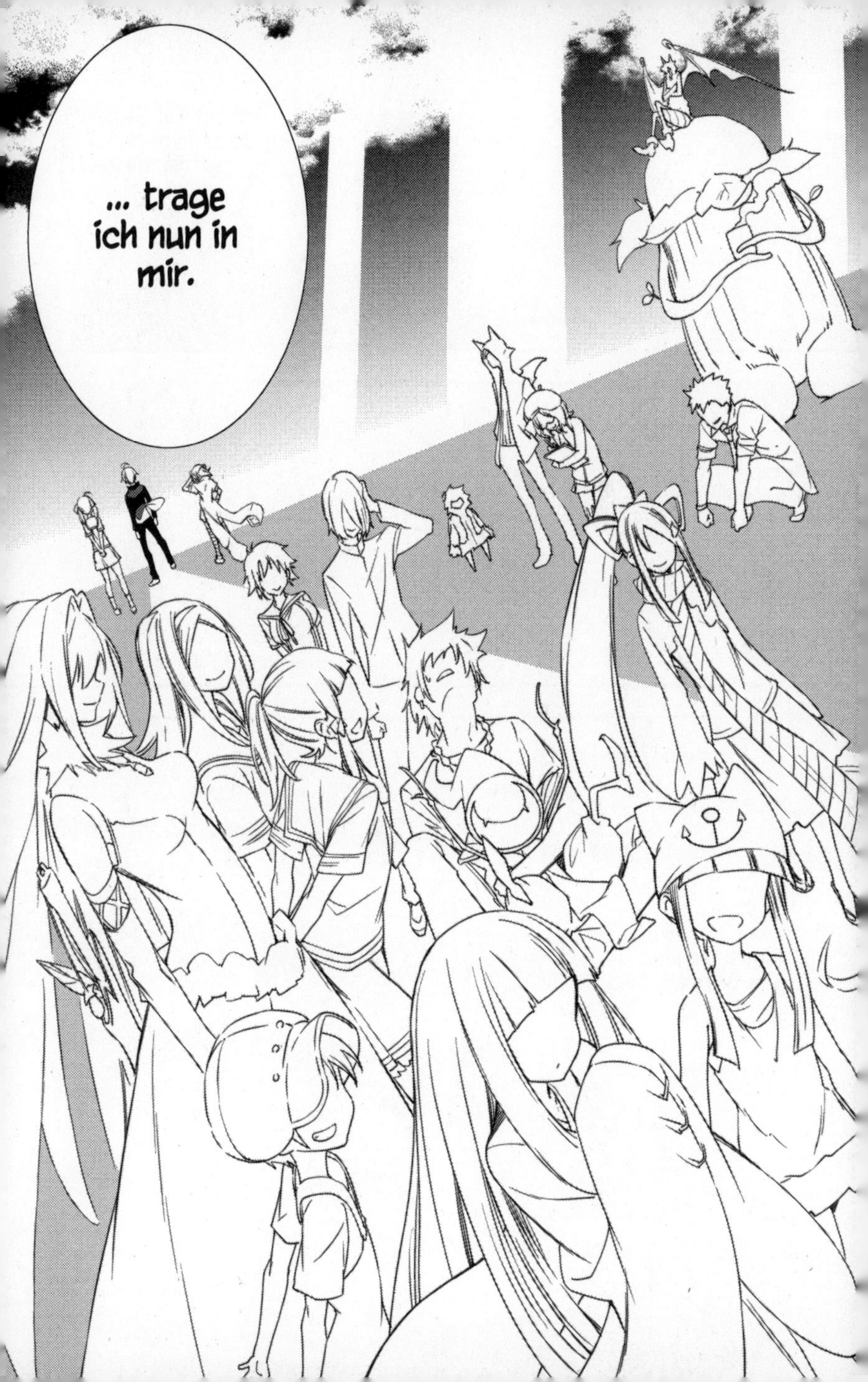
... trage
ich nun in
mir.

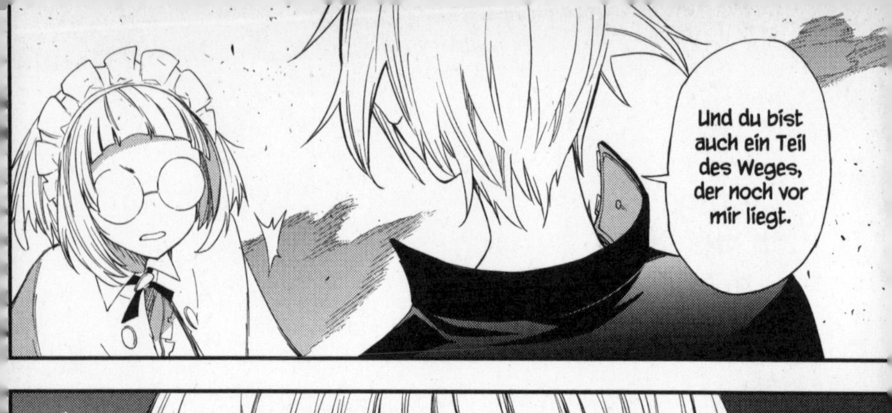
Und du bist auch ein Teil des Weges, der noch vor mir liegt.

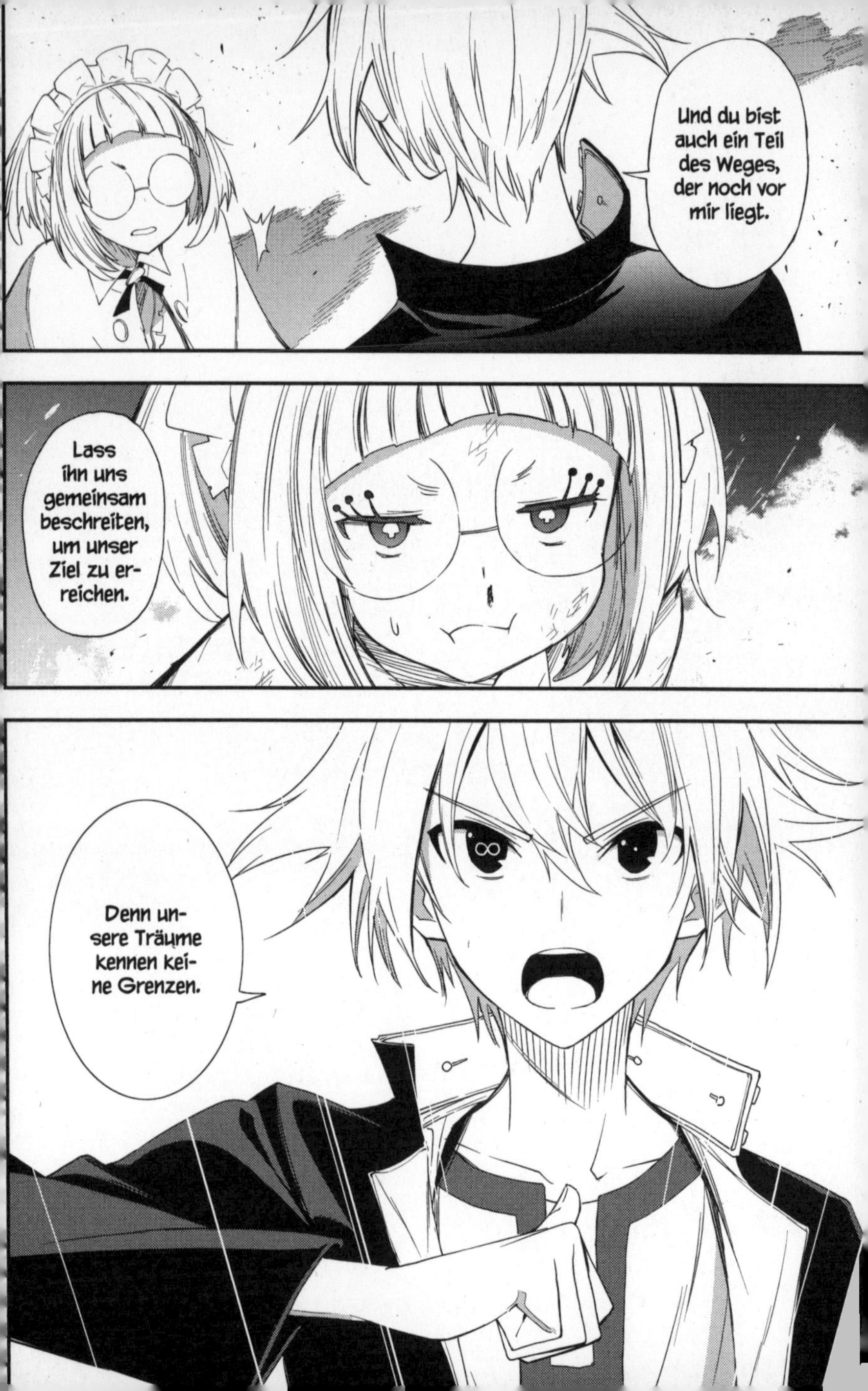

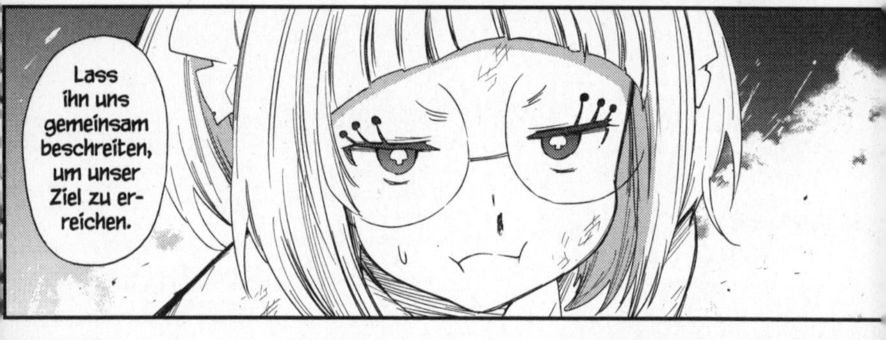
Lass ihn uns gemeinsam beschreiten, um unser Ziel zu erreichen.

Denn unsere Träume kennen keine Grenzen.

Merry Nightmare

Zisch

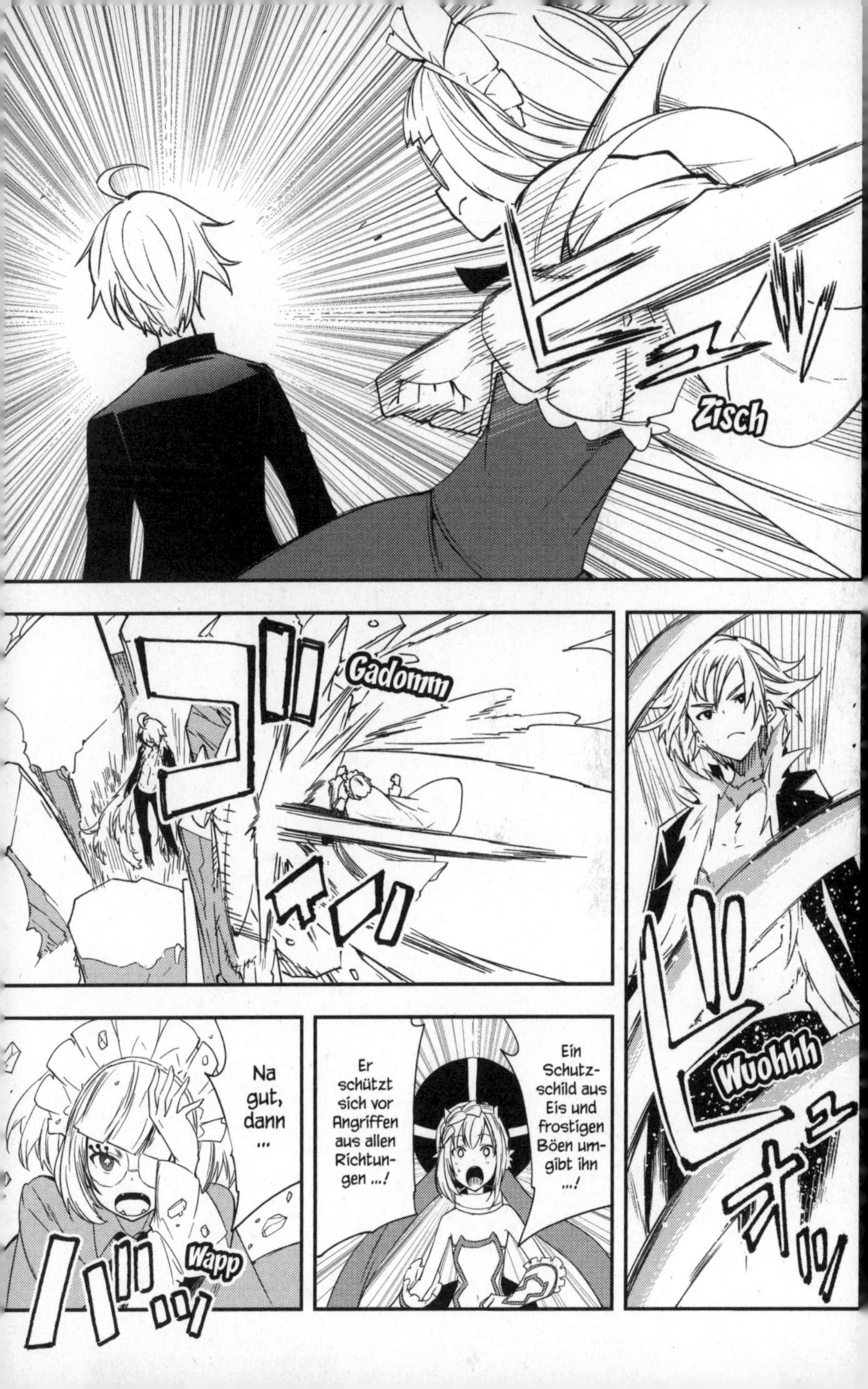

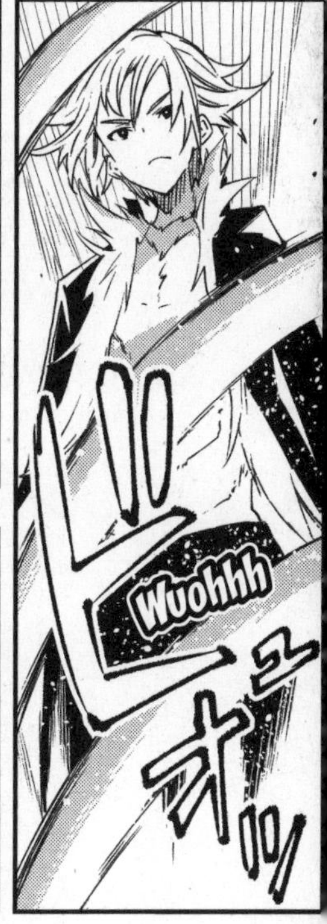
Wuohhh

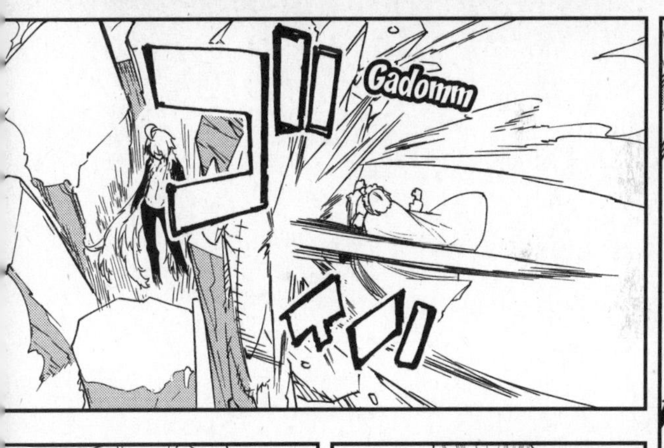
Gadomm

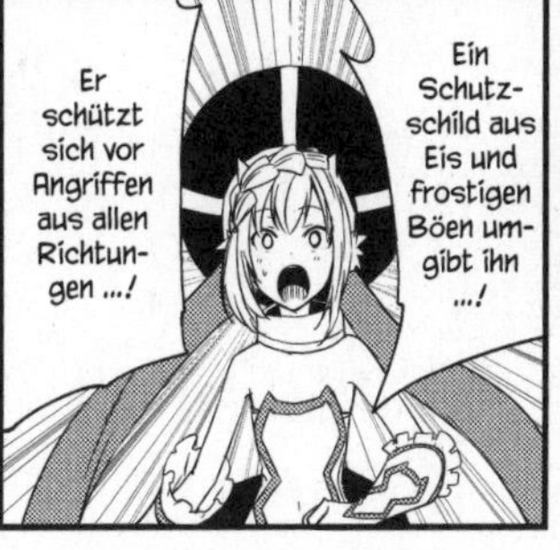
Ein Schutz-schild aus Eis und frostigen Böen um-gibt ihn ...!
Er schützt sich vor Angriffen aus allen Richtun-gen ...!

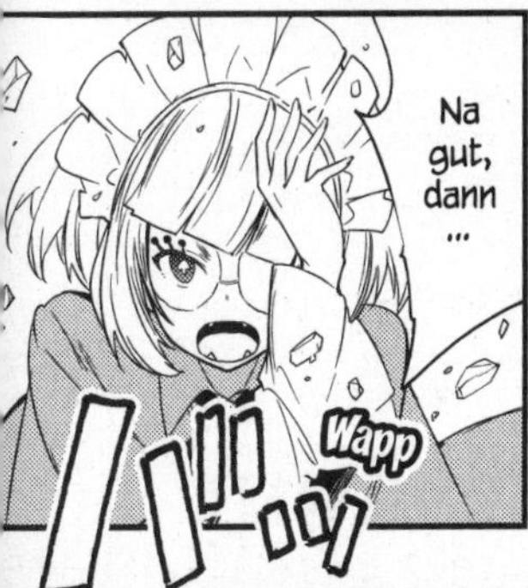
Na gut, dann ...
Wapp

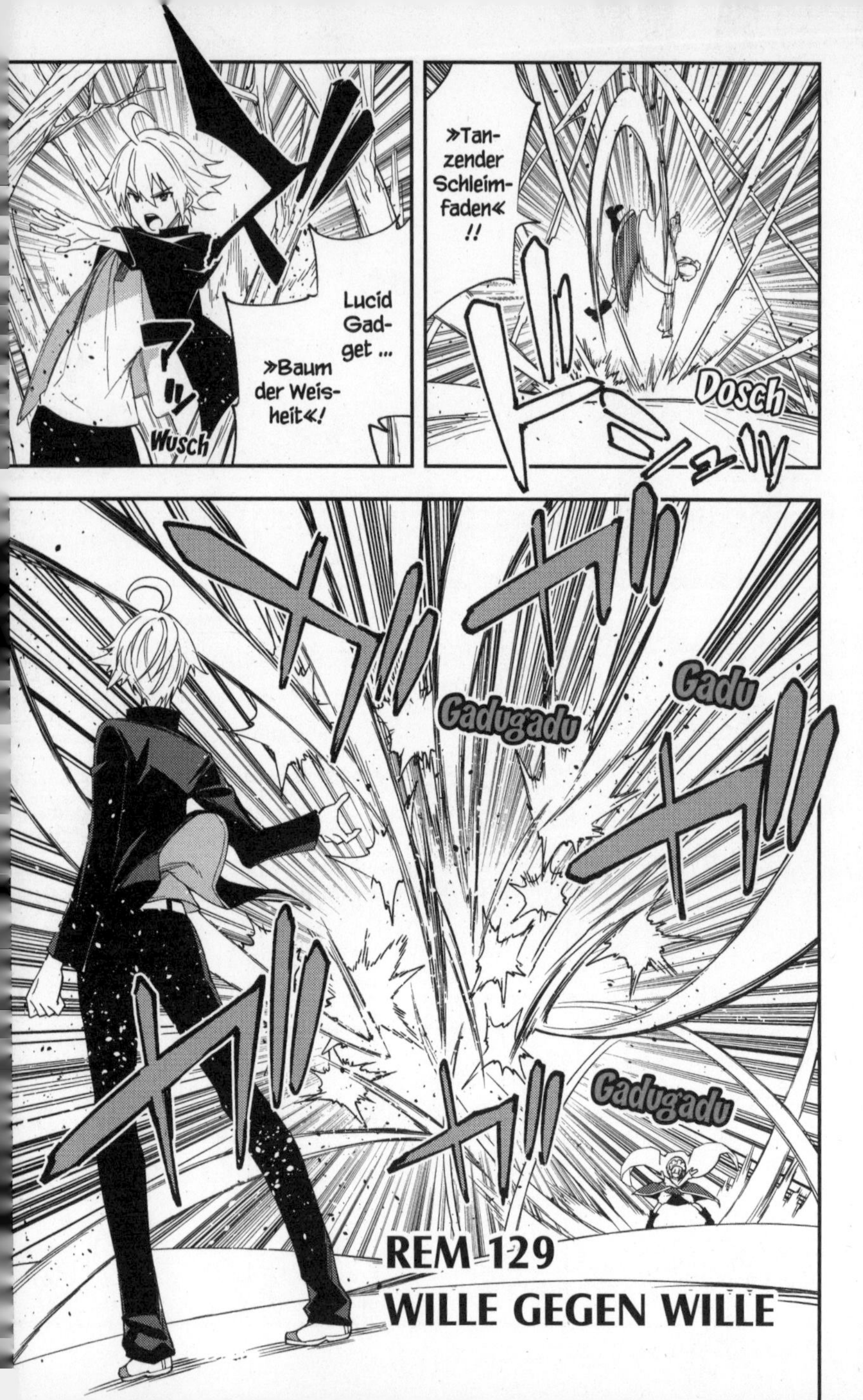

REM 129
WILLE GEGEN WILLE

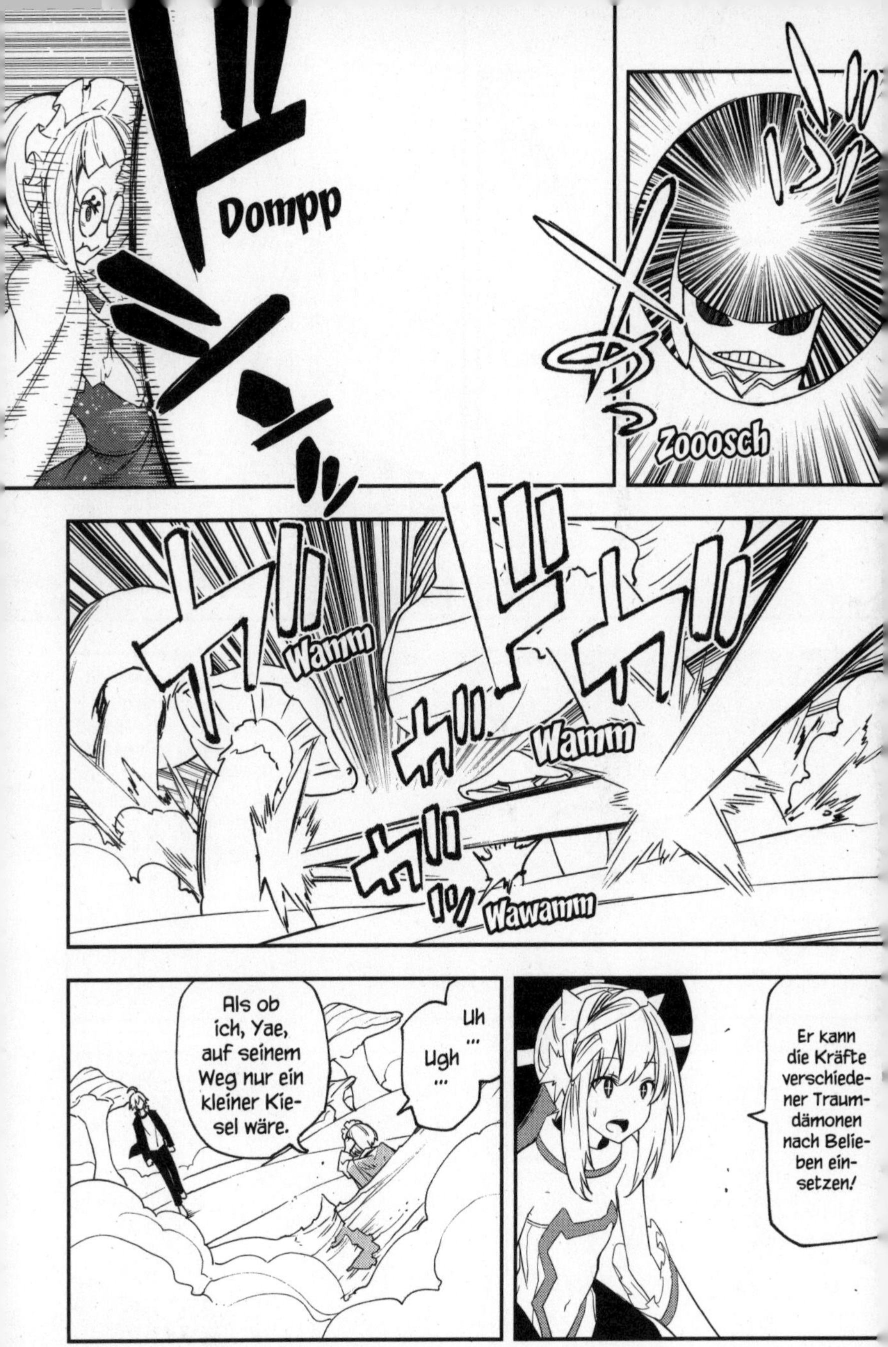

Zooosch

Dompp

Wamm

Wamm

Wawamm

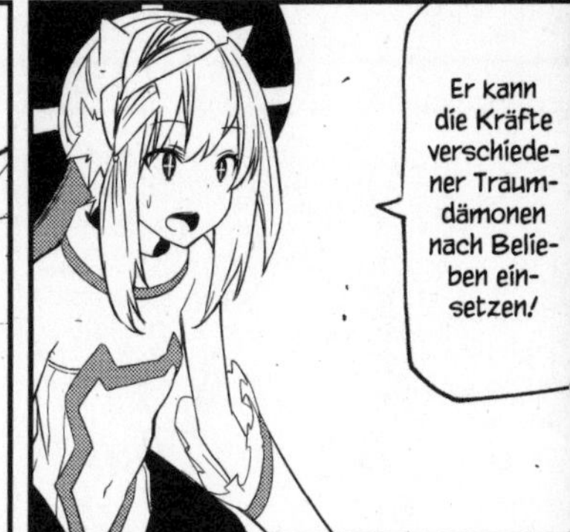

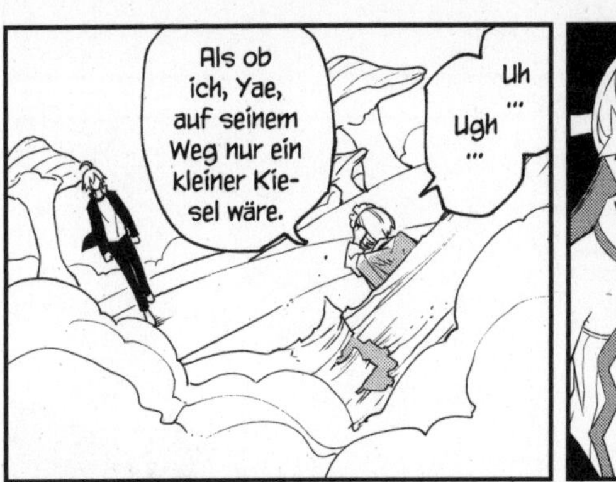

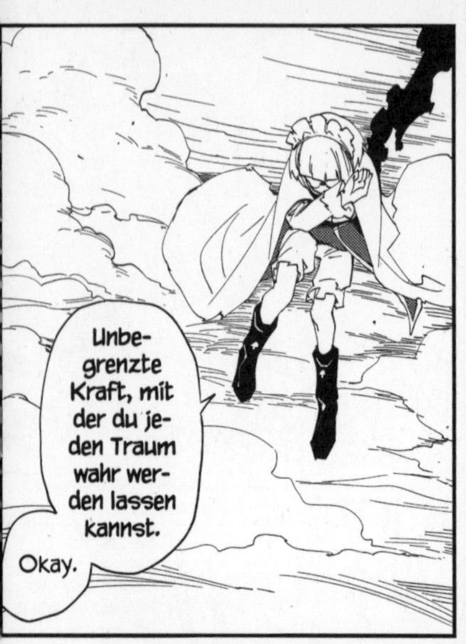
Unbegrenzte Kraft, mit der du jeden Traum wahr werden lassen kannst.
Okay.

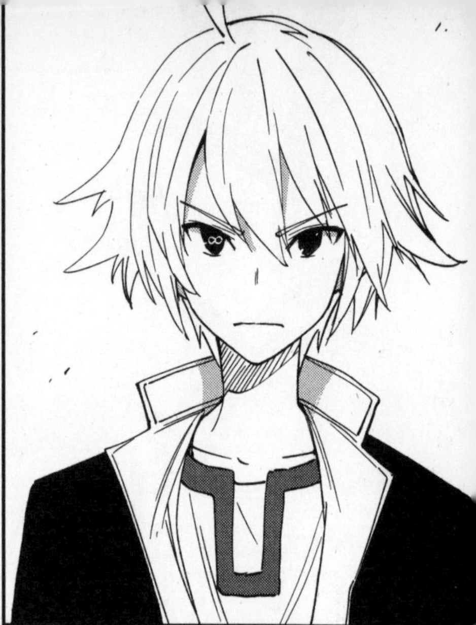

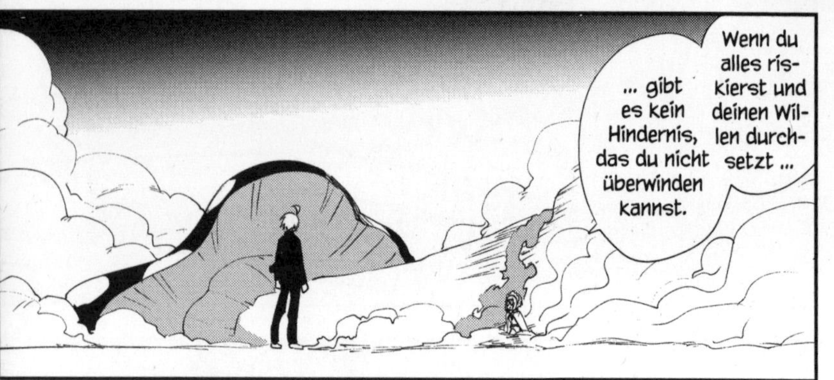
Wenn du alles riskierst und deinen Willen durchsetzt ...
... gibt es kein Hindernis, das du nicht überwinden kannst.

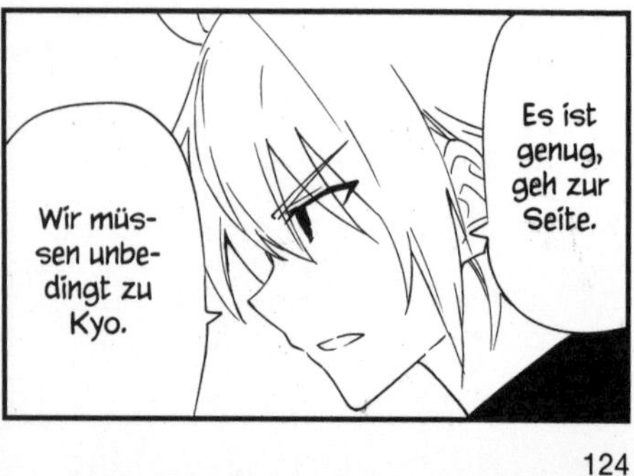
Es ist genug, geh zur Seite.
Wir müssen unbedingt zu Kyo.

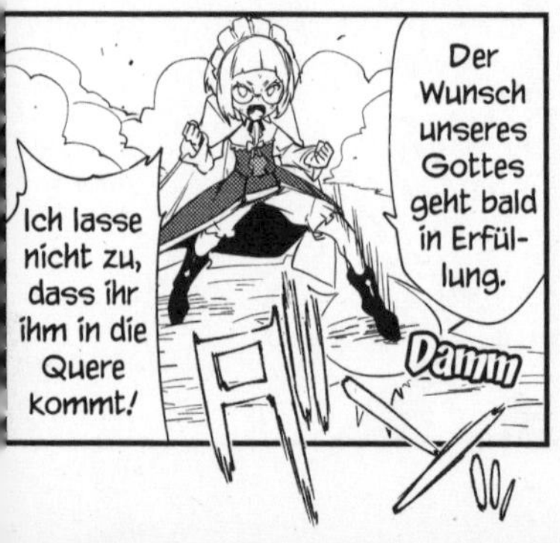
Der Wunsch unseres Gottes geht bald in Erfüllung.
Ich lasse nicht zu, dass ihr ihm in die Quere kommt!
Dammm

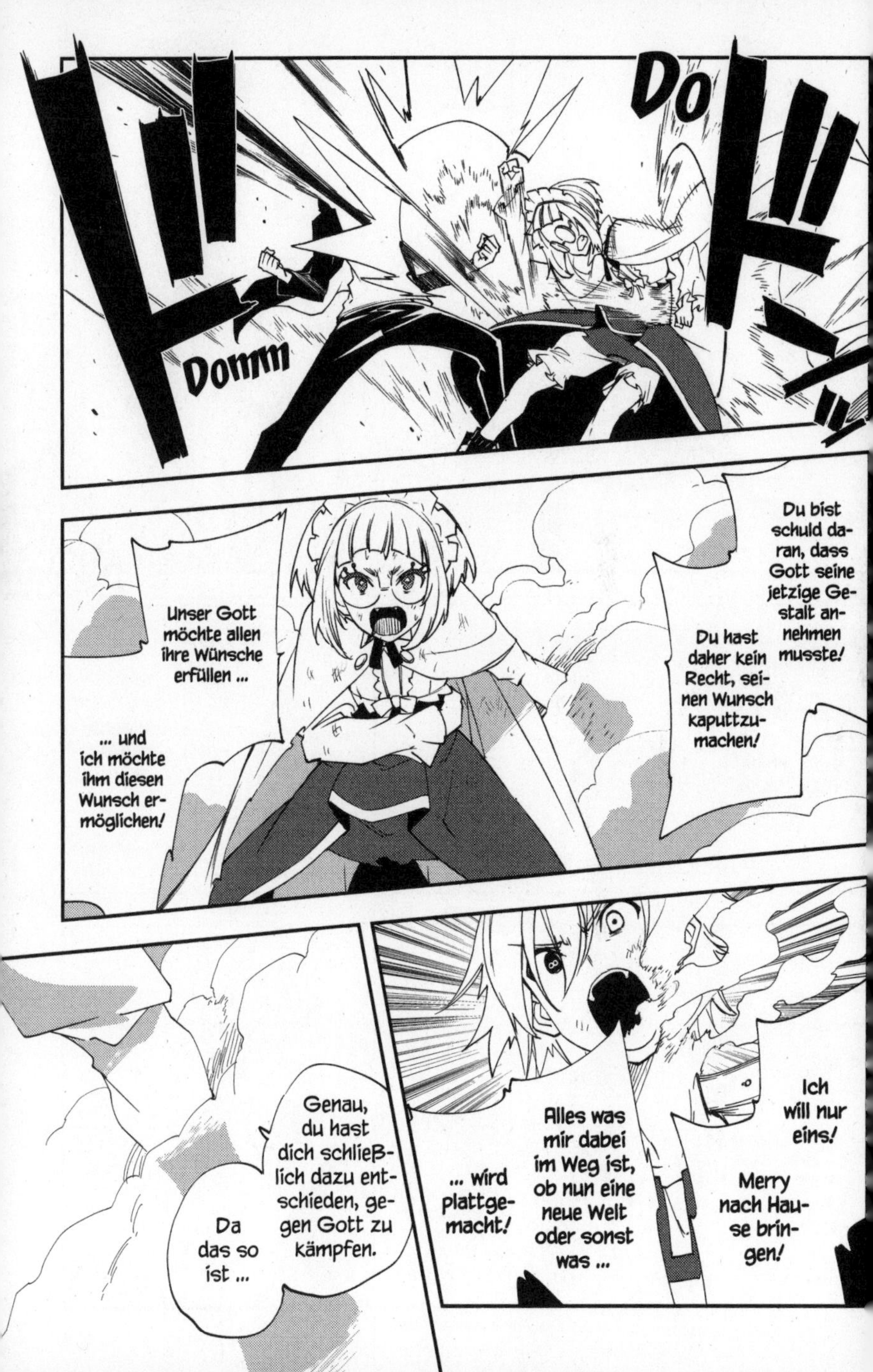
Do
Domm
Du bist schuld daran, dass Gott seine jetzige Gestalt annehmen musste!
Du hast daher kein Recht, seinen Wunsch kaputtzumachen!
Unser Gott möchte allen ihre Wünsche erfüllen ...
... und ich möchte ihm diesen Wunsch ermöglichen!
Ich will nur eins!
Merry nach Hause bringen!
Alles was mir dabei im Weg ist, ob nun eine neue Welt oder sonst was ...
... wird plattgemacht!
Genau, du hast dich schließlich dazu entschieden, gegen Gott zu kämpfen.
Da das so ist ...

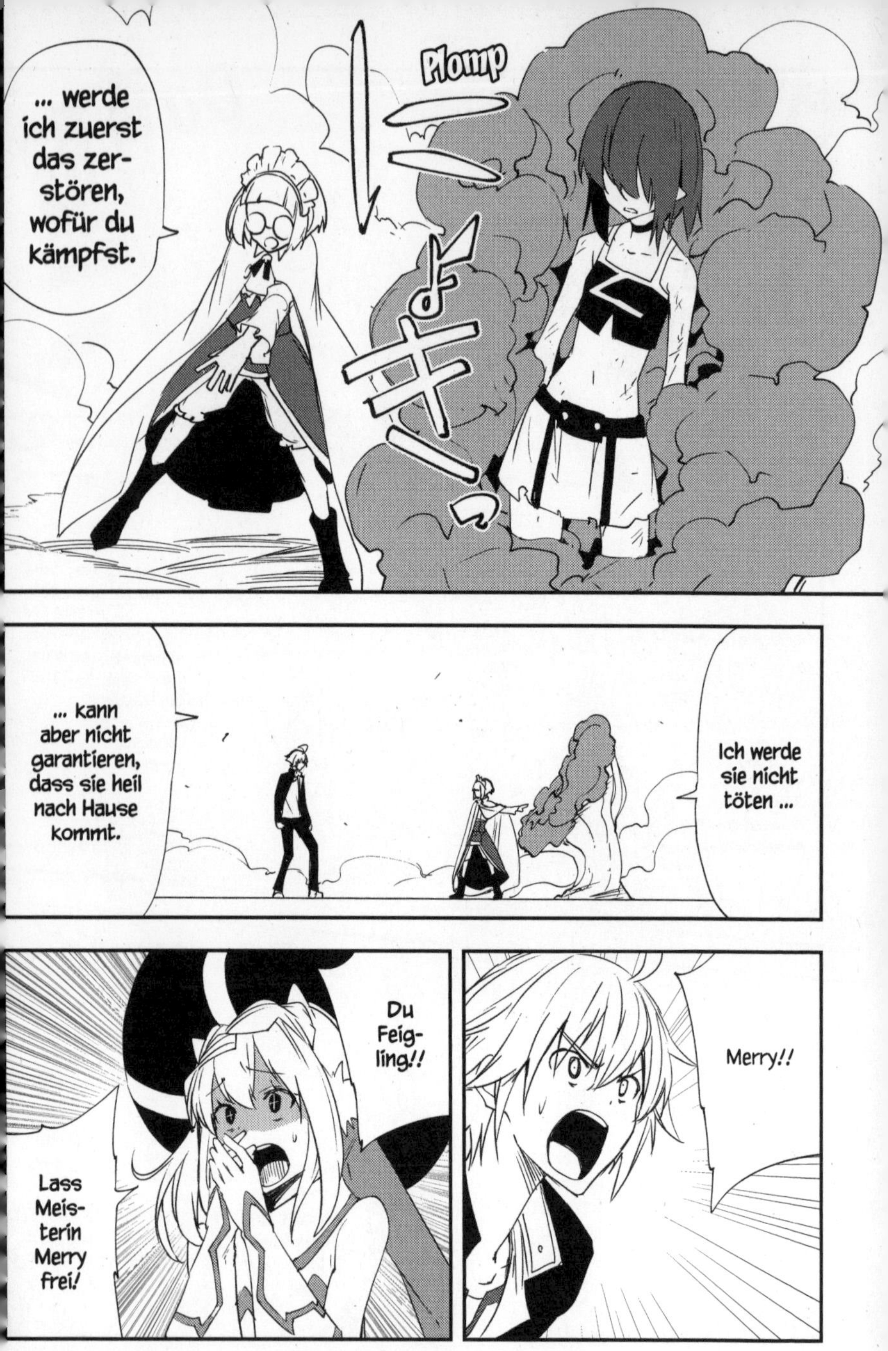

... werde ich zuerst das zerstören, wofür du kämpfst.

Plomp

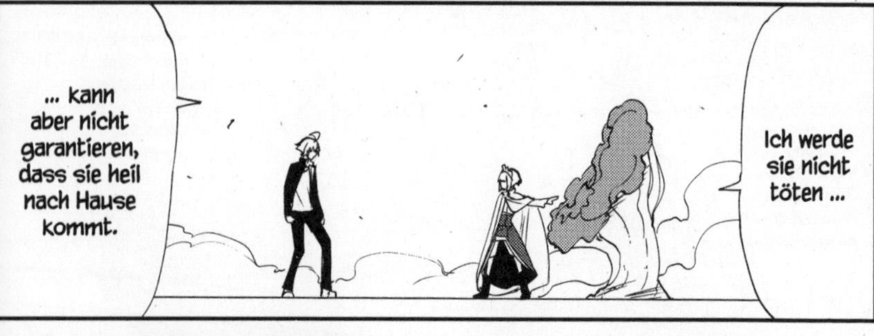

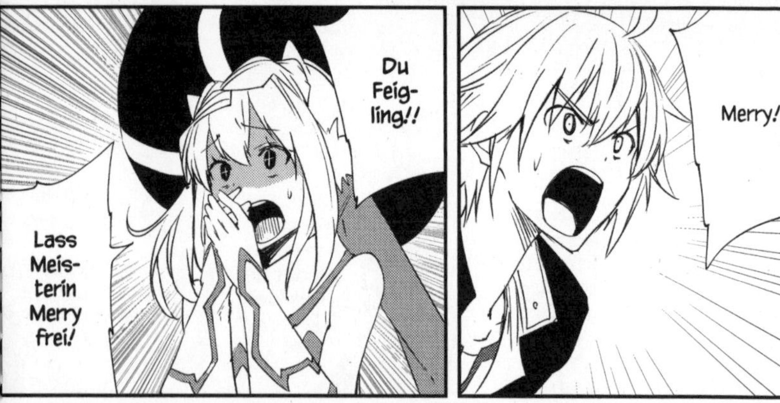

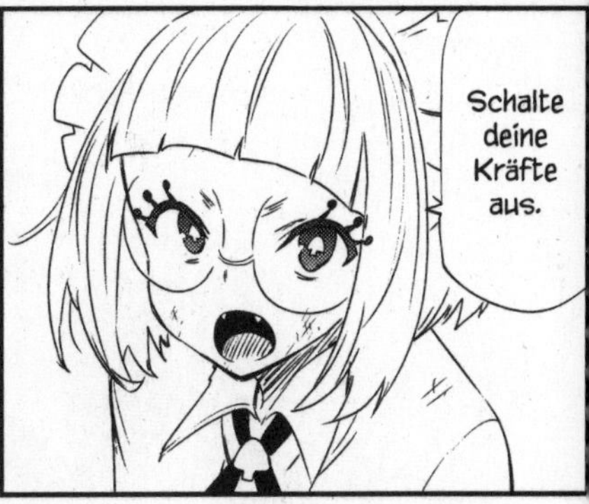
Schalte deine Kräfte aus.

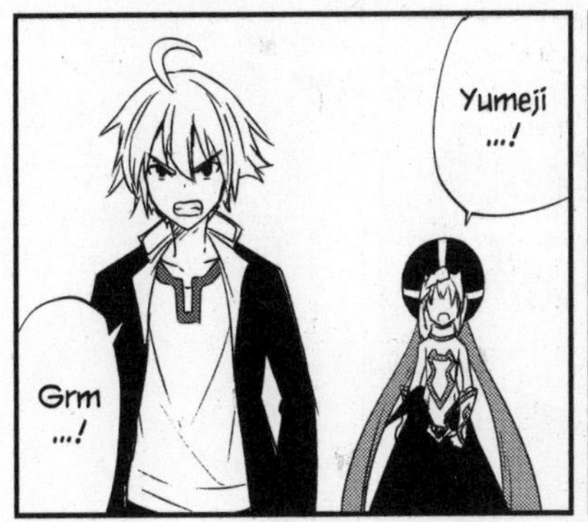
Yumeji ...!
Grm ...!

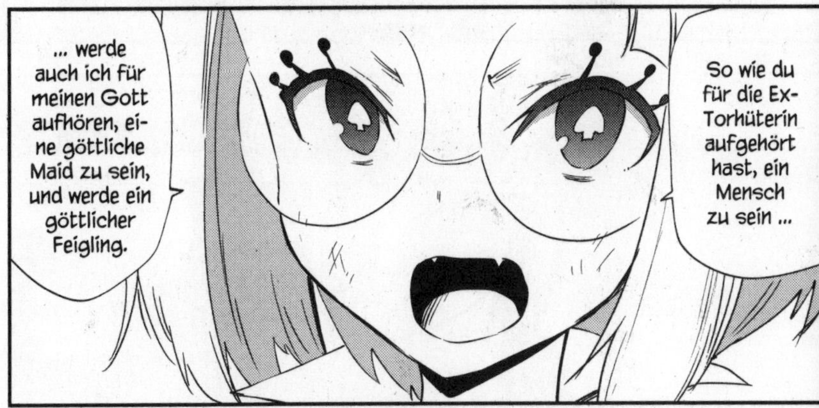
So wie du für die Ex-Torhüterin aufgehört hast, ein Mensch zu sein ...
... werde auch ich für meinen Gott aufhören, eine göttliche Maid zu sein, und werde ein göttlicher Feigling.

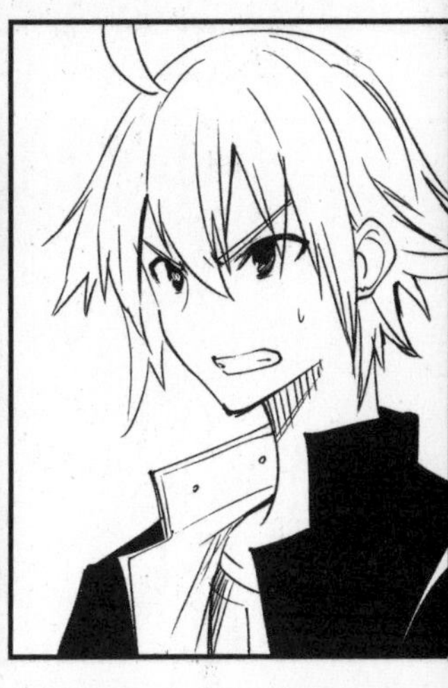

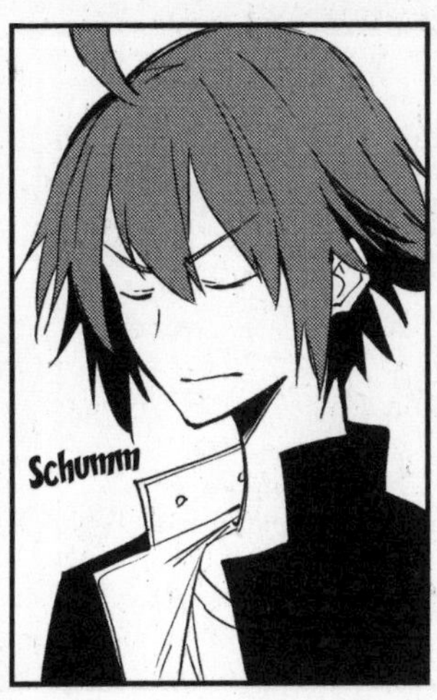
Schunnn

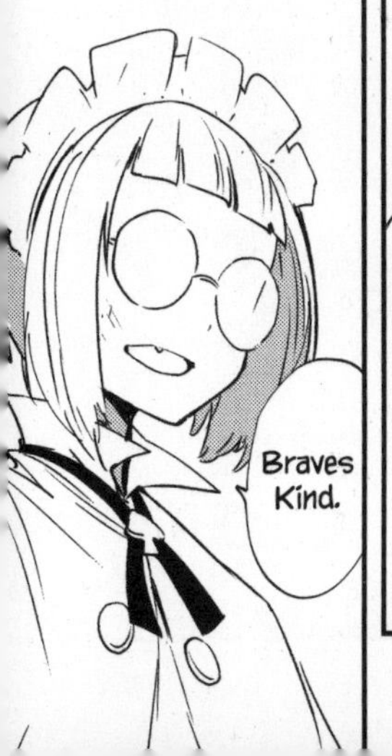
Braves Kind.

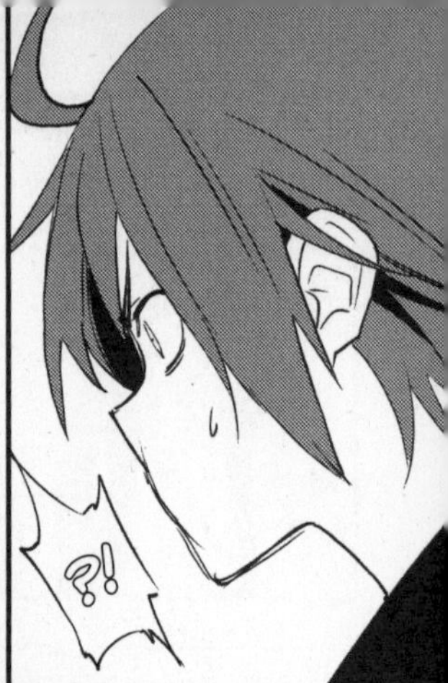
?!

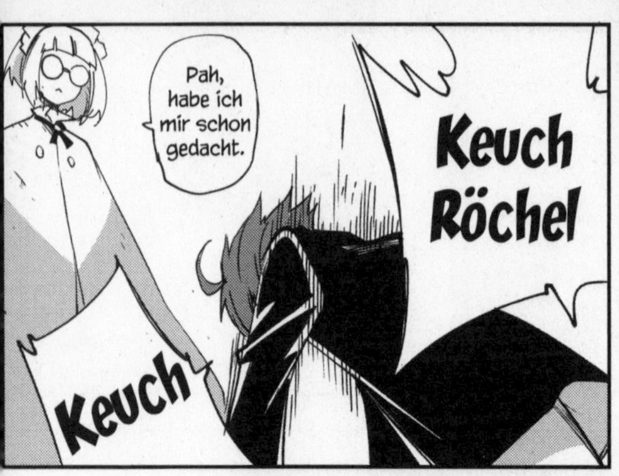
Keuch
Röchel
Keuch
Pah, habe ich mir schon gedacht.

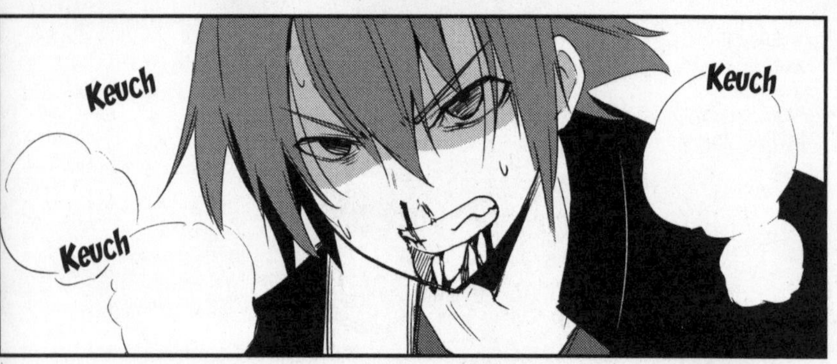
Keuch
Keuch
Keuch

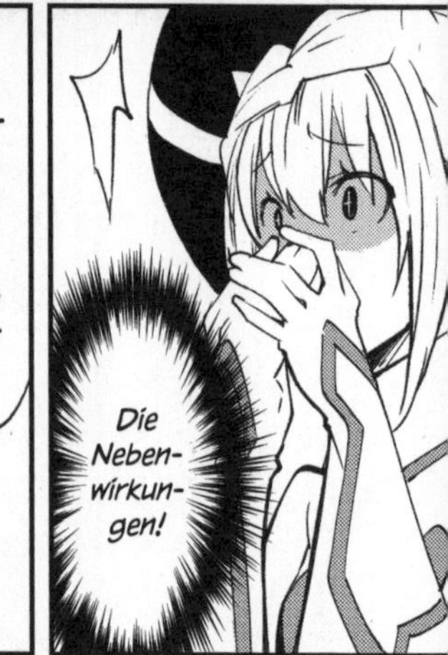
Die Neben-wirkun-gen!

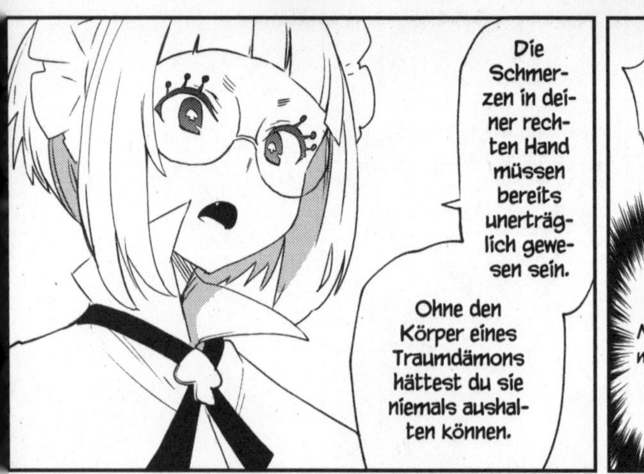
Die Schmer-zen in dei-ner rech-ten Hand müssen bereits unerträg-lich gewe-sen sein.
Ohne den Körper eines Traumdämons hättest du sie niemals aushal-ten können.

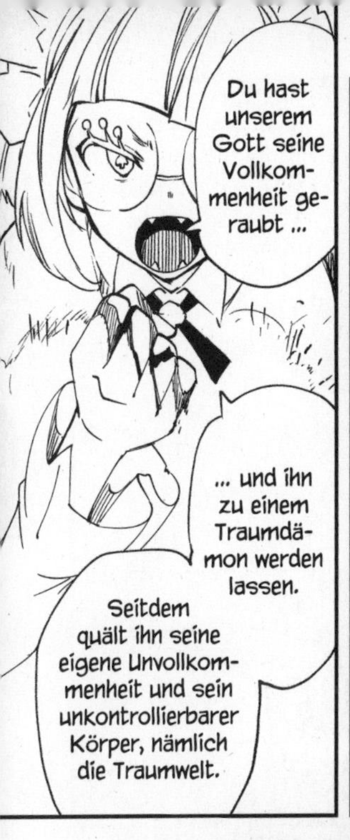
Du hast unserem Gott seine Vollkommenheit geraubt ...
... und ihn zu einem Traumdämon werden lassen.
Seitdem quält ihn seine eigene Unvollkommenheit und sein unkontrollierbarer Körper, nämlich die Traumwelt.

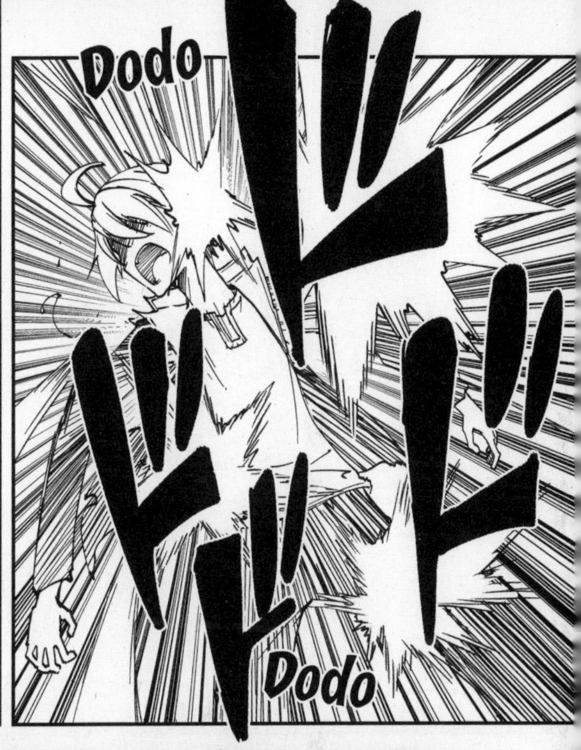
Dodo
Dodo

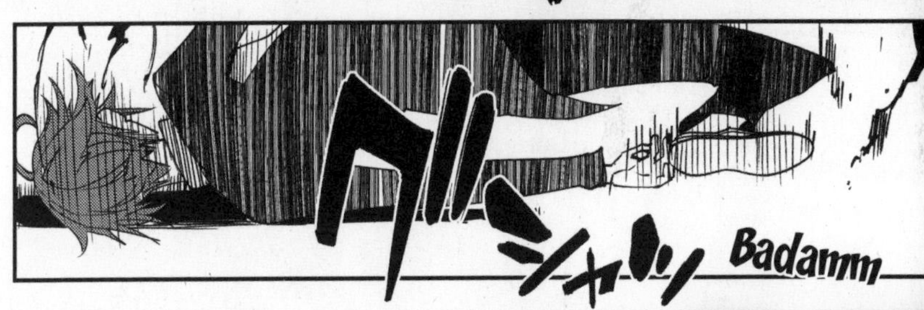
Badamm

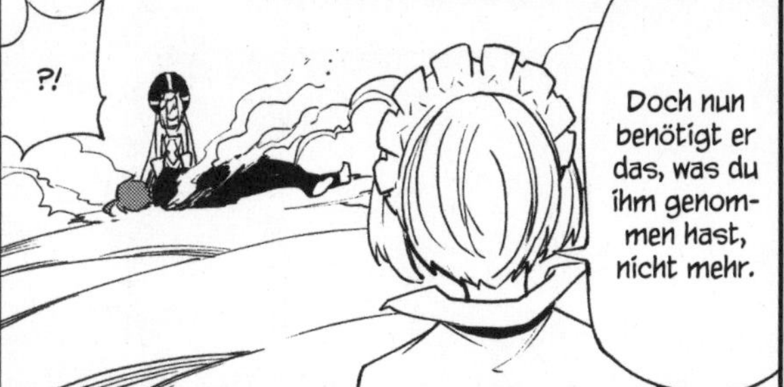
?!
Doch nun benötigt er das, was du ihm genommen hast, nicht mehr.

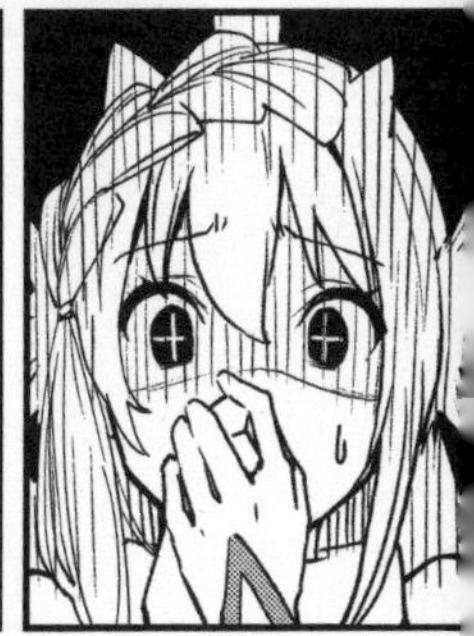

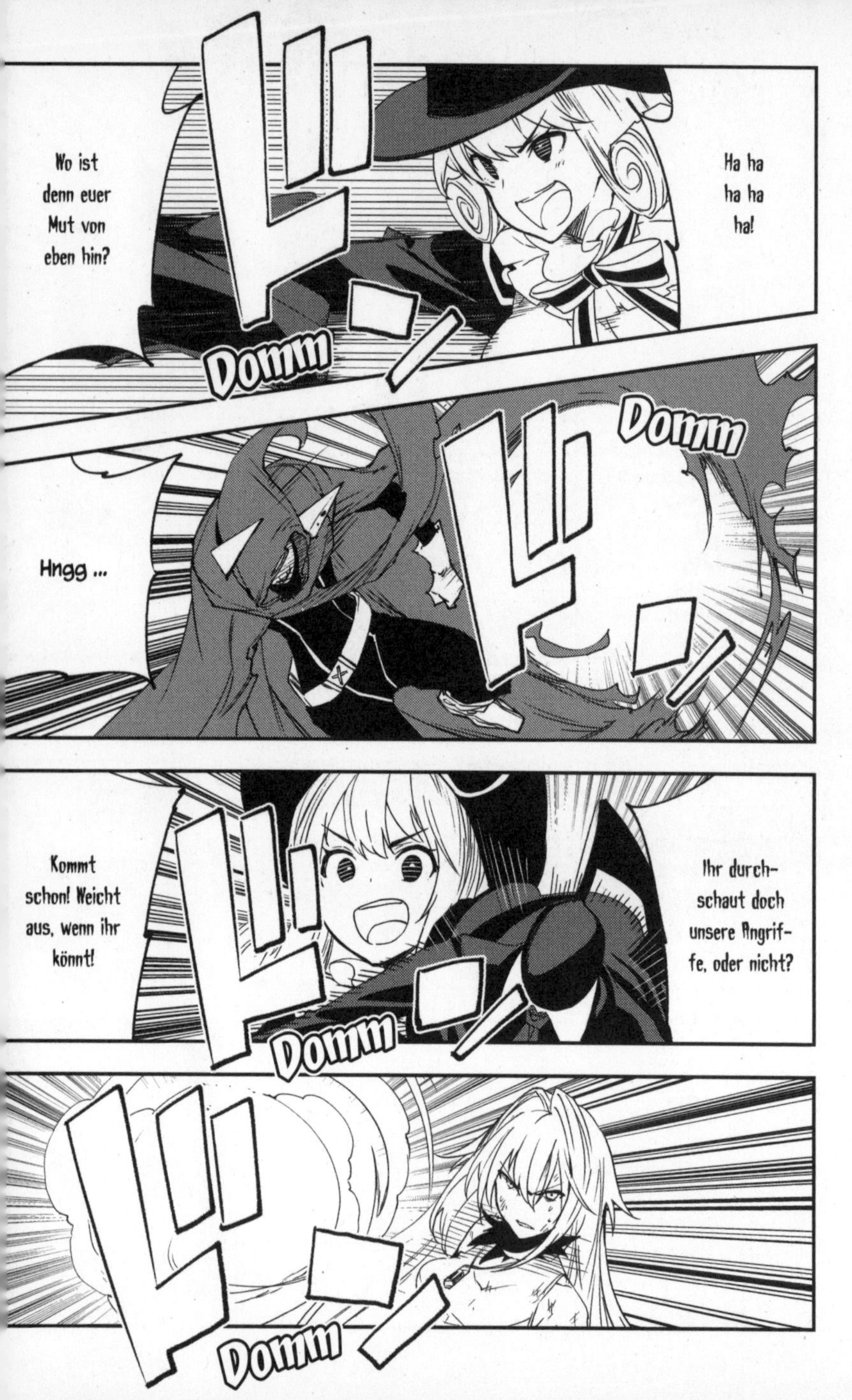
Ha ha
ha ha
ha!
Wo ist denn euer Mut von eben hin?
Domm
Domm
Hngg ...
Ihr durchschaut doch unsere Angriffe, oder nicht?
Kommt schon! Weicht aus, wenn ihr könnt!
Domm
Domm

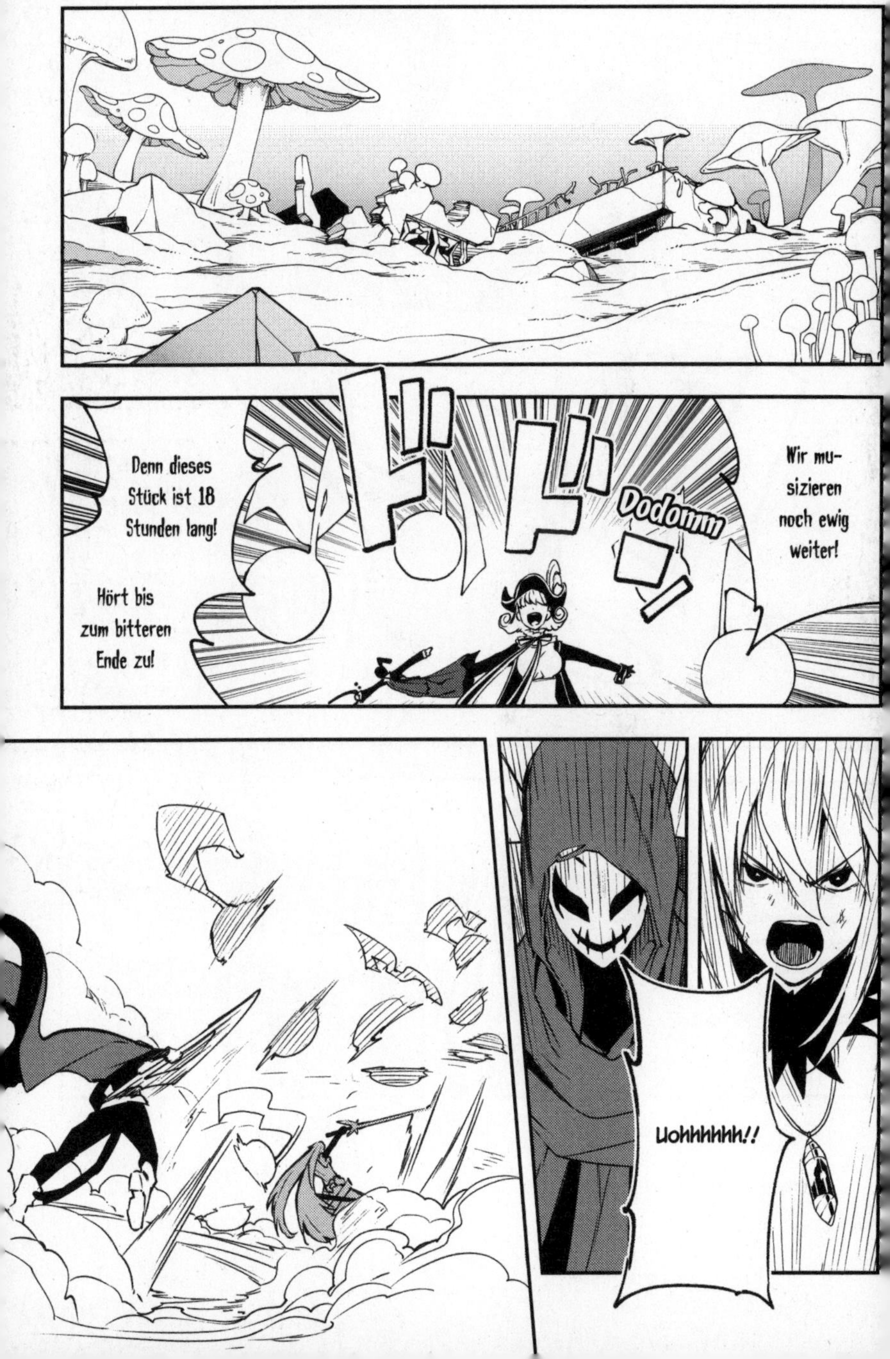

Wir musizieren noch ewig weiter!

Denn dieses Stück ist 18 Stunden lang!

Hört bis zum bitteren Ende zu!

Dodomm

Uohhhhhh!!

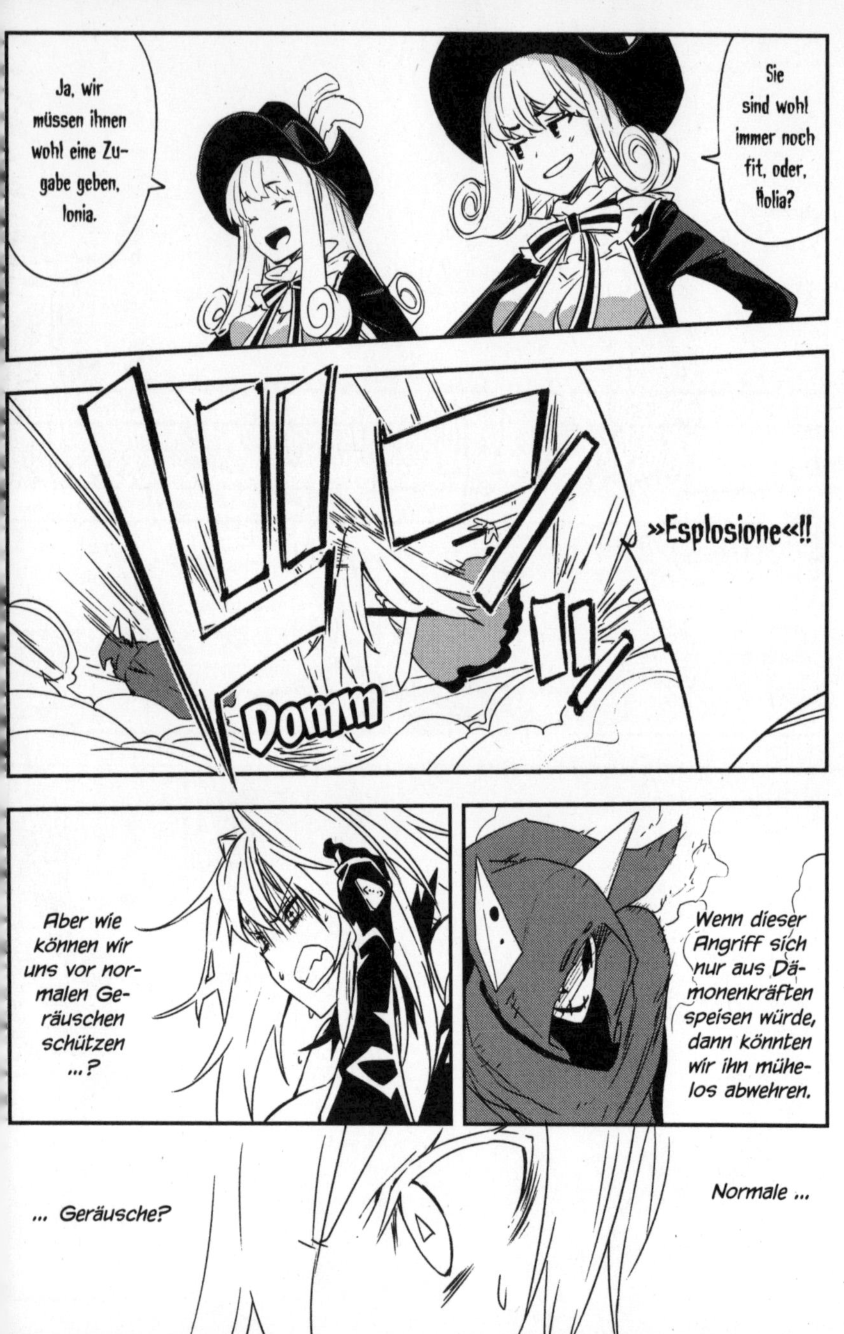

Sie sind wohl immer noch fit, oder, Äolia?
Ja, wir müssen ihnen wohl eine Zugabe geben, Ionia.
»Esplosione«!!
Domm
Wenn dieser Angriff sich nur aus Dämonenkräften speisen würde, dann könnten wir ihn mühelos abwehren.
Aber wie können wir uns vor normalen Geräuschen schützen ...?
Normale ...
... Geräusche?

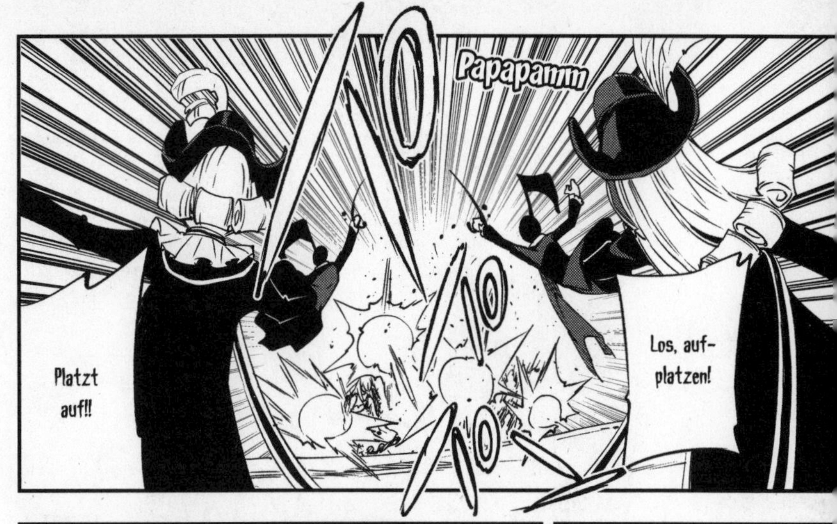

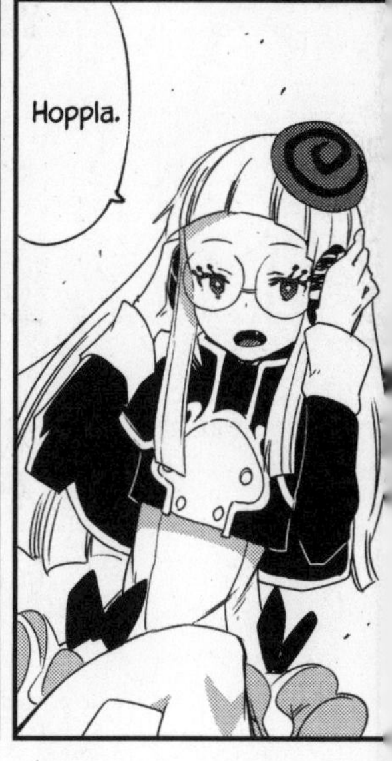

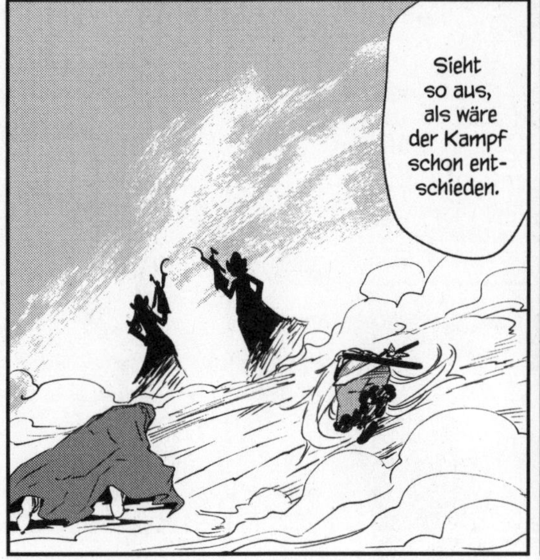

Ich erinnere mich ...

... Yui hat mal davon erzählt ...

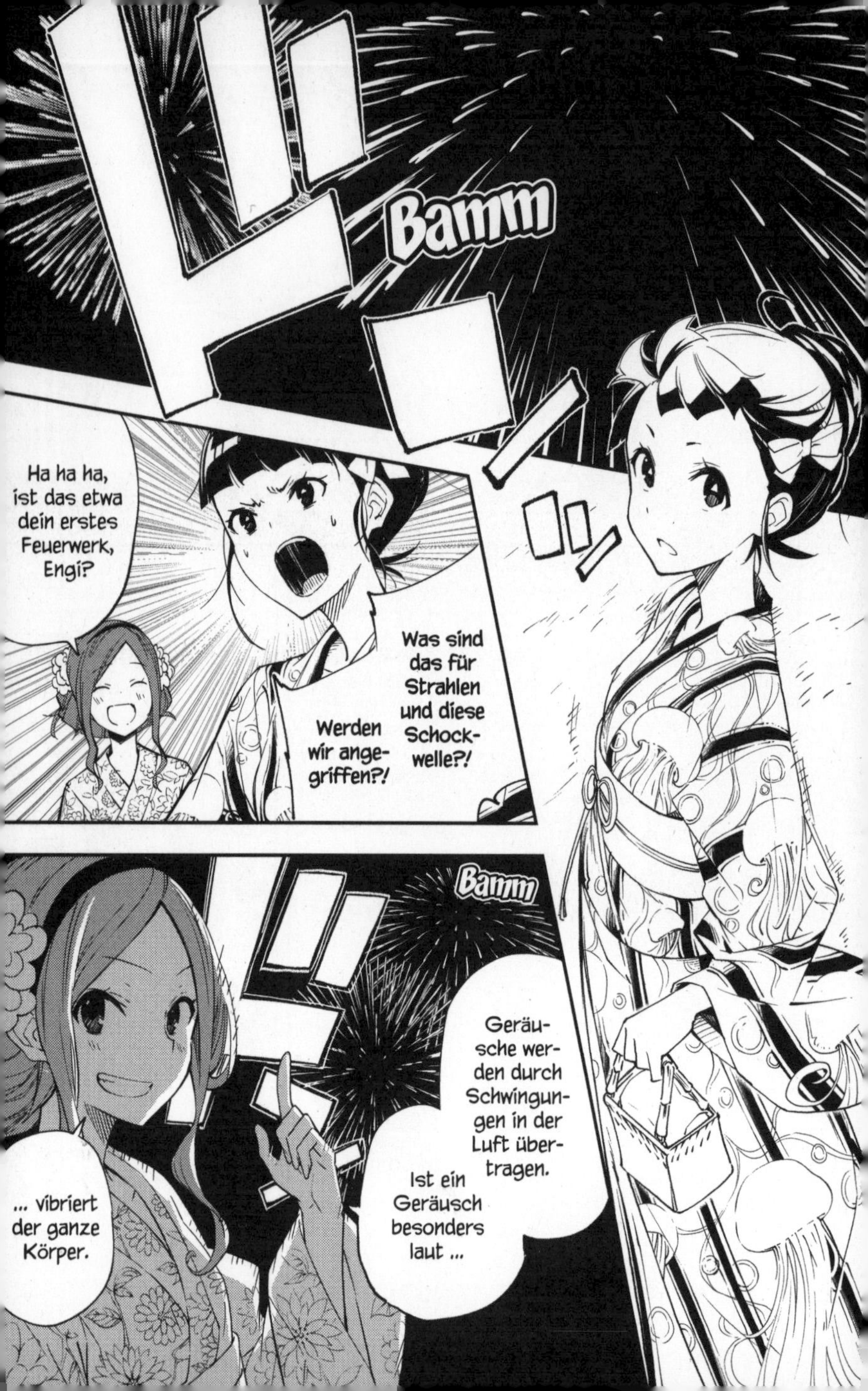
Bamm
Was sind das für Strahlen und diese Schockwelle?!
Werden wir angegriffen?!
Ha ha ha, ist das etwa dein erstes Feuerwerk, Engi?
Bamm
Geräusche werden durch Schwingungen in der Luft übertragen.
Ist ein Geräusch besonders laut ...
... vibriert der ganze Körper.

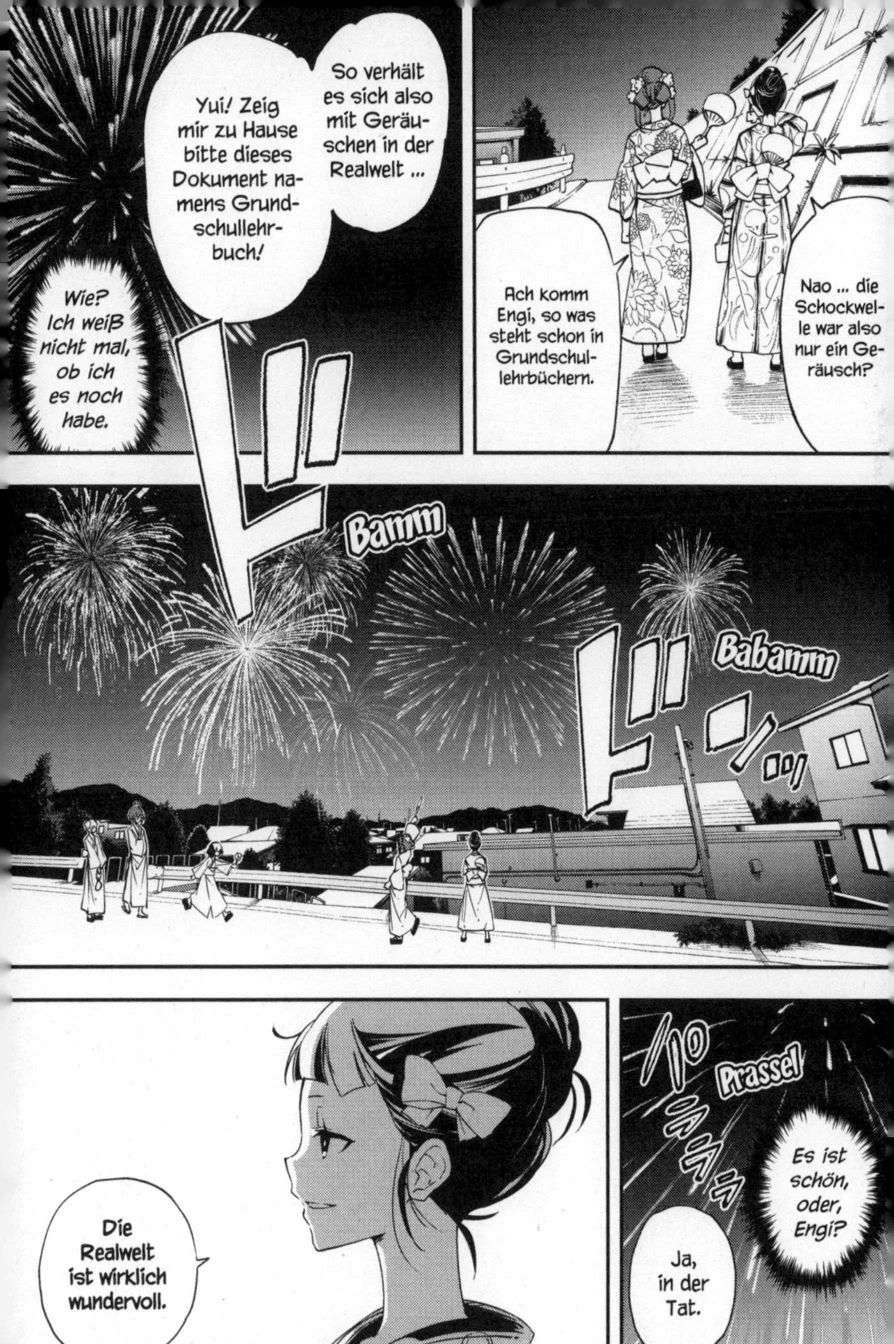
Nao ... die Schockwelle war also nur ein Geräusch?
Ach komm Engi, so was steht schon in Grundschullehrbüchern.
So verhält es sich also mit Geräuschen in der Realwelt ...
Yui! Zeig mir zu Hause bitte dieses Dokument namens Grundschullehrbuch!
Wie? Ich weiß nicht mal, ob ich es noch habe.
Bamm
Babamm
Prassel
Es ist schön, oder, Engi?
Ja, in der Tat.
Die Realwelt ist wirklich wundervoll.

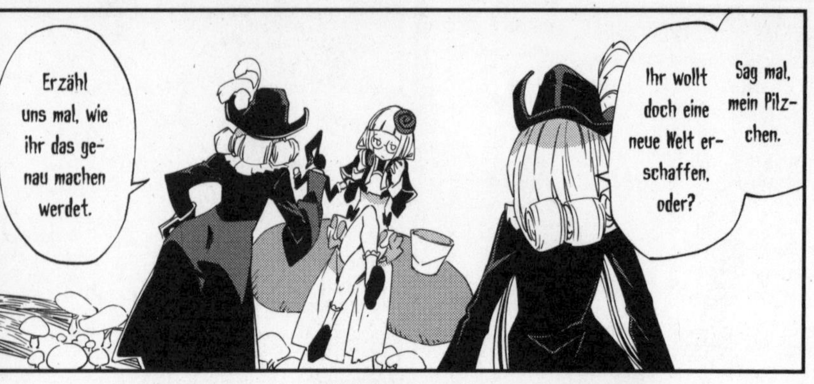
Sag mal, mein Pilz-chen.
Ihr wollt doch eine neue Welt er-schaffen, oder?
Erzähl uns mal, wie ihr das ge-nau machen werdet.

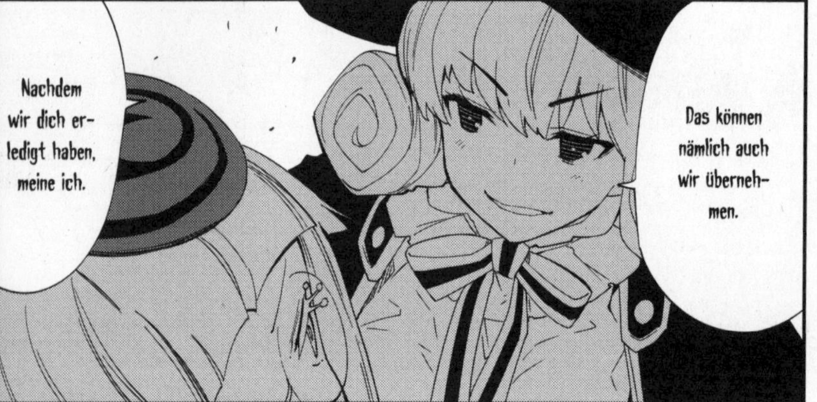
Das können nämlich auch wir überneh-men.
Nachdem wir dich er-ledigt haben, meine ich.

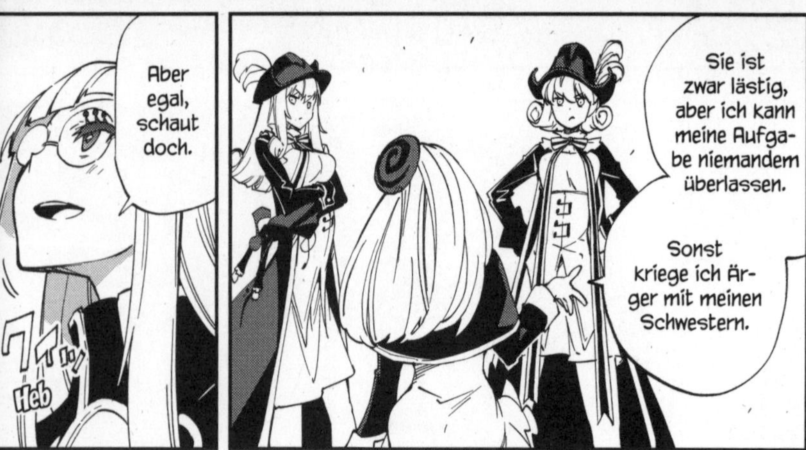
Sie ist zwar lästig, aber ich kann meine Aufga-be niemandem überlassen.
Sonst kriege ich Är-ger mit meinen Schwestern.
Aber egal, schaut doch.
Heb

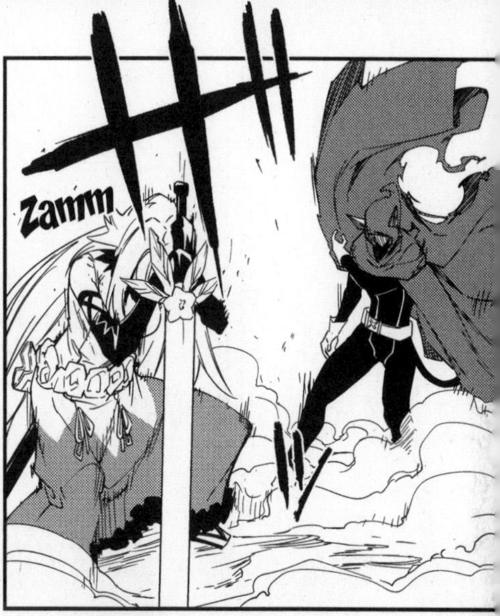
Zamm

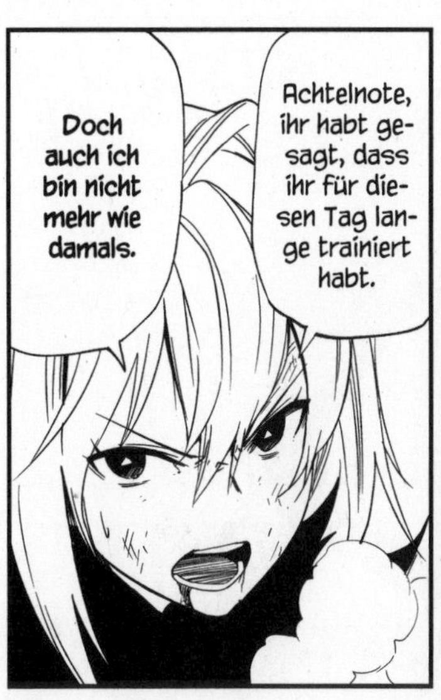
Achtelnote, ihr habt gesagt, dass ihr für diesen Tag lange trainiert habt.
Doch auch ich bin nicht mehr wie damals.

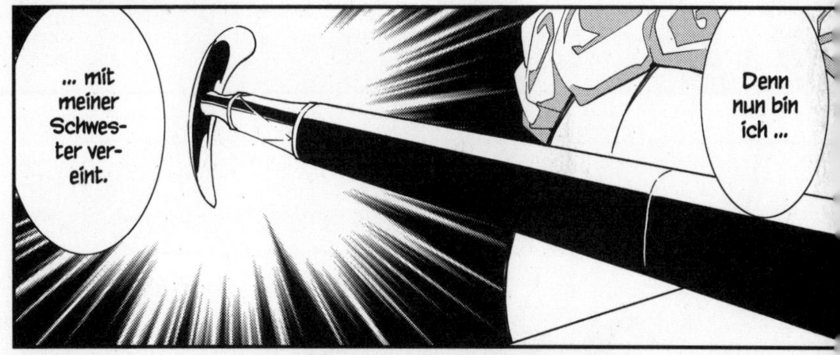
Denn nun bin ich ...
... mit meiner Schwester vereint.

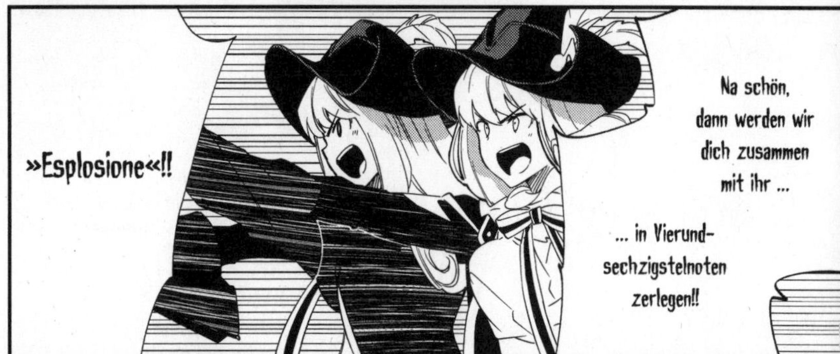
Na schön, dann werden wir dich zusammen mit ihr ...
... in Vierundsechzigstelnoten zerlegen!!
»Esplosione«!!

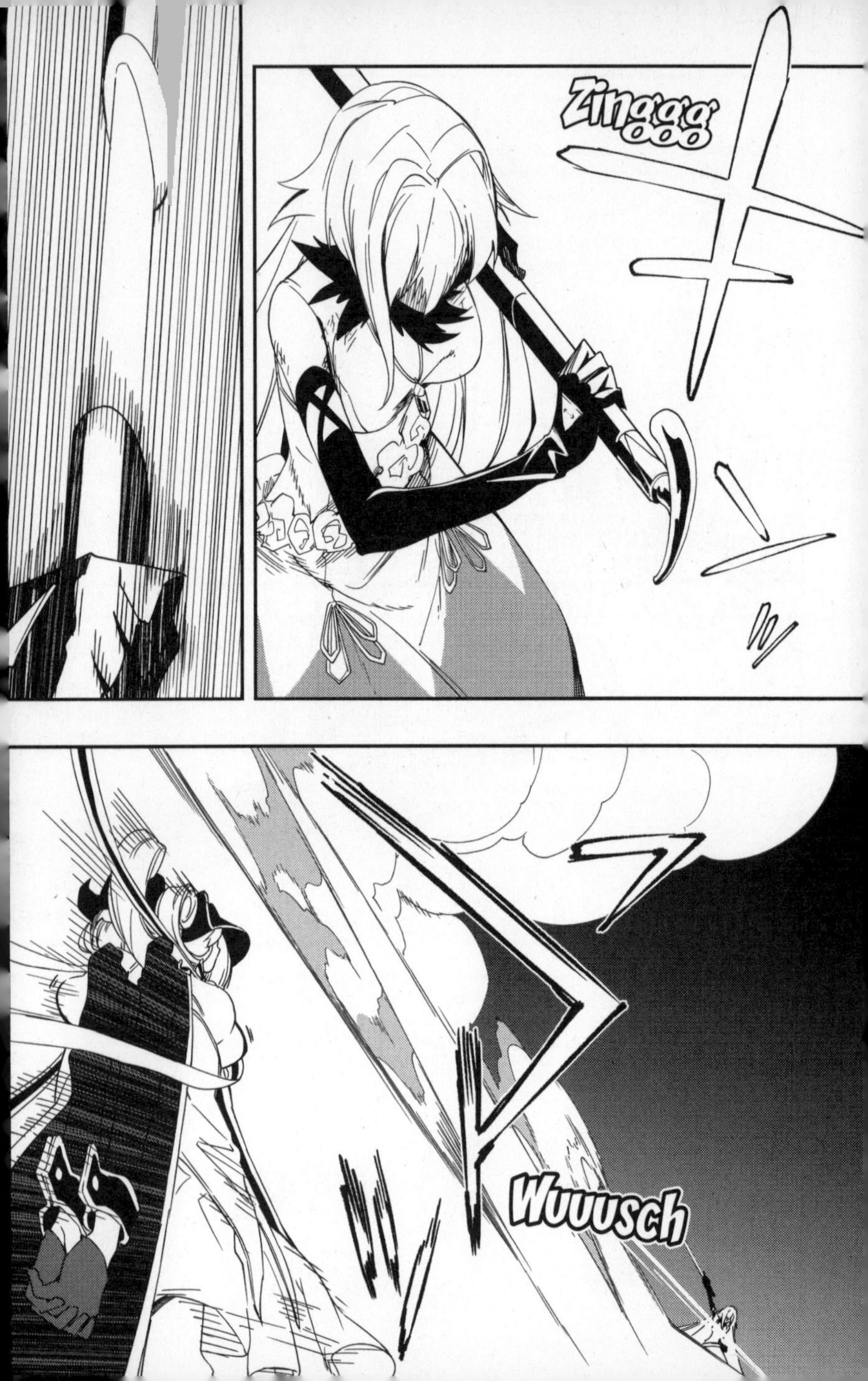

Zinggg
Wuuusch

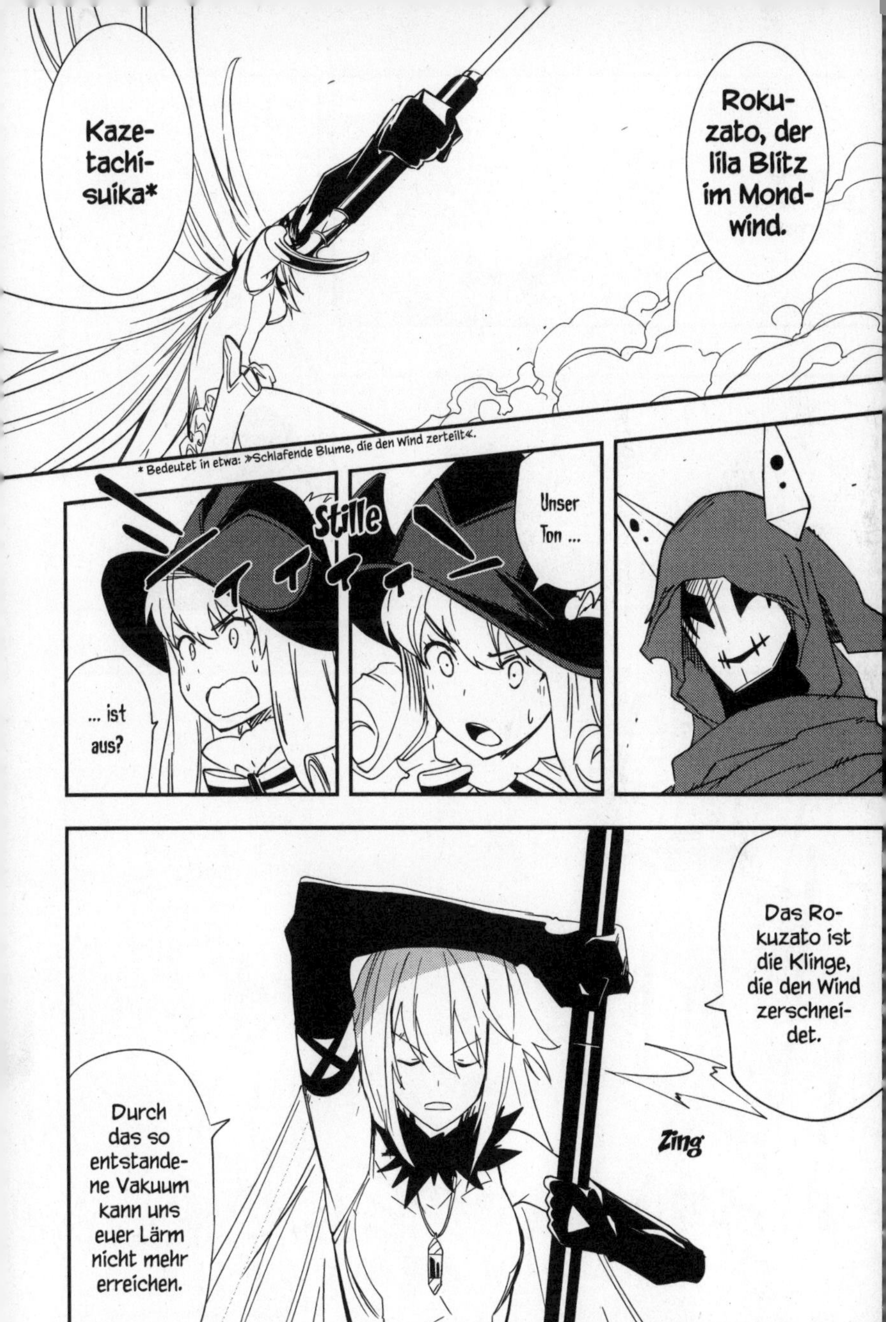

* Bedeutet in etwa: »Schlafende Blume, die den Wind zerteilt«.

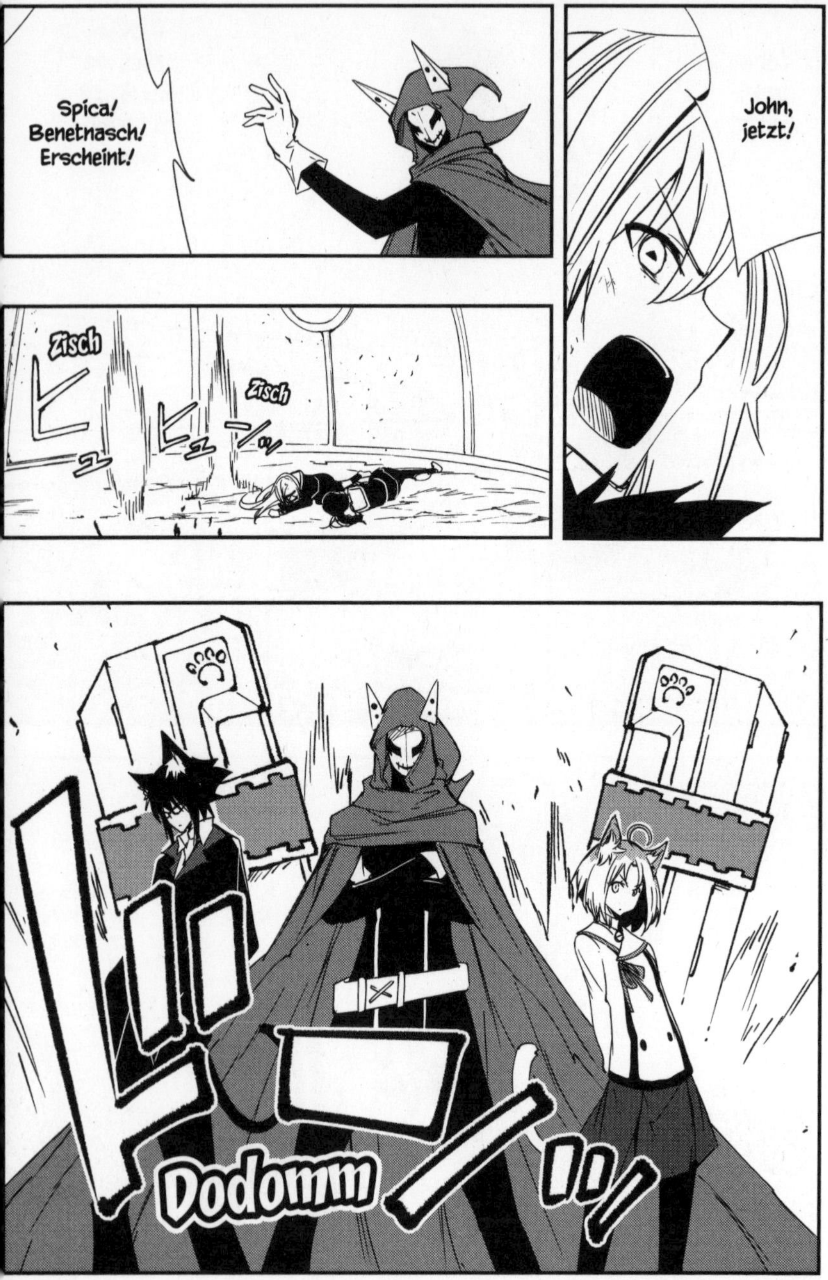

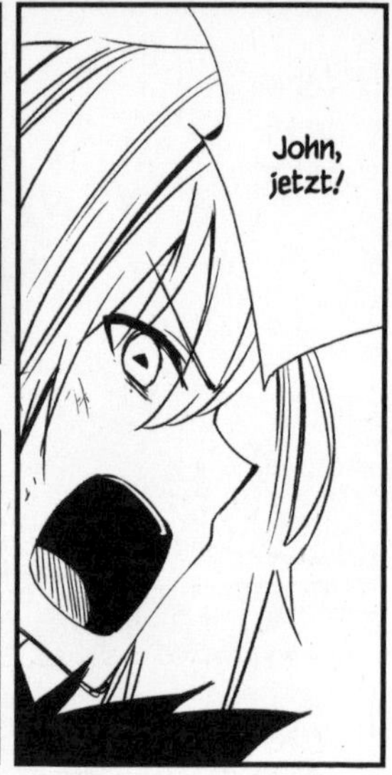

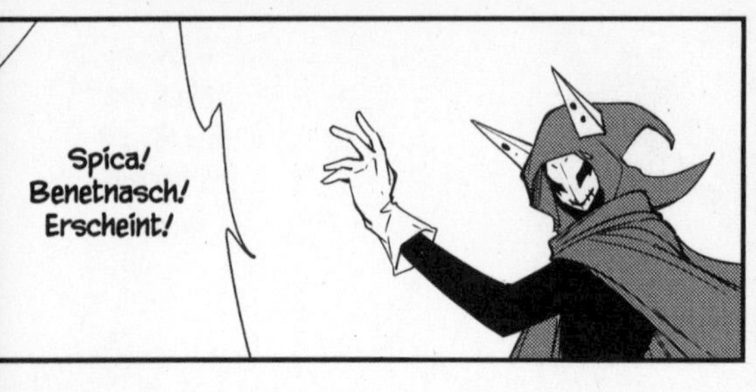

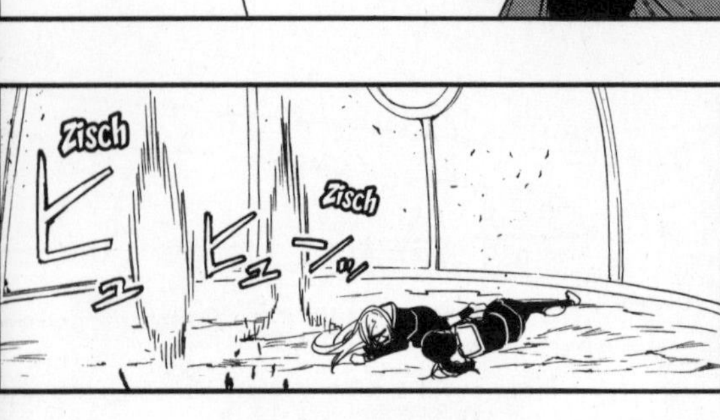

Dodomm

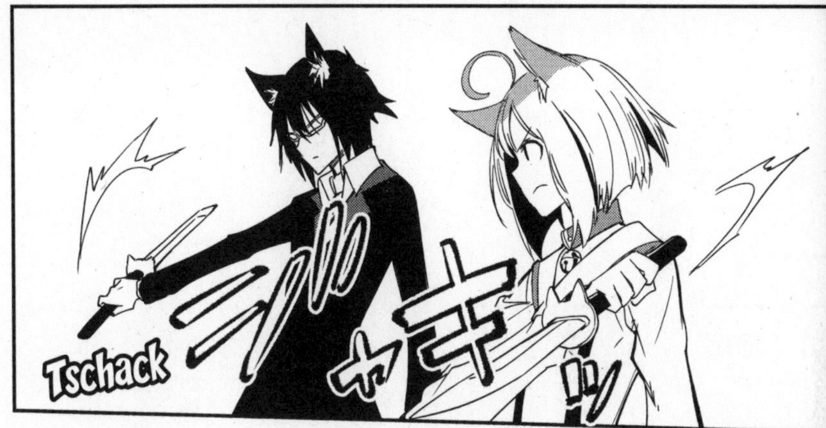
Tschack

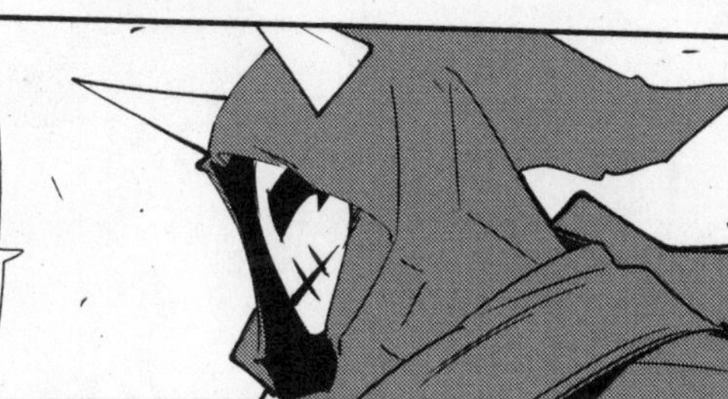
Meine Verfolgung der Wahrheit nähert sich langsam dem großen Finale.
Ich habe nun keine Zeit mehr, mich mit eurer Aufführung abzugeben.

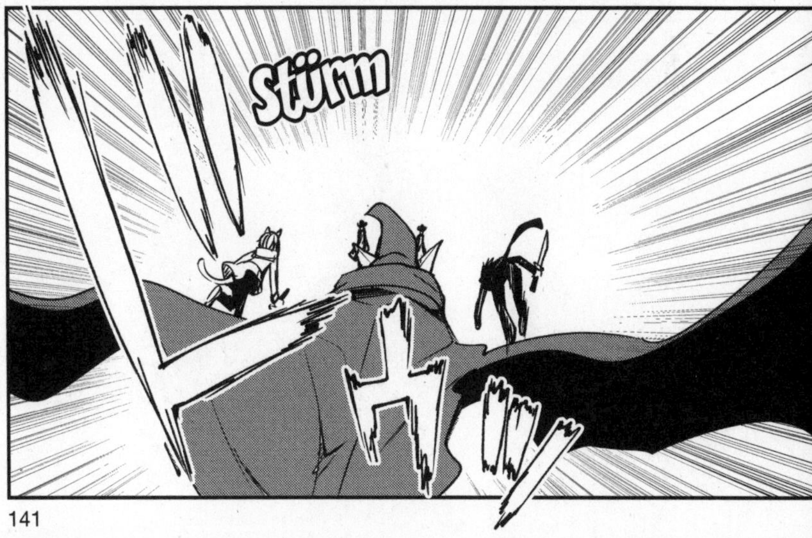
Stürm

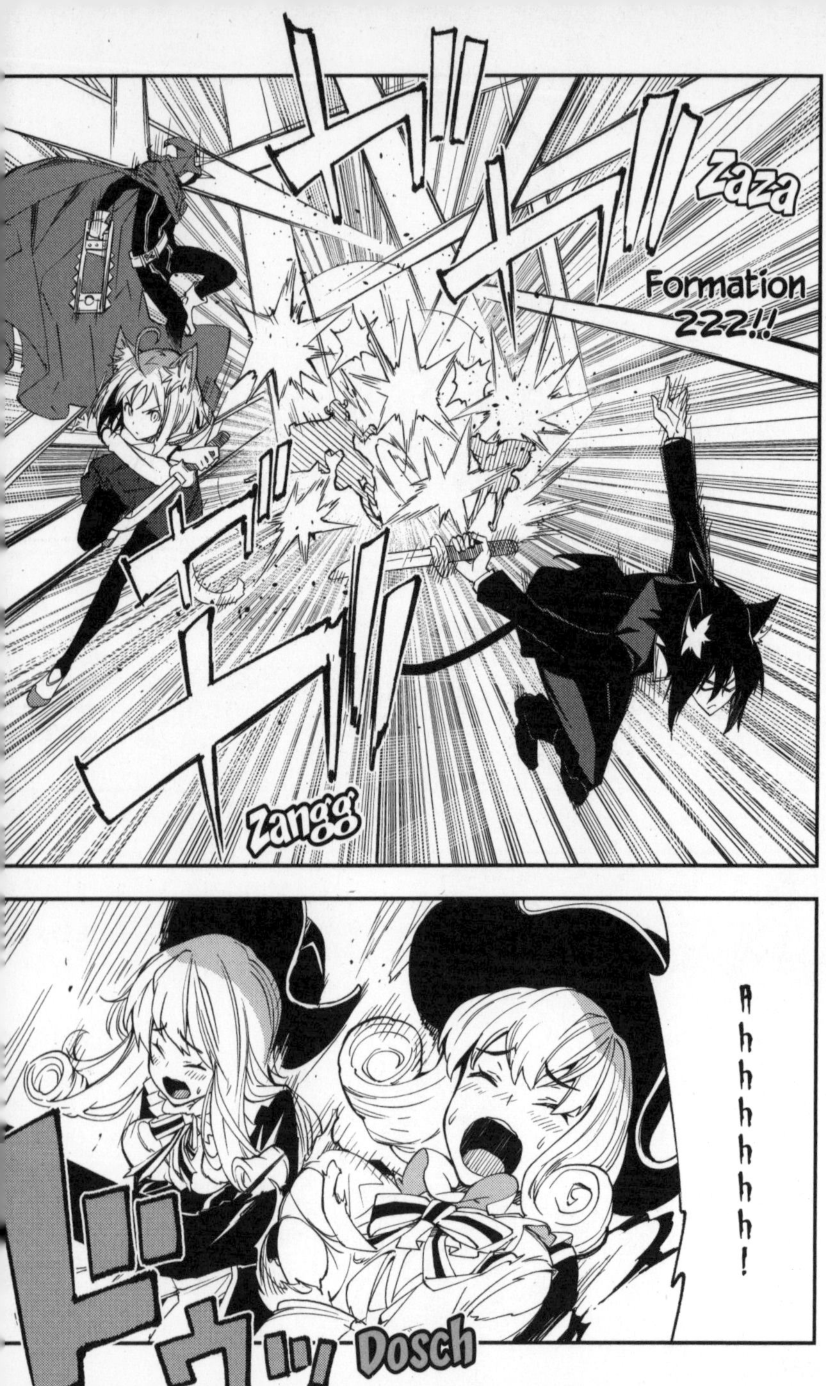

Zaza

Formation 2-2-2!!

Zangg

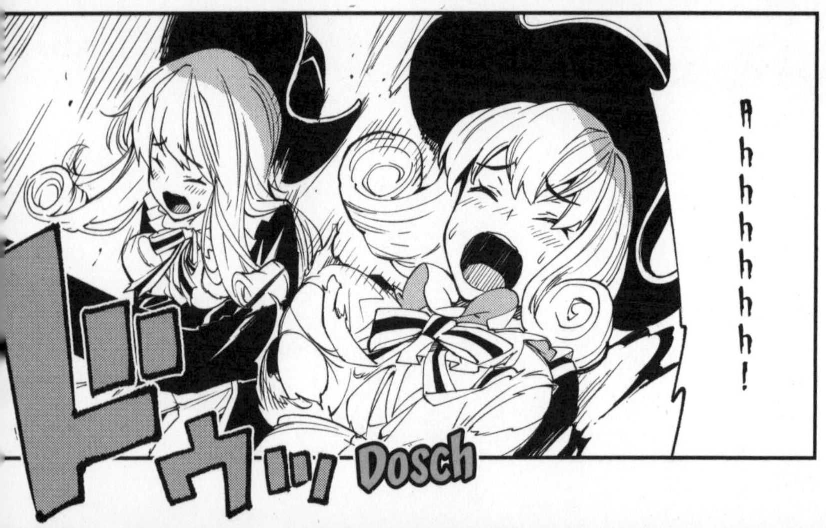

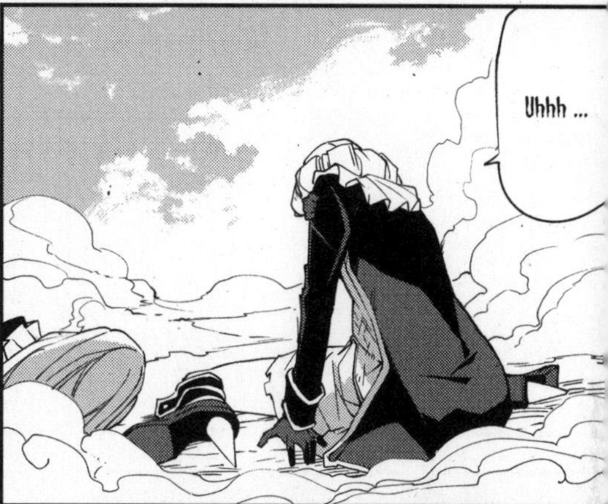
Uhhh ...

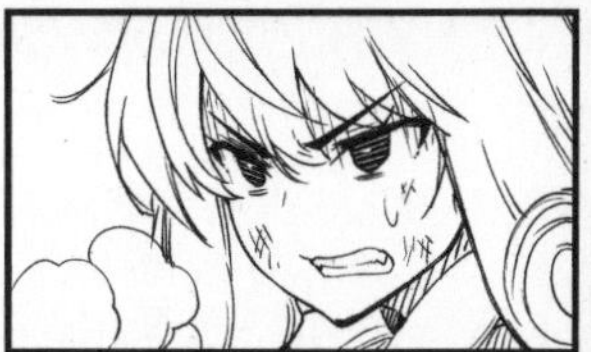

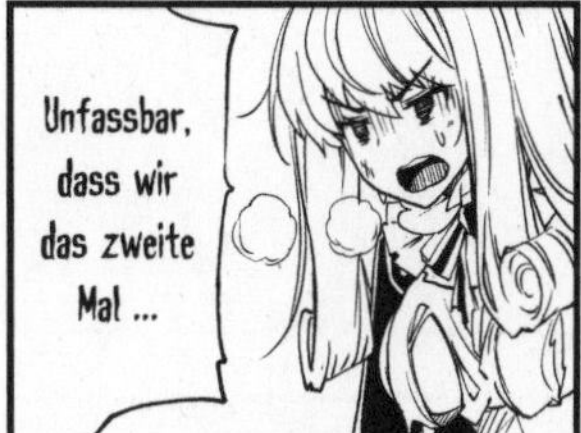
Unfassbar, dass wir das zweite Mal ...

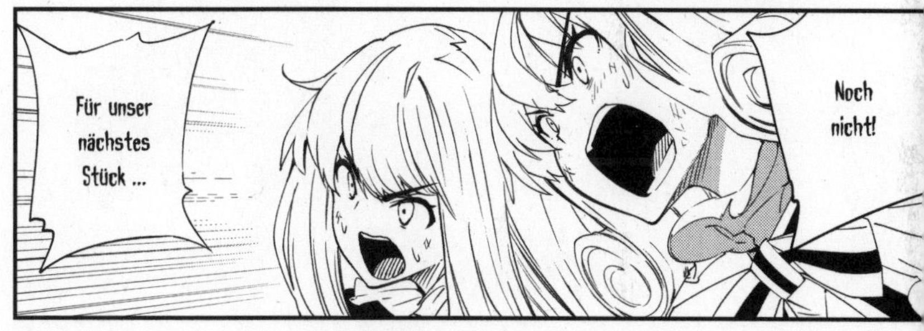
Noch nicht!
Für unser nächstes Stück ...

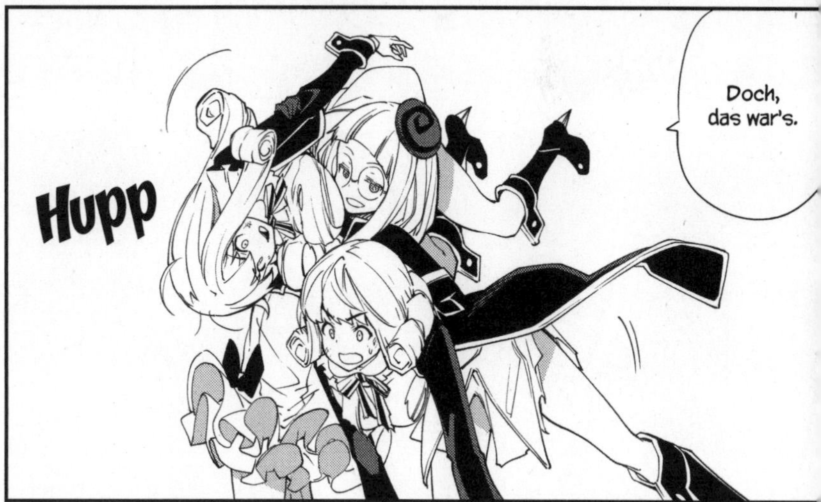
Doch, das war's.
Hupp

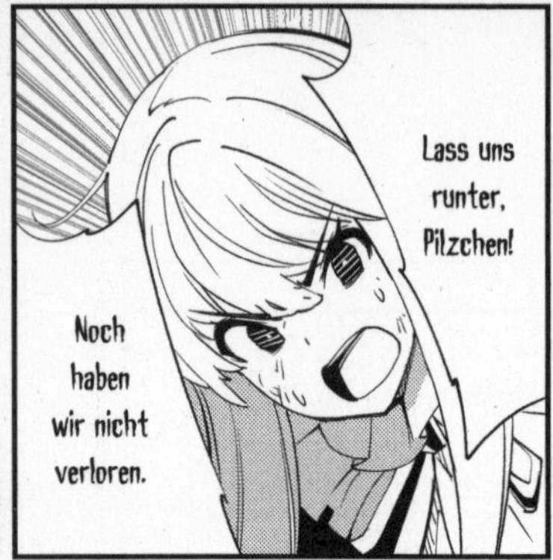
Lass uns runter, Pilzchen!
Noch haben wir nicht verloren.

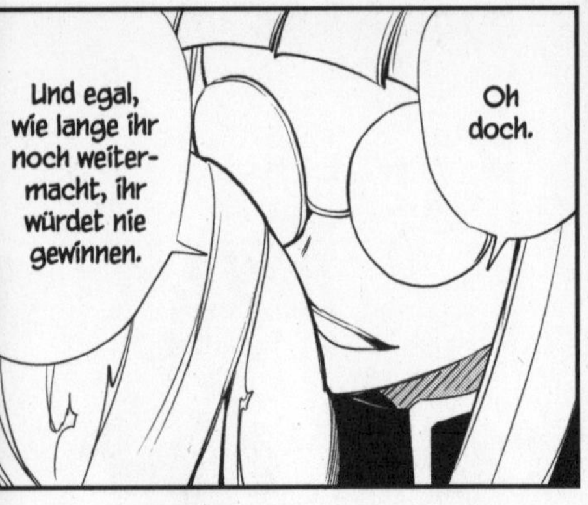
Oh doch.
Und egal, wie lange ihr noch weitermacht, ihr würdet nie gewinnen.

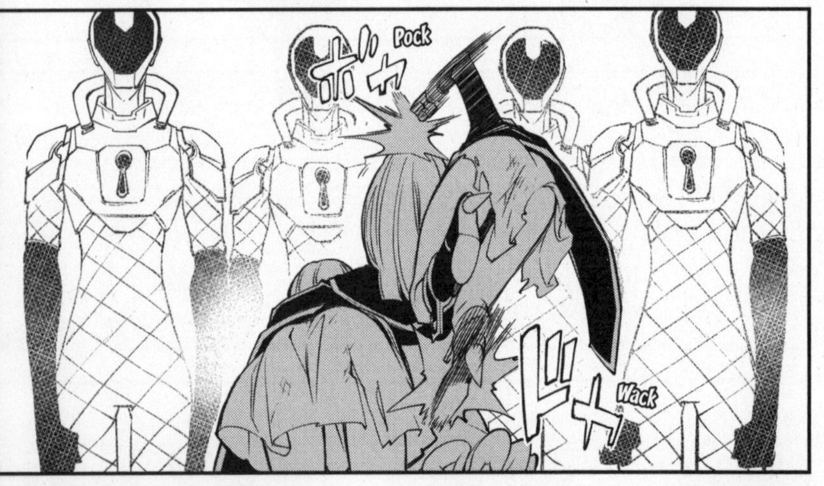
Pock
Wack

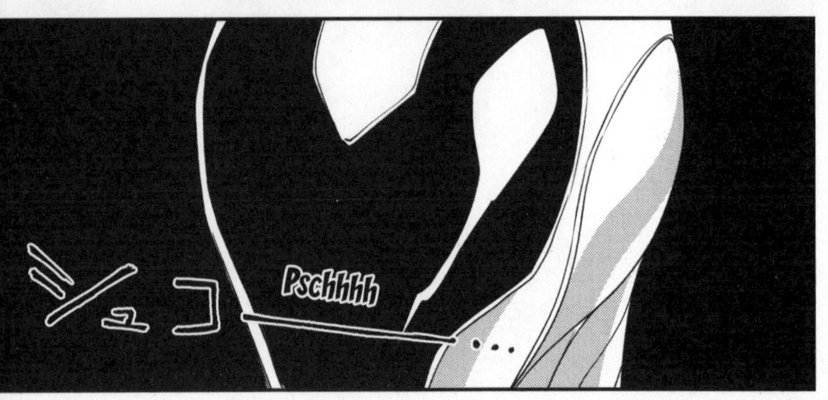
Pschhhh
...

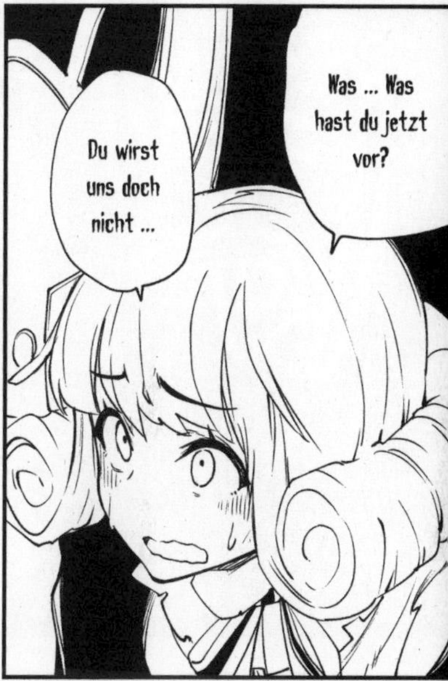
Was ... Was
hast du jetzt
vor?
Du wirst
uns doch
nicht ...

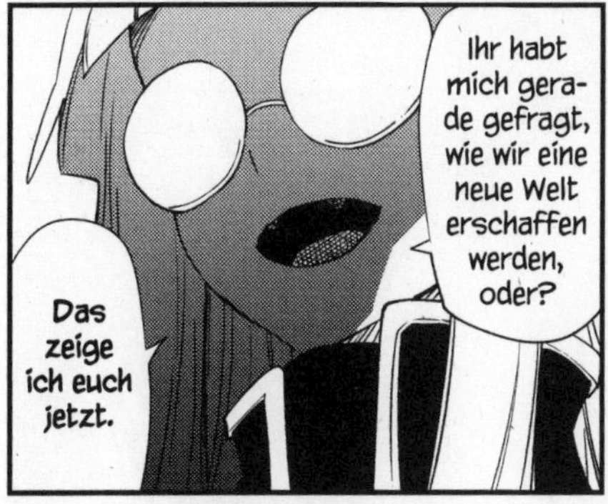
Ihr habt
mich gera-
de gefragt,
wie wir eine
neue Welt
erschaffen
werden,
oder?
Das
zeige
ich euch
jetzt.

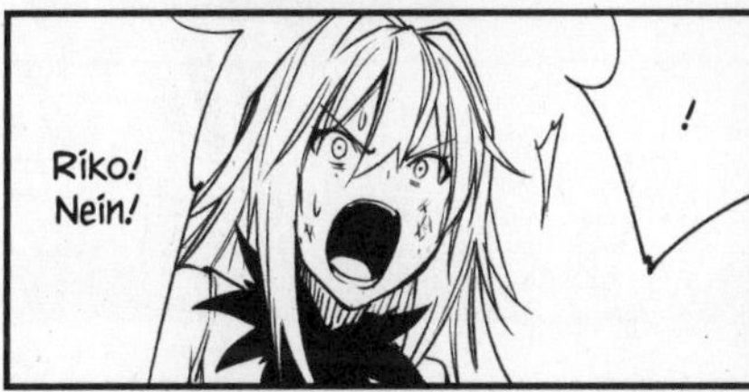
!
Riko!
Nein!

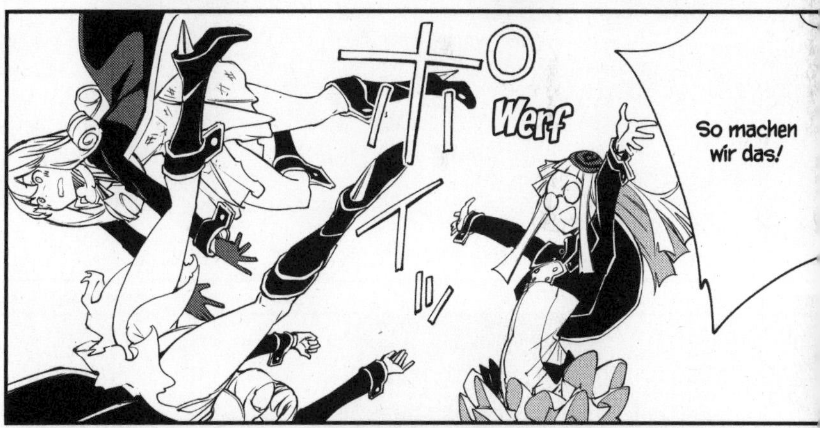
So machen
wir das!
Werf

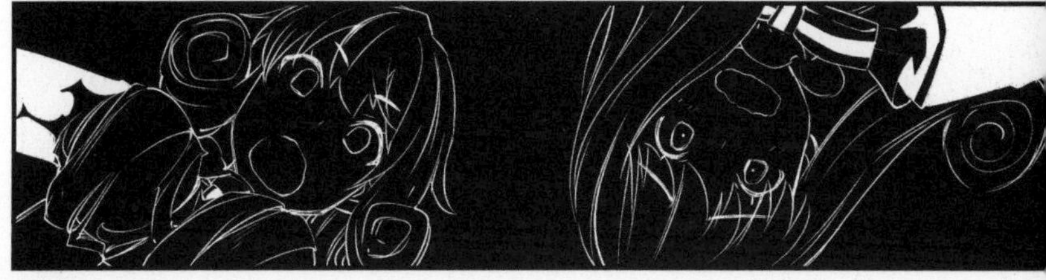

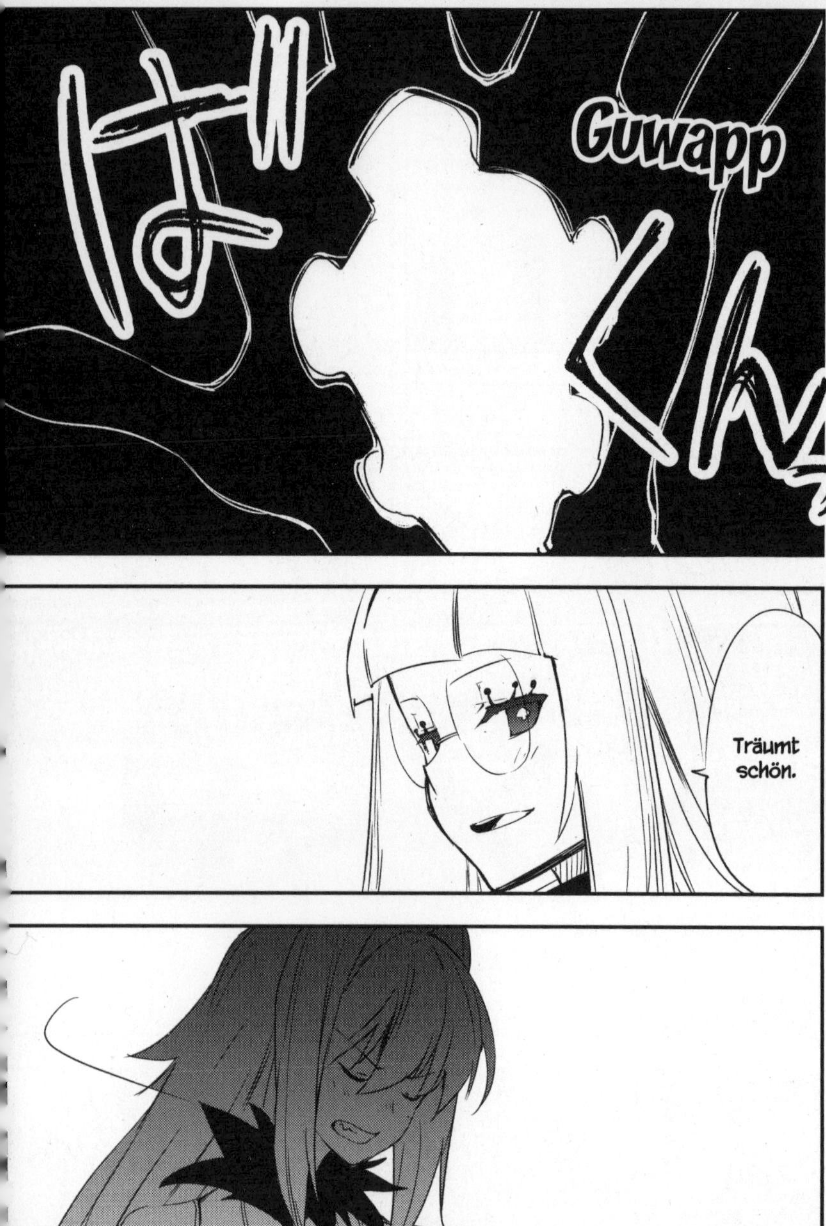

Guwapp

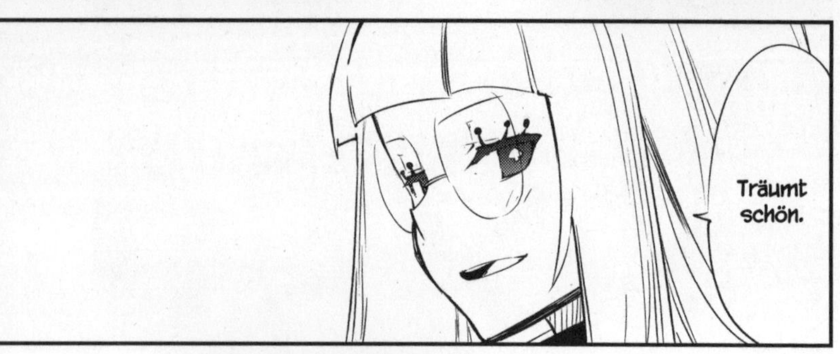

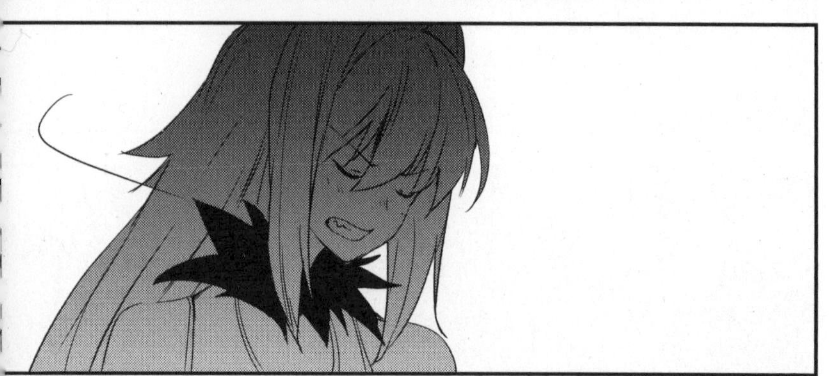

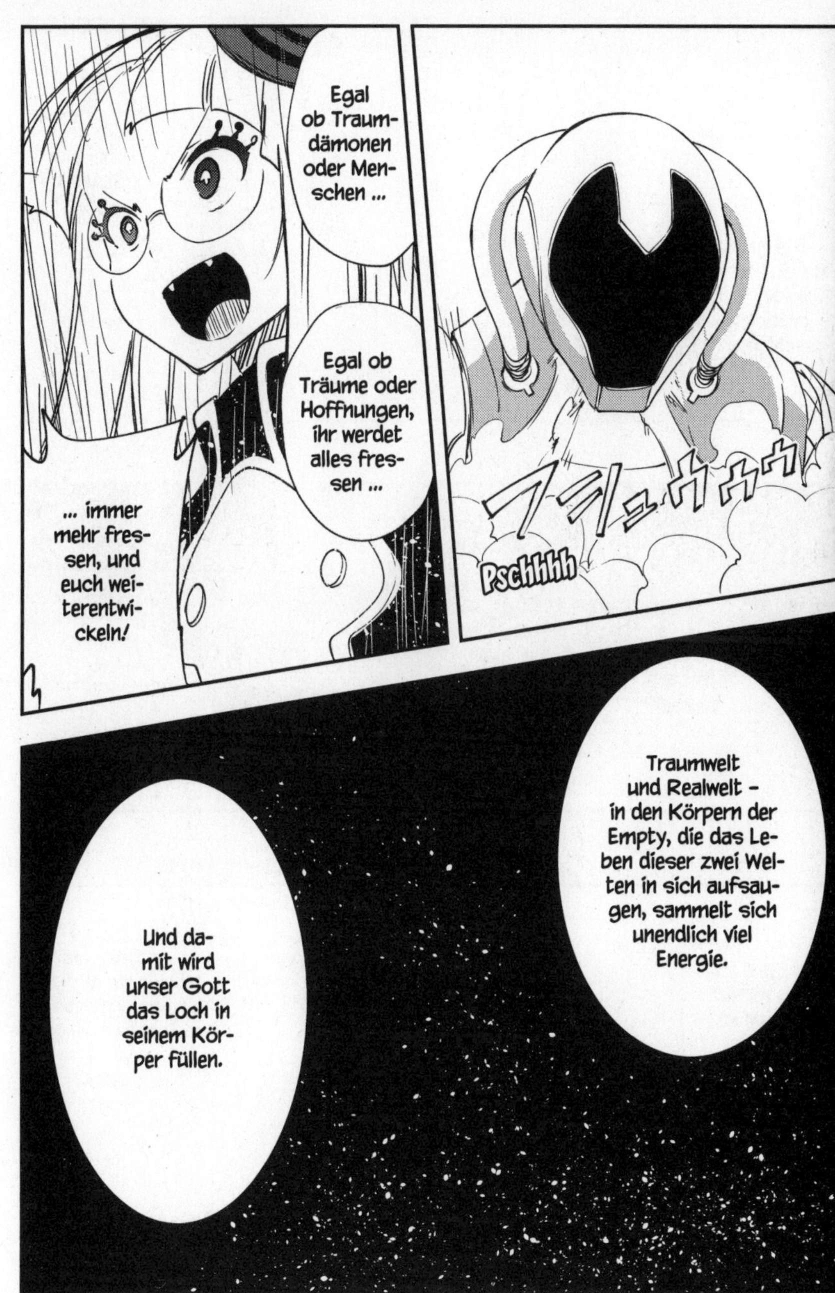

Pschhhh
Egal ob Traumdämonen oder Menschen ...
Egal ob Träume oder Hoffnungen, ihr werdet alles fressen ...
... immer mehr fressen, und euch weiterentwickeln!
Traumwelt und Realwelt – in den Körpern der Empty, die das Leben dieser zwei Welten in sich aufsaugen, sammelt sich unendlich viel Energie.
Und damit wird unser Gott das Loch in seinem Körper füllen.

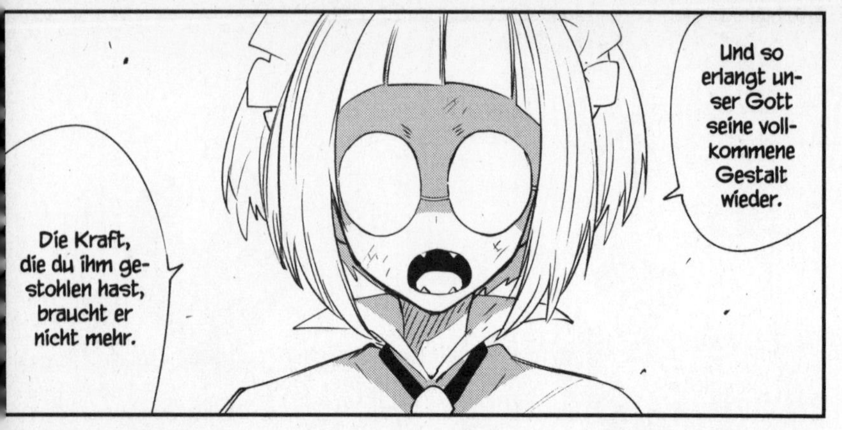

Und so erlangt unser Gott seine vollkommene Gestalt wieder.
Die Kraft, die du ihm gestohlen hast, braucht er nicht mehr.

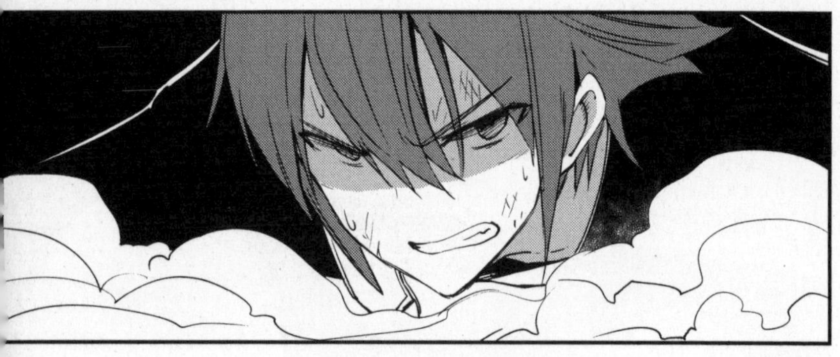
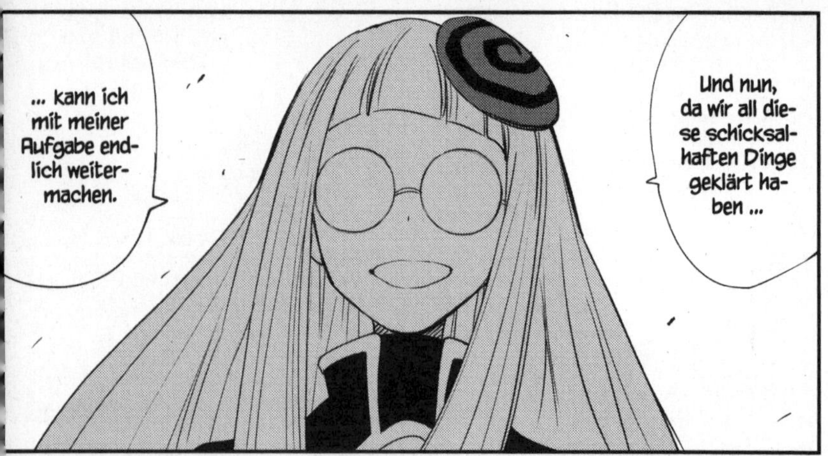

Und nun, da wir all diese schicksalhaften Dinge geklärt haben ...
... kann ich mit meiner Aufgabe endlich weitermachen.

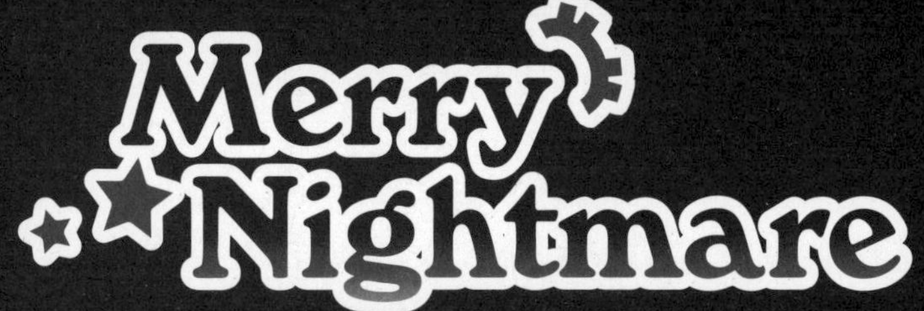
Merry
Nightmare

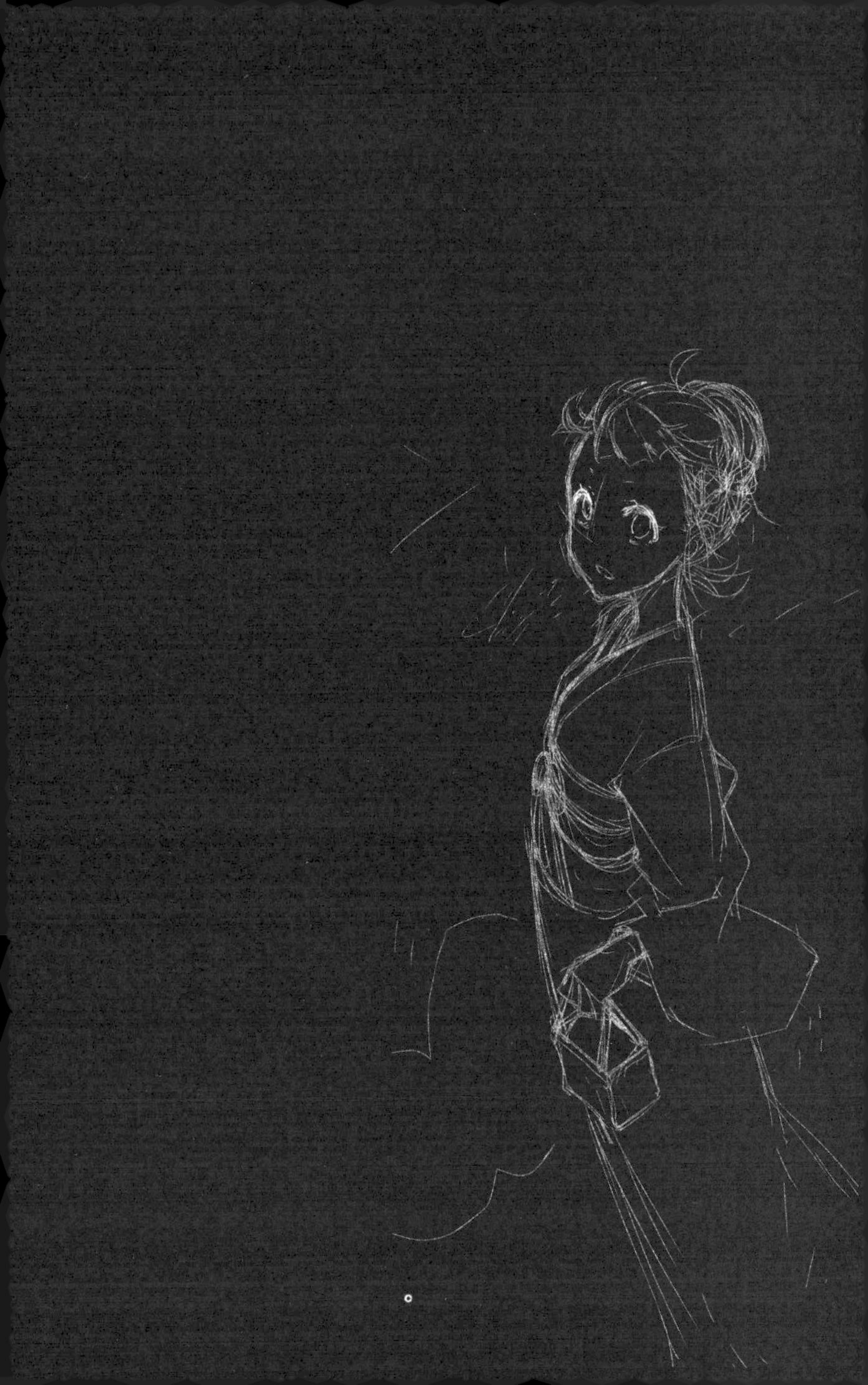

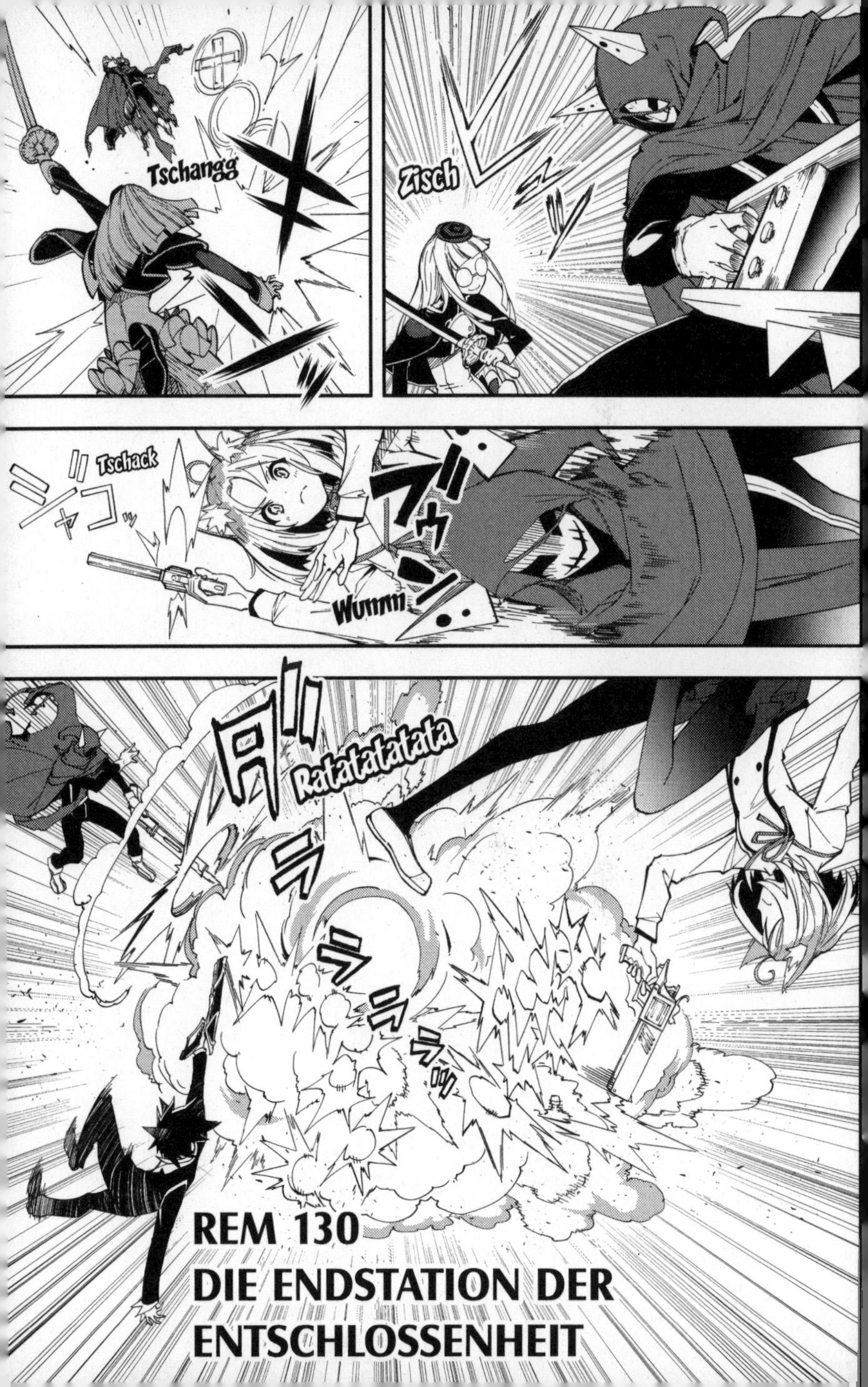

Zisch

Tschangg

Wummm

Tschack

Ratatatatata

REM 130 DIE ENDSTATION DER ENTSCHLOSSENHEIT

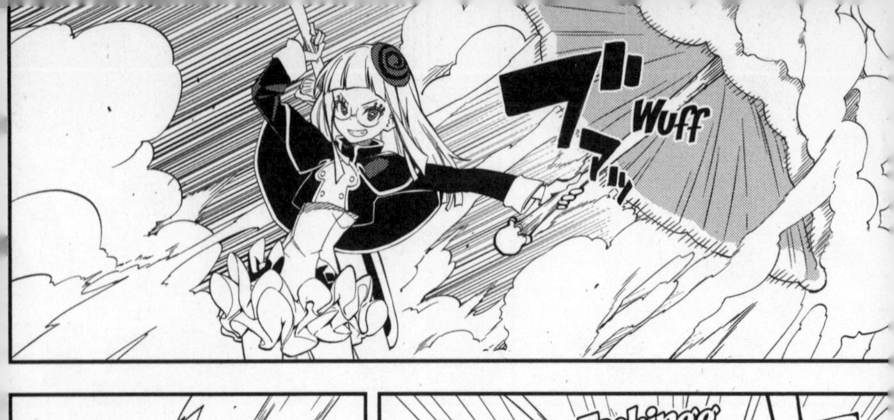
Wuff
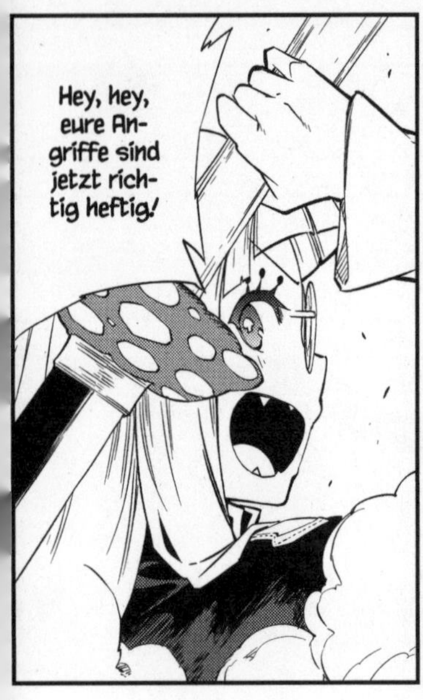
Hey, hey, eure Angriffe sind jetzt richtig heftig!
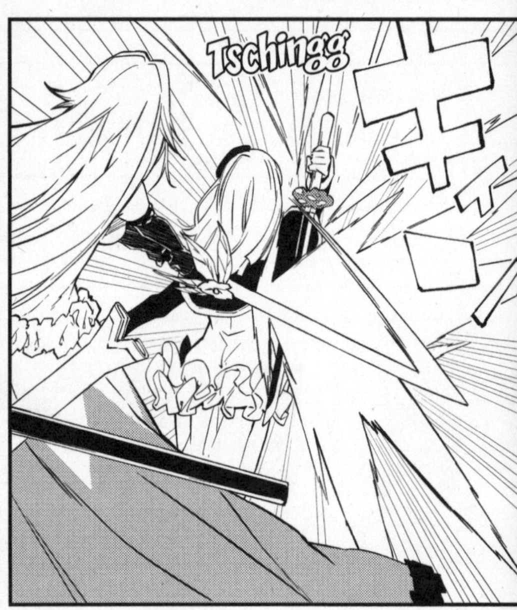
Tsching
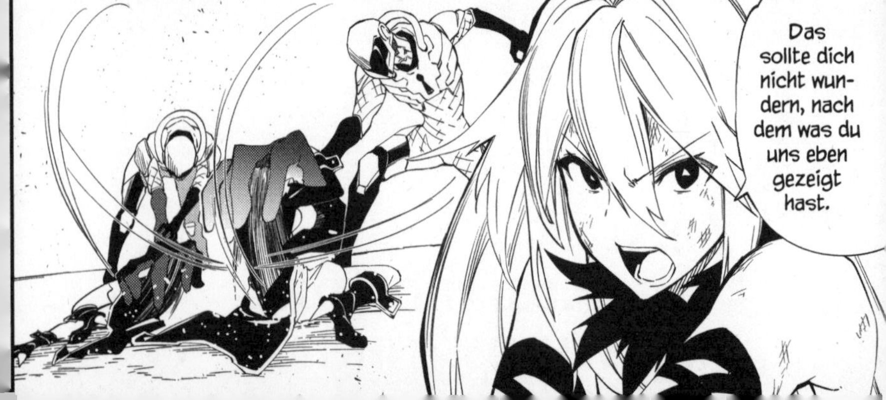
Das sollte dich nicht wundern, nach dem was du uns eben gezeigt hast.

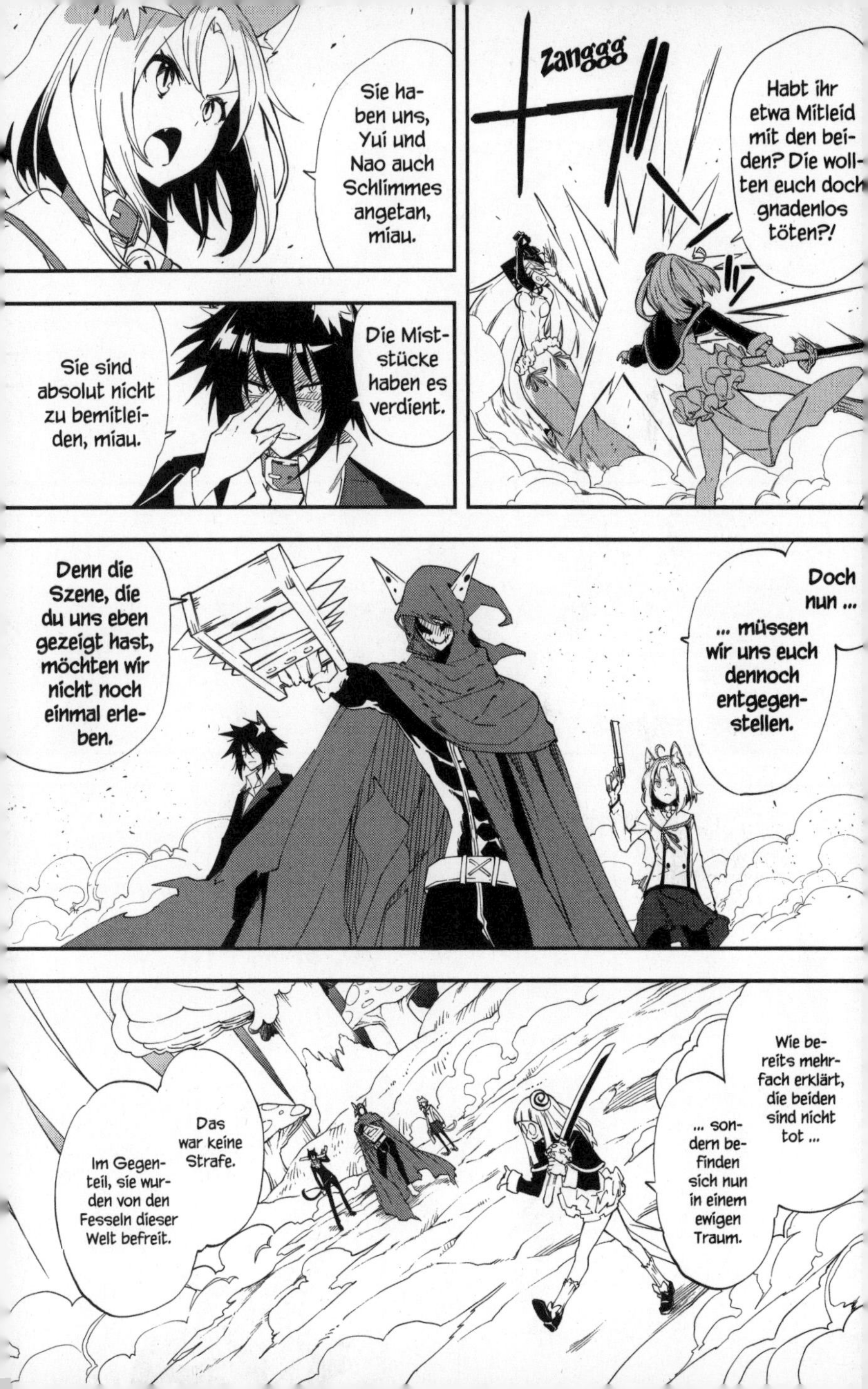

Zanggg

Habt ihr etwa Mitleid mit den beiden? Die wollten euch doch gnadenlos töten?!

Sie haben uns, Yui und Nao auch Schlimmes angetan, miau.

Die Miststücke haben es verdient.

Sie sind absolut nicht zu bemitleiden, miau.

Doch nun ...

... müssen wir uns euch dennoch entgegenstellen.

Denn die Szene, die du uns eben gezeigt hast, möchten wir nicht noch einmal erleben.

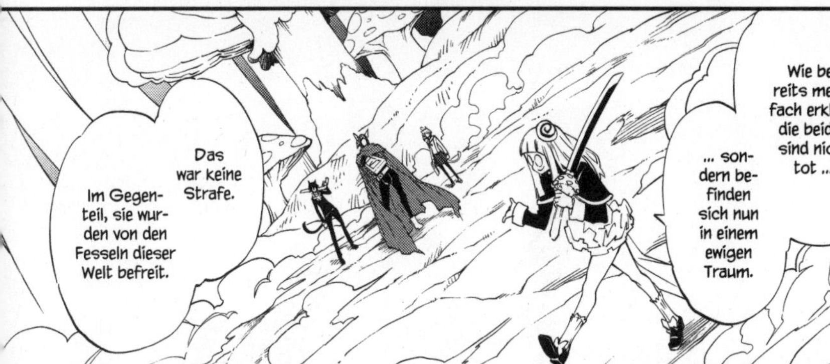

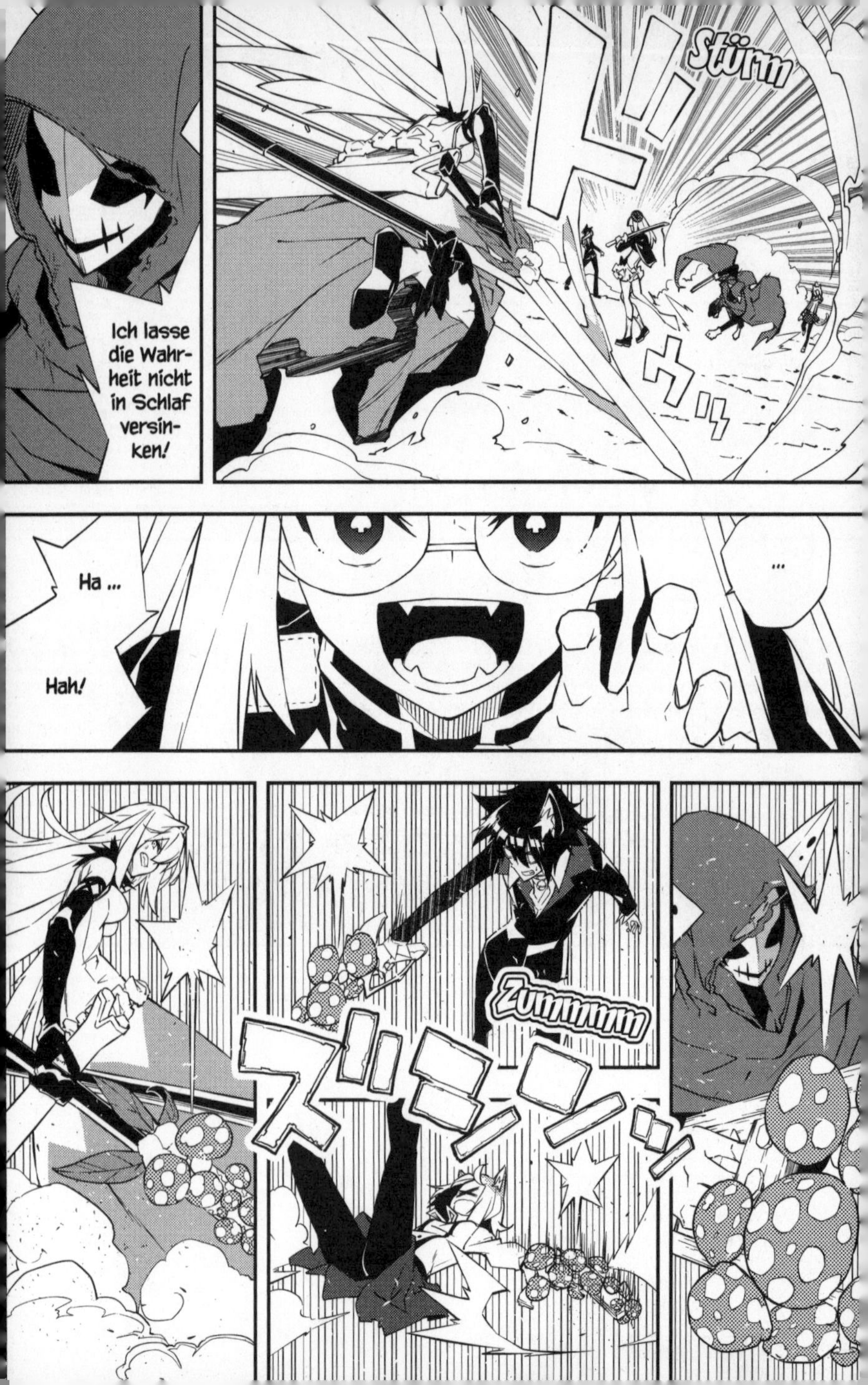

Stürm

Ich lasse die Wahrheit nicht in Schlaf versinken!

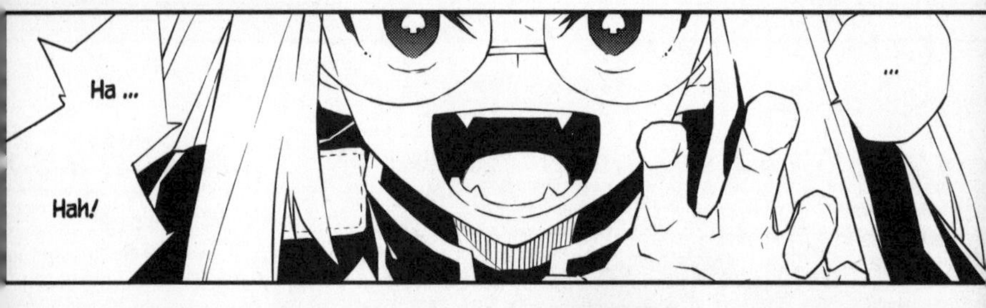

Zummmmm

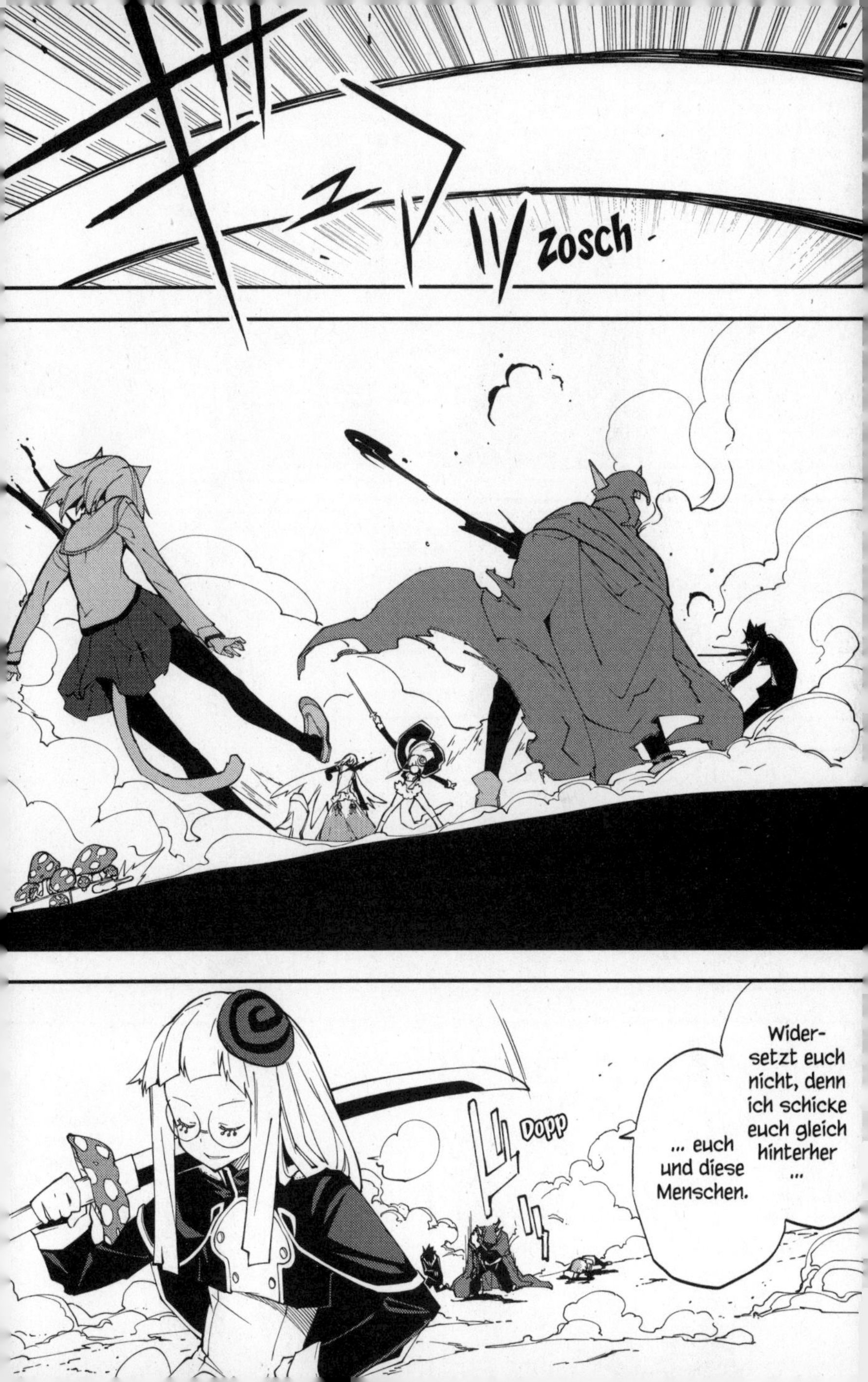
Zosch
Dopp
Wider-setzt euch nicht, denn ich schicke euch gleich hinterher ...
... euch und diese Menschen.

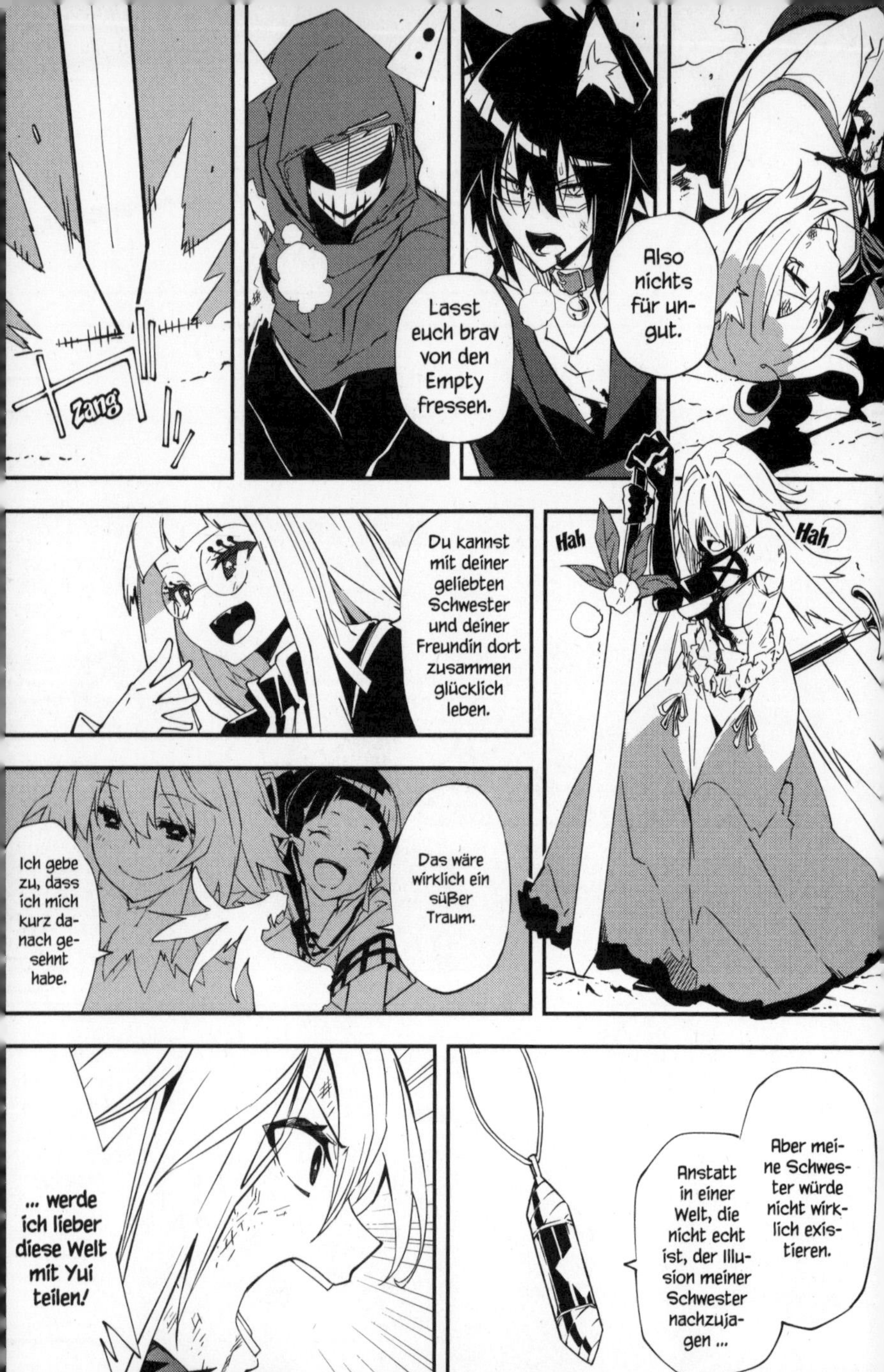
Also nichts für ungut.
Lasst euch brav von den Empty fressen.
Zang
Hah
Hah
Du kannst mit deiner geliebten Schwester und deiner Freundin dort zusammen glücklich leben.
Das wäre wirklich ein süßer Traum.
Ich gebe zu, dass ich mich kurz danach gesehnt habe.
Aber meine Schwester würde nicht wirklich existieren.
Anstatt in einer Welt, die nicht echt ist, der Illusion meiner Schwester nachzujagen ...
... werde ich lieber diese Welt mit Yui teilen!

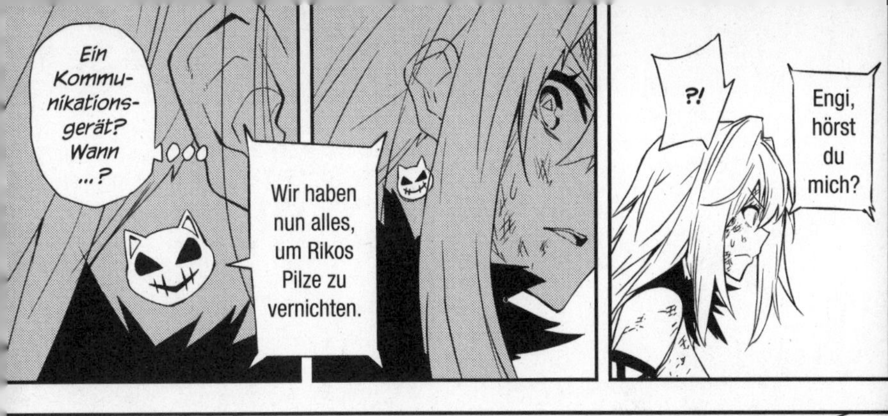

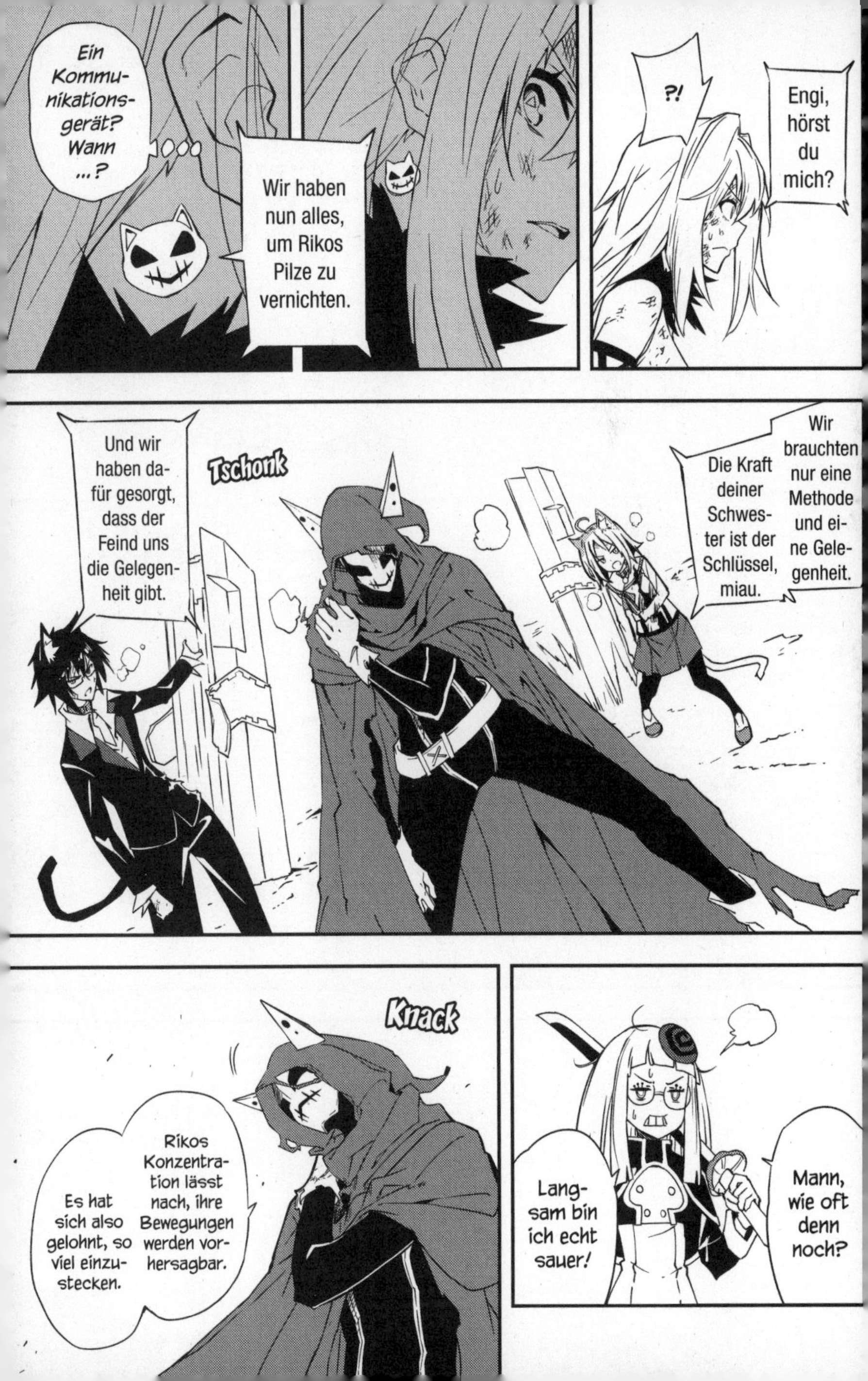

Wir brauchten nur eine Methode und eine Gelegenheit.

Die Kraft deiner Schwester ist der Schlüssel, miau.

Tschonk

Und wir haben dafür gesorgt, dass der Feind uns die Gelegenheit gibt.

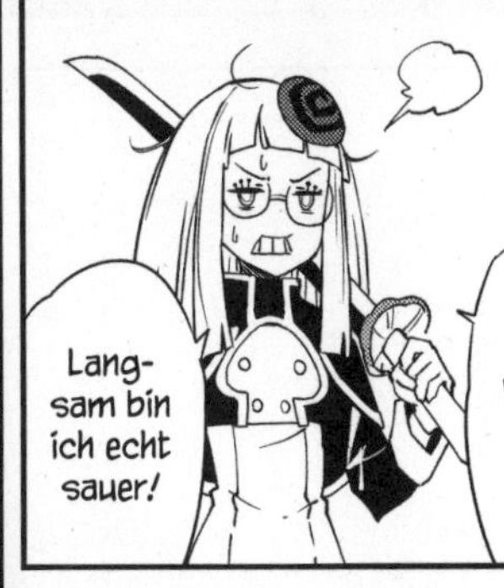

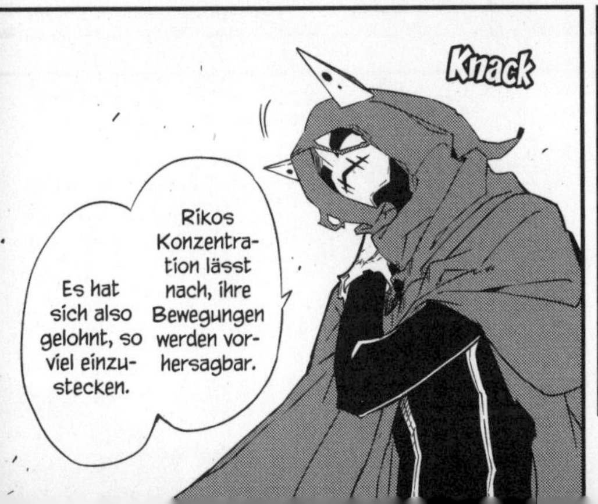

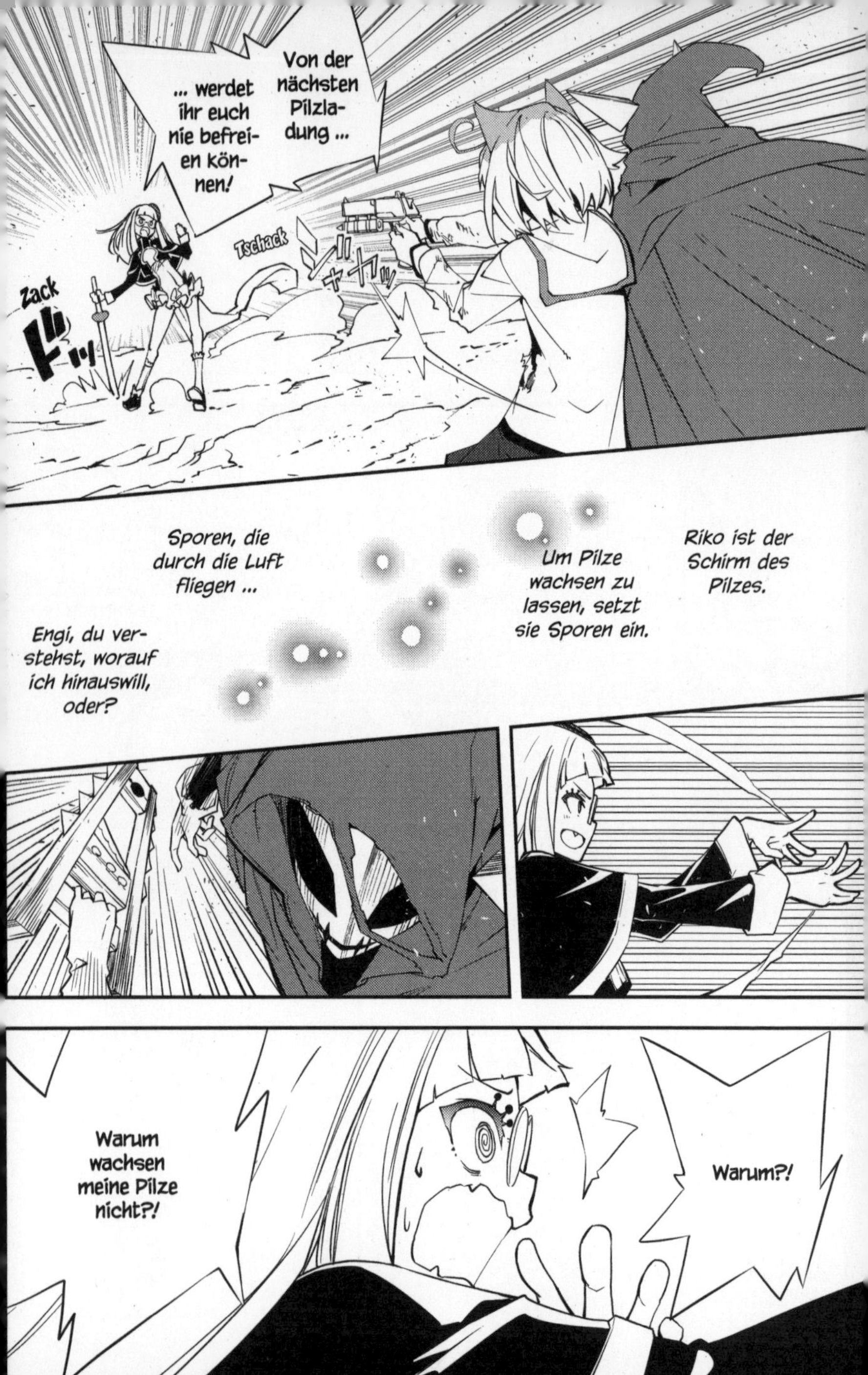
Von der nächsten Pilzladung ...
... werdet ihr euch nie befreien können!
Tschack
Zack
Riko ist der Schirm des Pilzes.
Um Pilze wachsen zu lassen, setzt sie Sporen ein.
Sporen, die durch die Luft fliegen ...
Engi, du verstehst, worauf ich hinauswill, oder?
Warum?!
Warum wachsen meine Pilze nicht?!

Zing

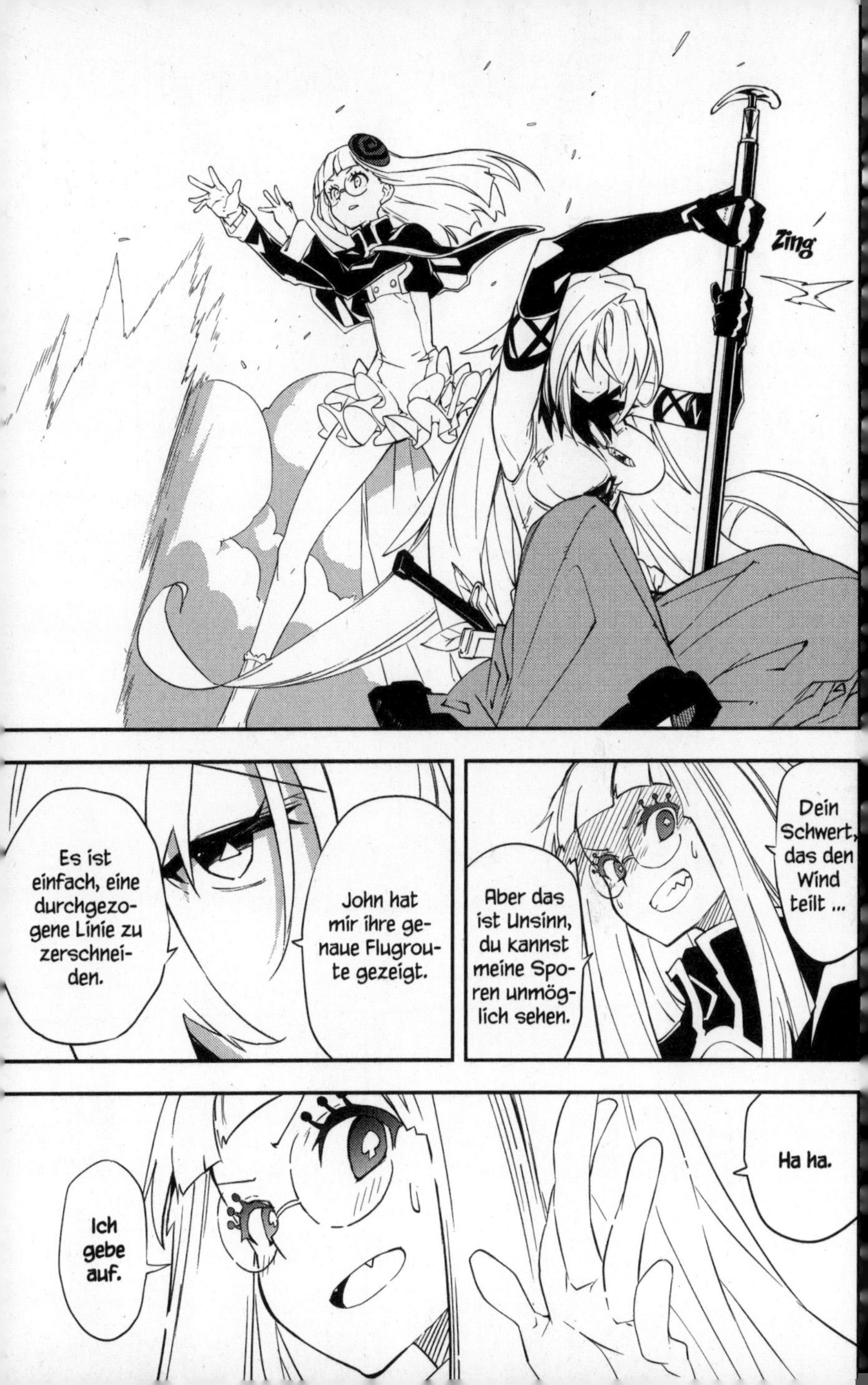

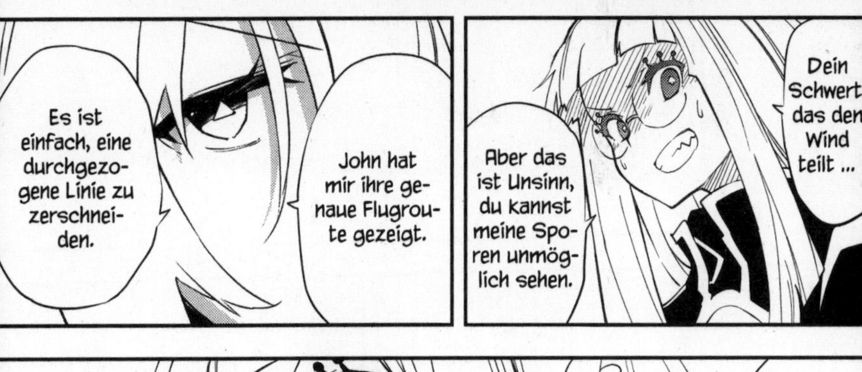

Dein Schwert, das den Wind teilt ...
Aber das ist Unsinn, du kannst meine Sporen unmöglich sehen.
John hat mir ihre genaue Flugroute gezeigt.
Es ist einfach, eine durchgezogene Linie zu zerschneiden.

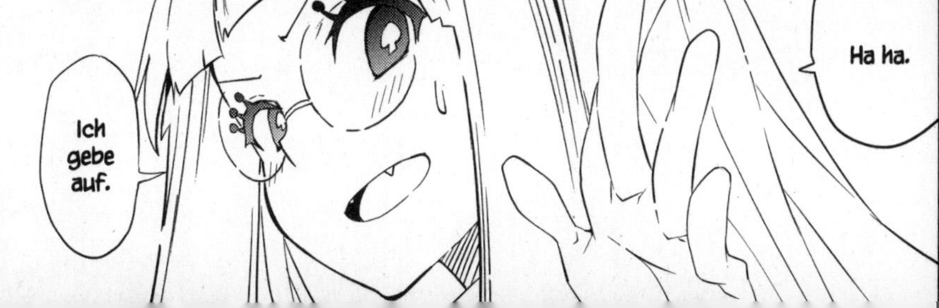

Ha ha.
Ich gebe auf.

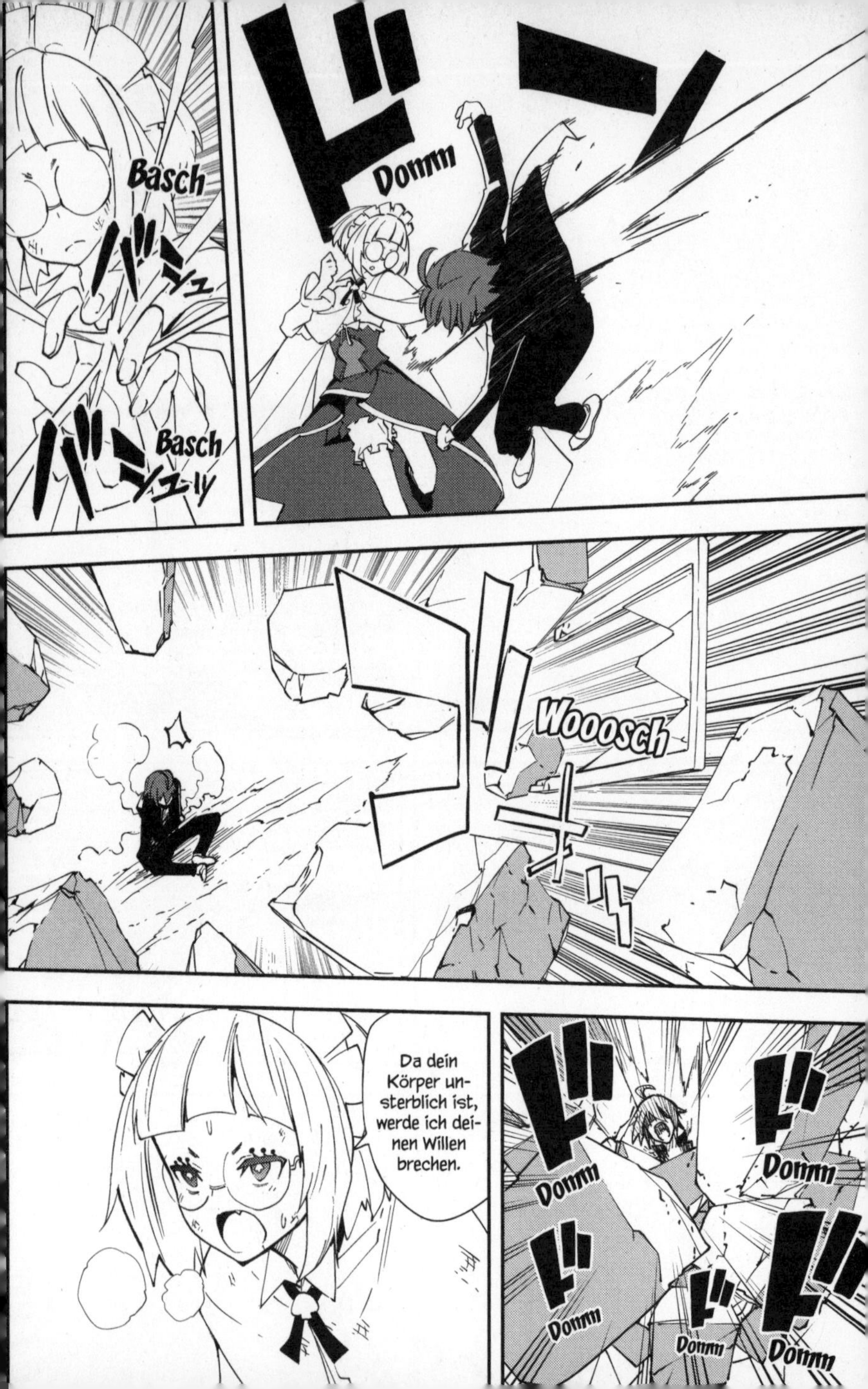

ドン
Donnn

Basch
バシュ
Basch
バシュッ

Wooosch

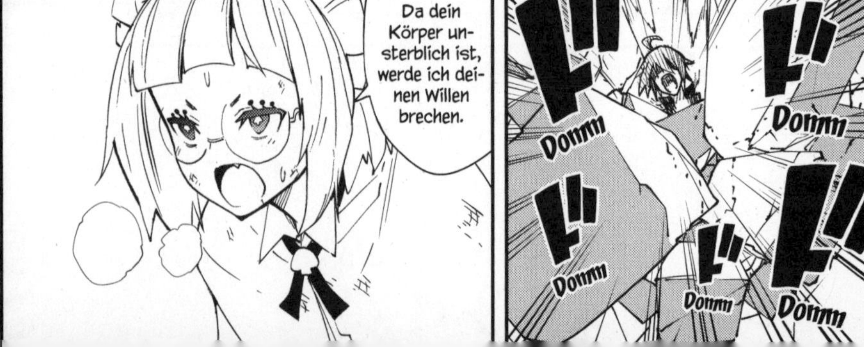

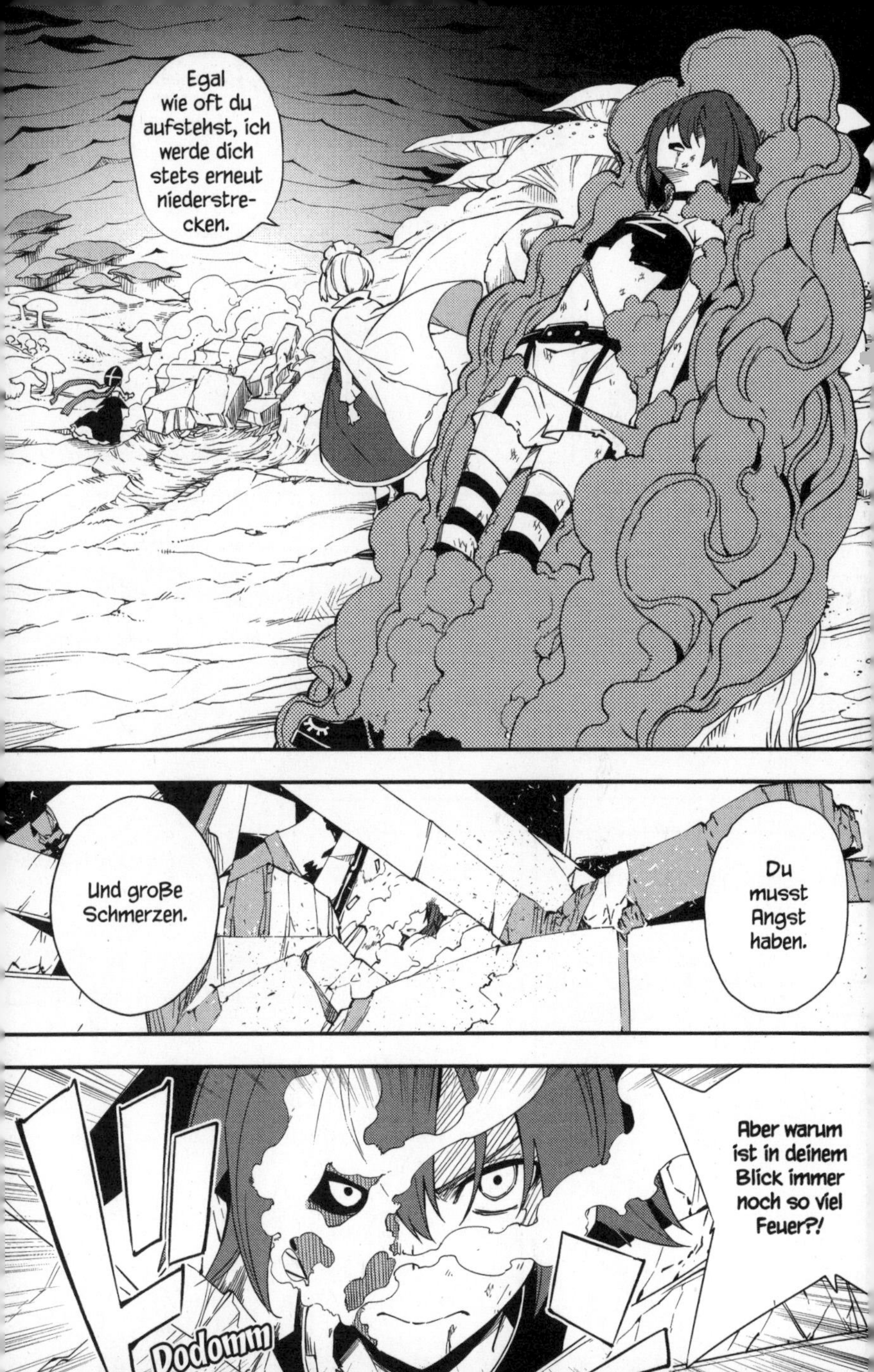
Egal wie oft du aufstehst, ich werde dich stets erneut niederstre-cken.
Du musst Angst haben.
Und große Schmerzen.
Aber warum ist in deinem Blick immer noch so viel Feuer?!
Dodomm

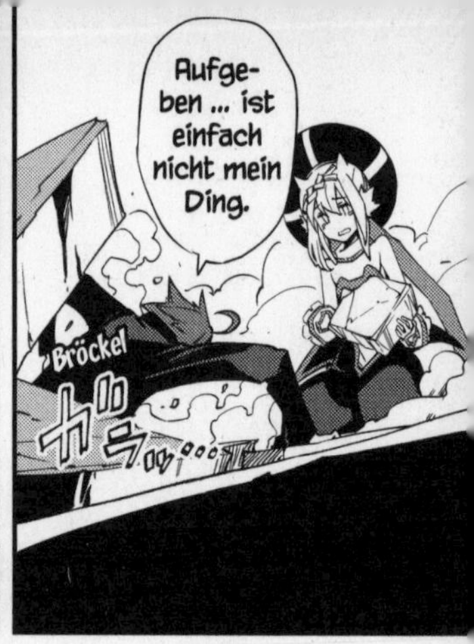
Aufgeben ... ist einfach nicht mein Ding.
Bröckel

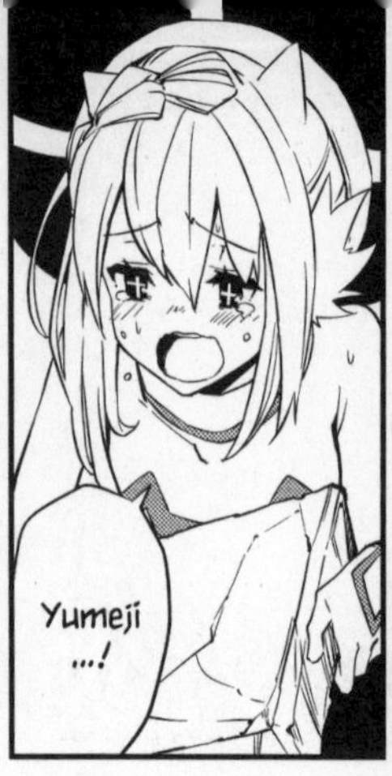
Yumeji ...!

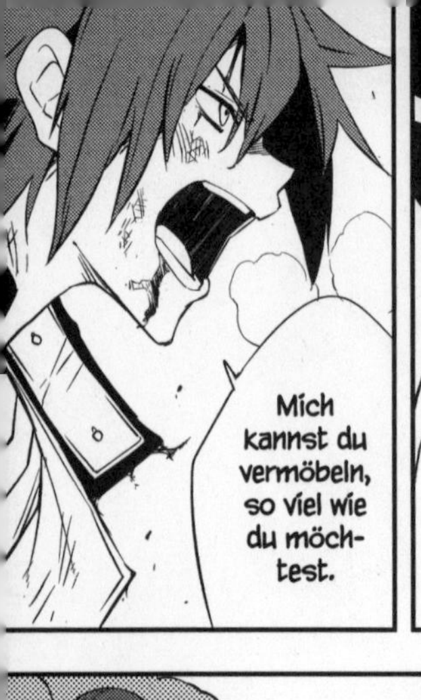
Mich kannst du vermöbeln, so viel wie du möchtest.

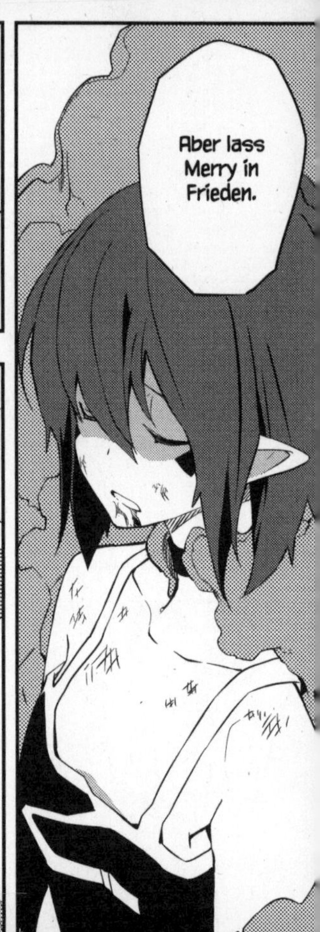
Aber lass Merry in Frieden.

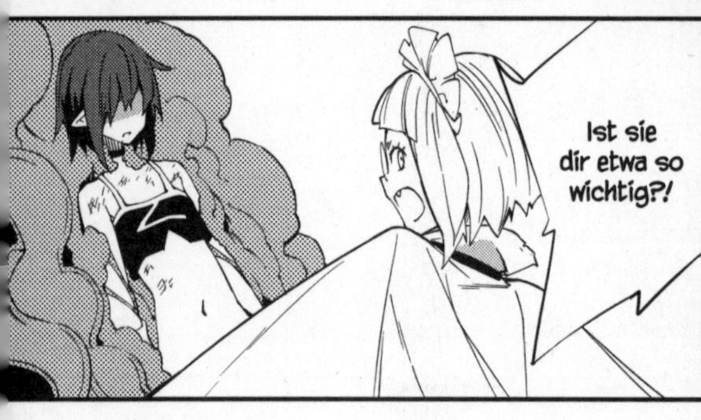
Ist sie dir etwa so wichtig?!

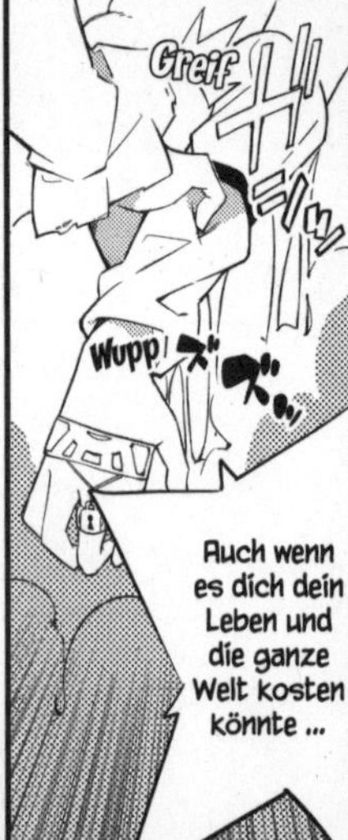
Greif
Wupp
Auch wenn es dich dein Leben und die ganze Welt kosten könnte ...

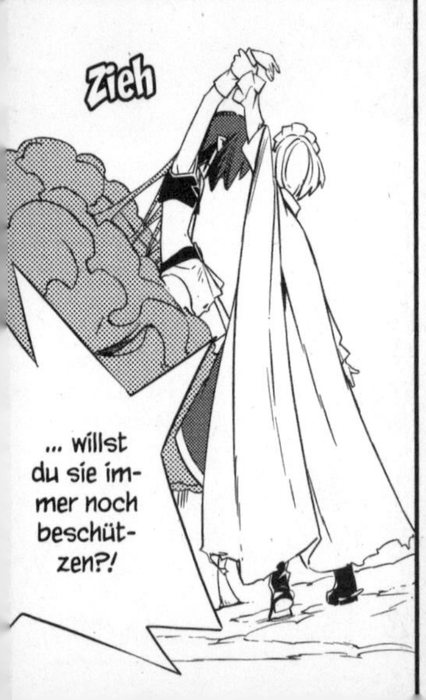
Zieh
... willst du sie immer noch beschützen?!

Wusch
?!
Wenn das so ist, dann opfere nun alles dafür!!

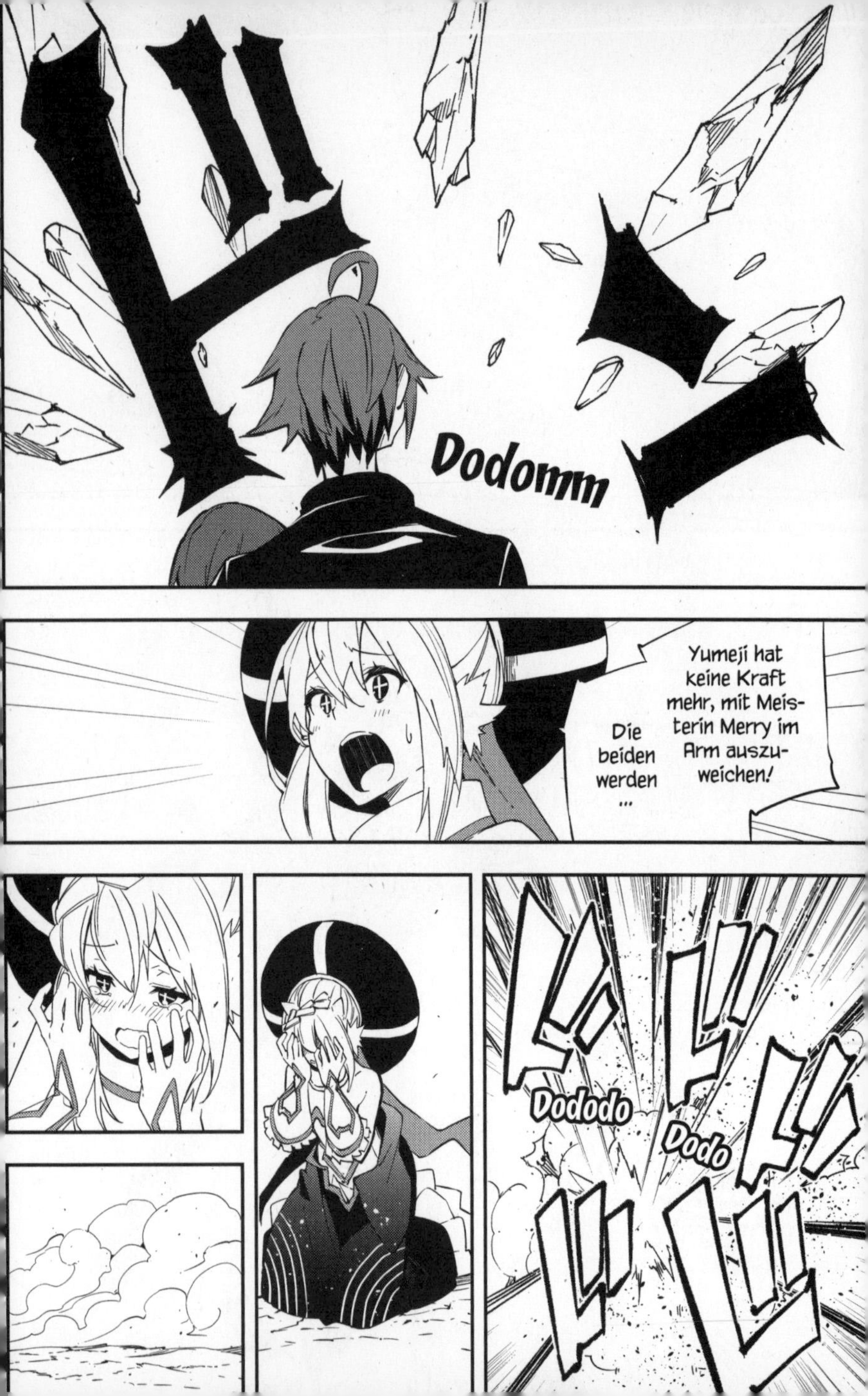

Dodomm

Yumeji hat keine Kraft mehr, mit Meisterin Merry im Arm auszuweichen!

Die beiden werden ...

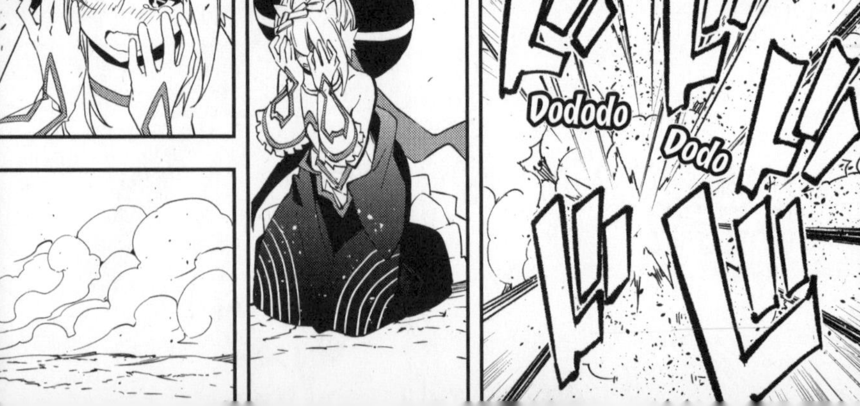

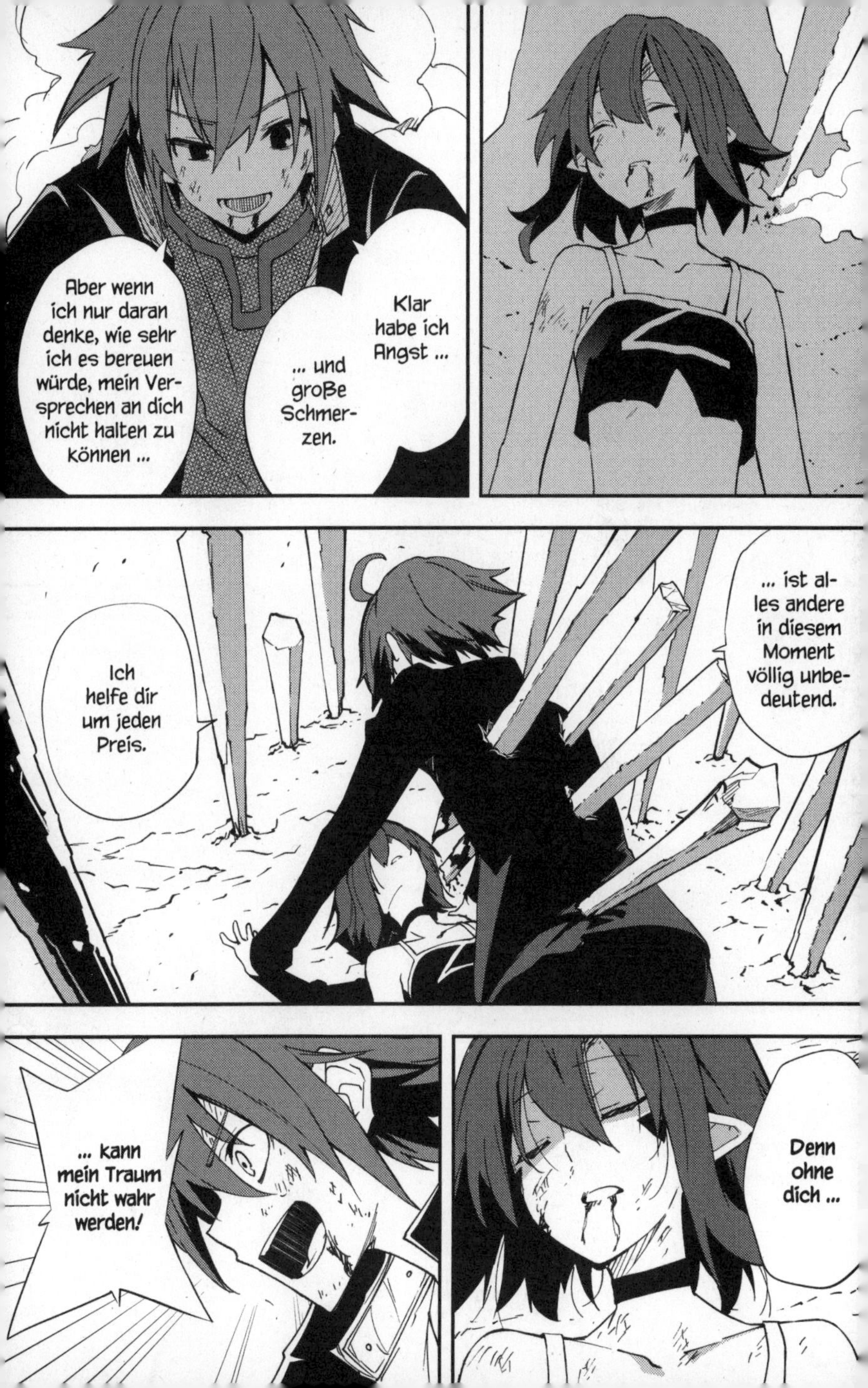

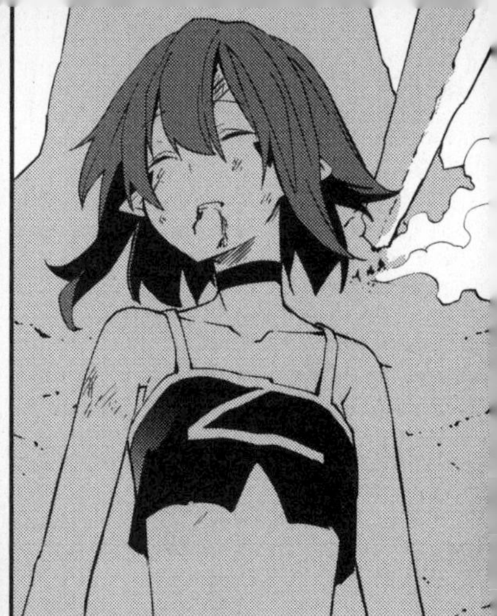

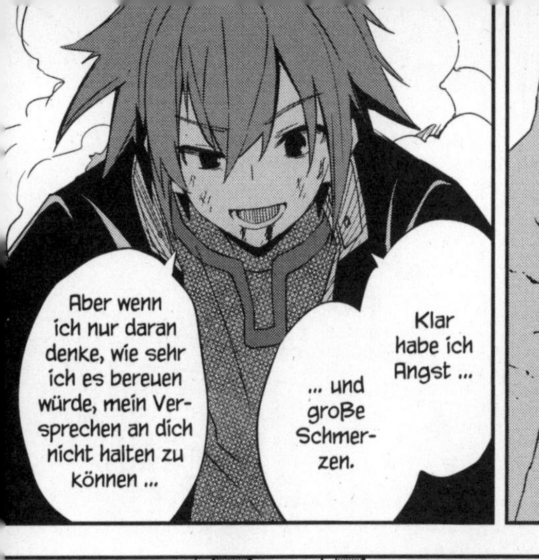

Klar habe ich Angst ...
... und große Schmerzen.
Aber wenn ich nur daran denke, wie sehr ich es bereuen würde, mein Versprechen an dich nicht halten zu können ...

... ist alles andere in diesem Moment völlig unbedeutend.
Ich helfe dir um jeden Preis.

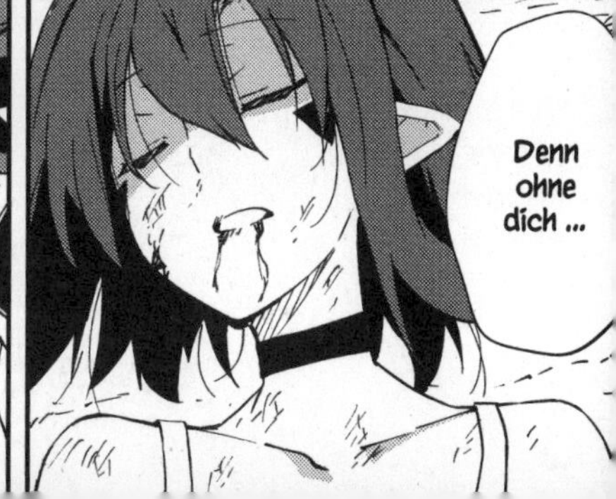

Denn ohne dich ...

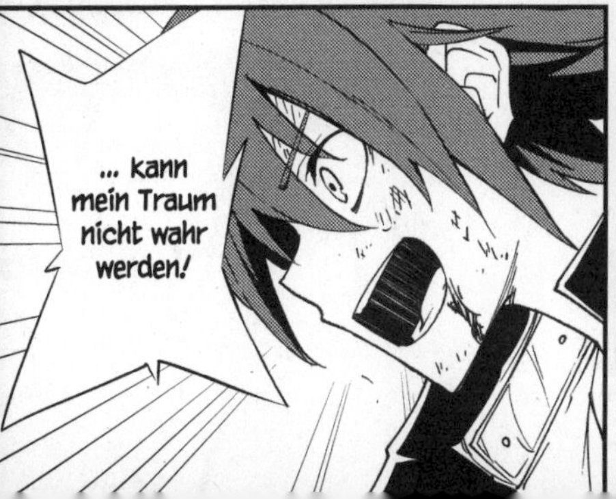

... kann mein Traum nicht wahr werden!

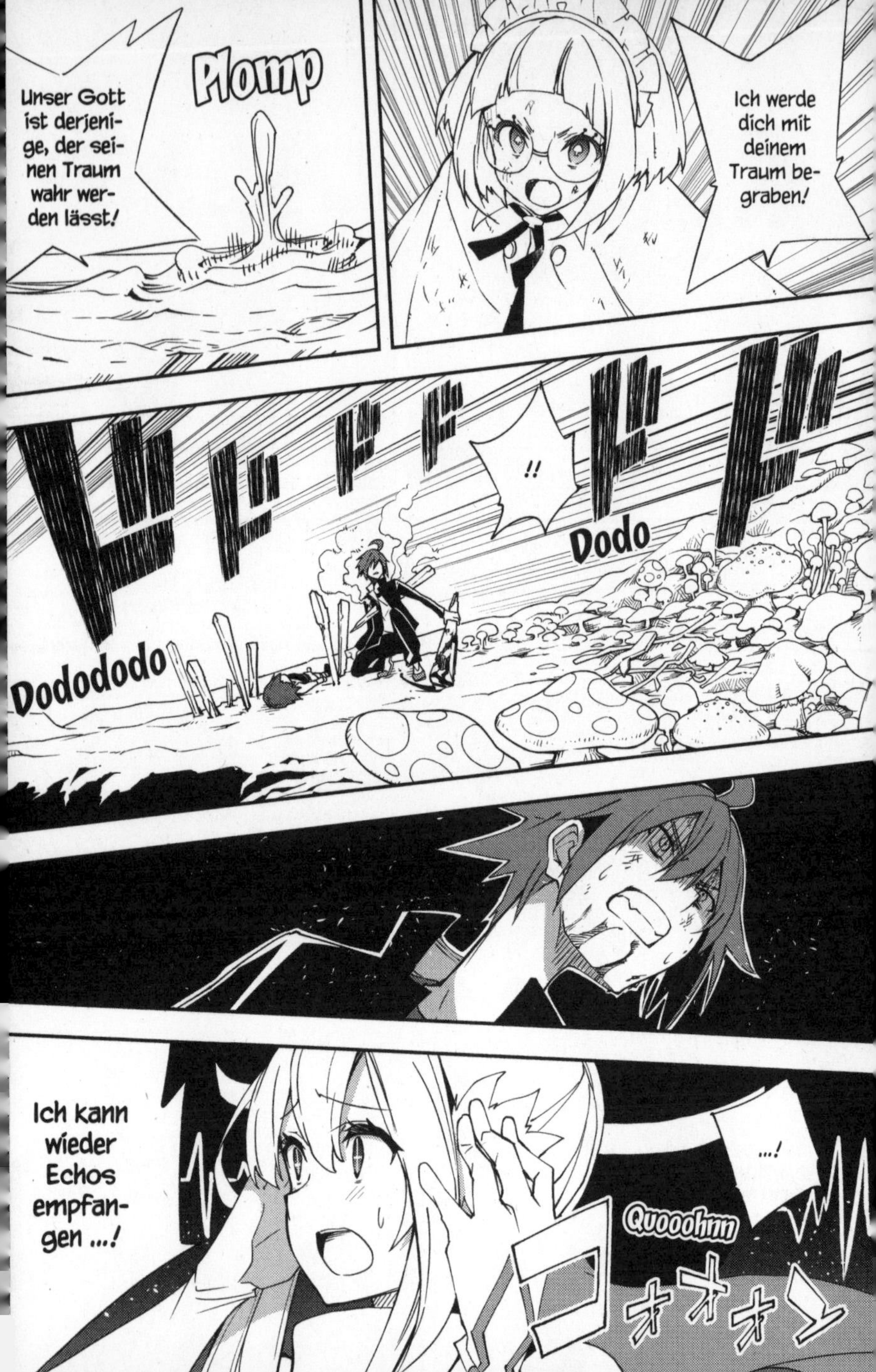
Ich werde dich mit deinem Traum begraben!
Plomp
Unser Gott ist derjenige, der seinen Traum wahr werden lässt!
!!
Dodo
Dodododo
...!
Quooohnn
Ich kann wieder Echos empfangen ...!

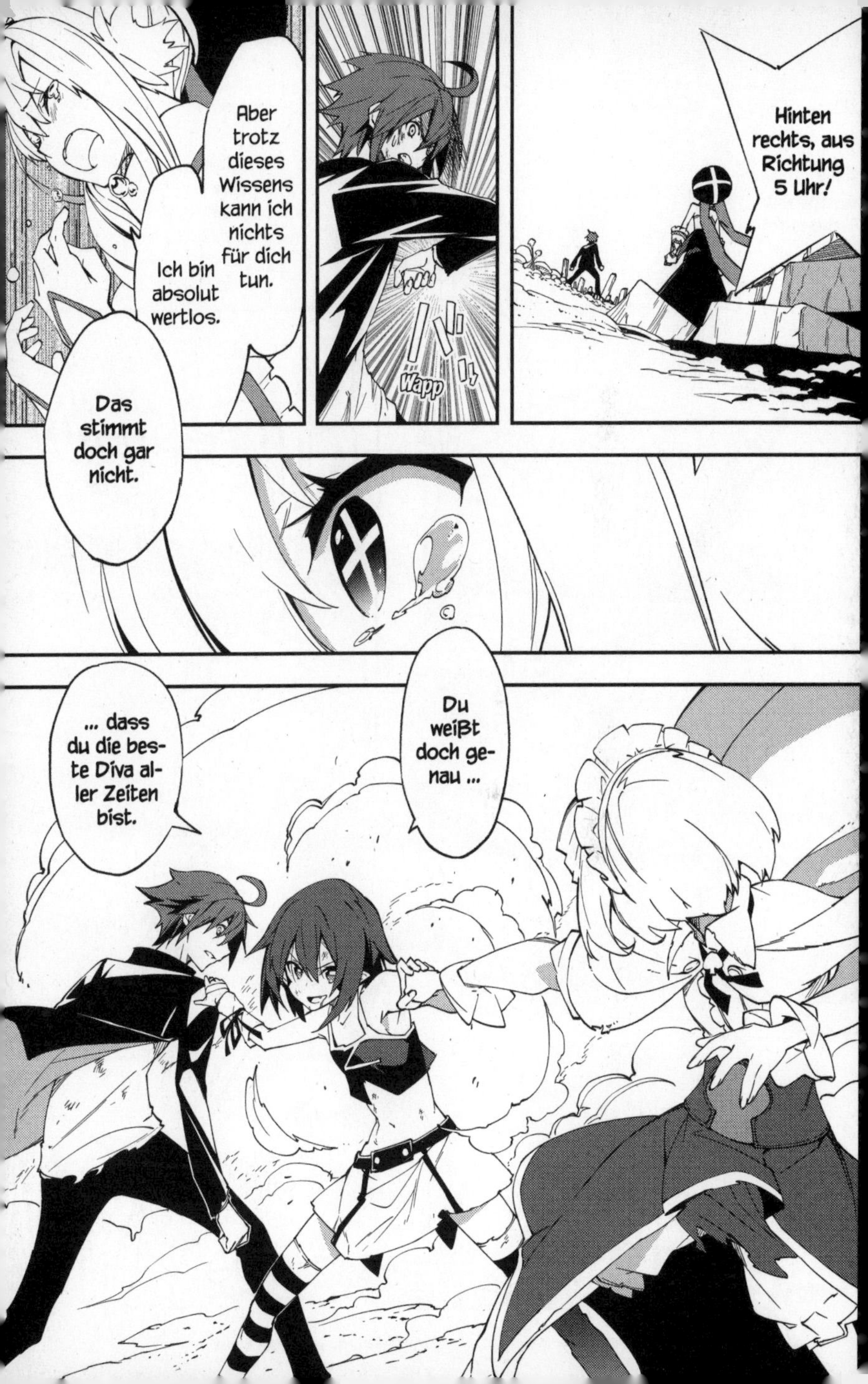
Hinten rechts, aus Richtung 5 Uhr!
Wapp
Aber trotz dieses Wissens kann ich nichts für dich tun.
Ich bin absolut wertlos.
Das stimmt doch gar nicht.
Du weißt doch genau ...
... dass du die beste Diva aller Zeiten bist.

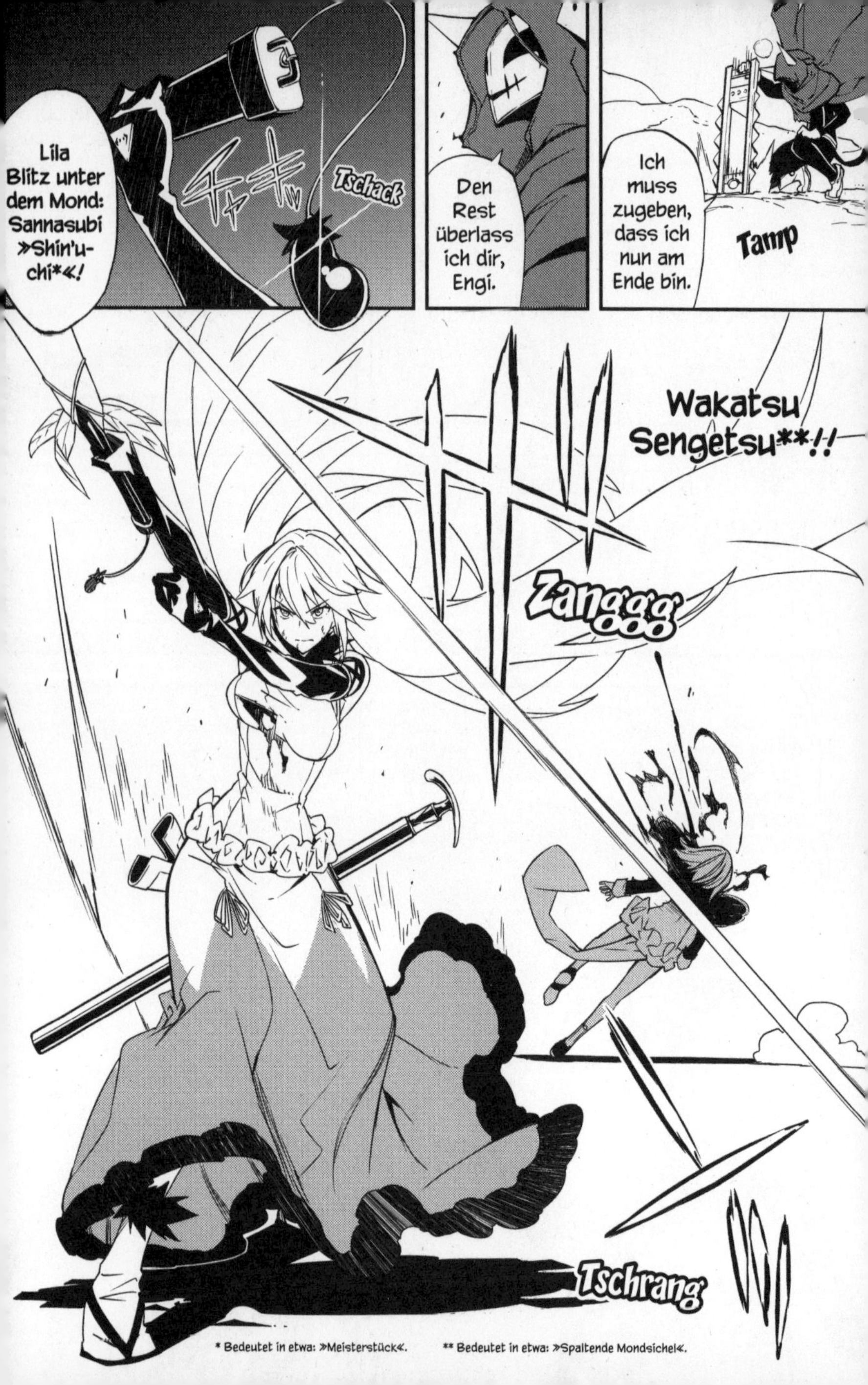

* Bedeutet in etwa: »Meisterstück«.

** Bedeutet in etwa: »Spaltende Mondsichel«.

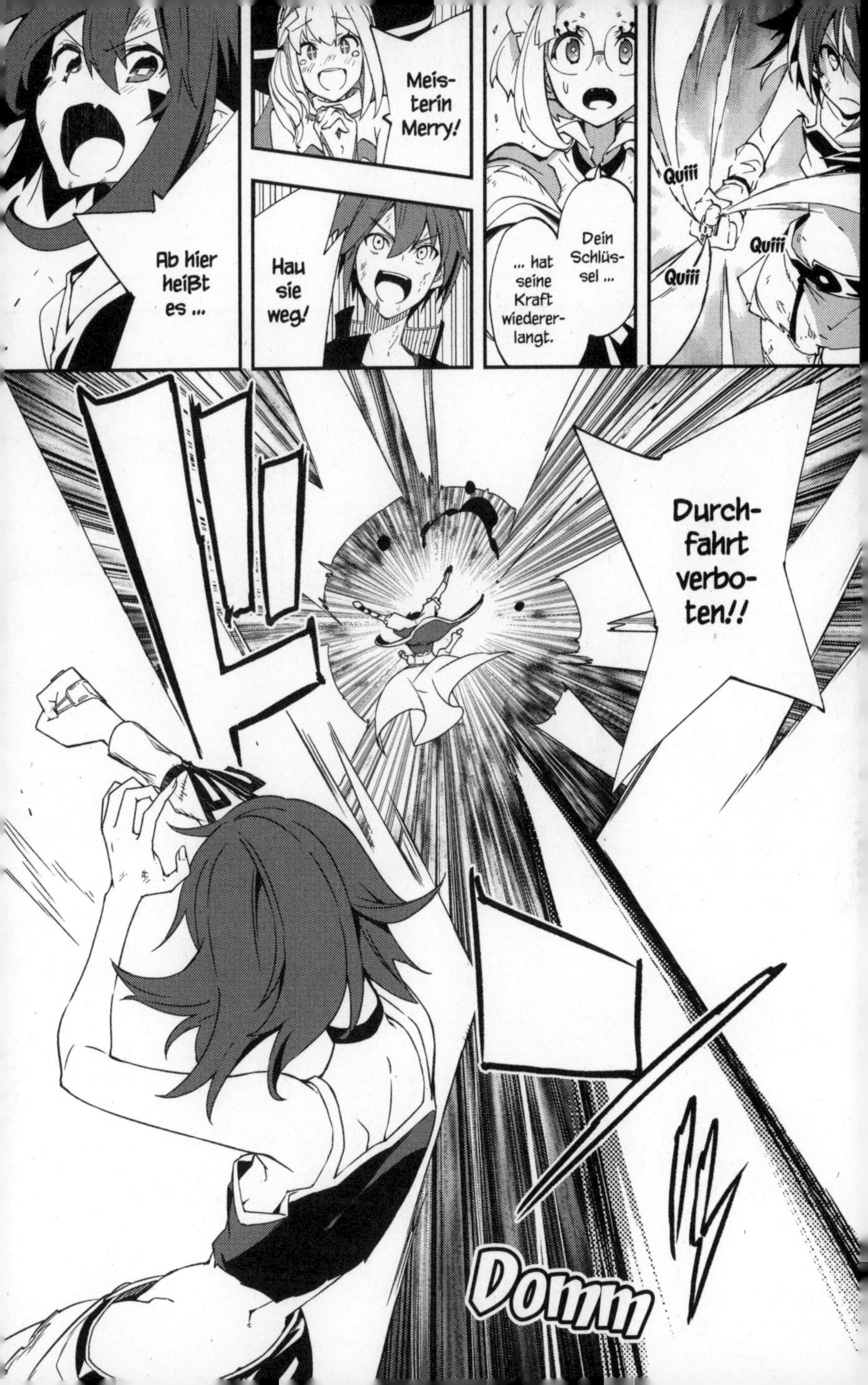
Quiii
Quiii
Quiii
Dein Schlüs-sel ...
... hat seine Kraft wiederer-langt.
Meis-terin Merry!
Hau sie weg!
Ab hier heißt es ...
Durch-fahrt verbo-ten!!
Domm

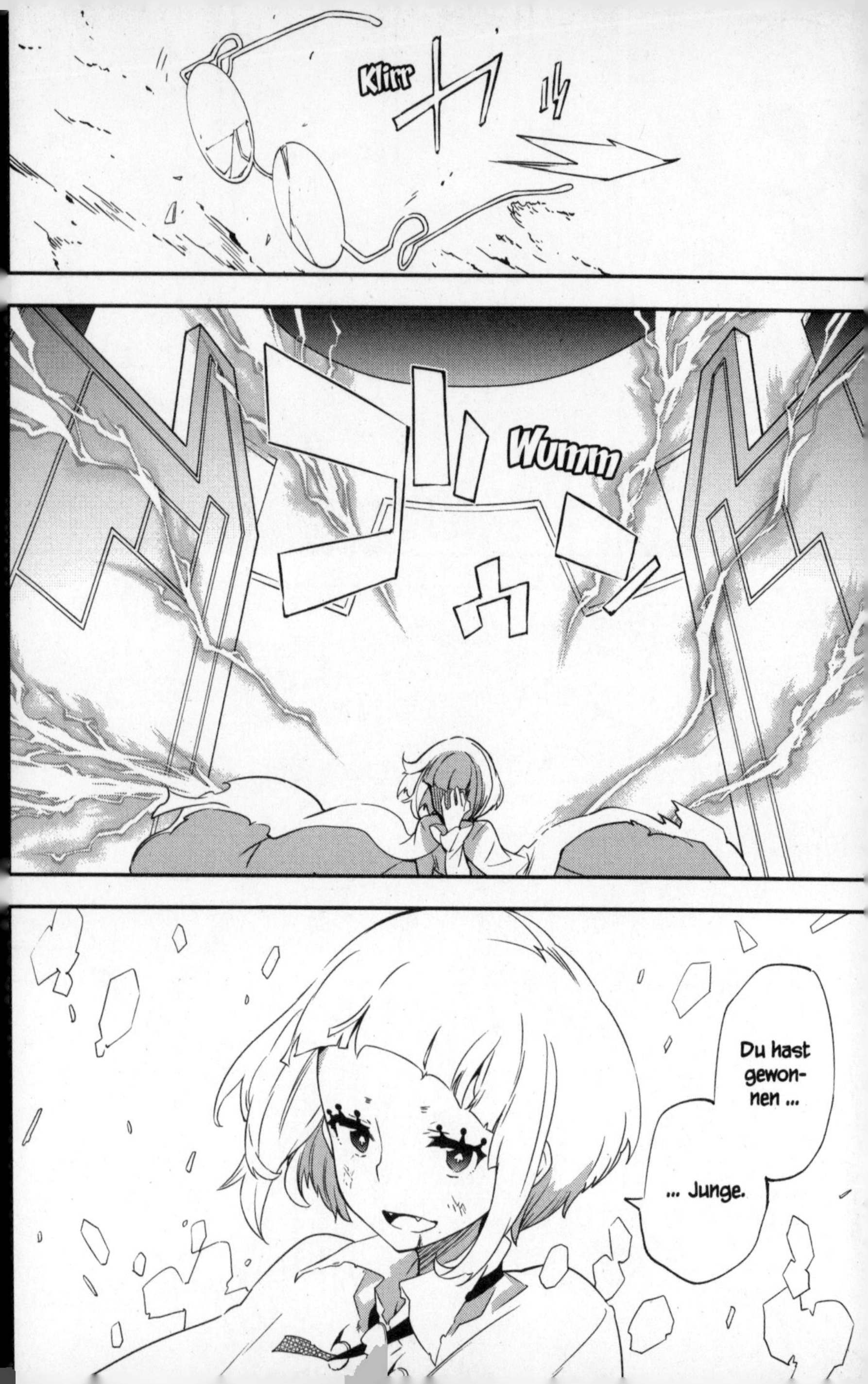
Klirr
Wumm
Du hast gewon-nen ...
... Junge.

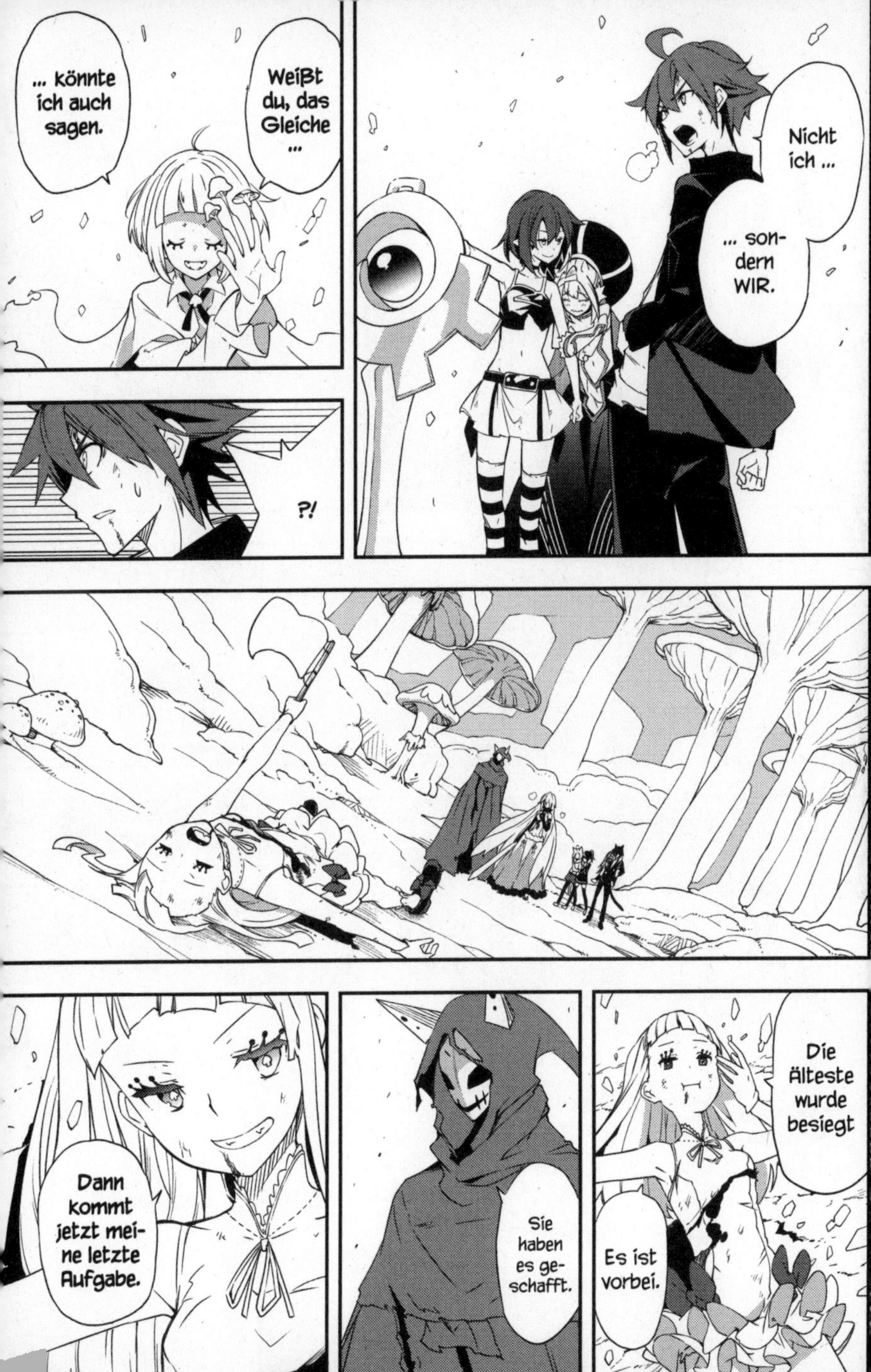

Nicht ich ...
... sondern WIR.
Weißt du, das Gleiche ...
... könnte ich auch sagen.
?!
Die Älteste wurde besiegt
Es ist vorbei.
Sie haben es geschafft.
Dann kommt jetzt meine letzte Aufgabe.

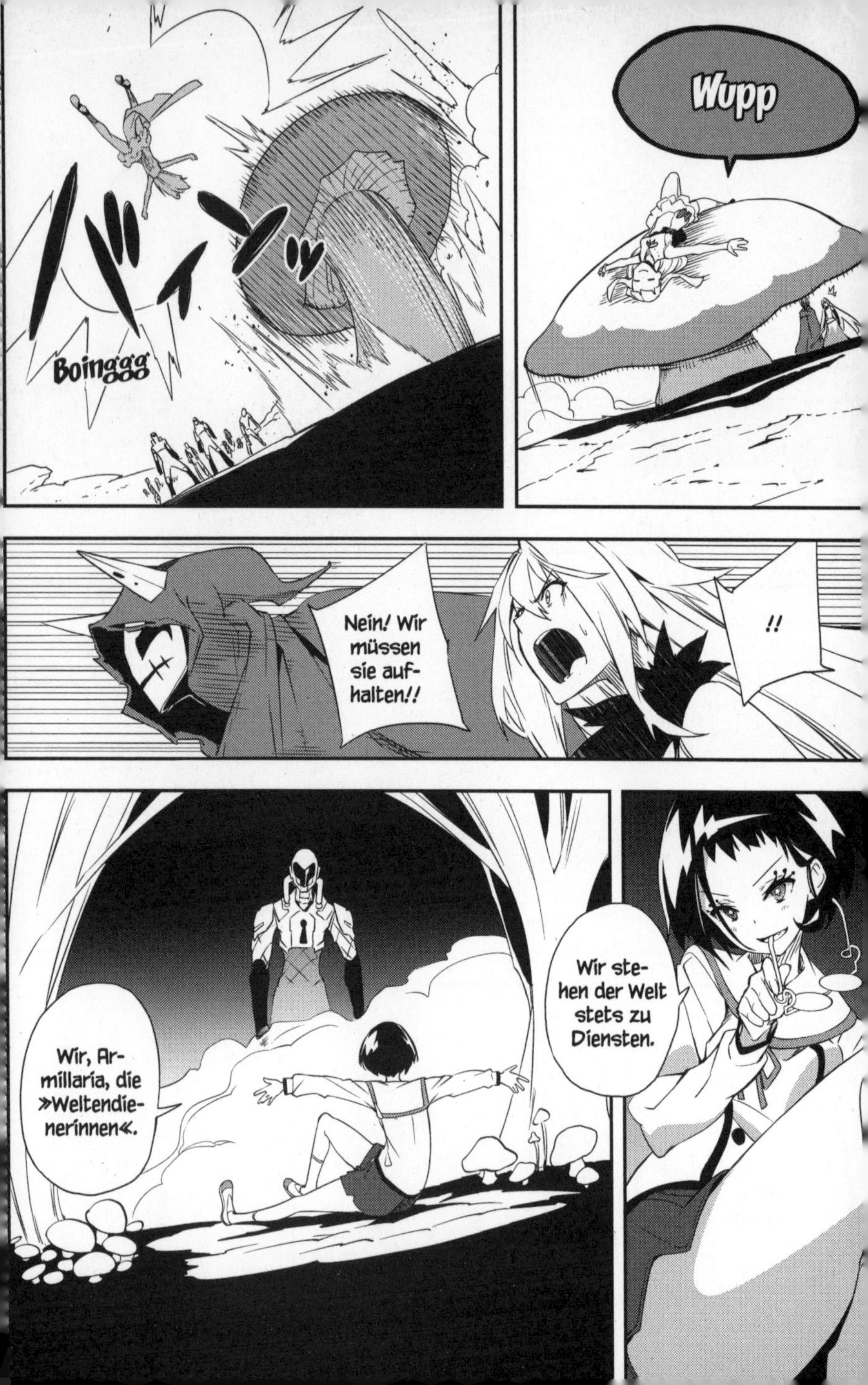

Boinggg

Wupp

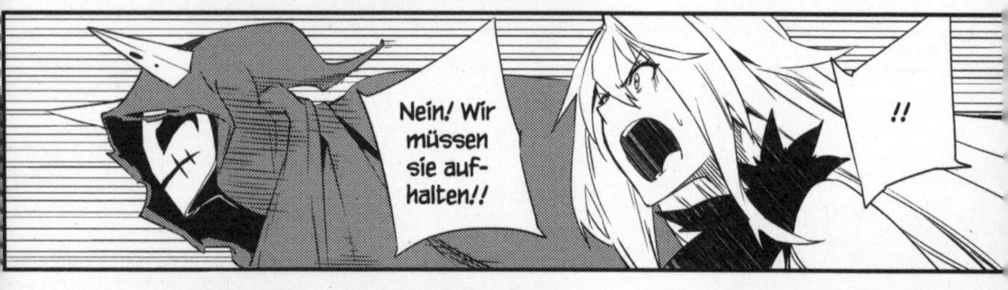

Wir, Ar-millaria, die »Weltendie-nerinnen«.

Wir ste-hen der Welt stets zu Diensten.

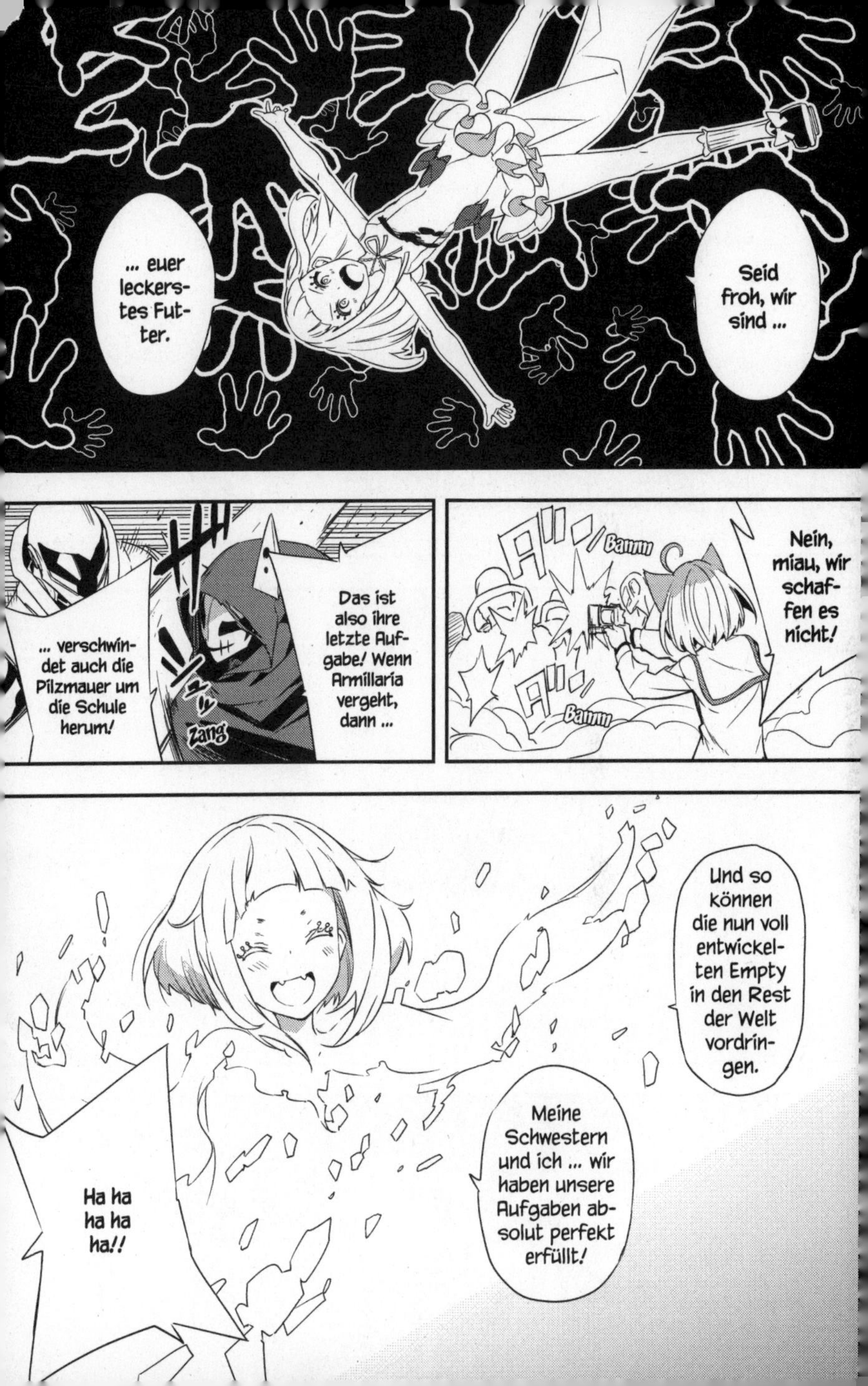

Seid froh, wir sind ...

... euer leckerstes Futter.

Nein, miau, wir schaffen es nicht!

Bamm

Bamm

Das ist also ihre letzte Aufgabe! Wenn Armillaria vergeht, dann ...

Zang

... verschwindet auch die Pilzmauer um die Schule herum!

Und so können die nun voll entwickelten Empty in den Rest der Welt vordringen.

Meine Schwestern und ich ... wir haben unsere Aufgaben absolut perfekt erfüllt!

Ha ha ha ha ha!!

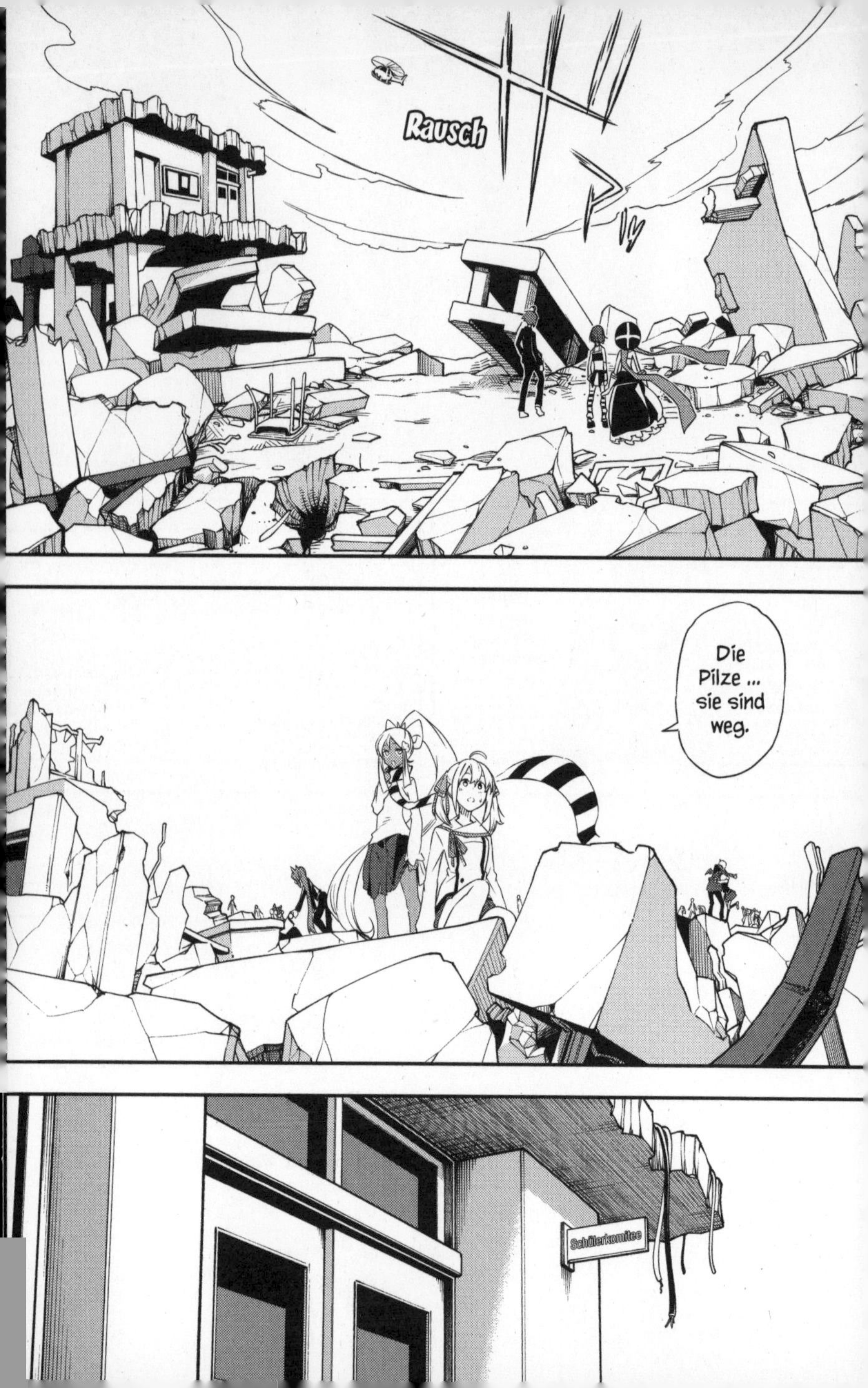

Rausch

Die Pilze ... sie sind weg.

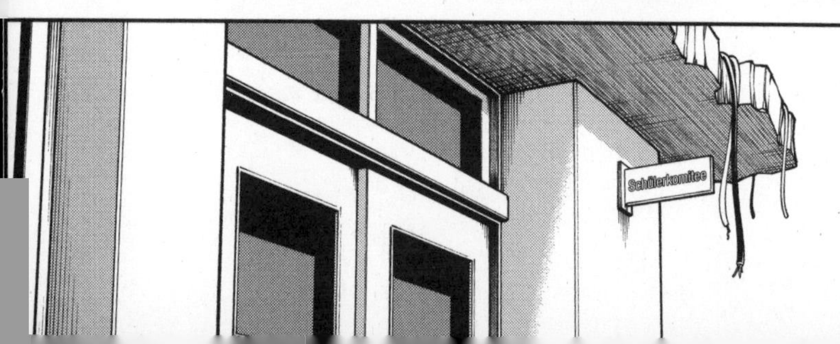

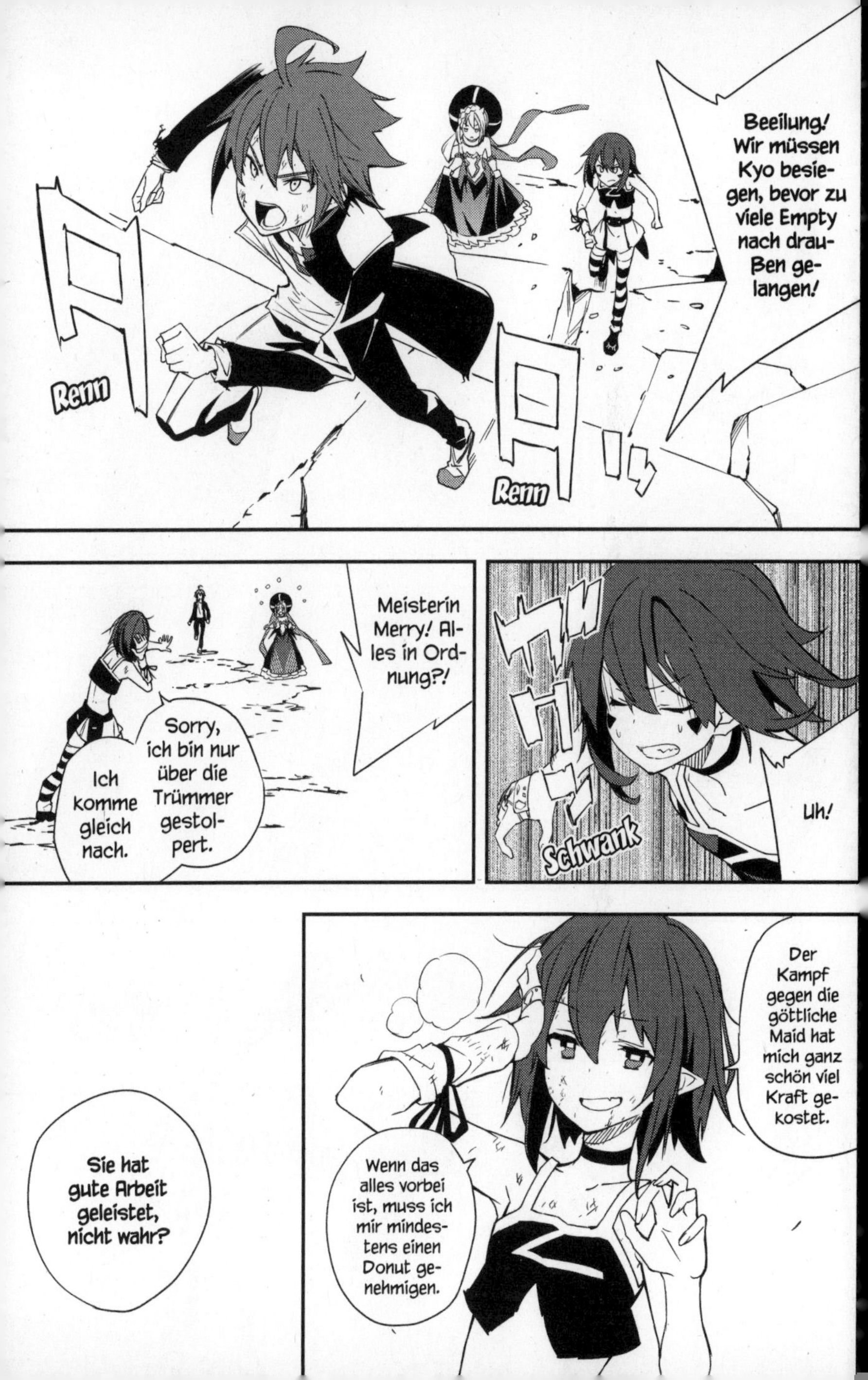

Beeilung! Wir müssen Kyo besiegen, bevor zu viele Empty nach draußen gelangen!

Renn

Renn

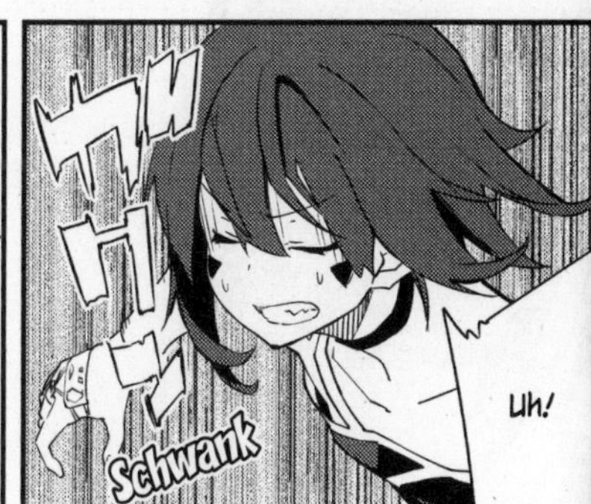

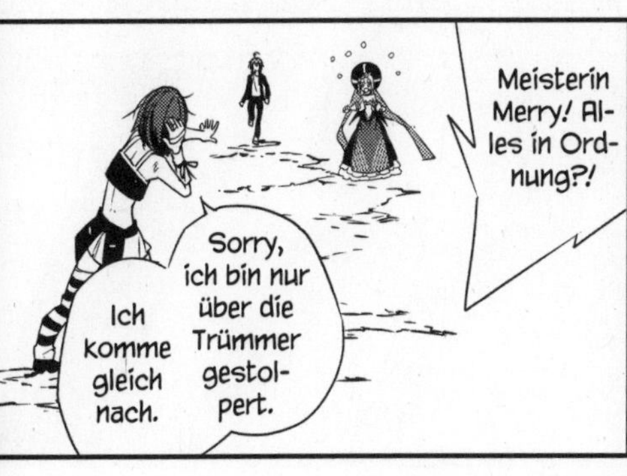

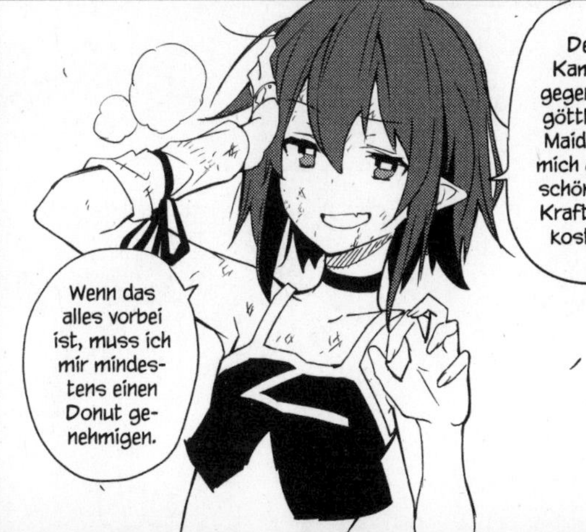

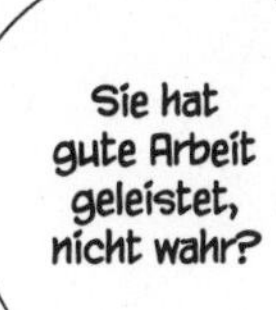

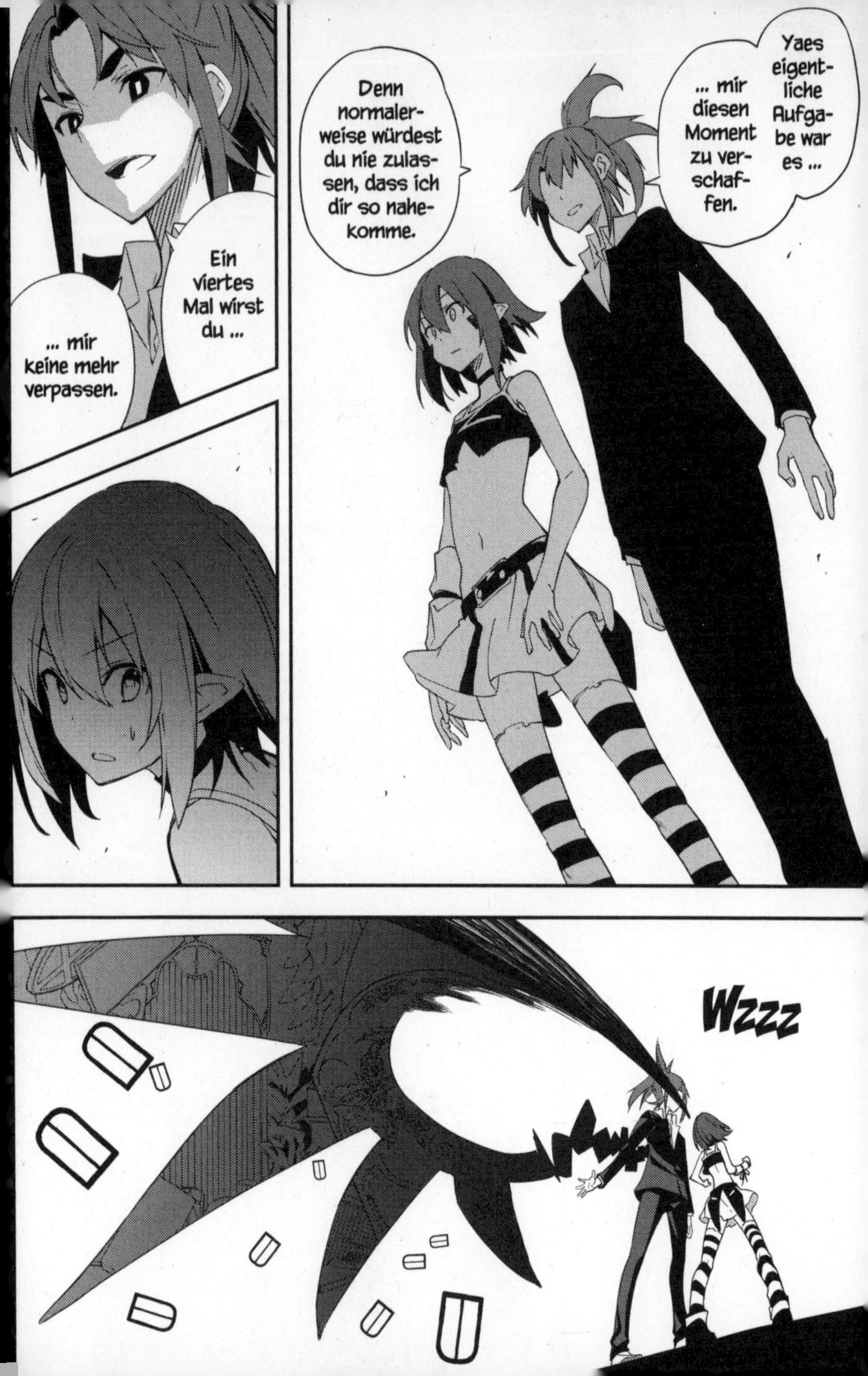

Yaes eigentliche Aufgabe war es ...

... mir diesen Moment zu verschaffen.

Denn normalerweise würdest du nie zulassen, dass ich dir so nahekomme.

Ein viertes Mal wirst du ...

... mir keine mehr verpassen.

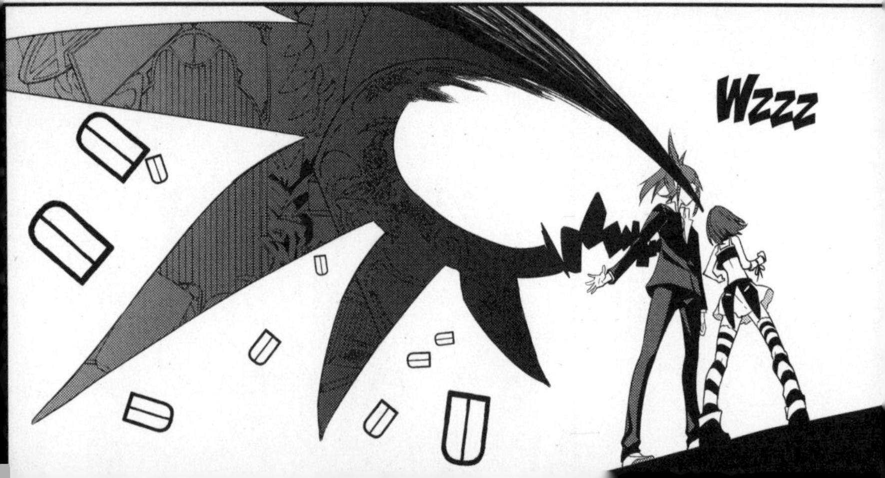

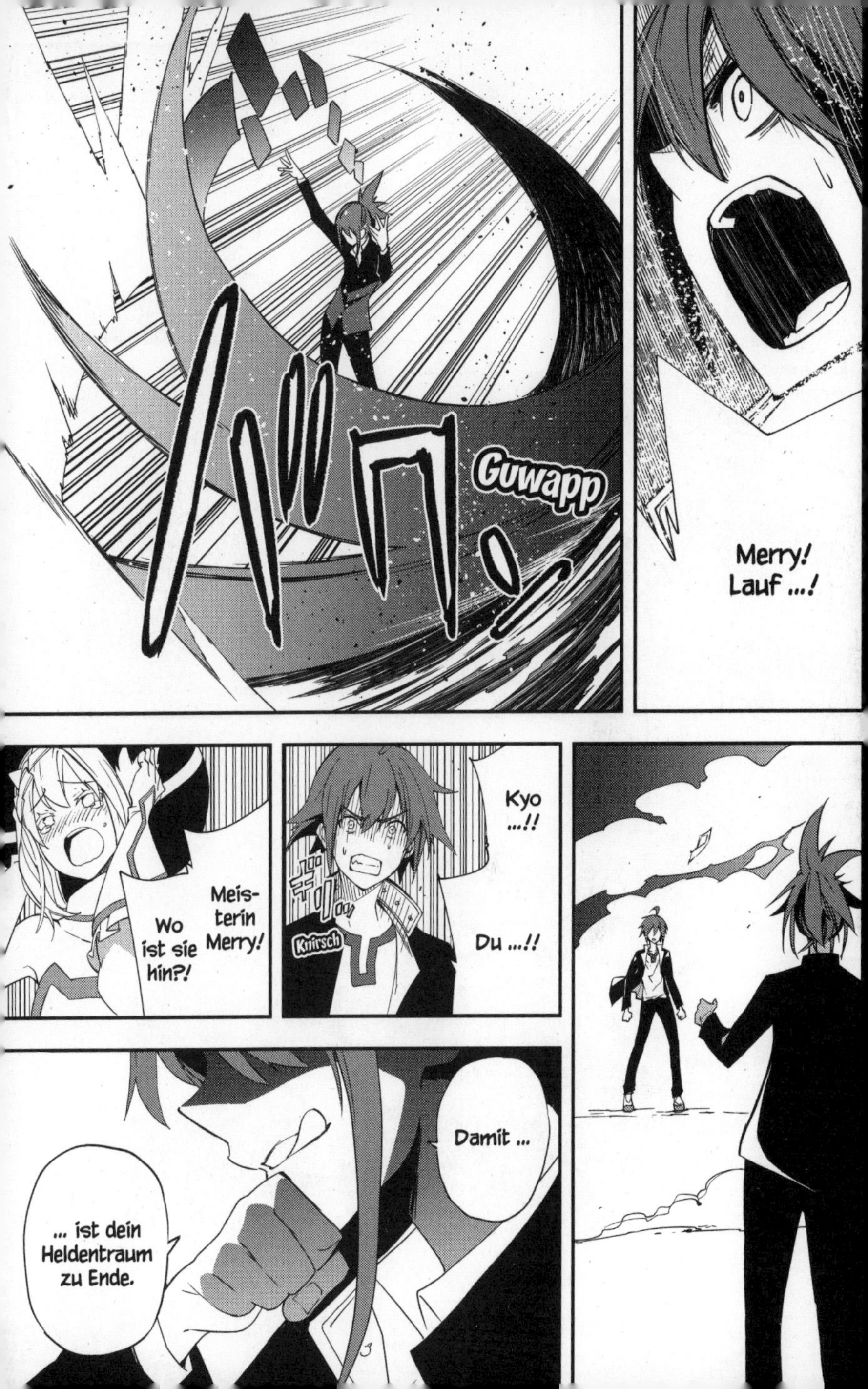

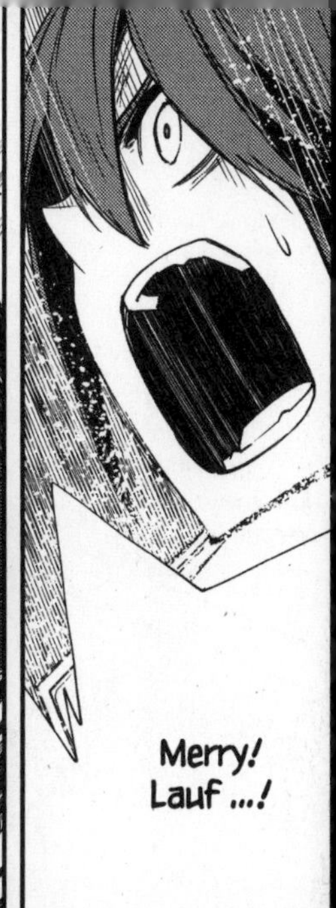
Merry! Lauf ...!

Guwapp

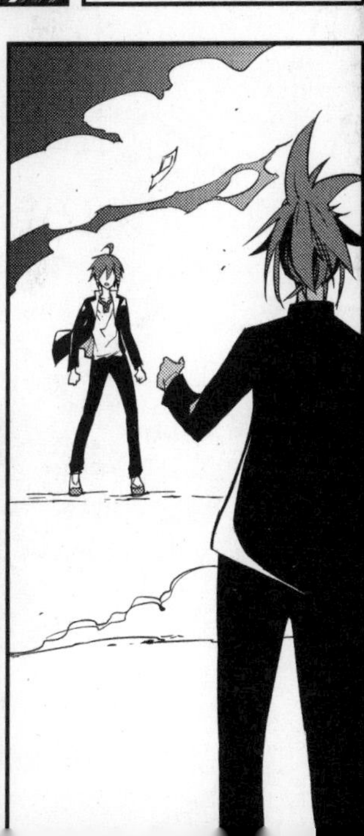

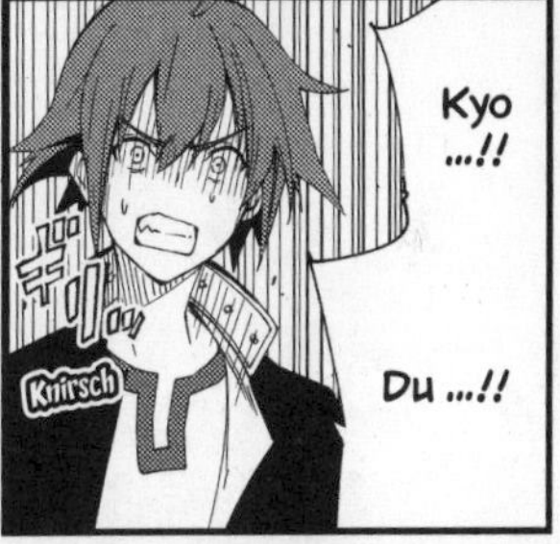
Kyo ...!!
Knirsch
Du ...!!

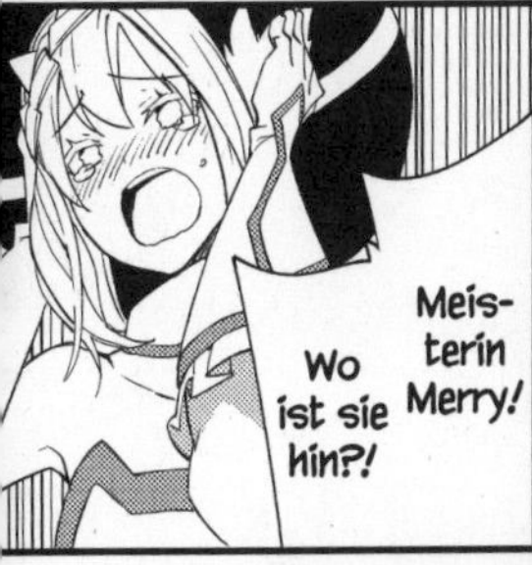
Meisterin Merry!
Wo ist sie hin?!

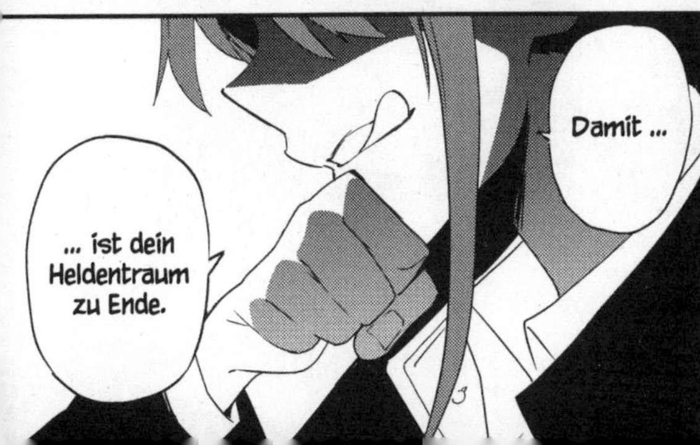
Damit ...
... ist dein Heldentraum zu Ende.

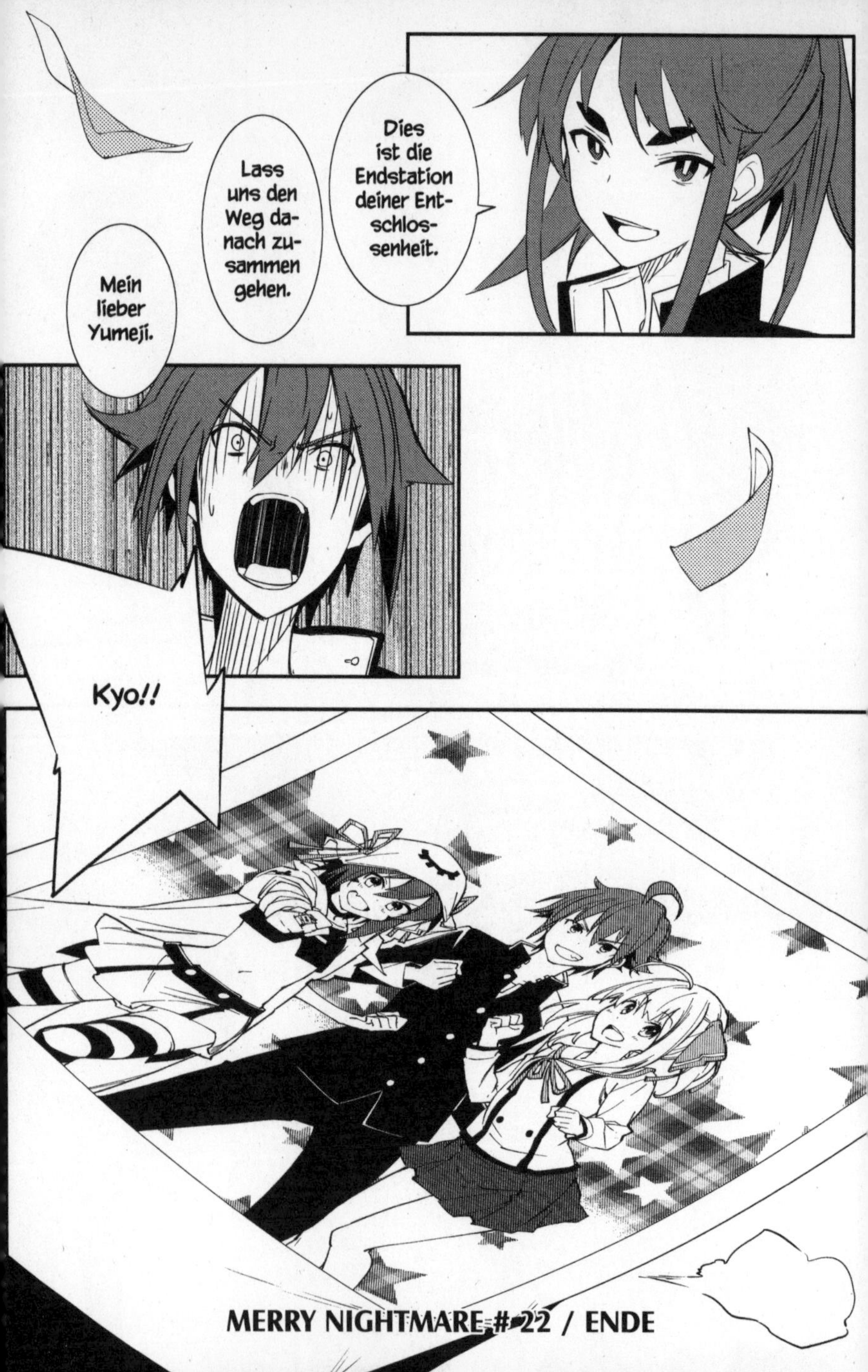

MERRY NIGHTMARE # 22 / ENDE

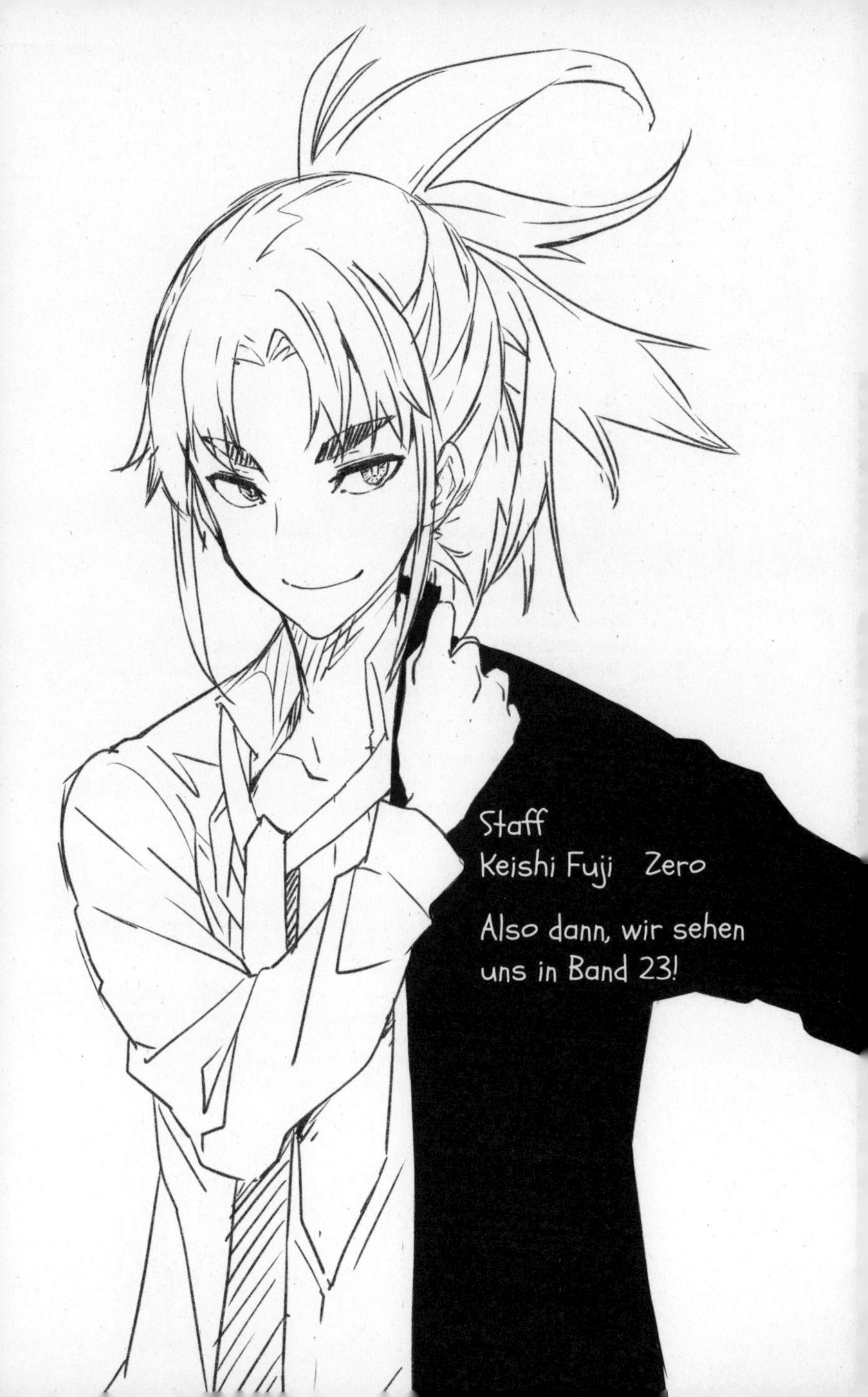
Staff
Keishi Fuji Zero
Also dann, wir sehen uns in Band 23!

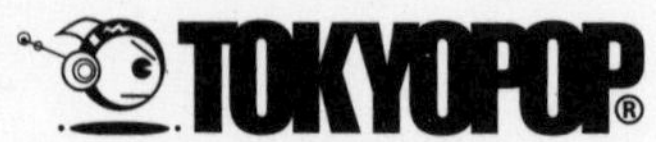

TOKYOPOP GmbH
Hamburg

TOKYOPOP
1. Auflage, 2021
Deutsche Ausgabe/German Edition

Aus dem Japanischen von Kenichi Kusano

YUMEKUI MERRY

First published in Japan in 2019 by HOUBUNSHA CO., LTD., Tokyo
German translation rights arranged with HOUBUNSHA CO., LTD
through Tuttle-Mori Agency, Inc., Tokyo.

Redaktion: Sabine Scholz
Lettering: Vibrant Publishing Studio
Herstellung: Annika Meyer-Wülfing, Nils Bornemann
Druck und buchbinderische Verarbeitung:
CPI–Clausen & Bosse GmbH, Leck
Printed in Germany

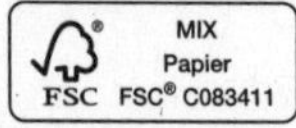

Wir achten auf die Umwelt.
Dieses Produkt besteht aus FSC®-zertifizierten
und anderen kontrollierten Materialien.

ISBN 978-3-8420-6640-3

www.tokyopop.de

SKY WORLD ADVENTURES

Taisuke Umeki

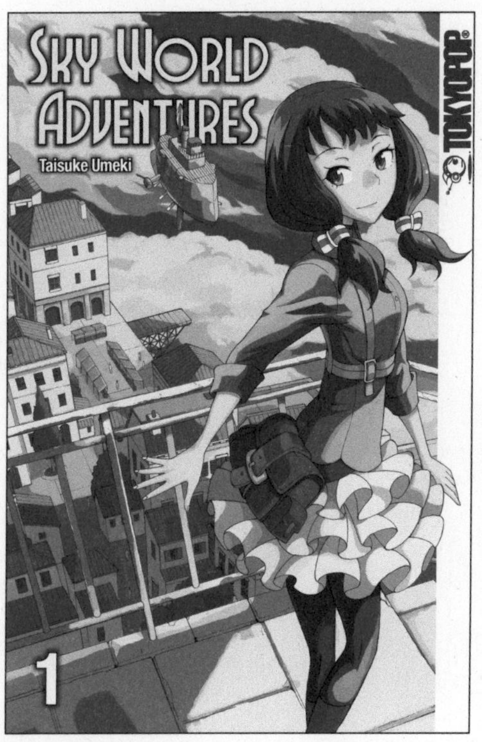

Expedition ins Ungewisse

In einer Welt, in der die Menschheit auf Inseln im Himmel lebt und Drachenfische die Lufträume unsicher machen, existierte einst ein Land mit unfassbaren technischen Errungenschaften – das sagenumwobene Voldesia! Gemeinsam machen sich die jungen Abenteurer Yu und Asebi auf die gefährliche Suche nach dem legendären Reich.

BURN THE WITCH

Tite Kubo

Das neueste Werk von Tite Kubo, dem Schöpfer von *Bleach*!

Seit jeher wird angenommen, Drachen seien fiktive Lebewesen. Doch sie sind real! Die gewöhnliche Bevölkerung Londons weiß jedoch nichts von ihrer Existenz, denn lediglich die Bewohner von »Reverse London« sind imstande, sie zu sehen. Dort, in der Stadt auf der Kehrseite Londons, arbeiten die beiden Hexen Ninny und Noel für »Wing Bind«, einer Behörde, die sich dem Schutz und der Kontrolle von Drachen verschrieben hat. Doch den meisten Ärger haben sie mit ihrem Schützling Balgo: Einem Jungen, der Schwierigkeiten magisch anzuziehen scheint!

ACCEL WORLD MANGA

Reki Kawahara / Hiroyuki Aigamo / HIMA

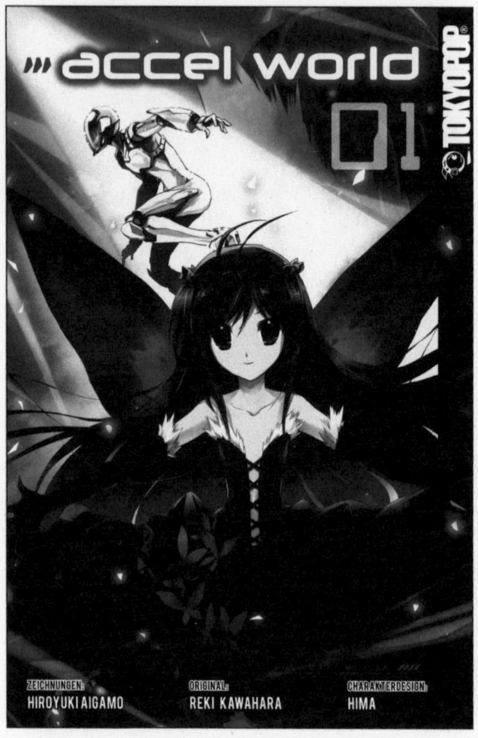

Willst du noch etwas schneller werden?

Haruyuki ist das geborene Mobbing-Opfer: klein, dick und schüchtern. Sein Schulalltag ist die Hölle, bis ihn die charmante, atemberaubend schöne Kuroyukihime in die Welt des Online-Games *Brain Burst* einführt. In erbarmungslosen Kämpfen treten die Spieler gegeneinander an, um sich die Fähigkeit der »Beschleunigung« zu sichern. Diese fantastische Kraft krempelt Haruyukis Leben von Grund auf um!

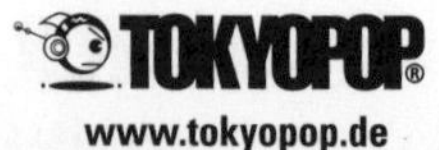

www.tokyopop.de

ACCEL WORLD LIGHT NOVEL

Reki Kawahara / HIMA

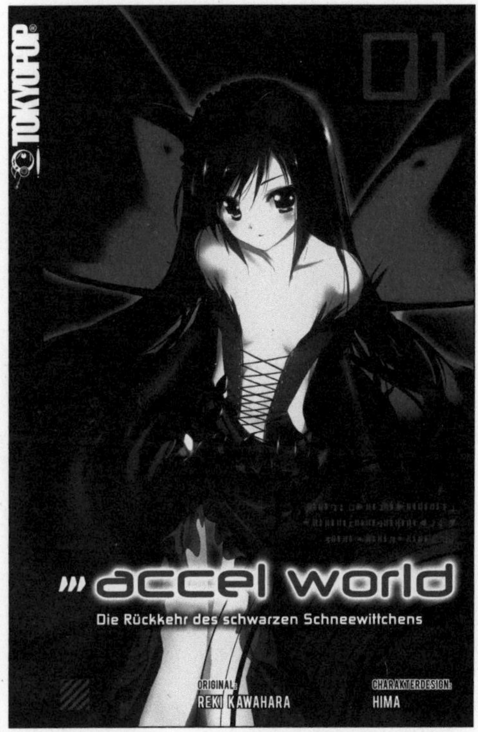

Welcome to the accelerated world!

Die Begegnung mit Kuroyukihime, dem schönsten Mädchen der Schule, krempelt das Leben des dicken dreizehnjährigen Haruyuki komplett um. Sie führt ihn in die »beschleunigte Welt« des Online-Games *Brain Burst* ein. Von dem Moment an ist der sonst stets verspottete Haruyuki ein »Burst Linker« und muss ritterlich seine Prinzessin beschützen. Die neue unterhaltsame Scifi-Novel des talentierten japanischen *Sword Art Online*-Autors Reki Kawahara, der mit diesem Debütwerk den großen Newcomer-Preis des *Dengeki Bunko*-Magazins abräumte!

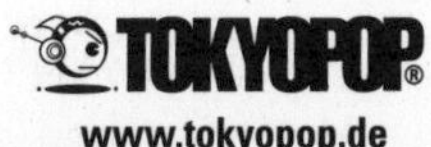

www.tokyopop.de

BLOOD LAD

Yuuki Kodama

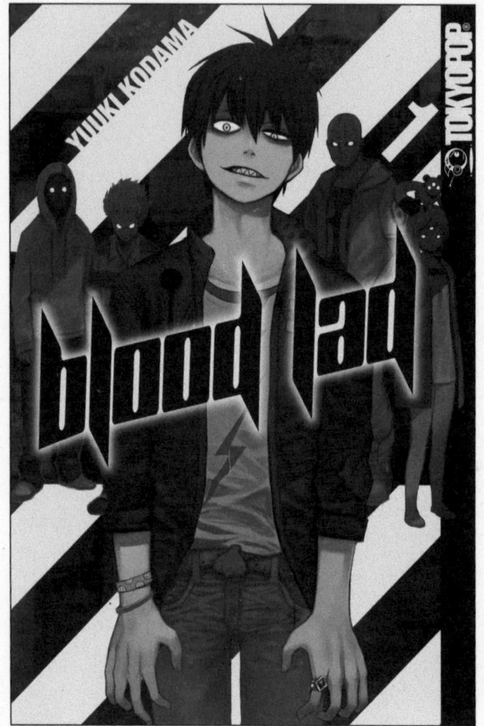

Willkommen in der Hölle!

Die hübsche Fuyumi wird bei einem ungewollten Höllenausflug Opfer einer fleischfressenden Monsterpflanze und so zum Geist. Zuvor erobert sie aber noch das Herz des Vampirs und Japan-Fans Staz. Um Fuyumi ins Leben zurückzuholen, begeben sich die beiden auf eine verrückte Irrfahrt durch Menschenwelt und Hölle ...

LAST FRONTLINE

Suzu Suzuki / Mito Sato / Takayuki Yanase

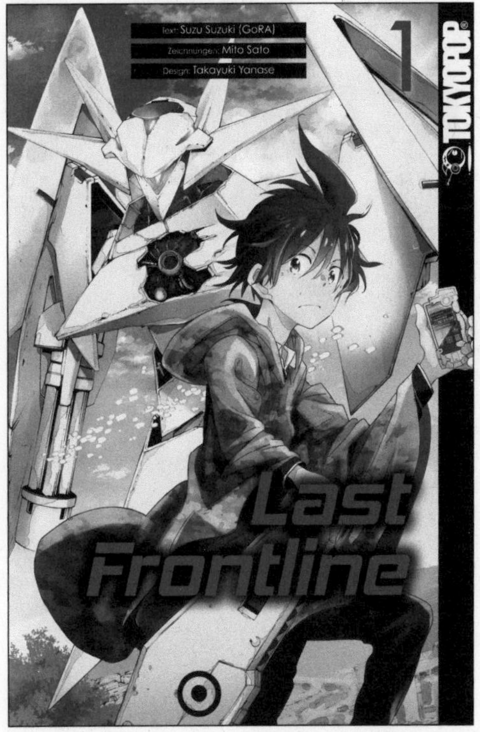

Deine Waffe? Der Feind. Dein Ziel? Die Welt retten!

Sai ist nicht wirklich mutig, erstarrt immer zu Eis, wenn es darum geht, anderen zu helfen, und auch sonst bietet er nicht wirklich gutes Heldenmaterial. Doch als der Mecha Annihilator auf der Erde landet und ihm erzählt, dass er und seine Kameraden vorhaben, die Menschheit zu vernichten, will Sai sich unbedingt ändern. Mithilfe seines Handys ist er in der Lage, die Killermaschine zu kontrollieren, und fest entschlossen, alle Angreifer zu bekämpfen ...

SERVAMP

STRIKE TANAKA

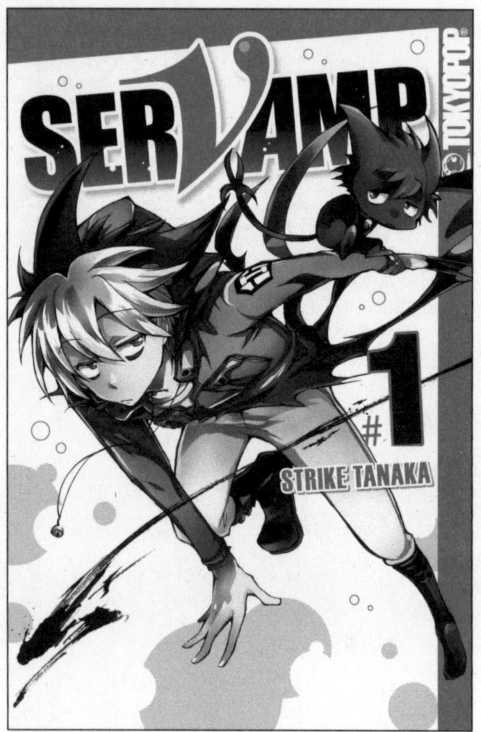

Mein Diener, der Vampir!

Eines Tages liest Mahiru eine streunende Katze auf. Die böse Überraschung: Das süße Kätzchen ist ein Vampir – und zwar einer der sieben Servamps. Diese gehen mit ihrem jeweiligen Meister einen Vertrag ein, ihm für sein Blut zu Diensten zu sein. Was dem verantwortungsbewussten Mahiru aber gar nicht passt: »Sleepy Ash« ist ausgerechnet der Servamp der Trägheit! Doch im Kampf gegen einen missmutigen Vampir müssen sich die beiden zusammenraufen ...

KAMO – PAKT MIT DER GEISTERWELT

Ban Zarbo

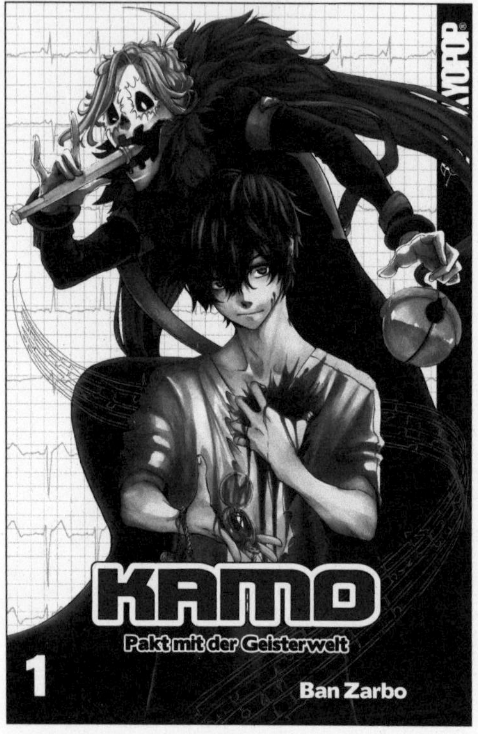

Ich werde leben!

All die Jahre hat der herzkranke Kamo gegen den Tod gekämpft, doch vergebens – sein junges Leben neigt sich dem Ende zu. Kurz vor seinem letzten Atemzug erhält er Besuch von Crimson, einem mächtigen Geist, der ihm ein unglaubliches Angebot macht: »Hilf mir, zwölf Geister zu besiegen und ihre Seelen einzufangen, und ich schenke dir ein neues Herz.« In Kamo mischen sich Hoffnung und Zweifel. Kann Crimson ihm wirklich zu einem gesunden und glücklichen Leben verhelfen? Und wenn ja: Welchen Preis zahlt man für einen Pakt mit einem Geist?

UNDEAD MESSIAH

Gin Zarbo

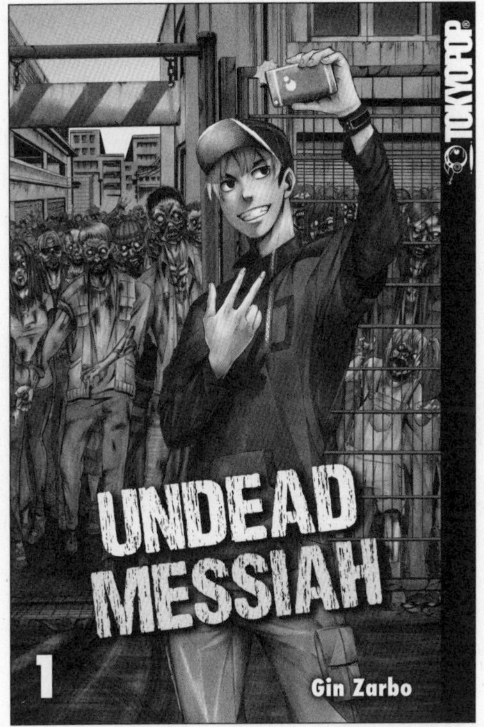

Glauben. Sterben. Leben.

Für den 15-jährigen Tim Muley gibt es nichts Größeres als Zombies. Sein einziger Wunsch ist es, selber einmal einen Untoten zur Strecke zu bringen. Dass ihn seine Mitschüler als Freak abgestempelt haben, stört Tim relativ wenig, denn er weiß: Anders als sie würde er jede Zombie-Apokalypse überleben. Als Tim an einem schicksalhaften Nachmittag die Spur eines blutdürstigen Wesens mit übernatürlichen Kräften entdeckt, wähnt er sich am Ziel seiner Träume. Noch ahnt er nicht, dass bald sogar das Schicksal der Menschheit in seinen Händen liegt ...

STOPP!

Dies ist die letzte Seite des Buches! Du willst dir doch nicht den Spaß verderben und das Ende zuerst lesen, oder?

Um die Geschichte unverfälscht und originalgetreu mitverfolgen zu können, musst du es wie die Japaner machen und von rechts nach links lesen. Deshalb schnell das Buch umdrehen und loslegen!

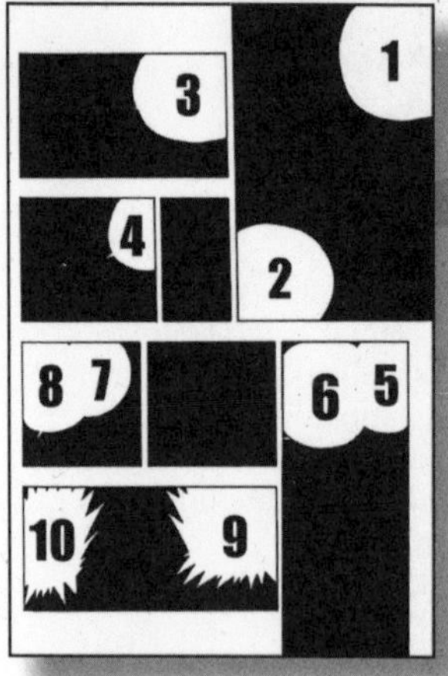

So geht's:

Wenn dies das erste Mal sein sollte, dass du einen Manga in den Händen hältst, kann dir die Grafik helfen, dich zurechtzufinden: Fang einfach oben rechts an zu lesen und arbeite dich nach unten links vor. Viel Spaß dabei wünscht dir TOKYOPOP®!